高等学校投资学专业主要课程系列教材

投资项目评估

（第二版）

王红岩　王立国　宋维佳　主编

高等教育出版社·北京

内容简介

本书以习近平新时代中国特色社会主义经济思想为指导。全书共分十三章,四大部分。第一部分为开篇,即第一章导论,介绍了投资项目评估的基础知识。第二部分为市场研究篇,即第二章和第三章,内容主要包括项目概况和建设必要性评估、市场分析等。第三部分为建设方案和资源评价篇,即第四章至第六章,内容主要包括生产规模的确定、建设条件和生产条件分析、技术方案分析等。第四部分为经济评价篇,即第七章至第十三章,内容主要包括投资估算、项目融资方案与资金使用计划分析、财务效益与费用估算、财务分析、经济分析、不确定性分析与风险分析、社会稳定风险评估。书中提供了与项目评估实践活动相关的小案例和综合案例,方便读者阅读理解。

本书可作为高等院校投资经济、金融、财务管理和工程管理等专业学生的学习用书,也可作为社会和企业培训人员的学习和参考用书。也可供从事可行性研究和项目评估实际工作的有关人员培训和参考之用。

图书在版编目(CIP)数据

投资项目评估/王红岩,王立国,宋维佳主编.—— 2版.——北京:高等教育出版社,2019.4(2020.6重印)
ISBN 978-7-04-051162-8

Ⅰ.①投… Ⅱ.①王… ②王… ③宋… Ⅲ.①投资项目-项目评价-高等学校-教材 Ⅳ.①F830.59

中国版本图书馆 CIP 数据核字(2019)第 009438 号

| 策划编辑 | 郭金录 | 责任编辑 | 郭金录 | 特约编辑 | 吕培勋 | 封面设计 | 张 志 |
| 版式设计 | 于 婕 | 插图绘制 | 于 博 | 责任校对 | 陈 杨 | 责任印制 | 赵义民 |

出版发行	高等教育出版社	网 址	http://www.hep.edu.cn
社 址	北京市西城区德外大街4号		http://www.hep.com.cn
邮政编码	100120	网上订购	http://www.hepmall.com.cn
印 刷	三河市春园印刷有限公司		http://www.hepmall.com
开 本	787 mm×1092 mm 1/16		http://www.hepmall.cn
印 张	19.5	版 次	2010年12月第1版
字 数	450千字		2019年4月第2版
购书热线	010-58581118	印 次	2020年6月第2次印刷
咨询电话	400-810-0598	定 价	45.00元

本书如有缺页、倒页、脱页等质量问题,请到所购图书销售部门联系调换
版权所有 侵权必究
物料号 51162-00

第二版前言

《投资项目评估》第二版以习近平新时代中国特色主义经济思想为指导,基本秉承了第一版的结构框架,以国家发改委和原建设部颁布的《建设项目经济评价方法与参数(第三版)》为指南,借鉴了国内外最新的投资项目评估理论和方法,依据我国最新的法律法规和会计准则,结合我国投资项目决策的实践,对全书内容作了相应的更新、增补和修订。与第一版相比较,第二版的知识体系更加合理、更加全面,内容更加丰富。

本书第二版主要修订内容为:

1. 在第一章,对我国投资决策的程序重新进行了梳理,依据最新的法律法规对我国现行投资决策程序进行了补充。根据国家发改委的要求,对可行性研究和项目申请报告的主要内容进行了调整,增加了社会稳定风险评估,删除了经济影响分析;对项目评估的主要内容也进行了调整,增加了社会稳定风险评估,并调整了不确定性分析和风险分析与社会分析的顺序。

2. 在第二章,完善了项目建设必要性的内容,增加了技术进步的因素。

3. 在第四章制约和决定项目生产规模的因素中,补充了市场供给量的因素,根据市场供求缺口确定项目生产规模。

4. 在第五章节能措施分析中,新补增了国家近期颁布有关固定资产投资项目节能审查和评估要求的法律法规,依据2016年全国人民代表大会常务委员会会议通过修改的《中华人民共和国节约能源法》的决定,以及2016年国家发改委发布的《固定资产投资项目节能审查办法》,对节能措施的评估审查内容和要求做了新的补充。

5. 在第六章设备方案比选方法中,增加了常用的投资回收期法、差额投资分析法和投资收益率法,删除了年费用法。

6. 在第七章中,补充了项目总投资估算的内容;删除了投资估算的步骤;重新提炼了投资估算的作用;完善了建设投资的构成内容,分别以概算法和形成资产法进行分类;重新梳理了设备及工器具的估算,使估算思路更为清晰,特别是进口设备购置费的估算,估算步骤和公式一目了然;依据财政部的最新规定对工程建设的其他费用进行了调整和增减。

7. 在第八章中,补充了新设法人融资的特点;在资本金出资形式中,补充了2014年执行的新《公司法》取消对无形资产出资比例限制的内容;在资金来源渠道中,增加了项目融资的内容；在资金结构分析中，补充了2017年修订版的《外商投资产业指导目录》的相关内容；补充了资金成本的作用；增加了新建项目资金筹措计划的安排。

8. 在第九章中，根据2006年的新会计准则和国税函〔2009〕89号进一步明确了无形资产和其他资产摊销年限的问题；根据税法营改增的相关规定，删除了营业税，将营业税金及附加改成税金及附加，根据2018年国务院的决定，增加了下调增值税率和最新颁布的关于小规模纳税人条件的相关内容，补充了城市维护建设税和教育费附加的内容；删除了几个简单的例题。

9. 在第十章中，为避免与第九章财务效益与费用估算采用的价格重复，删除了财务分析涉及的价格体系。

10. 第十三章，删除了区域经济与宏观经济影响分析，增加了社会稳定风险评估。为促进科学决策、民主决策、依法决策，预防和化解社会矛盾，建立和规范重大固定资产投资项目社会稳定风险评估机制，2012年国家发改委发布了《国家发展改革委重大固定资产投资项目社会稳定风险评估暂行办法》，2013年国家发改委又发布了《国家发改委办公厅关于印发重大固定资产投资项目社会稳定风险分析篇章和评估报告编制大纲（试行）的通知》，按照上述文件要求，社会稳定风险分析必须作为投资项目可行性研究报告和项目申请报告的重要内容，并独立成篇，由此投资项目评估中也应该增加社会稳定风险评估的内容。为此，本书新增了第十三章社会稳定风险评估，以使评估人员掌握这方面的知识，具备社会稳定风险防范、制定化解风险措施和应急处置预案的能力。

本次教材修订的人员分工是（以撰写章节为序）：王红岩负责一、三、四、五、七、九、十、十二章，宋维佳负责二、八、十三章，王立国负责六、十一章。全书由王红岩总纂、审改和定稿。

随着我国经济形势的发展和投资体制改革的不断深入，项目评估实践中还会出现新的做法和新的经验，需要理论工作者不断总结和不断完善。由于编者的学识水平有限，书中的纰漏之处在所难免，恳请读者批评指正。

在本书的修订过程中，高等教育出版社的相关编辑给予了大力的支持，在此一并表示由衷的谢意！

作　者

2018年9月于东北财经大学

第一版前言

随着我国投融资体制改革的不断深入,我国开始全面推行项目投资决策责任制,强化投资风险的约束机制,投资项目的决策趋于理性化。无论是国家经济管理部门、金融机构,还是项目的投资主体,在投资决策过程中,都应以科学发展观为指导,依据国家的产业政策和经济发展规划,以市场为导向,以综合效益为中心,加强对投资项目的评估和决策,以保证投资决策的科学化、规范化。

我国的投资项目决策领域,在吸收西方国家先进项目评估理论的基础上,已经建立了一套适合我国国情的项目评估理论与方法。为了适应我国经济社会发展和投资体制改革的需要,2006年7月,国家发展和改革委员会及建设部联合发布了《建设项目经济评价方法与参数》(第三版)。与第二版相比,《建设项目经济评价方法与参数》(第三版)内容更加丰富,适用范围也进一步扩大了,并且提出了一套比较完整、切实可行的经济评价方法与参数体系。

为适应新形势下对投资项目评估的新要求,特别是为适应我国投资管理专业和工程管理专业的教学需要,我们在吸收借鉴大量国内外项目评估的最新研究成果和成功实践经验的基础上,根据《建设项目经济评价方法与参数》(第三版)的内容和要求,结合我们20多年来项目评估的教学、科研和社会实践所积累的经验,编写了本书。全书共分十三章,全面阐述了投资项目评估的基本理论和方法,并结合案例介绍了投资项目评估的操作实务。在内容的深度和选材上,力求满足理论知识的前瞻性、方法技能的普适性与实用性的要求。在涉及实务的章节都有相应的小案例和综合案例分析,便于读者更快地理解和掌握投资项目评估的操作方法,使本书通俗易懂。

具体撰写分工如下:第一章由王立国、王红岩编写;第二、三章由宋维佳、杨健编写;第四章由王立国编写;第五、六章由王红岩编写;第七、八、九章由王红岩、王莉、邢博、周玉冰编写;第十章由宋维佳、金明娟编写;第十一章由王立国、王红岩编写;第十二章由王红岩、单爽编写;第十三章由单爽编写。张宝华、刘军也承担了全书的资料收集、案例分析等基础性工作。全书由王红岩总纂和定稿。

本书在编写过程中参阅了大量文献和著作,丰富了教材的内容,在此向有关作者表示深切的谢意。本书的顺利出版得益于中国投资学会的大力支持,在此表示衷心的感谢。

高等教育出版社的郭金录和梁木编辑为本书的出版做了大量细致的工作,对此也表示衷心的感谢。

由于作者水平有限,不足之处在所难免,敬请各位读者批评指正。

作　者

2010 年 9 月

目 录

第一部分 开 篇

第一章 导论   3
第一节 投资项目与投资决策   3
第二节 可行性研究   11
第三节 项目评估   16
第四节 可行性研究和项目评估的关系   20
本章小结   21
本章重要概念   23
思考与练习题   23

第二部分 市场研究篇

第二章 项目概况和建设必要性评估   27
第一节 项目概况评估   27
第二节 投资者的资信评估   33
第三节 项目建设必要性评估   34
本章小结   37
本章重要概念   37
思考与练习题   37

第三章 市场分析   38
第一节 市场分析概述   38
第二节 市场调查与预测   48
第三节 项目战略选择和销售规划   54
本章小结   57
本章重要概念   57
思考与练习题   58

第三部分　建设方案和资源评价篇

第四章　生产规模的确定　61
第一节　规模经济理论　61
第二节　生产规模的制约和决定因素　64
第三节　确定生产规模的方法　67
本章小结　69
本章重要概念　70
思考与练习题　70

第五章　建设条件和生产条件分析　71
第一节　场(厂)址选择　71
第二节　环境保护条件分析　76
第三节　资源利用分析　80
第四节　原材料与燃料动力供应条件分析　83
第五节　节能措施分析　85
第六节　节水措施分析　87
本章小结　88
本章重要概念　90
思考与练习题　90

第六章　技术方案分析　91
第一节　技术方案分析概述　91
第二节　工艺技术方案分析　96
第三节　设备方案分析　99
第四节　工程设计方案分析　101
本章小结　105
本章重要概念　105
思考与练习题　105

第四部分　经济评价篇

第七章　投资估算　109
第一节　投资估算概述　109
第二节　投资估算方法　112
本章小结　129
本章重要概念　129

思考与练习题　130

第八章　项目融资方案与资金使用计划分析　133

第一节　项目的融资主体　133
第二节　资金来源与筹措　135
第三节　融资方案分析　143
第四节　项目总投资使用计划与资金筹措表的编制　151
本章小结　153
本章重要概念　153
思考与练习题　153

第九章　财务效益与费用估算　155

第一节　财务效益与费用估算概述　155
第二节　项目运营期估算　159
第三节　营业收入与补贴收入估算　161
第四节　总成本费用估算　162
第五节　税费估算　171
第六节　利润总额及其分配估算　175
第七节　借款还本付息估算　176
第八节　改扩建项目的财务效益与费用估算　180
本章小结　187
本章重要概念　188
思考与练习题　188

第十章　财务分析　194

第一节　财务分析概述　194
第二节　财务分析报表的编制　197
第三节　财务分析指标的计算　202
第四节　改扩建项目财务分析　212
第五节　非经营项目的财务分析　218
本章小结　223
本章重要概念　224
思考与练习题　224

第十一章　经济分析　231

第一节　经济分析概述　231
第二节　经济分析基本原理　236
第三节　费用和效益的鉴别与度量　239
第四节　价格调整　242

第五节　经济分析报表和指标　247
第六节　费用—效果分析　249
本章小结　250
本章重要概念　251
思考与练习题　251

第十二章　不确定性分析与风险分析　255

第一节　不确定性分析与风险分析概述　255
第二节　盈亏平衡分析　257
第三节　敏感性分析　262
第四节　风险分析　267
本章小结　279
本章重要概念　280
思考与练习题　280

第十三章　社会稳定风险评估　281

第一节　社会稳定风险评估概述　281
第二节　社会稳定风险评估的内容　284
第三节　社会稳定风险评估程序和方法　289
第四节　我国社会稳定风险评估指标　293
本章小结　296
本章重要概念　297
思考与练习题　297

参考文献　298

第一部分 开 篇

第一章 导 论

学习目的：
通过本章的学习，掌握项目投资决策的程序（包括企业投资项目的决策流程和政府投资项目的决策流程），可行性研究和项目评估的含义及作用、内容；熟悉投资项目的类型以及可行性研究与项目评估的关系；了解投资的本质、作用和决定因素。

投资项目的全过程分为三个阶段：投资前期、投资时期和生产运营时期。投资前期的工作就是对项目进行投资决策。而投资项目评估是投资项目科学决策的重要工作，是项目投资前期阶段工作的核心。它是对为项目投资决策提供依据所编制的项目建议书、可行性研究报告和项目申请报告进行的评估，关系到投资项目建设的成败。本章概括介绍项目投资决策的工作程序、可行性研究和投资项目评估的作用和主要内容。

第一节 投资项目与投资决策

一、投资

（一）投资的本质

投资是促进生产力发展、提高社会物质文明程度和改善人民生活水平的主要推动力，也是项目评估的重要研究范畴。因此科学准确地把握投资的本质是十分必要的。

投资是指经济主体为未来获得收益而现时投入生产要素，以形成资产的一种经济活动。也可解释成经济主体为未来获得收益而现时投入的资金或资本。

从不同的角度来分析，投资的内涵存在一定的差异。由中国大百科全书出版社与美国不列颠百科全书公司合作编译的权威工具书《简明不列颠百科全书》对投资的解释是：投资是"指在一定的时期内期望在未来能产生收益而将收益变换成资产的过程"。"如从个体的观点来看，投资可分为生产资料投资和纯金融投资。就个体而言，二者均对投资者提供货币报酬；但就整体而论，纯金融投资仅表现为所有权的转移，并不构成生产能力的增加；生产资料投资能增加一国经济生产的能力，它是反映经济增长的因素。"[1]这里所讲的生产资料投资，即经济意义上的投资，亦即直接投资，主要是形成实物资产。纯金融投资，即金融意义上的投资，亦即间接投资，主要形成金融资产。

---

[1] 简明不列颠百科全书．北京：中国大百科全书出版社，1985：840．

保罗·萨缪尔森和威廉·诺德豪斯对投资的解释是:"投资是一年内一国的建筑物、设备和库存等资本货物的增加部分。投资意味着牺牲当前消费以增加未来消费。""经济学家将'投资'(有时称为实际投资)定义为耐用资本品的生产。而在一般用法上,'投资'通常是指诸如购买通用汽车公司的股票或去开个存款户头这类东西。为了不致混淆,经济学家将后者称为金融投资。""只有当有形的资本品生产发生时,经济学家才认为形成投资。"[①]

通过以上分析可见,项目评估中所说的投资是直接投资,或者说是实际投资,而非间接投资或者纯金融投资。

就直接投资或实际投资而言,投资还分为宏观投资和微观投资。宏观投资是指整个国民经济的投资,包括一定时期内全社会范围内的投资规模、投资方向、投资结构和投资效益等。投资所涉及的这些问题是国家或地方政府根据其现有的资源条件、经济发展状况和未来的社会经济发展规划而确定或进行测算的,属于宏观经济范畴。微观投资一般是指项目投资,即投资项目。尽管项目的范畴比较大,涵盖一系列的活动,包括横向的项目和纵向的项目,但都作为一个投资项目(可以作为一个"综合体"项目)来考虑。

因此,在项目评估中的投资一般是指微观投资,即投资项目。

(二) 投资的作用

1. 从宏观的角度看

(1) 投资增加,会相应扩大内需,从而增加社会总需求水平;投资减少,会相应减少内需,从而减少社会总需求水平。从短期来看,产出和就业水平的变化也决定于投资水平,投资增加,会增加社会的产出水平,同时提供更多的就业机会。

(2) 通过投资能够增加社会的资本积累,提高潜在的生产能力,从而促进长期的经济增长。

2. 从微观的角度看

(1) 增强投资者的经济技术实力。投资者通过投资项目的实施,不但增加了资本积累,而且提高了获得收益的能力,同时也增强了抵御风险的能力。

(2) 提高投资者不断创新的能力。投资者通过自主研发或购买知识产权,并实施投资项目,实现科技成果的商品化和产业化,就可以不断地取得创新利润或垄断利润,从而也使投资者具备长期的经济发展实力。

(3) 增加投资者的市场竞争能力。经验表明,企业的市场竞争能力不但体现在技术创新上,而且决定于企业的规模。通过实施投资项目,可以扩大投资者的生产规模,达到规模经济,或者增加产品的种类,实现范围经济,在市场竞争中立于不败之地。

(三) 投资的决定因素

对于投资者而言,投资的决定因素主要有收益、成本和预期等。

1. 收益因素

投资活动可以是新建一个工厂,也可以是增加现有工厂的生产规模(扩建),还可以是对现有工厂进行更新改造。但不论采取哪一种形式,投资者都要追求收益的增加。市场需求量大,新建工厂和扩建工厂有助于投资者生产和销售更多的产品,以增加收益;对现有工厂

[①] 保罗·萨缪尔森,威廉·诺德豪斯. 经济学. 6版. 北京:华夏出版社,1999:320.

进行更新改造有利于投资者提高产品的市场竞争力,以此增加收益。因此,收益的大小直接影响投资者的最终决策。

2. 成本因素

投资成本包括资本品的价格、借款利息和投资者为其收入所缴纳的税金。资本品的价格是指投资者购买土地、设备及其他资本货物和建造建筑物所支出的费用。资本品的价格是投资成本中的主要部分,投资者最关注的是这部分投资成本多长时间能够回收。投资者进行一项投资活动,往往需要外部资金的支持,或者向银行借款,或者在债券市场上发行债券。无论是银行借款,还是发行债券,都是要支付利息的。一定时期的利率水平决定了投资者的利息成本,从而决定了投资支出。政府的税收也会影响投资的成本,政府运用税收政策可以直接或间接影响投资行为。不同部门、不同项目或不同国家的税收政策,对于追求利润最大化的投资者的投资行为都会产生深远的影响。因此,投资成本也是投资的主要决定因素。

3. 预期因素

投资是为了在未来的一定时期取得预期的收益,因此,对未来经济发展的预期就显得非常重要。如果估计未来的经济不景气,投资者的投资欲望就会大大减少;相反,如果认为经济有可能在近期迅速恢复,投资者就可能大规模地进行投资。因此,对未来经济发展的预期和投资者的信心也是决定投资的要素。

因此,投资决策取决于:对新投资所生产出的产品的需求状况;影响投资成本的利率和税收;企业对未来经济状况的预期。[①]

二、投资项目

(一) 投资项目的界定

在我国,关于投资项目目前尚无公认的界定。按照世界银行的解释,投资项目是指在规定的期限内,为完成某项开发目标而实施的包括规划投资、政策措施、组建机构等内容的一系列活动,它是一个独立的整体活动。

一个投资项目一般包括以下因素或其中的几个因素:

(1) 具有能用于土建工程和(或)机器设备及其安装等投资的资金;

(2) 具备提供有关工程设计、技术方案、实施施工监督、改进操作和维修等的业务能力;

(3) 拥有一个负责实施各项活动的,并能协调各方面关系,促进各类要素合理配置,高效、精干的组织机构;

(4) 改进与项目有关的价格、补贴、税收和成本回收等方面的政策,使项目能与所属部门和整个国民经济的发展目标协调一致,并提高项目自身的经济效益;

(5) 具备明确的项目目标以及项目的具体实施计划。

本书论述的投资项目主要是指作为固定资产投资兴建的建设项目,它以形成固定资产为目标,按照规划、决策、设计、施工、投产、经营等一系列规范的程序和规定的建设工期,实现预定的投资目标。

---

① 保罗·萨缪尔森,威廉·诺德豪斯. 经济学. 6版. 北京:华夏出版社,1999:343.

(二) 投资项目的类型

投资项目种类繁多。根据不同的分类标准,投资项目可划分为不同的类型。

1. 根据项目目标不同,可分为经营性项目和非经营性项目

经营性项目以实现所有者权益最大化为目标,以投资牟利为行为趋向。绝大多数生产或者流通领域的项目都是这种类型。

非经营性项目不以营利为目标,其中包括本身就没有经营活动、没有收益的项目,如城市道路、路灯、公共绿化和植树造林等项目。这类项目的投资一般由政府安排,营运资金由政府支出。另外有些项目的产出直接为公众提供基本生活服务,本身有生产经营活动和营业收入,但产品价格不由市场机制形成,这种项目有的能收回投资,有财务生存能力;有的不能收回全部投资,需要政府补贴才能维持运营;有的能够回收全部投资成本或略有节余。对于这类建设项目,国家有相应的配套政策。

2. 根据项目投资管理形式不同,可分为政府投资项目和企业投资项目

政府投资项目是指使用政府性资金的建设项目以及有关的投资活动。政府性资金包括:财政预算投资资金(含国债资金)、利用国际金融组织和外国政府贷款的主权外债资金、纳入预算管理的专项建设资金以及法律和法规规定的其他政府性资金。政府按照资金来源、项目性质和宏观调控需要,分别采用直接投资、资本金注入、投资补助、转贷和贴息等方式进行投资。

企业投资项目是指企业不使用政府性资金的投资项目。

3. 根据项目产品(或服务)属性不同,可分为公共项目和非公共项目

公共项目是指为满足社会公众需要,生产或提供公共物品(包括服务)的项目,一般多为非经营性项目。公共物品的特征是具有非排他性或排他无效率,有很大一部分物品无法或不应收费。公共项目主要包括基础性投资项目或公益性投资项目。基础性投资项目是指投资于为其他产业发展提供基本生产资料和生产条件的基础产业的项目;公益性投资项目是指投资于为满足社会公众公共需要的项目。

非公共项目是指除了公共项目以外的其他项目,这类项目可以通过收费回收投资,并且通过收费获得利润。这类项目一般都是竞争性投资项目,如加工工业、商业和服务业等领域的投资项目。

4. 根据项目与企业原有资产的关系,可分为新建项目和改扩建项目

新建项目,是指从无到有,平地起家,新开始建设的项目。

改扩建项目,是指在原有企业基础上进行建设的,在不同程度上利用了原有企业的资源,以增量带动存量,以较小的新增投入取得较大的新增效益。

5. 根据项目投资主体不同,可分为国内投资项目和外商投资项目

国内投资项目,即全部由国内投资者投资兴建的项目。其资金来源可以是投资者的自有资金,也可以是在国内外筹集的资金。

外商投资项目,具体包括以下三类:中外合资经营投资项目,简称合资项目,是一种股权式合营项目,即由一个或几个中国的企业或其他经济组织与一个或几个外国的企业或个人共同出资而兴建的项目,合资各方按股权比例分配收益和承担风险;中外合作经营投资项目,简称合作项目,是一种契约式合营项目,一般是指由中方合作者提供土地、厂房、劳动力等,由外方合作者提供设备、资金和技术等共同兴建的项目,合作各方按契约规定的比例分配收益和承担风险;外商独资项目,即由外商独自出资兴建的项目。

此外,还可根据其他不同的标准,将项目划分为不同的类型。

三、投资决策

(一) 投资决策的含义

投资决策就是指根据预期的投资目标,拟订若干个有价值的投资方案,按照一定的程序,采用科学的方法或工具,对这些方案进行分析、比较和遴选,以确定最佳实施方案的过程。

无论是政府还是企业都是通过投资来实现其宏观和微观目标的,但在一定时期内,政府或企业可利用的资源都是有限的,都需要合理配置资源,提高资源的利用效率。投资者必须审慎地选择投资项目,对投资项目进行科学的、全面的分析论证,在权衡利弊的基础上做出是否实施该项投资的决定,以实现最佳的资源配置,达到生产最有效率的目的。另外,投资项目不仅具有收益性、长期性和不可逆性的特点,而且在未来具有很大的不确定性,投资者的预期收益取决于未来社会经济发展的条件、经济环境和发展趋势等,这就需要项目的投资者和资金的供给者在项目建设之前进行科学的投资决策,并充分估计未来的不确定性,使投资者获得预期的投资回报。

(二) 投资决策的程序

投资决策程序反映决策过程的客观规律,违反决策程序将会造成决策失误。正确的投资决策不仅取决于决策者的素质、知识、才能、经验及审时度势与多谋善断的能力,而且与认识和遵循决策的科学程序密切相关。

1. 投资决策的一般程序

完善的项目投资决策应分阶段按照由粗到细、由浅入深的顺序渐进,一般分为投资机会研究、初步可行性研究、可行性研究和项目评估四个阶段。

(1) 投资机会研究阶段。投资机会研究(opportunity study,OS),亦称投资机会鉴别,是指为寻找有价值的投资机会而进行的准备性调查研究。投资机会研究的重点是分析投资环境,如在某一地区或某一产业部门,对某类项目的背景、市场需求、资源条件、发展趋势以及需要的投入和可能的产出等方面进行准备性的调查、研究和分析,其目的是发现有价值的投资机会。

投资机会研究可分为一般投资机会研究和具体项目投资机会研究两类。

① 一般投资机会研究。它是一种全方位的搜索过程,需要进行广泛的调查,收集大量的数据。一般投资机会研究又可划分为三类:一是地区投资机会研究,旨在通过调查分析某一地区的基本特征、人口及人均收入、地区产业结构、经济发展趋势等状况,研究、寻求在某一特定地区的投资机会;二是部门投资机会研究,旨在调查分析产业部门在国民经济中的地位和作用、产业的规模和结构、各类产品的需求及其增长率等状况,研究、寻找在某一特定产业部门的投资机会;三是资源开发投资机会研究,旨在调查分析资源的特征、储量、可利用和已利用状况、相关产品的需求和限制条件等情况,研究、寻找开发某项资源的投资机会。在发展中国家,一般机会研究通常由政府部门或专门机构进行,作为中央政府制定国民经济长

远发展规划的依据。

② 具体项目投资机会研究。在一般投资机会研究初步筛选投资方向和投资机会后,需要进行具体项目投资机会研究。具体项目投资机会研究比一般投资机会研究更为深入、具体,需要对项目的背景、市场需求、资源条件、发展趋势以及需要的投入和可能的产出等进行研究分析,并做出大体上的判断。

企业进行投资机会研究,应结合自身的发展战略和经营目标以及企业内外部资源条件进行。

投资机会研究的成果是机会研究报告,它是开展初步可行性研究工作的依据。投资机会研究阶段一般参照类似项目的数据,估算项目的建设投资和生产成本,误差一般要求约为±30%。

(2) 初步可行性研究阶段。初步可行性研究(pre-feasibility study, PS)亦称预可行性研究,即项目建议书阶段。它是在投资机会研究的基础上,对项目方案进行初步的技术、经济分析和社会、环境评价,对项目是否可行做出初步判断。主要是判断项目是否有生命力,是否值得投入更多的人力和资金进行进一步的可行性研究。

初步可行性研究的重点,是根据国民经济和社会发展长期规划、行业规划和地区规划以及国家产业政策,从宏观上分析论证项目建设的必要性,并初步分析项目建设的可能性。初步可行性研究是介于投资机会研究与可行性研究之间的一个中间阶段,这一阶段一般采用指标估算法估算建设投资和生产成本,误差一般要求约为±20%。

经初步可行性研究判断项目是有生命力的,并有必要投资建设,即可以进一步进行可行性研究。虽然不是所有项目都必须进行初步可行性研究,但对于大型复杂项目而言,这是一个不可缺少的阶段。

初步可行性研究的成果是初步可行性研究报告或者项目建议书,可根据投资主体及审批机构的要求确定。二者的差别表现在对研究成果的具体阐述上,初步可行性研究报告比项目建议书更详尽一些。

(3) 可行性研究阶段。可行性研究(feasibility study, FS)一般是在初步可行性研究的基础上进行的详细研究。通过主要建设方案和建设条件的分析比选论证,得出该项目是否值得投资、建设方案是否合理、可行的研究结论,为项目最终决策提供依据。因而,可行性研究是项目决策的最重要阶段。可行性研究的成果是可行性研究报告。可行性研究阶段一般采用分项详细估算法估算建设投资和生产成本,误差一般要求约为±10%。

(4) 项目评估阶段。项目评估是指对为项目投资决策提供依据所编制的项目建议书、可行性研究报告和项目申请报告进行评估。

① 项目建议书和可行性研究报告评估。它是指在项目建议书和可行性研究报告编制完成后,由另一家符合资质要求的工程咨询单位对项目建议书和可行性研究报告所做结论的真实性和可靠性进行复核和评价,为项目决策者提供决策依据。

项目建议书和可行性研究报告评估通常在以下几种情况下进行:

政府投资项目的项目建议书和可行性研究报告,应经过符合资质要求的工程咨询单位的评估论证。项目建议书的评估结论作为项目立项的依据,可行性研究报告的评估结论作为政府投资决策的依据。

项目业主或投资者为了分析可行性研究报告的可靠性，进一步优化完善项目方案，需要聘请另一家工程咨询单位对原可行性研究报告进行再评估。

拟对项目提供贷款的银行，一般自行组织专家组，有时也委托工程咨询单位对可行性研究报告进行评估，评估结论作为银行贷款决策的依据。

② 项目申请报告评估。它是政府投资主管部门根据需要委托符合资质要求的工程咨询单位对拟建项目的外部影响进行的评估论证。项目申请报告评估在对项目建设用地与相关规划、资源和能源耗用分析、经济和社会效果分析等内容的真实性和可靠性进行核实的同时，侧重从维护经济安全、合理开发利用资源、保护生态环境、优化重大布局、保障公众利益、防止出现垄断等方面进行评估论证。评估结论作为政府核准项目的依据。

2. 我国现行的投资项目决策程序

根据《国务院关于投资体制改革的决定》（国发〔2004〕20号）的要求，政府投资项目仍然实行审批制，审批的程序包括项目建议书和可行性研究报告等。企业投资项目不再实行审批制，区别不同情况实行核准制和备案制。其中，政府仅对重大项目和限制类项目从维护社会公共利益角度进行核准，其他项目无论规模大小，均改为备案制。项目的市场前景、经济效益、资金来源和产品方案等均由企业自主决策，自担风险，并依法办理环境保护、土地使用、资源利用、安全生产、城市规划等许可手续和减免税确认手续。对于企业使用政府补助、转贷、贴息投资建设的项目，政府只审批资金申请报告。对于需要核准的企业投资的重大项目和限制类项目，应在可行性研究报告的基础上编制项目申请报告，投资者仅需向政府提交项目申请报告，政府不再批准项目建议书、可行性研究报告和开工报告。要严格限定实行政府核准制的范围，并根据变化的情况适时调整。《政府核准的投资项目目录》（以下简称《目录》）由国务院投资主管部门会同有关部门研究提出，报国务院批准后实施。未经国务院批准，各地区、各部门不得擅自增减《目录》规定的范围。对于实行备案制的投资项目，除国家另有规定外，由投资者按照属地原则向地方政府投资主管部门备案。国务院投资主管部门要对备案工作加强指导和监督，防止以备案的名义变相审批。

2016年7月2日第十二届全国人民代表大会常务委员会第二十一次会议通过修改《中华人民共和国节约能源法》《中华人民共和国水法》《中华人民共和国防洪法》《中华人民共和国职业病防治法》《中华人民共和国环境影响评价法》《中华人民共和国航道法》六部法律，涉及行政审批事项所处的阶段调整。政府投资项目、企业投资项目上述6项行政审批事项由原来的"审批/核准/备案阶段"变更为"施工报建阶段"。节约能源法"节能评估和审查"、航道法"航道通航条件影响评价审核"两项行政审批事项，政府投资项目在审批阶段完成，企业投资项目则由"核准阶段"变更为"施工报建阶段"。

可行性研究报告与项目申请报告的主要区别有以下三个方面：

（1）适用范围不同。可行性研究报告是投资项目内在规律的要求，是项目建设程序的客观要求，它适用于所有投资项目。项目申请报告是政府行政许可的要求，适用于企业投资建设实行政府核准制的项目，即列入《目录》的项目。政府投资项目和实行备案制的企业投资项目，均不需要编制项目申请报告。

（2）目的不同。企业投资项目可行性研究报告的目的是论证项目的可行性，供企业内部决策机构使用，并作为贷款方确定贷款的依据。项目申请报告不是对项目可行性的研究，而是对政府关注的项目外部影响的有关问题进行论证说明,报请政府投资主管部门核准(行政许可)。在政府投资主管部门核准之前,企业需要根据规划、环保、国土资源等部门的要求,进行相关分析论证,得到各有关部门的许可。

(3) 内容不同。可行性研究报告的内容包括项目的内外部条件和影响,既要对市场前景、技术方案、项目选址、投资估算、融资方案、财务效益、投资风险等企业关注的方面进行分析与研究,又要对政府关注的涉及公共利益的有关问题进行论证。

项目申请报告主要是从维护经济安全、合理开发利用资源、保护生态环境、优化重大布局、保障公众利益、防止出现垄断等方面进行论证,属于市场、资金来源、财务效益等不涉及政府公共权力的"纯内部"影响,不作为主要内容,但需要对项目有关问题进行简要说明,以作为对外部影响评估的基础资料。例如,为了便于政府对行业准入标准等问题进行审查,需要对项目工艺技术方案进行简要说明。

对于外商投资项目,政府还要从市场准入、资本项目管理等方面进行核准。政府有关部门要指定严格规范的核准制度,明确核准的范围、内容、申报程序和办理时限,并向社会公布,提高办事效率,增强透明度。

对于政府投资项目,采用直接投资和资本金注入方式的,从投资决策角度只审批项目建议书和可行性研究报告,除特殊情况外不再审批开工报告,同时应严格政府投资项目的初步设计、概算审批工作;采用投资补助、转贷和贷款贴息方式的,只审批资金申请报告。具体的权限划分和审批程序由国务院投资主管部门会同有关方面研究制定,报国务院批准后颁布实施。

下面分别是核准制和审批制的决策流程:

(1) 企业投资项目的决策流程(以实行核准制为例)。

首先,提交项目申请报告。对于项目申请报告,国家规定有比较严格的标准,投资者应按所要求的内容提交报告。

其次,政府职能部门(各级发改委)对投资者提交的项目申请报告进行核准。在投资者提出项目申请以后,政府职能部门在规定的时间内对项目进行核实、论证。如果是属于重大项目,政府职能部门还要委托有资质的咨询机构进行项目评估,对于符合有关要求的予以核准。

再次,办理相关手续。项目核准后,投资者可以此办理相关手续,包括环境保护、土地转让和城市规划等。当然,在办理环境保护手续前,要根据2003年9月1日开始实施的《中华人民共和国环境影响评价法》(2016年7月2日第十二届全国人民代表大会常务委员会第二十一次会议重新修订)的要求,委托有资质的机构编制环境影响评价报告。

最后,金融机构进行项目评估。如果企业需要贷款,金融机构在提供贷款之前,要按照贷款程序进行项目评估。

(2) 政府投资项目的决策流程(审批制)。

首先,提交项目建议书。在拟建项目之前,项目的投资者必须向政府职能部门(各级发改委)提交项目建议书,并由政府职能部门审批。

其次,编制并提交可行性研究报告。如果项目建议书得到批准,投资者要委托有资质的中介咨询机构编制可行性研究报告,并提交给政府职能部门。对于一般投资项目,政府职能部门组织有关专家进行论证;对于重大投资项目,政府职能部门委托有资质的咨询机构进行项目评估;对于符合有关要求的投资项目,政府职能部门下发文件,准予实施。

再次,办理相关手续。项目批准后,投资者可以此办理相关手续,包括环境保护、土地征收和城市规划等。与企业投资项目相同,在投资者办理环境保护手续前,要根据2003年9月1日开始实施的《中华人民共和国环境影响评价法》(2016年7月2日第十二届全国人民代表大会常务委员会第二十一次会议重新修订)的要求,委托有资质的机构编制环境影响评价报告。

最后,金融机构进行项目评估。如果政府投资项目需要贷款,金融机构在提供贷款之前,要按照贷款程序进行项目评估。

第二节 可行性研究

一、可行性研究的作用

可行性研究是在投资项目拟建之前,通过对与项目有关的市场、资源、工程技术、经济和社会等方面的问题进行全面分析、论证和评价,从而确定项目是否可行或选择最佳实施方案的一项工作。可行性研究在国外已被广泛采用,其理论和方法也日臻完善。我国于20世纪70年代末80年代初,在投资项目决策中引入了西方的可行性研究方法。

可行性研究的最终成果是可行性研究报告。它是投资者在前期准备工作阶段的纲领性文件,是进行其他各项投资准备工作的主要依据。对投资者而言,可行性研究有如下作用:

(一) 为投资者进行投资决策提供依据

进行可行性研究是投资者在投资前期的重要工作,投资者需要委托有资质的、有信誉的投资咨询机构,在充分调研和分析论证的基础上,编制可行性研究报告,并以可行性研究的结论作为其投资决策的主要依据。《国务院关于投资体制改革的决定》颁布以后,取消了政府职能部门(各级发改委)审批企业投资项目可行性研究报告的环节,只规定投资者提交项目申请报告。实际上,这只是审批体制的变化,并不等于投资者不需要编制可行性研究报告。从国内外的实践经验上看,在拟建项目之前,投资者都必须进行可行性研究,为自己项目的投资决策把关。

(二) 为投资者筹措资金提供依据

投资者筹措资金包括寻找合作者投入资金和申请金融机构贷款。在寻找合作者时,特别是在寻找国外的合作者时,往往需要可行性研究报告,国外的合作者会根据项目的可行性研究报告,与国内的投资者签订合作意向书。在申请金融机构贷款时,金融机构首先就要求申请者提供可行性研究报告,然后对其进行全面细致的审查和分析论证,并在此基础上编制项目评估报告。银行等金融机构只有在确认项目具有偿还贷款的能力、银行不承担过大风险的情况下,才会同意贷款。世界银行等国际金融机构也都将提交可行性研究报告作为申请贷款的先决条件。

(三) 为商务谈判和签订有关合同或协议提供依据

有些项目可能需要引进技术和进口设备,如与外商谈判时要以可行性研究报告的有关内容(如设备选型、生产能力、技术先进程度等)为依据。有时,外商会要求在项目的可行性研究报告被批准之后才与之签约。在项目实施与投入运营之后,通常都需要供电、供水、供气、通信和原材料等单位或部门协作配套,因此,投资者要根据可行性研究报告的有关内容与这些单位或部门签订有关协议或合同。

(四)为工程设计提供依据

在可行性研究报告中,对项目的场(厂)址选择、总图布置、生产规模、产品方案、生产工艺、设备选型等都要进行方案比选和论证,从而确定最优方案。因此,可行性研究报告是编制设计文件、进行建设准备工作的主要依据。

此外,可行性研究报告还可为设备订货、机构设置和人员培训等提供依据。

二、可行性研究的内容

投资项目可行性研究的内容,因项目的性质和行业特点而异。从总体上看,可行性研究的内容与初步可行性研究的内容基本相同,但研究的重点有所不同,研究的深度有所提高,研究的范围有所扩大。

(一)企业投资项目可行性研究的主要内容

1. 总论

综述项目背景、项目概况、可行性研究的主要结论,应阐明对推荐方案在论证过程中曾出现的重要争论问题和不同的意见及观点,并对建设项目的主要技术经济指标列表说明,提出或说明项目调查研究的主要依据、工作范围和要求,说明项目的历史发展概况和前期有关审批文件。

2. 项目建设必要性分析

项目建设必要性分析要从两个层次进行:一是从项目层次分析拟建项目实现企业自身可持续发展重要目标、重要战略和生存壮大能力的必要性;二是从国民经济和社会发展层次分析拟建项目是否符合合理配置和有效利用资源的要求,是否符合区域规划、行业发展规划、城市规划的要求,是否符合国家产业政策和技术政策的要求,是否符合保护环境、可持续发展的要求等。

3. 市场分析

调查分析和预测拟建项目产品和主要投入品的国际、国内市场的供需状况和价格;研究确定产品的目标市场;在竞争力分析的基础上,预测可能占有的市场份额;研究产品的营销策略。

4. 项目建设方案研究

项目建设方案研究主要包括:建设规模和产品方案,工艺技术和主要设备方案,场(厂)址选择,主要原材料、辅助材料和燃料的供应方案,总图运输和土建工程方案,公用、辅助工程方案及节能、节水措施,环境保护治理措施方案,职业安全卫生健康措施和消防设施方案,项目的组织机构与人力资源配置等。

5. 投资估算

投资估算是指在确定项目建设方案的基础上估算项目所需的投资。应分别估算建筑工程费、设备购置费、安装工程费、工程建设其他费用、基本预备费、涨价预备费、建设期利息和流动资金。

6. 融资方案

在投资估算确定投资额的基础上,研究分析项目的融资主体、资金来源渠道和方式、资金结构及融资成本和融资风险等,结合融资方案的财务分析,比较、选择和确定融资方案。

7. 财务分析(也称财务评价)

财务分析(财务评价)是指按规定科目详细估算营业收入和成本费用,预测现金流量;编制现金流量表等财务报表,计算相关指标;进行项目的财务盈利能力、偿债能力以及财务生存能力分析,评价项目的财务可行性等。

8. 不确定性分析和风险分析

不确定性分析和风险分析是指对拟建项目进行盈亏平衡分析,计算盈亏平衡点,粗略预测项目适应市场变化的能力;进行敏感性分析,计算敏感度系数和临界点,找出敏感因素及其对项目效益的影响程度;对项目主要风险因素进行识别,采用定性和定量分析方法估计风险程度,研究提出防范和降低风险的对策措施。

9. 经济分析(也称国民经济评价)

对于财务现金流量不能全面、真实地反映其经济价值的项目,应进行经济分析。从社会经济资源有效配置的角度,用项目产生的内部(直接)和外部(间接)的经济费用和效益编制项目投资经济费用效益流量表,计算有关评价指标,分析项目建设对经济发展所作出的贡献以及项目所耗费的社会资源,评价项目的经济合理性。

10. 土地利用及移民搬迁安置方案分析

对于新增建设用地的项目,应分析项目用地情况,提出节约用地措施。涉及搬迁和移民的项目,还应分析搬迁方案和移民安置方案的合理性。

11. 社会评价

对于涉及社会公共利益的项目,如农村扶贫项目,要在社会调查的基础上,分析拟建项目的社会影响,分析主要利益相关者的需求、对项目的支持和接受程度,分析项目的社会风险,提出防范和解决社会问题的方案。

12. 社会稳定风险分析

社会稳定风险分析主要是在实施重大建设项目时,对存在的对社会和群众生产与生活影响面大、持续时间长并容易导致较大社会冲突的不确定性的分析。

13. 结论与建议

在完成以上各项分析研究之后,应归纳总结,说明所推荐方案的优点,指出可能存在的主要问题和可能遇到的主要风险,得出项目是否可行的明确结论,并对项目下一步工作和项目实施中需要解决的问题提出建议。

(二) 政府投资项目可行性研究的主要内容

政府投资建设的社会公益性项目、公共基础设施项目和环境保护项目,除上述各项内容外,可行性研究的内容还应包括:

(1) 政府投资的必要性。

(2) 项目实施代建制方案。

(3) 政府投资项目的投资方式。采用资本金注入方式的项目,应分析出资人代表的情况及其合理性。

(4) 没有营业收入或收入不足以弥补运营成本的公益性项目,要从项目运营的财务可持续性角度,分析、研究政府提供补贴的方式和数额。

(三) 可行性研究的侧重点

不同类型项目可行性研究的侧重点因项目的性质、特点不同而有所差别。比如:

1. 水利水电项目

水利水电项目通常具有防洪、灌溉、治涝、发电、供水等多项功能。需要重点研究的内容是:水利水电资源的开发利用条件,水文、气象、工程地质条件,坝型与枢纽布置,库区淹没与移民安置等。项目经济评价以经济分析为主,财务分析为辅;对于社会公益性的水利项目,如防洪、治涝项目,财务分析的目的是测算提出维持项目正常运行需要国家补助的资金数额和需要采取的经济优惠政策。

2. 铁路项目

铁路项目不生产实物产品,而是为社会提供运输服务。需要重点研究的内容是:项目对经济和社会发展、区域综合运输网布局、铁路网布局等方面的作用和意义;研究运量、线路方案、建设规模、技术标准、建筑工程方案等。项目经济评价以经济分析为主,财务分析为辅。

3. 农业项目

农业项目一般多为综合开发项目,可能包括农、林、牧、副、渔和加工业等项目,建设内容比较复杂。需要重点研究的内容是:市场分析,建设规模和产品方案,原材料供应等。农业项目受气候等自然条件影响,效益与费用的不确定性较大。项目经济评价一般分为项目层和经营层两个层次,项目层次评价以经济分析为主,财务分析为辅,经营层次评价只进行财务分析。

4. 公共卫生项目

公共卫生项目包括医院、社区保健站、卫生防疫、疾病控制系统等项目。项目建设的目的在于改善社会医疗环境,提高人民的身体健康水平,保障社会公平,促进社会发展。需要重点研究的内容是:根据项目的服务范围,确定项目的建设规模;依据项目的功能定位,比较选择适宜的建筑方案、医疗设备和器械。项目经济评价以经济分析为主,常用的方法有最小成本分析、经济费用效果分析等。

5. 资源开发项目

资源开发项目包括煤、石油、天然气、金属、非金属等矿产资源的开发项目,水利水电资源的开发利用项目,森林资源的采伐项目等。需要重点研究的内容是:资源开发利用的条件,包括资源开发的合理性、拟开发资源的可利用量、自然品质、赋存条件和开发价值;分析项目是否符合资源总体开发规划的要求,是否符合资源综合利用、可持续发展的要求,是否符合保护生态环境的有关规定。

(四) 可行性研究应达到的深度要求

(1) 可行性研究报告内容齐全、数据准确、论据充分、结论明确,能满足决策者定方案和定项目的需要。

(2) 可行性研究中选用的主要设备的规格、参数应能满足预订货的要求。引进的技术设备的资料应能满足合同谈判的要求。

(3) 可行性研究中的重大技术、财务方案应有两个以上方案的比选。

（4）可行性研究中确定的主要工程技术数据应能满足项目初步设计的要求。

（5）可行性研究阶段对投资和生产成本的估算应采用分项详细估算法，估算的准确度应达到规定的要求。

（6）可行性研究确定的融资方案应能满足资金筹措及使用计划对投资数额、时间和币种的要求，并能满足银行等金融机构信贷决策的需要。

（7）可行性研究报告应反映在可行性研究中出现的某些方案的重大分歧及未被采纳的理由，供决策者权衡利弊进行决策。

（8）可行性研究报告应附有评估、决策审批所必需的合同、协议、意向书、政府批件等。

三、项目申请报告的主要内容

（一）企业投资项目申请报告的主要内容

（1）项目申报单位概况；

（2）拟建项目概况；

（3）建设用地与相关规划；

（4）资源利用和能源耗用分析；

（5）生态环境影响分析；

（6）经济和社会效果分析；

（7）社会稳定风险分析。

报送企业投资项目申请报告应附送以下文件：城市规划行政主管部门出具的城市规划意见；国土资源行政主管部门出具的项目用地预审意见；环境保护行政主管部门出具的环境影响评价文件的审批意见；根据有关法律法规应提交的其他文件。

（二）外商投资项目申请报告的主要内容

（1）项目名称、经营期限、投资方基本情况；

（2）项目建设规模、主要建设内容及产品，采用的主要技术和工艺，产品目标市场，计划用工人数；

（3）项目建设地点，对土地、水、能源等资源的需求，以及主要原材料的消耗量；

（4）环境影响评价；

（5）涉及公共产品或服务的价格；

（6）项目总投资、注册资本及各方出资额、出资方式及融资方案，需要的进口设备及金额。

报送外商投资项目申请报告应附送以下文件：中外投资各方的企业注册证（营业执照）、商务登记证及经审计的最新企业财务报表、开户银行出具的资金信用证明；投资意向书，增资、购并项目的公司董事会决议；银行出具的融资意向书；省级规划部门出具的规划选址意见书；省级或国家环境保护行政主管部门出具的环境影响评价意见书；省级或国家国土资源管理部门出具的项目用地预审意见书；以国有资产或土地使用权出资的，还需具备有关主管部门出具的确认文件。

为了规范实行核准制的企业投资项目的有关工作，国家发展和改革委员会于2007年5月发文颁布了项目申请报告通用文本。它适用于在我国境内建设的企业投资项目，包括外商投资项目；如果项目需核准招标内容，项目申请报告中还应包括有关招标内容。

四、可行性研究的程序

可行性研究可分为三个阶段,除了投资机会研究阶段比较简单,不一定有一个比较固定的程序外,初步可行性研究阶段和可行性研究阶段一般都有一个相对固定的程序。

(一)组织工作小组

对拟建项目进行可行性研究,首先要确定工作人员,成立工作小组。工作小组的人员结构要尽量合理,不同规模和不同行业的项目,工作小组的人员构成有一定的区别。根据我国的实际情况,编制可行性研究实行资质制度,投资者一般要委托有资质的中介机构(如工程咨询公司、各类设计院等)编制可行性研究报告。工作小组成立以后,按可行性研究的内容进行分工,并分头进行调研,分别撰写详细的提纲,根据提纲展开下一步的工作。

(二)数据调研

根据分工,工作小组各成员分头进行数据调查、整理、估算、分析以及有关指标的计算等。在可行性研究过程中,数据的调查和分析是重点。可行性研究所需要的数据可来源于三个方面:一是投资者提供的资料。因为投资者在进行投资项目的初步决策时,已经对与项目有关的问题进行过比较详细的考察,获取了一定量的信息,这可以作为中介咨询机构的重要信息来源渠道。二是中介咨询机构本身所拥有的信息资源。一般来讲,中介咨询机构都是有资质的从事投资项目咨询的机构,拥有丰富的经验和专业知识,同时占有大量的历史资料、经验资料和关于可行性研究方面的其他相关信息。三是通过调研占有信息。一般来讲,投资者提供的资料和中介咨询机构占有的信息不可能满足编制可行性研究报告的要求,还要进行广泛的调研,以获取更多的信息资料。必要时,也可委托专业调研机构进行专项信息调研,以保证获得更加全面的信息资料。

(三)形成可行性研究报告初稿

在取得信息资料后,要对其进行整理和筛选,并组织有关人员进行分析论证,以考察其全面性和准确性。在掌握了所需信息资料以后即进入可行性研究报告初稿的编写阶段。因为可行性研究报告的各项内容是有联系的,报告的编写要求工作小组成员进行很好的衔接。

(四)论证和修改

编写出可行性研究报告的初稿以后,要由工作小组成员进行分析论证,由工作小组成员介绍各自负责的部分,大家一起讨论,提出修改意见。对于可行性研究报告,要注意前后的一致性、数据的准确性、方法的正确性和内容的全面性等,提出的每一个结论,都要有充分的依据。有些项目还可以扩大参加论证的人员范围,可以请有关方面的决策人员、专家和投资者等参加讨论。经过充分的讨论以后,再对可行性研究报告进行修改,并最后定稿。

第三节 项目评估

一、项目评估及其作用

(一)项目评估的含义

项目评估是指在可行性研究的基础上,根据国家有关部门颁布的政策、法律法规、方法和参数等,从项目(或企业)、国民经济和社会的角度出发,由有关部门(包括银行、中介咨询机构等)对拟建投资项目建设的必要性、产品市场需求、建设条件、生产条件、工程技术、财务效益、经济效益和社会效益等进行全面分析论证,并就该项目是否可行提出相应职业判断的一项工作。

(二) 项目评估的作用

项目评估是由项目隶属政府部门、项目主管部门、贷款银行等部门或由上述部门委托咨询评估机构进行的。它是将微观问题拿到宏观中去权衡,其目的在于决策,不仅为项目决策服务,还是银行贷款决策的依据。

1. 为上级主管部门把关提供依据

在现行经济体制下,投资者在拟建项目之前都要由其主管部门进行审批,在征得主管部门同意之后,方能实施该项目,而主管部门只有在进行项目评估(或通过类似于项目评估的形式)以后才能决策。从这个意义上讲,项目评估可以为上级主管部门把关提供依据。

2. 为金融机构贷款决策提供依据

金融机构提供贷款一般坚持"三性"原则,即效益性、安全性和流动性,凡是申请贷款(一般是中长期贷款)的投资者,都要在提交贷款申请的同时,提供项目的可行性研究报告,由金融机构组织或委托有资质的中介咨询机构进行投资项目评估,并主要以项目评估的结论作为是否提供贷款的依据。在现行的经济体制和金融体制下,金融机构更加重视信贷资产的质量,对投资项目贷款的要求更加严格,对于任何项目都要严格把关,进行真正的项目评估。从这个意义上讲,项目评估可以为金融机构进行贷款决策提供依据。

3. 为政府职能部门审批项目提供依据

在《国务院关于投资体制改革的决定》出台之后,政府投资项目一律实行审批制,企业投资的重大项目和限制类项目从维护社会公共利益的角度实行核准制。因此对有关国计民生的项目、大型基础设施项目和资源开发项目等,在审批或核准项目之前,政府职能部门要对拟建的大型项目进行评估,而且对这些项目的评估所花费的时间、财力和人力可能比可行性研究更多,特别是那些有关国计民生的大型的、结构复杂的投资项目。从这个意义上讲,投资项目评估为政府职能部门审批或核准项目提供了依据。

二、项目评估的内容和程序

(一) 项目评估的内容

项目评估的目标是为投资决策提供科学的依据。项目的类型很多,其规模、性质和复杂程度各不相同,因而其评估的内容与侧重点也有一定的差异。但其基本内容大同小异,主要包括以下几个方面。

1. 项目与企业概况评估

首先,对项目实施的背景进行简要分析;其次,对各类项目的基本概况进行简要分析。对于基本建设项目,主要评估项目的投资者、建设性质、建设内容、产品方案、项目隶属关系以及项目得以成立的依据(如立项批复文件、选址意见书)等。对于更新改造项目,除上述内容外,还要评估现有企业的基本概况、历史沿革、组织机构、技术经济水平、资信程度、经济效益等。对于中外合资项目,则还要分别评估合资各方的基本概况。

2. 项目建设必要性评估

主要从国民经济和社会发展的宏观角度论证项目建设的必要性:分析拟建项目是否符合国家宏观经济和社会发展意图,是否符合市场要求和国家规定的投资方向,是否符合国家建设方针和技术经济政策,项目产品方案和产品纲领是否符合国家的产业政策、国民经济长远发展规划、行业规划和地区规划的要求。

3. 产品市场需求分析

主要分析产品的性能、品种、规模构成和价格,看其是否符合国内外市场需求趋势,有无竞争力,是否属于升级换代的产品。

4. 项目生产规模确定

根据产品的市场需求及所需生产要素的供应条件,分析项目的规模是否经济合理。

5. 项目建设和生产条件评估

主要评估项目的建设施工条件能否满足项目正常实施的需要,如分析场(厂)址选择、供电、供水、交通运输等条件是否落实,有无保证。建设项目的"三废"治理是否符合保护生态环境的要求,项目的环境保护方案是否获得环保部门的批准认可。评估项目建成投产后的生产条件能否满足正常生产经营活动的需要,如分析原材料、燃料、动力的来源是否可靠稳定,产品方案和资源利用是否合理。

6. 项目工程与技术评估

对拟建项目所采用的工艺、技术、设备的技术先进性、经济合理性和实际适用性必须进行综合论证分析。主要论证建筑工程总体布置方案的比较优选是否合理,论证项目建设工期和实施进度所选择的方案是否正确。

7. 投资估算与融资方案研究

对估算的投资数据(包括建设投资、流动资金投资与建设期利息等)进行认真、细致和科学的测算和核实,分析这些数据估算是否合理,有无高估冒算、任意提高标准、扩大规模计算定额和费率等现象,或有无漏项、少算、压价等情况。还应论证融资方案,即资金筹措计划是否可行。

8. 财务分析

从企业或项目的角度出发,采用现行财税制度和现行价格,测算项目的成本与效益,据此判断项目的财务盈利能力、贷款偿还能力和财务生存能力,检验财务指标的计算是否正确,是否达到行业投资收益和贷款偿还的判据基准,以确定项目在财务上的可行性。

9. 经济分析

从国民经济的角度出发,分析项目对国民经济和社会的贡献,检验经济效益指标的计算是否正确,审查项目投入物和产出物采用的影子价格和经济参数测算是否科学合理,项目是否符合国家规定的评价标准,以确定项目在经济上的合理性。

10. 不确定性分析

包括对项目评估进行盈亏平衡分析、敏感性分析,以确定项目在财务上和经济上抵御投资风险的能力,主要是测算项目财务经济效益的可靠程度和项目承担投资风险的能力,以利于提高项目投资决策的可靠性、有效性和科学性。

11. 社会分析

按照项目的具体性质和特点，分析项目给整个社会带来的效益。如是否能够促进国家或地区的社会经济发展和社会进步，是否能够提高国家、部门或地方的科学技术水平和人民文化生活水平等，并将项目对社会收入分配、劳动就业、生态平衡、环境保护和资源综合利用等的影响进行定量和定性分析，检验指标的计算是否正确、分析是否恰当，以确定项目在社会效益上的可行性。

12. 社会稳定风险评估

主要是针对由于重大建设项目的建设可能引发的社会稳定风险，通过深入的调查研究，识别风险来源，采用风险分析和管理的技术方法，对重大项目建设的合法性、合理性、必要性、程序性、适时性等进行全面的分析评价。

13. 项目总评估

在上述各项评估的基础上，得出项目评估的结论，也就是通过汇总各方面的分析论证结果，进行综合研究，对可否批准项目可行性研究报告和能否予以贷款等提出结论性意见和建议，为项目决策提供科学依据。

在实际评估中，可根据项目的性质、规模、类别等对上述内容加以调整。

（二）项目评估的程序

项目评估的程序是指开展投资项目评估工作应当依次经过的步骤。不同类型的项目，其投资额不同，涉及面不同，因而对其进行评估的程序也不完全一致。就一般项目而言，其评估的程序大致包括以下步骤。

1. 准备和组织

与可行性研究一样，对拟建项目进行评估，首先要确定评估人员，成立评估小组。因为项目评估与可行性研究都是从市场、资源、技术、经济和社会等几个方面考察拟建项目的可行性，所以评估小组的人员结构类似于可行性研究工作小组的人员结构。组成评估小组以后，组织评估人员对可行性研究报告进行审查和分析，并提出审查意见。最后，综合各评估人员的审查意见，编写评估报告提纲。

2. 收集、整理数据

根据评估报告的内容，由评估小组负责人作明确的分工，各自分头工作，包括数据调查、估算、分析以及指标的计算等。数据调查和分析的重点在于对可行性研究的审查所提出的问题。在对收集到的数据进行整理以后，进行审核和分析。在基本掌握所需要的数据以后即进入评估报告的编写阶段。

3. 编写评估报告初稿

评估报告初稿一般先进行项目和（或）企业的概况分析、项目建设必要性评估、市场分析、建设生产条件和技术评估，然后进行有关财务数据的估算，计算有关评价指标，进行财务分析、经济分析和不确定性分析、社会分析、社会稳定风险评估，总评估。

4. 论证与修改

编写出项目评估报告的初稿以后，首先要由评估小组成员进行分析和论证，提出修改意见。这一阶段是投资项目评估的关键，一定要充分掌握数据，并力争数据的准确和客观。计算指标的方法一定要科学合理，并且不同的项目要根据各自的特点选用有侧重点的方法和指标体系。评估报告所提出的问题要有充分的依据。

第四节　可行性研究和项目评估的关系

可行性研究和项目评估都是分析和论证项目可行与否的工作,两者关系密切,有许多共同之处,亦各有其特点。

一、可行性研究和项目评估的联系

(一) 均处于项目发展周期的建设前期

可行性研究和项目评估均处于项目投资前期阶段。可行性研究是在投资机会研究阶段通过之后,对项目可行与否进行的全面分析论证;项目评估则是对项目的可行性研究进行审查与分析,进而判断其是否可行。两者都是重要的前期准备工作。这两项工作的质量如何,对项目投资决策都会产生极大影响。

(二) 基础理论基本相同

可行性研究和项目评估都是应用性的学科,要掌握其理论和方法体系,需要许多基础理论。从可行性研究和项目评估所包括的内容来看,它们的基础理论都是市场学、工程经济学和费用—效益分析等。

(三) 工作的内容基本相同

可行性研究和项目评估无论是从经济评价指标计算的基本原理、分析对象、分析依据来看,还是从分析内容来看都是相同的。就同一个投资项目而言,从经济评价的角度看,无论是项目评估还是可行性研究,它们计算评价指标的基本原理都是相同的,即通过比较计算期的所费与所得,计算一系列技术经济指标,得出可行与否的结论;其分析的对象是一致的,都是项目本身;其分析的某些依据也是相同的,都是国家的有关规定和有关部门为拟建项目下达的批复文件等;其所分析的内容均包括建设必要性、市场条件、资源条件、工程技术、经济效益等部分。

(四) 最终工作目标及要求相同

为拟建项目进行评估和开展可行性研究的最终工作目标是一致的,都是通过分析论证,判断项目的可行与否,实现投资决策的科学化、程序化和民主化,提高投资效益,使资源得到最佳配置。两者的要求也是相同的,都是在调查研究的基础上进行分析和预测,得出公正客观的结论。

二、可行性研究和项目评估的区别

可行性研究和项目评估存在诸多相同之处,从理论和实践方面来看,两者又有明显的区别。

(一) 行为的主体不同

可行性研究工作是由投资者负责组织委托的,而项目评估则是由贷款银行或有关部门负责组织委托的。一般来讲,这两项活动均需委托有关工程咨询机构(或其他中介机构)进行,但其所代表的仍是不同的行为主体,亦即咨询机构要对不同的行为主体负责。

(二) 立足点不同

可行性研究是站在直接投资者的角度来考察项目，而项目评估则是站在贷款银行或有关部门的角度来考察项目。由于角度不同，可能导致对同一问题的看法不同，结论也可能出现差异。

(三) 所起的作用不同

可行性研究和项目评估都是进行投资决策的重要依据。可行性研究是投资者进行投资决策和政府职能部门审批项目的重要依据，项目评估则是政府职能部门（对于大型项目而言）和上级主管部门审批项目的重要依据，更是金融机构确定贷款与否的重要依据。两者不可能也无法相互替代。

(四) 所处的阶段不同

尽管可行性研究和项目评估同处于项目建设周期中的建设前期，但在此时期内，可行性研究在先，项目评估在后，这一工作顺序是不能颠倒的。可行性研究是投资决策的首要环节，但仅有这一环节是不够的，还必须在此基础上进行项目评估。项目评估人员要充分利用可行性研究的成果，进行周密的调查研究与分析论证，独立地提出决策性建议。可行性研究为项目评估提供工作基础，而项目评估则是可行性研究的延伸、深化和再研究。

本章小结

投资是指经济主体为未来获得收益而现时投入生产要素，以形成资产的一种经济活动。项目评估中研究的投资是专指增加或恢复生产能力的直接投资，或者说是实际投资，而不包括金融投资。

就实际投资或直接投资而言，投资还分为宏观投资和微观投资，微观投资一般是指项目投资。

投资的宏观作用不仅会影响社会总需求水平，从而在短期内影响产出和就业水平，而且会增加社会的资本积累，提高潜在的生产能力，从而促进长期的经济增长。

投资的微观作用是可以增强投资者的经济技术实力、不断创新的能力和市场竞争能力。

投资者只有在预期投资活动能为其带来利润，也即带来大于投资成本的收益时，才会进行投资。这就是决定投资的三个基本要素：收益、成本和预期。

投资项目是指在规定的期限内，为完成某项开发目标而实施的包括规划投资、政策措施、组建机构等内容的一系列活动。

投资项目种类繁多，可以按不同标准进行不同的分类。根据项目目标不同，可分为经营性项目和非经营性项目；根据项目投资管理形式不同，可分为政府投资项目和企业投资项目；根据项目产品（或服务）属性不同，可分为公共项目和非公共项目；根据项目与企业原有资产的关系，可分为新建项目和改扩建项目；根据项目投资主体不同，可分为国内投资项目和外商投资项目。

投资决策就是指根据预期的投资目标，按照一定的程序、方法和标准，对项目建设规模和产品方案、投资与收益、技术与运行条件、项目的环境影响等方面所做的分析、判断和选择。

完善的项目投资决策应分阶段按照由粗到细、由浅入深的顺序渐进,一般分为投资机会研究、初步可行性研究、可行性研究和项目评估四个阶段。

根据2004年《国务院关于投资体制改革的决定》的要求,政府投资项目仍然实行审批制,审批的程序包括项目建议书和可行性研究报告等。企业投资项目不再实行审批制,区别不同情况实行核准制和备案制。对于需要核准的企业投资的重大项目和限制类项目,应在可行性研究报告的基础上编制项目申请报告,投资者仅需向政府提交项目申请报告。可行性研究报告与项目申请报告的主要区别有:适用范围不同;目的不同;内容不同。

可行性研究是在投资项目拟建之前,通过对与项目有关的市场、资源、工程技术、经济和社会等方面的问题进行全面分析、论证和评价,从而确定项目是否可行或选择最佳实施方案的一项工作。

通过开展可行性研究,可以为投资者进行投资决策、筹措资金、进行商务谈判和签订有关合同或协议、工程设计、设备订货、机构设置和人员培训等提供依据。

企业投资项目可行性研究主要内容包括:总论、项目建设必要性分析、市场分析、项目建设方案研究、投资估算、融资方案、财务分析、经济分析、不确定性分析、土地利用及移民搬迁安置方案分析、社会评价和社会稳定风险分析、结论与建议等。

政府投资建设的社会公益性项目、公共基础设施项目和环境保护项目,除上述各项内容外,可行性研究的内容还应包括:政府投资的必要性;项目实施代建制方案;政府投资项目的投资方式;没有营业收入或收入不足以弥补运营成本的公益性项目,要从项目运营的财务可持续性角度,分析、研究政府提供补贴的方式和数额。

可行性研究可分为三个阶段,其中初步可行性研究阶段和可行性研究阶段一般都要经过组织工作小组、数据调研、形成可行性研究报告初稿和论证及修改四个步骤。

项目评估是指在可行性研究的基础上,根据国家有关部门颁布的政策、法规、方法、参数和条例等,从项目(或企业)、国民经济和社会的角度出发,由有关部门(包括银行、中介咨询机构等)对拟建投资项目建设的必要性、产品市场需求、建设条件、生产条件、工程技术、财务效益、经济效益和社会效益等进行全面分析论证,并就该项目是否可行提出相应职业判断的一项工作。

项目评估不但可以为上级主管部门把关和金融机构贷款决策提供依据,而且可以为政府职能部门审批项目提供依据。

项目评估的程序是指开展项目评估工作应当依次经过的步骤,通常包括:准备和组织、收集整理数据、编写评估报告初稿和论证及修改四个步骤。

可行性研究和项目评估既有共性又有个性。尽管两者有密切的联系,均处于项目发展周期的建设前期、基础理论基本相同、工作的内容基本相同、最终工作目标及要求相同,但两者在行为的主体、立足点、所起的作用,以及所处的阶段等方面又表现出不同于对方的特点。

本章重要概念

投资	投资决策	投资项目	可行性研究
项目评估	国内投资项目	外商投资项目	经营性投资项目
公共项目	非公共项目	政府投资项目	企业投资项目

思考与练习题

1. 投资有哪些作用？
2. 投资项目有哪些类型？它们的分类标准各是什么？
3. 怎样理解投资的决定因素？
4. 投资决策的含义及程序是什么？
5. 可行性研究报告与项目申请报告的主要区别是什么？
6. 企业投资项目的决策流程（以实行核准制为例）是什么？
7. 政府投资项目的决策流程是什么？
8. 可行性研究的含义及作用是什么？
9. 可行性研究的主要内容有哪些？
10. 可行性研究应达到的深度要求有哪些？
11. 项目评估的含义及作用是什么？
12. 可行性研究和项目评估有哪些联系和区别？

第二部分
市场研究篇

第二章 项目概况和建设必要性评估

学习目的：

通过本章的学习，掌握项目投资环境评估、项目建设必要性评估与投资者资信评估的基本内容，熟悉项目提出背景评估的基本内容，了解项目发展概况评估的基本内容。

项目概况评估是指项目评估者根据投资者提供的有关资料，围绕项目提出背景、项目发展概况和项目投资环境等方面所做的调查、研究、分析、考察与评价工作。项目概况评估可以用来分析项目提出的背景是否成立、项目的发展概况是否能保证项目及时付诸实施，以及项目投资环境是否有利于项目建设，并作出相应结论。投资者的资信评估，主要考察其资信程度是否符合项目建设本身以及项目审批部门和银行的有关要求，进而提高信贷资产的质量，防范和减少贷款风险，以此保障信贷资金的效益性、安全性和流动性。项目建设必要性评估主要是针对所确定的企业目标，分析和评价投资项目是否有必要进行建设，分析项目建成后所能提供的产品或服务是否符合社会的需要。

第一节 项目概况评估

一、项目提出背景的评估

项目提出的背景是指最初设计或规划投资项目的根据或理由。项目提出的背景从整体上讲，可以归纳为宏观背景和微观背景两个方面。

项目宏观背景主要是考察与评估项目是否符合国家一定时期的方针、政策、规划等，这是项目是否可行的基本依据。进行项目宏观背景分析时，应掌握各级政府一定时期的方针、政策，充分研究政府的有关规划，此外，还要考察在规划中项目所处的地位和安排的投资时机等，考察有关规划和项目的建设内容，以及项目建设对有关规划的影响。

项目微观背景主要从项目本身提出的理由着手进行分析评估。通过分析项目的投资给地方、部门和企业带来的贡献，考察投资项目提出的理由是否充分。

在项目评估中，项目提出背景评估通常包括产业背景分析、区位背景分析和项目定位分析三个方面的内容。

（一）产业背景分析

当一个国家的商品经济发展到一定的程度，国民经济具备一定的基础之后，就要制定相应的产业政策。投资项目在进行产业背景分析时，首先就应该对国家在这一时期的产业政策进行深入研究。产业政策的主要功能就是协调产业结构,如扶持战略产业,调整和援助弱小产业,培育和鼓励新兴产业等。产业政策在某种意义上集中地反映了政府希望通过调整投资结构来实现经济发展目标的强烈愿望,确定了整个国民经济优先发展的产业、需要抑制发展的产业。因此,产业政策对投资项目的建设具有一种指导作用,引导投资者把资金投向鼓励发展的产业。从这个意义上讲,投资项目的建设也是实现国家产业政策的一个重要手段。

对投资项目的产业背景进行评估,首先就要分析国家的产业政策,包括产业结构政策、产业组织政策、产业分布政策以及国家在这一时期的技术政策和投资政策等。把项目的建设与同期的产业政策、技术政策和投资政策的要求进行对比分析,只有符合国家产业政策、技术政策和投资政策要求的工程项目,才可以认为项目的提出是合理的,项目的建设是必要的。其次,不仅要考察项目建设与国家这一时期的产业政策、技术政策和投资政策的关系,还要分析产业政策与项目建设内容的相符程度,以及项目建设对产业政策的影响程度。

行业分析包括对国家的行业政策、管制与准入、行业周期、行业及项目的成长性、稳定性、发展趋势等的分析。管制与准入对项目需求量、现金流入及未来偿债能力影响甚大。对项目背景进行分析,要了解项目实施人的资格、项目是否符合产业规划、项目对应产品(服务)的市场前景及行业供需状况、项目技术、建设条件及规模定位等。对于工业、房地产等行业来说,不仅需要对行业本身竞争力影响因素作充分评估,更要关注其相关行业的联动性,行业间替代产品的出现及行业内产品的升级,对目前的市场份额、行业同层次竞争者及潜在竞争者要有清楚的了解,以确定目前的市场定位及竞争对象。

(二) 区位背景分析

任何经济活动都离不开某一特定空间,不管其发展水平如何,最终都能在某一特定空间找到它的位置。优越的区位对投资者和生产者而言,同样的投入可获得更大的产出;对消费者而言,同样的支出可以获得更大的效用。

投资者或生产者的区位选择应尽可能寻找利益最大化的地点,因为投资项目的建设和生产对生产要素和产品服务的要求是不同的,对距离市场、资源分布和环境等状况的依赖程度也有所差异。从区位的角度看,传统的项目对生产要素、市场和环境的区位指向类型主要有市场指向型、资源地指向型、原料供应地指向型、燃料及动力指向型、劳动力指向型、技术指向型以及集聚经济指向型等。

1. 市场指向型

市场指向型也可称为消费地指向型,它是指项目靠近消费地比靠近原料产地布点有利的倾向。具有这种布局倾向性的通常有以下几类项目:①产品易碎或易失重,经长途运输可能发生较大途中损失的项目;②产品易腐,难以长久保存,经过长时间的、远距离的运输过程将不能保证产品质量的项目;③原料产地相当分散,而消费区的分布相对集中的项目。

2. 资源地指向型

这里的资源仅指自然资源。有些项目在布局时,只能考虑建在有某种自然资源储量的地区。一般是那些直接以自然资源的开采和利用为目的的项目,如采煤项目、采油项目、森林加工项目和水力发电项目等。这类项目在布局时,几乎没有其他选择。

3. 原料供应地指向型

原料供应地指向型是指项目有趋于接近原材料产地的倾向。具有这种布局倾向性的通常有以下几类投资项目:生产中所需的原料用量大且不易运输的投资项目,如制糖项目、钢铁项目和建材项目等;为便于某种重要原料的运输供应而对其进行初步处理、加工的投资项目,如棉花打包厂等项目;自身生产过程与其主要原料的生产过程之间存在重要的生产联系与互补关系的工程项目,这类项目如果设在原料产地,将可能取得比较好的经济效益,如石油化工项目设在炼油中心、冶金机械项目设在钢铁产地等;消费市场在地域分布上十分分散,没有明显的主次之分,而各种重要生产原料分布相当集中的投资项目,如许多矿产品加工项目等。

4. 燃料及动力指向型

有许多工业项目在布局时要侧重考虑接近燃料和动力产地。这主要是那些在生产过程中对燃料和动力依赖性极强,且消耗量非常大的投资项目,如火力发电项目、有色金属冶炼项目、稀有金属生产加工项目等。在这类项目的生产过程中,燃料和动力的消耗量往往占其生产总消耗的50%左右。靠近燃料和动力产地,可以大大节省燃料或动力长距离运输过程中所发生的高昂的成本费用和损耗,并且有助于其燃料和动力供给的充分性和稳定性。

5. 劳动力指向型

劳动力指向型是指某些项目具有密集使用廉价劳动力的倾向。有些生产活动受劳动力费用高低、劳动力供给数量和质量的影响程度比较高,在布局时就需要重点考虑接近那些有条件节约劳动力费用或能提供相应劳动力资源的区域。劳动力指向型的项目一般是劳动密集型的项目,但也可能是技术密集型的项目(如需要高素质的劳动力)。如纺织、服装、食品和造船行业等实施的投资项目。

6. 技术指向型

技术指向型主要是指随着新技术变革而产生的一系列新兴产业朝着文化、教育、科技和发达地区布点的倾向,如电子、信息和生物基因工程等项目。

7. 集聚经济指向型

在现代化大生产的条件下,不同企业之间的经济联系日趋密切,一些企业的产出常常是另一些企业的投入。如果这些互相联系、互相依赖的企业集聚在一起,就能够更好地协调其相互间的产供销关系,进行更有效、更合理的分工协作,从而节约成本。同时,这些企业集聚在一起,即使它们之间没有直接的联系,也可以共同使用某些基础设施,以节省投资费用。对于一个投资项目,如果将来生产经营中的协作关系对其影响很大,或必须使用某种基础设施而凭自身能力又无法单独建设,因而在布局中必须首先考虑接近具备上述条件的工业基地时,那么这个投资项目在布局上就是集聚经济指向型的。

综上所述,投资项目的建设要充分发挥项目所在的地区优势,就是要在众多绝对优势中强调最大的优势,在没有绝对优势的情况下则选择劣势最小者,这是符合地区作为相对独立利益主体的要求的。只有这样,项目的提出背景才是合理的。

(三)项目定位分析

在市场经济条件下,需求总量决定了产业调整空间,需求结构牵动产业结构的调整,从而在根本上决定了项目的市场定位。投资项目所生产的产品是否为社会所需要,这从根本上决定了项目能否取得比较好的经济效益,也决定了项目有无建设的必要性。因此,企业必须生产市场特别需要的产品,这是企业生产的真谛,投资项目也是如此。市场的变化必然引起生产产品结构的变化,同时也引起投资"热点"的变化。只有把资金投向适应市场需求的产品生产中去,投资才能取得预期的效益,投资才具有必要性。

为项目产品进行定位,必须了解项目在竞争的市场中所处的位置,清楚项目的强项和弱项,对竞争对手进行全面的分析,对项目所在的行业进行深入分析,从而获取差异优势。具体分析过程如图2-1所示。

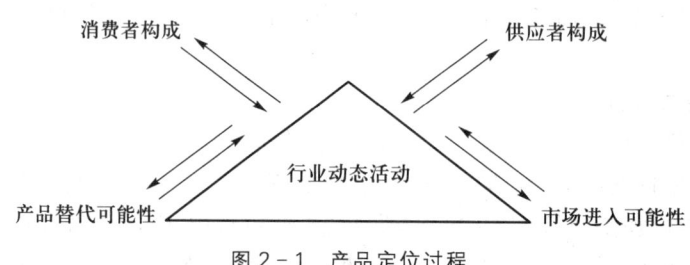

图2-1 产品定位过程

项目定位分析应该通过市场的变化,研究市场的需求情况,调查目前市场的需求和供给状况,预测市场未来发展态势,判断项目生产的产品是否符合市场的要求,在此基础上制定策略,进行企业或产品的市场定位。只有项目定位准确,项目的建设才能实现预期的经济目标。项目定位分析是从项目角度即微观的角度对项目的提出背景进行分析的。

二、项目发展概况的评估

项目发展概况是指进入项目评估阶段之前,项目进展过程中所完成的工作情况,主要指已完成调查研究的项目内容及其成果、已完成的试验试制工作情况和建设场(厂)址的初选意见等。

(一) 对已完成调查研究的项目内容及其成果的评估

判断一个投资项目是否具有可行性,需要对有关市场、技术、资源、经济和社会等各方面进行全面考察和系统分析。对不同的项目,由于各种因素的影响程度不同,所要求考察的繁简程度也不同。在进行评估时,项目评估人员应首先了解投资项目在论证过程中是否考虑了所有重要因素,是否开展过资源调查、市场调查和环境现状调查等工作;其次要考察这些工作进行到了什么程度,形成了哪些成果,这些成果是否符合要求;最后围绕是否需要对某些具体因素进行更深入的专题调查和研究提出结论性评估意见。

(二) 对已完成的试验试制工作情况的评估

已完成的试验试制工作通常是指一项科研成果或引进技术在投资项目应用之前,所进行的有关试验、试制工作。能够应用于项目的科研成果,至少应在项目评估之前通过小试和中试,有的还需要完成大试。评估人员要对项目所用的技术进行分析,要看其是否属于新的科研成果,是否通过小试、中试或大试,是否具备有关部门的鉴定材料。通过对鉴定材料的分析研究,考察项目所利用的技术是否属于高新技术或适用技术,应用条件是否成熟(承担单位现有的技术水平和技术人员的水平能否与该项技术相适应),是否有能力和技术实力消化吸收或引进该项技术。项目评估人员可列表说明在项目评估之前已完成的试验试制工作情况。

(三) 建设场(厂)址的初选意见

场(厂)址选择主要反映建设地点及可供选择地段(线路),可以通过建设地点资料表来反映。该表格式如表 2-1 所示。

表 2-1　　　　　　　　　　　建设地点资料表

序号	初选项目	项目提出单位意见		项目建议书意见			可行性研究报告意见			备注
		Ⅰ	Ⅱ	Ⅰ	Ⅱ	推荐意见	Ⅰ	Ⅱ	推荐意见	
1	地点和地区									
2	可供选择地段									
3	地形地质									
4	地貌									
	……									
	……									
5	社会经济条件									
	……									
	……									
6	其他条件									
	……									
	……									
7	主要优缺点									
	……									
	……									

三、项目投资环境的评估

(一) 投资环境的分类

投资环境是指影响项目投资行为的外部条件的总称,它是投资赖以进行的前提。根据不同的标准,投资环境可划分为不同的类型。

1. 投资环境按其与投资的关系划分,可分为狭义投资环境和广义投资环境

狭义投资环境一般是指经济环境,它由与项目投资直接相关的各子环境构成。如投资项目建设环境、项目总体环境等。

广义投资环境一般是指自然环境、社会经济环境、国际环境等。它包括的范围较广,是由与项目投资直接、间接相关的诸子环境构成的。如拟建项目所在国家或地区的地理位置、自然资源、气候条件、市场状况、民族传统、风俗习惯、人们的价值观念、政治状况、国际交往、贸易往来等。

2. 投资环境按其投资地域划分,可分为国内投资环境与国外投资环境

国内投资环境一般是指投资者在本国境内投资,影响其投资机会决策的诸因素所构成的环境。进行国内项目的评估,对象是国内投资环境。

国外投资环境一般是指东道国影响投资决策的诸因素所构成的环境。

3. 投资环境按其表现形态划分,可分为软环境和硬环境

软环境属于投资环境中无形的非物质条件,一般是指吸引投资的政策和措施、政府对投资的态度、办事效率、服务机构设置、科学文化发展程度以及法律、经济制度、经济结构等社会、经济、政治环境。

硬环境属于投资环境中有形的物质条件,它是投资环境的物质基础。一般是指与项目相关的交通运输条件、通信设施、城市基础设施,为生产、生活服务的第三产业发展状况,自然资源,技术条件等。

项目评估既要对项目的软环境进行评估,又要对项目的硬环境进行评估。

(二) 投资环境的内容及其评估

投资环境评估的具体内容主要包括社会政治环境、经济环境以及自然、技术和物质环境。

1. 社会政治环境及其评估

社会政治环境是投资环境中最敏感的因素,包括政治环境、社会意识形态和法制建设等。

对政治环境的评估是要考察国家或地区的政局稳定性、政策的连续性和社会安定等情况,政府对投资者的态度,以及政府的办事能力和办事效率等,其中政局稳定性和政策连续性是衡量国家政治环境优劣的实质性因素。

对社会意识形态的评估是要考察项目所在地区的风俗习惯、宗教信仰及人们的价值观念、生活方式、社会关系和文化素质等。

在形成投资环境的诸因素中,法律因素起着调整投资关系、保障投资者的利益和安全、调节投资行为的作用。因而,为了充分发挥投资环境诸因素的作用,给投资者提供充分的法律保护,以强化投资者的投资意愿,坚定其投资信心,必须不断健全法制,并努力保持其法律的相对稳定性。对法制建设的评估是要考察与项目实施有关的法律法规的建设是否完善,是否有效,能否保障投资者的权益等。

2. 经济环境及其评估

经济环境是构成投资环境的诸多组成因素中涵盖面最广、内容最丰富的因素。它广泛涉及了与投资者相关的各种经济内容,诸如经济体制的健全程度、社会经济发展水平及增长速度、物价及货币的稳定性、市场环境、生产要素供给水平、行业竞争状况、专业化协作水平以及国际收支状况、国际贸易和国际金融等涉外经济政策。

3. 自然、技术和物质环境及其评估

自然、技术和物质环境包括自然环境、技术环境和基础设施配套条件等。对自然环境的评估是要考察项目所在地的地理位置和自然资源状况。对技术环境的评估是要考察相应时期的技术政策、科技发展水平、科技人员素质及数量、科技结构与组织结构等。对基础设施配套条件的评估是要考察项目所在地的运输条件、通信条件和公用设施条件等。

第二节　投资者的资信评估

一、资信评估的目的

目前我国投资项目实行项目法人责任制，项目法人对项目策划、资金筹措、建设实施、生产经营、债务偿还和资产保值增值实行全过程负责。项目建议书、可行性研究报告要由项目法人提出。不能依托现有企业进行建设的项目，其项目建议书、可行性研究报告可由政府部门、有关单位或项目发起人提出。因此，对承担投资项目资金筹措、建设实施、经营管理和资产负债管理的企业进行资信评估，就成为投资项目评估的重要组成部分。

投资者的资信程度是指投资者的资质和信用程度。投资者资信评估就是指对企业的资质和信用程度进行检验和计量，并科学、客观地做出全面评价的过程。资质系指企业的经济技术实力、经营管理能力和经营状况等企业基本条件；投资者的信用程度是指投资者的金融信用和经营信用。金融信用主要是指借款按期偿还率，由于项目投资除了投资主体按规定应有一定比例的资本金以外，大部分需向银行或金融机构借贷筹资。因此，对投资者进行金融信用评估尤为重要，这是保证金融资产安全的一项重要措施。经营信用主要是指如供销、技术服务和技术咨询等经济合同的履约率，进而评估其经营信用。

通过对投资者资质和信用程度的全面评估，可以考察其资信程度是否符合项目建设本身以及项目审批部门和银行的有关要求，进而提高信贷资产的质量，防范和减少贷款风险，以此保障信贷资金的效益性、安全性和流动性。

二、资信评估的内容

投资者资信评估的内容，主要包括历史沿革、投资者素质、经营管理、经营效益、投资者信用和发展前景六个方面。

（一）历史沿革评估

对投资者历史沿革的评估，主要是审查分析投资者的创立和发展过程、隶属关系和体制变化的情况，从而掌握企业的特点和发展变化过程，为下一步评估做好准备。

（二）投资者素质评估

投资者素质评估是对项目法人根本条件的评估。投资者素质就是指企业内在的质的情况，它是企业生存和发展的关键和根本，也是投资者资信的基础和内在条件。因此，投资者素质评估是对影响项目投资的根本条件的考察。投资项目能否成功，不仅取决于项目本身的技术经济条件和项目所在地的区域投资环境，而且有赖于承担项目实施的企业素质的好坏，必须从企业素质上进行分析，以提高项目决策的科学水平。

（三）经营管理评估

投资者的经营管理水平是决定投资项目能否成功的一个重要因素，所以，对投资者的考察与评估，一定要考察其经营管理水平，分析其是否有能力来管理所投资的项目。经营管理评估主要包括投资者企业经营机制评估和生产经营管理评估。

经营机制评估主要是考察投资者企业法人性质、产权构成、主营业务和经营管理制度的建立及健全程度等内容。对于新组建的项目法人,应重点审核和考察是否符合现代企业制度及《中华人民共和国公司法》的要求,以及产权构成和各股东方的基本情况。

生产经营管理评估主要考察投资者企业现有主要产品的质量、生产能力、销售以及流动资金周转情况。分析近年来新产品开发计划完成率、产品销售增长率、合同履约率、一级品率、产品销售率、成品库存适销率及全部流动资金周转加速率等指标。

除此之外,投资者经营管理水平评估还要了解投资者尤其是高层管理人员对今后企业的发展有无更宏伟的设想与安排,对产品结构、质量和产量的发展规划有无更长远打算等。

(四) 经营效益评估

经营效益评估就是对企业的获利能力进行评价,这是投资者、债权人(贷款者)以及经营者都十分关心的关键问题。企业经营效益评估应包括企业经济实力评估、企业生产经营情况评估,以及企业资产负债及偿债能力评估,以此考核企业的经营水平和经济效益状况。

(五) 投资者信用评估

信用评估是指投资者企业在一定资产结构下所表现出的信用状况,包括借贷资金信用、经济合同履约信用和产品信誉的分析评估。评估投资者企业借贷资金信用主要是分析企业以往借贷资金的占用、使用和偿还情况以及信誉状况,同时也能反映出投资者企业的经济效益水平和资信品质。通过对各项借贷资金指标的测算,掌握企业历年来银行贷款和其他借款的偿还情况。评估企业经济合同履约信用,主要了解企业的法制意识和企业与其他单位经济活动往来的信誉状况,可运用经济合同履约率指标来进行定量分析。对产品信誉的评估,主要是考察企业产品的优质率和合格率、产品的市场占有率和竞争能力。

(六) 发展前景评估

发展前景评估主要考察投资者未来的发展规划、发展目标与相应的措施以及产品市场竞争能力、应变能力和发展趋势。从市场预测、发展规划和管理手段三个方面,通过对投资者销售收入增长率、利润增长率、资本保值增值率和固定资产净值率等定量指标和其他定性指标来反映和考核企业未来的发展能力和前景。

第三节 项目建设必要性评估

项目建设必要性评估就是从以下几个方面分析项目建设的必要性,主要包括国民经济和社会发展长远战略规划的需要、经济结构调整的需要、实施国家产业政策的需要、地区经济发展的需要、行业发展战略的需要、企业自身发展的需要等方面内容。

一、国民经济和社会发展长远战略规划的需要

国民经济的发展是个长久持续的过程。投资作为发展的主要动力之一,是促进经济发展的关键因素。投资者在寻找投资机会时,应关注与项目有关的国家长远发展战略规划,使项目的发展融入整个国家的经济发展战略中。国民经济发展战略规划是国家在一定时期内所要达到的主要目标,以及为实现这些目标所应采取的方针、政策和措施的概括,是经济发展目标、发展方式和发展途径的总和。项目投资作为社会生产力的再生产活动,应与国民经济发展战略、长远规划和中期计划相一致,项目产品的选择必须符合相关规划、计划的要求,

这也是项目决策的宏观依据。

投资项目也应与国民经济发展的中期计划相适应。中期计划一般指五年计划，它以国民经济发展战略和长期计划为依据，比长期计划更具体，投资项目是否符合五年计划的要求，是投资项目有无建设必要性的重要前提。在对投资项目进行评估时，应重点分析以下内容：项目的建设是否符合本计划期经济建设的目标和要求；项目产品是否与本计划期国家鼓励生产的产品相一致；项目需引进的技术应是本计划期内允许引进的；项目的总投资是否与国家本期计划控制或发展规模相一致；重大项目是否列入国家的本期计划。

二、经济结构调整的需要

经济发展的历史表明，经济结构是不断变化的，而且随着时间的推移，经济结构变化的速度越来越快。经济结构发生变化的原因包括：经济发展与人均收入水平的提高会引起经济结构的变化；科学技术的发展导致了新兴产业的不断出现，使整个国民经济的部门构成越来越复杂，使经济结构不断发生着重大的变化；国外市场的变化对经济结构变化的要求；国家的经济政策对经济结构变化的作用。在经济结构调整的大背景下，每一个符合经济结构调整的投资项目都可能是必要的，所有不利于经济结构调整的项目则可能是没有市场的，所以，新的投资项目与经济结构调整之间是相辅相成的，经济结构调整要求出现一些新的投资项目，一般也只能通过新项目的投资来拉动和改变。

三、实施国家产业政策的需要

国家产业政策不仅仅是经济结构调整的需要，它还是国家运用经济手段和行政干预办法，实现社会经济资源在各个产业部门的最佳配置，并促进产业结构优化的必要措施。由于投资项目，特别是大中型骨干项目，直接构成产业结构的支柱，因此项目产品的选择必须符合我国的产业政策及产业结构的调整方向。产业政策对投资项目建设具有指导作用，引导投资者把资金投向国家鼓励发展的产业。当前我国产业政策总的原则是"依靠科技进步，促进产业结构的调整和优化，在改造和提高传统产业的基础上，发展新兴产业和高新技术产业，推进国民经济信息化"。产业结构优化的重点是高度重视农业，调整和改造加工工业，加快发展基础设施、基础工业和第三产业，振兴支柱产业。因此，投资项目建设应重点围绕这些方面开展。

四、地区经济发展的需要

地区经济发展战略是在国民经济发展战略与长远规划的指导下，结合本地区的实际情况而制定的有利于发挥本地区各方面优势，推动本地区经济发展的目标和计划。投资项目的建设必须符合所在地区的经济发展战略。每个地区的优势是不同的，要想把这些潜在的地区优势转化为经济优势，需通过投资建设项目来创造条件，这样才能增强地区的经济实力，促进区域经济的发展，这也正是地区经济发展战略的目标和要求。

投资项目的区域分布要与全国统筹规划相协调。为了使全国各地的经济朝着优势互补、合理分工的方向发展，国家根据各地的资源特点和优势进行了统筹规划，明确了各自的主要发展方向。各个地区的投资项目应尽可能与国家统筹规划相一致。合理的布局能够促进分工协作，加快经济发展。布局经济要求各地区按照自身资源、技术和经济等方面的优势来发展经济，这样就会形成重点突出、各有特色的经济区域和生产组织，促进地区间和地区内部的分工协作，从而达到加快地区经济和整个国民经济发展的目的。

总之，从地区经济发展的角度来评估项目建设的必要性时，应着重分析项目是否在服从地区长远规划的前提下，合理利用地区资源，发挥地区优势，增强地区的经济实力。还应该将拟建项目放到国家或地区的经济布局中去考虑，分析其是否符合布局经济的要求。

五、行业发展战略的需要

在国家的经济发展战略指导下，各行业都制定了行业发展战略。它指导着本行业内部的各项经济活动，明确规定了各行业今后发展的重点产品、重点投资方向及相应的保证措施。

每个投资项目都属于某个特定的国民经济行业，投资项目建设及其产品的生产应符合行业发展战略和规划。评估的内容主要是：投资项目生产的产品应是本行业发展的重点产品，重点产品的生产可以调整行业内部不合理的产品结构，对行业的发展起着主导作用；投资项目生产的产品质量在行业内应有可靠的保证，有较强的竞争能力；投资项目生产的产品应具有较低的成本，以保证在有较强竞争能力的前提下，给项目带来较好的经济效益；项目建设应运用新技术或填补行业产品空白，这样不仅可以满足消费者的需求，而且起着推动行业技术进步的作用。

六、企业自身发展的需要

企业的发展是社会发展的基础。不过，企业本身的发展并不是为了社会的发展，而是企业追求剩余产品，追求利润的结果，这个过程是通过满足市场需求来实现的。为了满足市场需求，企业就要生产更多的适合市场需求的产品，来满足企业发展和人们的物质生活需要。围绕企业的发展目标，通过项目的投资建设来实现企业的目标。企业进行投资建设一般有以下几种情况：企业为了实现规模经济效益，降低生产成本，提高竞争的优势地位，需要扩大产品的生产规模，需要投资建设项目；企业为了提高市场占有率，获得市场的竞争优势，需要扩大建设规模，或者提高产品品质，需要投资建设项目；企业为了提高自身的盈利能力，实现销售收入，也需要投资建设项目；企业根据战略管理的需要，可能会实行战略性转移和转产，这也需要投资建设项目。

七、技术进步的需要

科学技术是社会第一生产力。在推动生产力发展的因素中，科学技术居首位。科学技术进步已成为生产力发展的主导因素，科学技术以渗透的方式凝结于生产力的实体要素之中，使生产力发生了质的变化。科学作为精神生产力转化为物质生产力，增加社会财富，只有经过一定的途径才能实现，其中之一就是通过投资把科研成果转化成社会需要的产品。无论是新建项目还是改扩建项目，应尽可能地采用先进适用的新技术、新工艺和新设备，满足项目在技术上的先进性和适用性要求，并能把新的科研成果尽快运用于产品的设计与生产上，使其转化为社会生产力，使项目能生产出社会所需要的高质量的新产品。在对这类项目进行必要性分析时，首先要分析科研成果转化为社会生产力的必要性和可能性，然后考察拟建项目是否具备这方面的能力,如果能够通过拟建项目的建设尽快地把科研成果转化为生产力,则认为项目建设是有必要的。

 本章小结

项目概况评估是指项目评估者根据投资者提供的有关资料,围绕项目提出背景、项目发展概况和项目投资环境等方面所做的调查、研究、分析、考察与评价工作。组织投资项目概况评估,需要判断有关项目提出的背景是否成立、项目的发展是否能保证项目及时付诸实施,以及项目投资环境是否有利于项目建设,并提出相应结论。

项目提出的背景是指最初设计或规划项目的根据或理由。它需要从宏观和微观两个方面去考察。通常从产业背景、区位背景和项目定位等方面分析和评价项目提出的背景。

项目发展概况的评估需要对已完成调查研究的项目内容及其成果、已完成的试验试制工作情况和建设场(厂)址的初选意见进行分析。

投资环境是指影响项目投资行为的外部条件的总称,可分为狭义投资环境和广义投资环境、国内投资环境与国外投资环境,以及软环境与硬环境等。投资环境的评估,通常需要分析评估社会政治、经济、自然、技术和物质环境等因素。

投资者资信评估的内容,主要包括历史沿革、投资者素质、经营管理、经营效益、投资者信用和发展前景六个方面。

项目建设必要性评估主要从以下几方面分析项目建设的必要性,包括项目建设是国民经济和社会发展长远战略规划的需要、经济结构调整的需要、实施国家产业政策的需要、地区经济发展的需要、行业发展战略的需要、企业自身发展的需要和技术进步的需要等方面内容。

本章重要概念

产业政策	原料供应地指向型	市场指向型	技术指向型	
投资环境	项目建设必要性评估	资信程度	资信评估	经营信用

 思考与练习题

1. 如何对项目提出的产业背景进行分析?
2. 如何对项目提出的区位背景进行分析?
3. 投资环境分析评估的内容包括哪些?
4. 投资者资信评估的目的是什么?
5. 投资者资信程度主要受哪些因素的影响?
6. 投资者资信评估的内容是什么?
7. 应从哪些方面进行项目建设必要性评估?

第三章 市场分析

学习目的：

通过本章的学习，掌握市场分析的主要内容，熟悉项目战略的类型，了解项目销售规划和市场调查与预测的原则、流程和方法。

市场分析是投资项目评估的基础，通过对项目的产出品、投入品或服务的市场容量、价格、竞争格局等进行调查、分析、预测，为确定项目的目标市场、生产规模和产品方案提供依据。在企业决定投资方向与目标市场时，要进行战略分析，考虑企业总体发展战略，分析产品生命周期，研究市场竞争格局，制定有效的营销策略，为项目的成功打下基础。

第一节 市场分析概述

一、市场分析的意义和作用

（一）市场分析的意义

投资项目提供产品和服务的主要目的是满足消费者未能满足的需求，或者是引导消费者对新产品和服务产生新的需求，并通过项目建设和运营过程获得项目预期的收益。

市场作为一切商品交换关系的总和，既是投资项目的起点，又是其最终的归宿。在市场经济环境下，任何经济活动都是围绕市场这个主体展开的。项目提供什么样的产品（或服务）、多少产品以及为哪些消费者提供产品，这一切都取决于市场。因此，可以说，项目产品是否有市场是检验项目是否具有可行性的首要条件。项目的市场分析是项目建设方案、投资规模和财务分析等诸多方面的基础。项目产品没有市场，对项目的其他因素如资源、技术、经济和社会等的分析都将会成为无源之水、无本之木，也就没有必要去研究。因此，理性的投资者首先需要面对的问题就是考察项目产品的市场供求状况并进行前景预测，充分了解市场竞争和项目自身的优劣势，这样才能够确保项目评估的后期工作具备科学、客观和准确的依据。

可见，市场分析即是指通过市场调查和供求预测，根据项目产品的市场环境、竞争能力和竞争者状况，分析、判断项目投产后所生产的产品在有限的时间内是否有市场，以及应采取怎样的营销战略来实现销售目标。

（二）市场分析的作用

1. 确定合理的生产规模

一般情况下，可以根据规模经济性理论和市场供求分析及预测确定生产规模。即在考察市场供求缺口及未来市场供求情况、未来竞争者情况、产品的竞争能力等因素后，结合规模经济理论和投资者资金情况，确定合理的生产规模。

2. 初步确定投资规模

通过市场分析，在确定生产规模的基础上，对厂房建设、设备购买、流动资金投入等进行预测，从而基本确定项目的总体投资规模。

3. 确定产品生产方案

通过市场分析，能够根据不同消费者的消费行为特征，把握消费者的需求倾向，找到市场潜在需求和供求缺口，由此制订出满足更多消费者需求、市场竞争力更强的产品生产方案。产品生产方案对生产产品的品种、数量、质量标准、技术参数指标等的确定均有直接的指导意义。

4. 为财务分析提供合理的数据分析基础

市场供求状况及预测和营销策略分析是确定产品价格的重要因素。通过市场分析可以确定产品营销的策略，制定产品的销售价格。通过市场分析确定生产规模后，有助于项目确定聘用人员数量、直接原材料和燃料动力的消耗、流动资金的需求量等，对财务效益与费用的估算和财务分析有重要意义。

5. 为市场风险分析提供客观的判断依据

前期影响产品市场销售的因素中，可以客观、准确评价的因素越多（某些情况下更多的是保守估计），则对未来收益预测的不确定性（达不到预期收益的概率）就会越小。这些因素包括：市场分析的数据是否准确、对竞争者的竞争能力和未来发展潜力的评价是否客观、影响市场预测的各方面因素考虑是否全面、市场环境是否稳定等。对上述因素分析越透彻，市场分析对风险分析具有的价值就越大。

二、市场分析的方法

市场分析的目的在于揭示项目产品的市场结构及需求状况，通常通过市场调查、市场预测和市场趋势综合分析的方法来达到目的。

（一）市场调查

市场调查又可以称为市场营销调研，是指对那些可用来解决特定营销问题的信息所进行的收集、分析和报告的过程。美国市场营销协会将其定义为：一种借助信息把消费者、顾客及公共部门和市场联系起来的特定活动，这些信息用以识别和界定市场营销的机会和问题，产生、改进和评价营销活动，监控营销绩效，增进对营销过程的理解。项目首先面临的是现实市场，而现实市场是由过去市场发展变化而形成的，只有通过市场现状调查才能了解项目产品的过去市场及目前市场的状况。

（二）市场预测

市场预测是指根据过去的经验或在市场调查的基础上，运用一定的方法对未来一定时期内市场发展的趋势进行预计和测算。依据过去经验进行的预测叫推断；根据市场调查数据运用模型进行的预测叫作模型预测。

市场预测是市场分析的一部分，也是市场调查的延伸。它对市场发展走势的判断可以帮助投资者进行中远期决策。建设一个项目，一般需要几年或十几年，生产经营期也要在十几年以上,因此,项目总的有效寿命一般在二十年左右。也就是说,项目总是要服务于未来的,因此必须通过市场预测来描述项目产品的未来市场状况。

(三) 市场趋势综合分析

项目的过去、现在和未来既是一个动态发展过程,又是一个紧密联系的整体。项目的投资方向、投资规模和投资方式与内容的正确决策,都必须建立在了解市场动态变化过程的基础上,因此,需要进行市场趋势综合分析,揭示项目产品的市场结构以及发展规律,为项目决策服务。

总之,项目的市场分析就是通过市场现状调查来认识项目产品市场的现在和过去,通过市场预测来认识市场的未来,通过市场趋势综合分析揭示出整个市场的结构和规律。

三、市场分析的内容

市场分析的基本内容主要包括两大部分,即市场宏观层面分析和市场微观层面分析。

(一) 市场宏观层面分析

对项目市场进行宏观层面分析的主要目的是发现市场提供的各种机会,以便进一步利用机会。同时,也是为了发现市场环境对企业可能产生的威胁,以便避免或者减轻不利因素对企业造成的影响。

1. 人口环境

人口环境调查是环境调查与预测的一个比较重要的内容。人口环境调查的主要内容有:人口总量和市场容量的调查、人口构成的调查、人口流动和迁移的调查、关于家庭生命周期的调查和家庭结构变化的调查。

2. 经济环境

经济环境分析是对项目所在国家和地区的整体宏观经济发展情况以及项目所处行业(产业)和相关行业(产业)的发展状况等的分析。包括项目所在地的生产总值、人口、人均收入水平、消费水平、物价指数等,以及上述指标的同比增长情况。通过上述分析,可以判断所处的历史阶段是否为经济发展繁荣期,经济环境是否有利于项目的发展,从而从宏观和微观的层面上考察影响项目产品供给和需求的各种因素。

3. 政策和法律环境

政策和法律环境是指项目目标市场所在地目前的政治形势和未来的发展趋势,以及正在执行的方针政策、法律体系、各种法规和各种强制性规章制度等能够对项目的建设和经营产生影响的环境因素。由于不同国家(地区)在不同时期的政策和法规差别较大,因此,在进入目标市场前,应对其所在地的政策和法律环境进行详细的市场调查,分析该国家(地区)今后一个时期的主导政策是否有利于项目的发展,分析项目所在行业中哪些项目受到国家支持,哪些受到禁止或限制,以确定是否可进行市场的开拓工作。

4. 自然和资源环境

与项目相关的自然和资源环境包括项目所在地的气候、地势、资源等天然环境,以及人力资源、交通、通信、基础设施设置等人为条件环境。项目的自然和资源环境分析主要从以下方面入手:项目所需的原材料供给是否充足,价格是否低廉,大宗货物的交通运输是否便利,当地人才能否满足项目对人员素质的要求,相关(上下游)产业的发展水平是否足以支持项目的建设等。

(二) 市场微观层面分析

项目的市场微观层面分析主要从市场供求现状、产品、消费者购买行为、市场细分和目标市场的确定、项目竞争力和市场风险等方面进行。

1. 市场供求现状分析

(1) 市场需求现状分析。市场需求是指在一定的时期、一定的条件下,在一定的市场范围内消费者购买某种产品(或劳务)的总量。市场需求现状分析包括三个方面:有效需求、潜在需求、需求的增长速度。有效需求是指消费者现阶段能用货币支付的需求。潜在需求是指现时无法实现,但随着收入水平的提高或商品价格的降低等因素的变化,在今后可以实现的有效需求。市场供求现状分析需要对潜在需求转化为有效需求的主要约束条件予以分析,即需要分析促使潜在需求转化为有效需求的各种因素,以及这些因素发生变化后,可能对市场新增需求量造成的影响。需求的增长速度是影响项目建成后的市场需求的重要因素,是由现时的市场需求推测未来市场需求的关键因素。

(2) 市场供给现状分析。市场供给是指在一定的时期内、一定的条件下,在一定的市场范围内可提供给消费者的某种商品或劳务的总量。市场供给现状分析主要调查市场的供应能力、主要生产或服务企业的生产能力,了解市场供应与市场需求的差距。其中,市场供应能力调查应调查供应现状、供应潜力以及正在或计划建设的相同产品的项目的生产能力。

(3) 市场供求综合分析。市场供求综合分析就是把市场需求、市场供给和市场竞争状况有机地结合起来,分析判定产品在项目寿命期内的市场供求平衡状况以及项目投资者可能实现的产品销售量。市场供求综合分析通常借助市场供需调查预测表来进行,如表3-1所示。

表3-1　　　　　　　　　　某产品市场供需调查预测表

年份	需求情况				供给情况			供需缺口
	国内销售量	未满足需求量	出口量	总需求量	国内生产量	进口量	总供给量	
	①	②	③	④=①+②+③	⑤	⑥	⑦=⑤+⑥	⑧=④-⑦
××年实际								
××年预测								

国内需求量＝国内产量用于国内销售量＋国内未满足的需求量

(公式3-1)

市场总需求量＝国内需求量＋出口量　　(公式3-2)

国内生产量＝国内现有生产能力＋在建项目生产能力＋拟建项目生产能力

(公式3-3)

市场总供给量＝国内生产量＋进口量　　(公式3-4)

$$市场供需缺口 = 市场总需求 - 市场总供给 \qquad (公式3-5)$$

市场供需缺口即为潜在的产品市场。

2. 产品分析

产品分析包含两方面的内容:一是项目产品的功能和特性分析;二是项目产品生命周期研究。在研究了市场需求和供给情况后,必须进行产品研究,明确项目产品所处阶段及特点,以进行市场的综合分析,判断项目产品是否有市场,为确定项目产品方案和生产规模提供依据。

(1) 产品功能与特性分析。产品功能与特性分析就是分析和评价该产品的一般功能和特性,与同类产品相比有哪些优势,预计可能的市场占有率。对产品功能与特性的分析有助于了解产品是否能顺利进入市场以及是否具有竞争力,并可据此判断项目产品是否有市场。

(2) 产品生命周期分析。产品生命周期是指该产品从导入即发明研制,投入市场开始,经历成长、成熟、饱和、衰退等不同阶段,最后退出市场所经历的时间。产品生命周期五个阶段的特点如下:

导入期:产品开始逐步被市场认同和接受,行业开始形成并初具规模,这是产品生命周期的幼年时期。在此阶段行业内企业很少,市场需求低,产品质量不稳定,批量不大,成本高,发展速度慢。对企业来说,在该阶段需要付出极大的代价来培养市场、完善产品,随着企业的发展和行业的发展,可能在行业中树立先入优势。

成长期:此阶段产品市场需求急剧膨胀,行业内的企业数量迅速增加,行业在经济结构中的地位得到提高,产品质量提高,成本下降。对企业来说,此时是进入该行业的理想时机。

成熟期:此阶段产品定型,技术成熟,成本下降,利润水平高,但是随之而来的是由于需求逐渐满足,行业增长速度减慢,行业内企业之间的竞争也日趋激烈。这时期由于市场竞争激烈,企业进入门槛很高,除非有强大的资金和技术实力,否则难以取得成功。

饱和期:厂家之间的竞争更加激烈,市场供给超过市场需求,销售量趋于下降,产品价格大幅度下降,企业力求改进产品,以吸引消费者。

衰退期:由于技术进步或是需求变化,可替代的新产品出现,原有产品的市场迅速萎缩。同时,由于技术的成熟,各企业所提供的产品无差异,质量差别小。这时行业进入衰退期。行业内的一些企业开始转移生产领域,并逐步退出该领域。此时对企业来说,不宜选择进入此行业。

对产品生命周期的分析,目的是明确项目产品投产时所处的阶段,判断项目产品进入市场的时机是否最佳,这对项目的决策有重要作用。

3. 消费者购买行为分析

市场经济条件下,市场就是消费者,消费者就是市场。项目所提供的产品或服务只有满足了消费者的需求,项目的存在才有意义。消费者的购买行为有其自身的规律,企业要围绕消费者需求这一核心开展活动并取得成功,就必须掌握这些规律,因此,消费者购买行为分析是市场分析的重要内容。

首先,区分消费者购买行为类型。区分不同的消费者购买行为,找出不同购买行为的差异,是分析消费者行为的重要方法。这里仅以两个主要的标准对消费者行为进行分类:

(1) 根据消费者购买行为的不同态度可分为:习惯型、理智型、经济型、冲动型、从众型、疑惑型和想象型;

(2) 根据消费者购买目标的选定程度可分为：确定型、半确定型和不确定型。

其次，了解消费者购买行为过程。消费者购买行为过程是消费者从产生需要到满足需要的过程。这一过程是因人、因商品而异的。一般来说，它可以分为以下四个阶段：

(1) 确认需要。消费者在内外因素刺激的影响下就会产生某种需要，需要决定购买动机和购买目标。需要可能是主动的，也可能是被动的，企业应该制定适当的营销策略，引发消费者的需要并诱发购买动机。企业还应该根据消费者习性、偏好的变化满足其不同的需要。

(2) 收集信息。当消费者产生了需要，并确立购买目标后，就开始着手收集相关信息。此时，消费者存在三个疑惑：一是用什么标准评价所购买的商品；二是选择什么商品；三是入选品牌的商品在所定标准中的评价如何。消费者最终要收集多少信息，取决于消费者的购买经验及商品的性质。

(3) 分析评价。在收集到足够的信息后，消费者会根据个人的偏好、目的、收入水平对商品的性能、价格、服务、品牌等进行综合评价，比较商品的优缺点，从而缩小选择范围。

(4) 决定购买。对商品进行综合评价后，就进入决定购买阶段。购买决策受到社会、文化、心理等多方面因素的影响。

4. 市场细分和目标市场的确定

由于购买者对产品的各种性能、样式、价格等因素存在不同的偏好和敏感度，因此，可以根据特定方法进行市场细分，使项目产品能更好地服务特定消费者。市场细分是指企业在市场调查的基础上，依据消费者的需求、购买行为和购买习惯等方面的明显差异性，把某一产品的市场整体划分为若干个消费者群的市场分类过程。每一消费者群就是一个细分市场，其内部的消费者对同一产品有相似的需求倾向。市场细分依据的基础是同一产品的消费需求具有多样性和差异性。市场细分的实质就是把一个异质市场划分为相对来说是同质的细分市场。一般情况下，每一个细分市场应该满足：有足够的规模和需求；细分市场内消费者偏好相似并具有一定的购买力；细分市场之间具有相斥性。一般细分市场的相斥性越高，细分越成功。

通过市场细分，可以清楚地了解各个市场的供求和竞争状况，以及哪些市场有较大的发展潜力，结合产品自身特点和对消费者行为的分析，可以发现市场供求缺口或是找到消费者未被满足的需求，从而为项目的建设确定目标市场。

目标市场的确定是细分市场评估和选择的过程。即在市场细分的基础上，通过对细分市场的评价，确定有效市场，在对有效市场进行竞争者分析和风险分析的基础上，最后确定目标消费者并描述目标消费者的特征。

目标市场选择主要步骤如下：首先，进行市场细分，确定细分市场。其次，评价细分市场，明确有效市场。在此，需要考虑三方面的因素：细分市场的规模和发展潜力；细分市场的竞争结构状况；企业的目标和能力。再次，对有效市场进行竞争者分析和风险分析。最后，确定目标消费者，描述目标消费者的特征。

5. 项目竞争力分析

项目竞争力分析可以帮助企业明确目前行业和自身的竞争状况，预测未来竞争力的变化，从而正确估计行业及项目自身的市场地位和面临的市场风险大小；帮助企业了解市场形势，确定项目的市场竞争战略，扬长避短，在市场竞争中找到自己的立足之地。

(1) 波特的五种竞争力模型。20 世纪 80 年代，哈佛大学教授迈克尔·波特在其著作

《竞争战略》中,提出了一种结构化的竞争力分析方法。他认为,一个行业中的竞争,存在五种基本的竞争力量,即新进入者的威胁、替代品的威胁、购买者讨价还价能力、供应商讨价还价能力以及现有行业竞争者之间的抗衡。如图 3-1 所示。

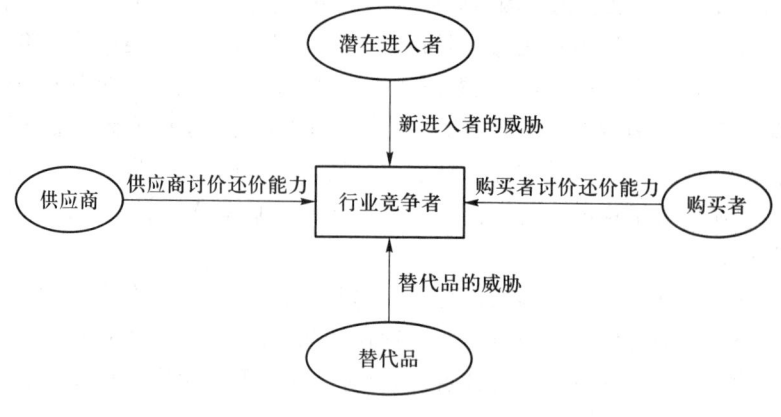

图 3-1 五种竞争力模型图

新进入者的威胁是指行业的新进入者对现有企业可能带来的威胁,包括可能挤占现有企业的一部分市场份额,减少原有的市场集中度;或是带来行业资源供应的竞争,引起行业生产成本的上升,导致现有企业利润下降等。

替代品的威胁是指能够满足客户需求的其他产品或服务。新技术或社会需求的变化往往导致新产品的出现,替代原有的产品,缩短了原有产品的生命周期,也影响了原有产品的定价和盈利水平。替代品的威胁包括三个方面:替代品在价格上的竞争力;替代品质量和性能的满意度;客户转向替代品的难易程度。

购买者讨价还价能力是指客户要求企业降低价格,提供更高质量的产品和服务,并使业内企业相互对立,从而导致行业盈利水平的降低。

供应商讨价还价能力是指供应商会设法提高价格,其结果同样会影响企业的收益率。

现有行业竞争者的竞争能力是指竞争会导致对市场营销、研究与开发的投入增加甚至产品价格的下降,结果同样会减少企业的利润。这是五因素中最重要的竞争力量。包括行业内竞争者的数量、均衡程度、增长速度、固定成本比例、产品或服务的差异化程度、退出壁垒等,决定了一个行业内的竞争激烈程度。同时,还要考虑竞争者目前的战略及未来可能的变化、竞争者对风险的态度、竞争者的核心竞争能力等方面。

从战略形成的角度看,五种竞争力量共同决定行业的竞争强度和获利能力。对同一行业或不同行业的不同时期,各种力量的作用是不同的。显然,最危险的环境是进入壁垒低、存在替代品、由供应商或客户控制、行业内竞争激烈的产业环境。

(2) SWOT 分析。SWOT 分析方法,即优势(strength)、劣势(weakness)、机会(opportunity)和威胁(threat)分析,它是基于企业自身的实力,对比竞争对手,并分析企业外部环境变化及影响可能给企业带来的机会与企业面临的挑战,进而制定企业最佳战略的方法。

SWOT 分析实际上是将企业内外部条件各方面内容进行综合和概括,进而分析组织的优、劣势,面临的机会和威胁的一种方法。其中,优、劣势分析主要着眼于企业自身的实力及其与竞争对手的比较,而机会和威胁分析则将注意力放在外部环境的变化及对企业的可能影响上。但是,外部环境的同一变化给具有不同资源和能力的企业带来的机会与威胁却可能完全不同,因此,两者之间又有紧密的联系。

SWOT分析实际上是企业外部环境分析和企业内部要素分析的组合分析。因此,企业外部环境评价矩阵和内部要素评价矩阵构成了SWOT分析的方法基础。

第一,优势与劣势分析。竞争优势是指一个企业超越竞争对手、实现企业目标的能力,企业的主要目标包括盈利率、增长速度、市场份额等。因此,企业的竞争优势并不一定完全体现在较高的盈利率上,有时企业更希望保持增长速度、增加市场份额,或者稳定雇员等。由于企业是一个整体,并且由于竞争优势来源的广泛性,在进行优、劣势分析时必须从整个价值链的每个环节上,将企业与竞争对手做详细的对比。比如产品是否新颖,制造工艺是否复杂,销售渠道是否畅通,以及价格是否具有竞争性等。如果一个企业在某一方面或几个方面的优势正是该行业企业应具备的关键成功要素,该企业的综合竞争优势就强。

企业的优势和劣势可以通过企业内部要素来评价。相对竞争对手,企业内部要素可以表现在研发能力、资金实力、生产设备、工艺水平、产品性能和质量、销售网络、管理能力等方面。采用企业内部要素评价矩阵,通过加权计算,可以定量分析企业的优劣势,如表3-2所示。

表3-2　　　　　　　　　　　某企业内部要素评价矩阵

项目	关键内部要素	权重	得分(-5~5)	加权数
优势	研发能力强大	0.20	4	0.80
	产品性能和质量处于行业中游	0.15	0	0.00
	销售网络完善	0.20	4	0.80
	管理能力强	0.15	4	0.60
	小计			2.20
劣势	资金紧张	0.10	-3	-0.30
	生产设备落后	0.10	-2	-0.20
	工艺水平不高	0.10	-3	-0.30
	小计			-0.80
综合	合计	1.00		1.40

第二,机会与威胁分析。机会与威胁分析主要着眼于企业外部环境带来的机会和威胁。外部环境发展趋势分为两大类:一类表示环境威胁;另一类表示环境机会。环境威胁指的是环境中不利的发展趋势所形成的挑战,如果不采取果断的战略行为,这种不利趋势将导致公司的竞争地位受到影响。企业外部的不利因素包括新替代品出现、销售商拖延结款、竞争对手结盟、市场增长放缓、供应商讨价还价能力增强等,这些都将影响企业目前的竞争地位。环境机会是指企业面临的外部环境中对企业发展有利的因素,是对企业行为有吸引力的领域,在这一领域中发展壮大的企业将拥有竞争优势。外部机会如政策扶持、技术进步、供应商良好关系、金融信贷支持等。机会与威胁分析可以采用企业外部环境评价矩阵,如表3-3所示。

表 3-3　　　　　　　　　　某企业外部环境评价矩阵

项目	关键外部环境	权重	得分（-5~5）	加权数
机会	政策扶持	0.25	4	1.00
	技术进步	0.15	3	0.45
	金融信贷宽松	0.10	3	0.30
	小计			1.75
威胁	新替代品出现	0.15	-2	-0.30
	竞争对手结盟	0.10	-4	-0.40
	市场增长放缓	0.15	-4	-0.60
	供应商减少	0.10	-3	-0.30
	小计			-1.60
综合	合计	1.00		0.15

第三，企业战略选择。根据企业优劣势分析和机会威胁分析，可以画出 SWOT 分析图，并据此制定企业所采取的策略，如图 3-2 所示。

SWOT 分析图可划分为四个象限，根据企业所在的不同位置，应采取不同的战略。SWOT 提供了 4 种战略选择。在右上角的企业拥有强大的内部优势和众多的机会，企业应采取增加投资、扩大生产、提高市场占有率的增长型战略。在右下角的企

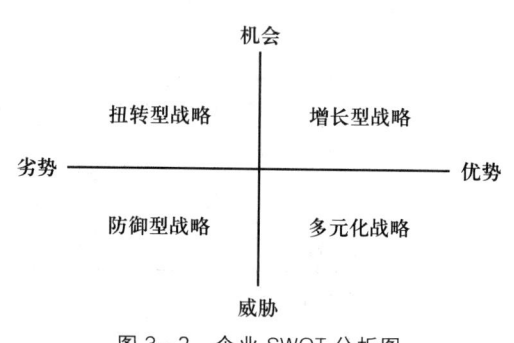

图 3-2　企业 SWOT 分析图

业尽管具有较大的内部优势，但要面临严峻的外部挑战，应利用企业自身优势，采取多元化战略，避免或降低外部威胁的打击，分散风险，寻找新的发展机会。处于左上角的企业，面临外部机会，但自身内部缺乏条件，应采取扭转型战略，改变企业内部的不利条件。处于左下角的企业既面临外部威胁，自身条件也存在问题，应采取防御型战略，避开威胁，消除劣势。

（3）基本竞争战略选择。基本竞争战略包括三种类型：成本领先战略、差异化战略和重点集中化战略。企业应根据自身情况确定适合的战略，并依照自身行业的不同特点做出相应的调整。

成本领先战略是指企业通过扩大规模，加强成本控制，在研究开发、生产、销售、服务和广告等环节把成本降到最低限度，成为行业中成本领先者的战略。其核心就是在追求产量规模经济效益的基础上，降低产品的生产成本，用低于竞争对手的成本优势，赢得竞争的胜利。

差异化战略是指企业向市场提供与众不同的产品或服务，用以满足客户的不同需求，从而形成竞争优势的一种战略。差异化可以表现在产品设计、生产技术、产品性能、产品品牌、产品销售等方面，实行产品差异化可以培养客户的品牌忠诚度，使企业获得高于同行业的平

均利润水平。差异化战略包括产品质量差异化战略、销售服务差异化战略、产品性能差异化战略、品牌差异化战略等。

重点集中化战略是指企业把经营战略的重点放在一个特定的目标市场上,为特定的地区或特定的消费群体提供特殊的产品或服务。重点集中化战略与其他两个基本的竞争战略不同,成本领先战略与差异化战略面向全行业,在整个行业的范围内进行活动。而重点集中化战略则是围绕一个特定的目标进行密集型的生产经营活动。要求企业能够提供比竞争对手更有效的服务。企业一旦选择了目标市场,便可以通过产品差异化或成本领先的方法,形成重点集中化战略。因此,采用重点集中化战略的企业,基本上就是特殊的差异化或特殊的成本领先企业。

重点集中化战略也可使企业获得超过行业平均水平的收益。这种战略可以针对竞争对手最薄弱的环节采取行动,形成产品的差异化;或者在为该目标市场的专门服务中降低成本,形成低成本优势;或者兼有产品差异化和低成本的优势。重点集中的企业由于其市场面狭小,可以更好地了解市场和顾客,提供更好的产品或服务。但是重点集中化战略在获得市场份额方面有某些局限性,由于其目标市场相对狭小,企业的市场份额总体水平较低。

三种基本竞争战略的特征和基本要求如表3-4所示。

表3-4 三种基本竞争战略的特征和基本要求

特征和要求	成本领先战略	差异化战略	重点集中化战略
产品多样化	较低	较高	特殊的差异化集中和成本领先集中
市场分割	有限的市场分割,产品面向大众市场和普通顾客	市场分割点多	一个或少数几个市场分割
所需特殊能力	制造能力和物料管理能力较强	研发能力要求高	在集中战略下任何种类的特异能力
优势	对供应商有较强的讨价还价能力;同竞争对手相比,不易受较大的买者和卖者影响;可对潜在进入者形成成本障碍	品牌具有忠诚度,提高买者依赖性,减少替代品的威胁	建立顾客忠诚度,能对顾客需求做出反应,能在目标市场发挥自己的能力
劣势	技术进步使经验曲线优势丧失,并导致竞争对手模仿;容易忽视顾客的不同需求	进入成熟期后受到模仿的威胁	技术变革和顾客需求的变化带来威胁,导致失去顾客;成本相对较高
基本资源和能力要求	持续的资本投资和良好的融资能力;工艺加工技能高;生产管理严格;产品易于制造和大批量生产;低成本的分销系统	强大的营销能力;产品加工能力;创新能力;质量或技术领先的公司信誉;悠久的产业传统或独特的技能组合;销售渠道高度配合;强调品牌、设计、服务和质量	针对具体战略目标,由成本领先战略和差异化战略两个战略中的各项组合构成

续表

特征和要求	成本领先战略	差异化战略	重点集中化战略
基本组织要求	明确的组织和责任；以定量目标为基础的激励；严格成本控制；经常、详细的控制报告	研发、销售部门的密切配合；重视主管评价和激励；轻松愉快的工作氛围，以吸引高素质的创造性人才	针对具体战略目标，由成本领先战略和差异化战略两个战略中的各项组合构成

6. 市场风险分析

市场风险分析是在市场供求、项目竞争力等常规分析已达到一定深度要求的前提下，对未来市场重大不确定因素发生的可能性，及其对项目造成损失的程度进行分析。产品市场风险分析的一般步骤是识别产生产品市场风险的主要因素、估计市场风险程度和提出风险对策。

（1）识别产生产品市场风险的主要因素。产生产品市场风险的主要因素包括：由于技术进步的加快，市场上新产品和替代品的不断出现，导致部分社会用户转向新产品或新的替代品，影响市场对项目产品的需求和预期效益；由于新竞争对手的加入，市场趋向于饱和，导致项目产品市场占有率下降；由于市场竞争加剧，出现产品市场买方垄断，造成产品市场价格下降；或者出现投入物市场卖方垄断，形成项目产品所需投入物的价格大幅度上涨，导致项目产品的预期效益减少；由于国内外政治经济条件出现突发性变化，引起市场激烈震荡，造成项目产品销售锐减，或者项目主要投入物供应中断。

对上述各种风险因素的影响，应根据项目的具体情况，识别项目可能面临的主要风险因素，做出客观切实的分析研究。

（2）估计市场风险程度。市场风险因素的识别要与市场风险程度估计相结合，以确定投资项目的主要风险因素，分析估计其对项目的影响程度。市场风险程度估计可以定性描述，亦可定量计算。

（3）提出风险对策。风险对策是指有针对性地提出规避风险的对策、措施，避免市场风险的发生或者将风险损失降到最低程度。可通过风险识别和估计结果的信息反馈，改进设计方案，完善营销策略等措施，促使项目成功。

第二节　市场调查与预测

一、市场调查与预测的原则

现代市场调查的特点是目的性、系统性、决策性和真实性。因此，在市场调查活动中，必须按照市场调查的原则进行。市场调查原则是指在决定、策划、进行市场调查活动时，应该遵守的规范和标准，是市场调查活动取得成效的保证，也是调研机构和调研人员树立信誉的主要途径。

（一）可信性原则

可信性原则指在市场调查中，应该遵守真实的、实事求是的工作原则。市场调查为项目决策提供依据,如果调查后获取的资料内容虚假,可能对项目的决策产生误导作用,造成不可估量的损失。因此,收集和提供真实的信息资料,是市场调查活动的首要原则。

(二) 适用性原则

适用性原则指调查活动提供的信息资料内容要适合项目决策使用的原则。项目的决策所需要的信息资料,往往是关键的几条。如果调研活动收集的大量信息缺少关键的信息点,那么,项目的决策就不可能顺利地进行。因此可以说,市场调查活动的质量不是取决于掌握信息资料数量的多少,而是取决于信息资料内容对项目决策的适用性。

(三) 动态性原则

市场是不断发展和变化的,在市场调查活动中,必须遵循发展的、变化的、动态的观点。用动态的原则指导调查活动,不仅要注意市场的现状,还要了解市场的过去;不能只满足于已经掌握的资料,还应该注意不断地进行资料的更新和完善,保持信息资料与市场变化的动态同步性。

(四) 经济性原则

经济性原则是指使用最少的成本和最短的时间提供可信的、有用的信息资料。其意义在于平衡调查活动的成本和收益之间的关系以及节省调查活动中的费用。

(五) 系统性原则

坚持系统性原则,首先需要深入、全面地对系统内的有关事物及它们之间的关系进行调查。其次,注意调查系统内的主要矛盾和矛盾的主要方面。主要矛盾和矛盾的主要方面代表了系统的主要特征,对系统的变化起主要作用,是市场调查的主要对象。

(六) 科学性原则

科学性原则要求调研人员树立对待调研工作的科学态度,提高对信息工作的认识;重视信息收集工作在收集、整理、分析过程中的特点和规律,遵守关于市场调查的程序和要求;注意信息资料的时效性、保密性和使用价值,规范调查人员的行为和调查活动,降低各种功利因素对调研活动的影响,防止伪科学的干扰;坚持定性调查和定量分析相结合的科学分析方法,以便提供可进行决策的依据等。

二、市场调查流程与方法

(一) 市场调查的流程

市场调查的流程分为两个阶段:调查准备阶段、调查实施和调查分析研究阶段。

1. 调查准备阶段

调查准备阶段主要解决调查的必要性和定义问题,确定调查目标,明确调查要求、范围和规模及调查力量的组织,设计问卷以及确定抽样方案和样本容量等问题,并在此基础上制订一个切实可行的方案。调查准备阶段又可具体分为以下几个步骤。

(1) 确定市场调查的必要性。市场调查虽然是重要的和必要的,但并不意味着每一个项目评估中的市场分析都需要市场调查。因为如果投资者对项目市场、竞争者、产品和服务有充分了解,或委托方向工程咨询机构提供了足够信息,在此情况下,就无须进行市场调查。

(2) 定义问题。对问题有一个好的定义,就意味着完成了一半的市场调查工作。在市场分析开展之前,要在明确市场调查必要性的基础上针对项目的具体特征全面定义通过调查要解决的问题,在明确了调查问题的基础上再去进行下一步。

(3) 确定调查目标。调查目标的确定可以帮助项目分析人员获得解决问题所必需的信息。定义问题和确定调查目标是不同的,同时,调查目标的确定也是选择调查方法的前提。

(4) 确定信息的类型和来源。该步骤的工作包括收集信息的范围和方式。收集信息的范围应注意的问题包括:应收集什么信息、如何收集、在什么时间和地点收集;收集信息的方式应注意的问题包括:是通过调查取得第一手资料,还是通过间接手段获取第二手信息,信息是通过一次性调查获得,还是多次调查获得等。

(5) 问卷设计。问卷有两种形式,即结构性问卷和非结构性问卷。结构性问卷列出所需了解的问题,而且每个问题都有可供选择的答案;非结构性问卷采取开放式回答的方法,有可能针对访问对象前一题的回答来进行后续访问。问卷调查的成功取决于三个层面的工作:一是问卷的精心设计;二是问卷调查中填写内容的真实性;三是问卷回收后的系统分析。因此,问卷设计要符合简明、突出主题和便于统计分析的要求。

(6) 确定抽样方案和样本容量。在总体容量非常大的情况下,就需要抽取样本进行调查,所以,必须在调查前确定抽样方案,以尽可能减少误差,使得样本足以代表总体。这就要求在抽样方案中做好样本元素分析,确定合理的样本结构和样本容量。

(7) 确定调查设计方案。在制订调查方案时,要考虑以下问题:明确调查目的、对象和范围;设计调查问题;选择调查方法;调查人员培训计划;整个调查工作的时间和进度安排;调查费用预算等。

2. 调查实施和调查分析研究阶段

调查实施和调查分析研究阶段的主要任务是组织调查人员,按照调查方案的要求,系统地收集信息和数据,听取被调查者的意见。该阶段可分为以下几个步骤:第一,为保证调查质量必须对调查人员进行培训。培训内容包括:明确调查计划,掌握调查技术,了解与调查目的有关的经济信息和业务技术知识。第二,实地调查要求调查人员按计划规定的时间、地点、方法和内容深入到现场进行具体调查,收集有关信息。实地调查质量取决于调查人员的素质、责任心和组织管理的科学性。第三,通过对调查信息的统计和分析,形成调查报告。这是评价市场调查能否充分发挥作用的关键一环,其工作包括信息的整理分析和编写调查报告。

在项目市场分析中,市场调查的结果往往直接用于市场分析,而不一定要形成完整的市场调查报告,并且二手资料的使用往往在市场分析中占据着较大的比重。

(二) 市场调查的类型

按照调查样本的范围大小,市场调查可以分为市场普查、重点调查、典型调查和抽样调查。

1. 市场普查

市场普查是对市场进行逐一的、普遍的、全面的调查,以获取全面、完整、系统的市场信息。可以确定一定的市场范围进行调查,也可以就市场某一方面进行专项普查。

市场普查有其优点,但由于普查时间长、耗费大、难以深入等原因而受到限制。一般来说,在市场范围较小、母体数量较少、调查时间比较充裕的情况下,可以选用市场普查的方法。

2. 重点调查

重点调查是指在市场调查对象总体中选定一部分处于重要地位的企业,或者在总体某项指标总量中占绝大比重的一些企业进行调查。它能够以较少的人力和费用开支,较快地掌握调查对象的基本情况。

重点调查方式常用于产品需求和原材料资源需求的调查。如某家电生产企业市场销售中12家主要批发商占总销售量的80%左右,调查了解这12家批发企业的需求量,就足以掌握企业产品的需求情况。

3. 典型调查

典型调查是在调查对象总体中选择一些具有典型意义或具有代表性的市场区域或产品进行专门调查。典型调查的调查企业范围较少,人力和费用开支较节省,运用比较灵活。

做好典型调查的关键在于把握调查对象的代表性,它直接关系到调查结果。典型调查对象代表性的具体标准,应根据每次市场调查的目的和调查对象的特点来确定。

4. 抽样调查

抽样调查是从所要研究的某特定现象的总体中,依随机原理抽取一部分作为样本,根据对样本的研究结果,在一定的抽样置信水平上推断总体特性的调查方法。抽样调查工作量小、耗时短、费用低、信度高、应用比较广泛。

(三) 市场调查的方法

选择调查方法要考虑收集信息的能力、调查研究的成本、时间要求、样本控制和人员效应的控制程度。市场调查方法可分为文案调查法、实地调查法、问卷调查法和实验调查法等几类方法。

1. 文案调查法

文案调查法是指对已经存在的各种资料档案,以查阅和归纳的方式进行的市场调查。文案调查法又称二手资料法或文献调查法。

文案资料来源很多,主要有:国际组织和政府机构资料、行业资料、公开出版物、相关企业和行业网站以及有关企业内部资料等。

2. 实地调查法

实地调查法是调查人员通过跟踪、记录被调查事物和人物的行为痕迹来取得第一手资料的调查方法。即调查人员直接到市场或某些场所(商品展销会、商品博览会、商场等),通过耳闻目睹和触摸的感受方式或在不侵犯个人隐私的前提下借助某些摄录设备和仪器,跟踪、记录被调查人员的活动、行为和事物的特点,获取所需信息资料。

3. 问卷调查法

问卷调查法是调查人员通过面谈、电话询问、网上填表或邮寄问卷等方式,了解调查对象的市场行为和方式,收集市场信息的调查方法。问卷调查法是市场调查中常用的方法,尤其在消费者行为调查中被大量应用,其核心工作是设计问卷,实施问卷调查。

4. 实验调查法

实验调查法是指调查人员在调查过程中,通过改变某些影响调查对象的因素,观察调查对象消费行为的变化,从而获得消费行为和某些因素之间的内在因果关系的调查方法。

实验调查法主要应用于消费行为的调查。企业推出新产品、改变产品外形和包装、调整产品价格、改变广告方式时,都可以采用实验调查法。

相对而言,文案调查法是一切调查方法中最简单和最常用的方法,也是其他调查方法的基础。实地调查法能够控制调查对象,并且应用灵活,调查信息也较为充分,但是,调查周期长、费用高,调查对象容易受调查者的心理暗示影响,存在不够客观的可能性。问卷调查法适应范围广泛、操作简单易行、费用相对较低,得到了大量的应用。实验调查法是最复杂、费用较高、应用范围有限的方法,但调查结果可信度较高。

三、市场预测流程与方法

(一) 市场预测流程

为保证市场预测工作的顺利进行,必须按照预测的流程进行,以利于各环节之间的协调,进而取得良好的预测效果。市场预测流程可分为以下几个阶段。

1. 确定预测目标

进行市场预测,首先要确定预测目标。只有目标明确、具体,才能取得好的预测效果。预测目标的确定包括以下内容:明确预测对象、预测目的、预测范围等。预测目标应详细、明确、具体,否则会降低预测准确度。

2. 收集、分析和处理信息

预测信息包括预测对象本身发展的历史信息,影响预测对象发展变化的各种因素等。调查人员将信息加以分析、加工和整理,判别信息的真实程度和可用程度,剔除随机事件造成的信息不真实,对不具备可比性的信息进行整理,以避免信息本身给预测结果带来的误差。

3. 选择预测方法,建立预测模型进行预测

预测方法的种类繁多,每一种预测方法都有它的特点和适用范围,应根据预测对象的特点、精度要求、信息的占有情况和市场预测费用等各种因素来选择市场预测的方法,即通过对数据变化趋势的分析,建立起与历史信息相吻合的预测模型。

4. 分析预测结果

预测结果通过判断和评价,可能是肯定的,也可能是否定的,更多的是需要修正的。无论哪一种情况,都要以周密的调查、可靠的数据和有说服力的分析作基础,其重点应放在预测误差的分析上,找出误差原因,并相应修正预测结果。此外,在条件许可的情况下,可采用多种预测方法进行市场预测,然后通过比较和综合,得出可信的预测结果。

(二) 市场预测方法

市场预测主要是预测未来一定时期某种产品的需求和供给情况。由于市场供给的预测比较简单,一般从生产该产品的企业现有生产能力和拟建中的生产能力即可大体预测出来。因此,一般所说的市场预测主要是指产品的需求量或可销售量的预测。另外,市场预测的方法很多,有定性方法、定量方法和定性与定量相结合的方法;有短期预测方法和中长期预测方法等。在项目评估中,市场需求预测一般是中长期预测,因此,这里只介绍用于中长期预测的方法。

1. 德尔菲法

德尔菲法亦称专家调查法或专家征询法,它是指在广泛征求专家意见后进行定性和定

量预测的一种方法。这种方法于20世纪40年代由美国兰德公司首创。

（1）选择专家。这里所讲的专家，不一定是指那些有一定学位或职称的专家、教授，而是指那些对所要预测的问题具有一定的专门知识，有丰富的经验，能为解决预测问题提供较深刻见解的人员。在选择专家时，要注意其代表性，人数通常为15~50人。

（2）设计调查表。根据预测目标，以专家问答表的形式，将需要预测的问题列于表格上，以便专家填写。调查表没有固定格式，应根据预测的问题灵活设计。

（3）专家作出判断。准备工作做好以后，将调查表及有关问题寄发给各专家，请他们在背靠背的情况下，对所提问题做出初步判断，并按规定的期限寄回调查表。然后将各专家回答的意见进行综合、整理后，归纳出几种不同判断，请身份类似的专家写出文字说明的评论，并匿名反馈给各个专家，请他们以与第一次同样的方式，比较自己与别人的意见，修改第一次判断，做出第二次判断，并按期寄回判断意见。如此反复修改多次，直到各专家对自己的判断意见不再修改为止。

（4）提出预测报告。为得出预测结论，需要对专家们的最后意见进行分析和处理。当专家们的最后意见比较一致时，一般将该意见作为预测结果。当专家们的意见有分歧时，需要对其进行综合处理，一般可以采用两种方法：一是用算术平均数法求其平均数，并以平均数作为预测值；二是用中位数作为预测值。

2. 时间序列预测法

时间序列预测法是以历史的时间序列数据为基础，运用一定的数学方法使其向外延伸，来预测市场未来发展变化趋势的一种方法。这是预测市场发展趋势中最常用的方法，其基本根据是假设过去的趋势会延伸到未来，这在项目寿命期内客观因素不发生重大变化的情况下，可能得出比较正确的结果；如果客观因素发生重大变化就可能产生较大误差。

常用的具体方法有移动平均数法、趋势预测法等几种。前一种方法主要是用于短期预测；后一种方法则是用于长期预测。因此，在项目评估中主要使用趋势预测法。必要时，可先用移动平均数法预测1~2年的数值，再在此基础上用趋势预测法预测10年或20年的数值。

（1）移动平均数法。这是时间序列预测法中最简单的一种方法，在短期预测中应用较多。其做法是用上几期（例如3年或4年）实际销售数的平均数作为预测的下期销售数。平均时可以用简单的算术平均数，也可以用加权平均数（越近期的数字用的权数越大），后一种方法的准确性较高。在求得某一年份的预测数以后，可将其视同实际销售数，再预测下一年度的数值。

（2）趋势预测法。这是时间序列预测法中最适合中长期预测的方法，也是项目评估中进行市场发展趋势预测时最常用的方法。其基本原理是：根据过去各期的实际数据分析其发展趋势，并假定今后按该趋势继续发展，从而测定今后各期的数据。如果过去各期数据大体呈现等差级数，则其变化趋势可用直线方程来表示；如果过去各期数据大体呈现等比级数，则可用曲线方程来表示。

3. 回归分析法

上述时间序列预测法只考虑了时间因素造成需求量和销售量的变化，但实际上，市场的各种因素都在相互影响。例如,投资规模扩大,建筑材料的需求量就会增加。前者(投资规模扩大)称为自变量,后者(建筑材料需求量增加)称为因变量。回归分析法就是根据自变量来分析因变量的变化方向和程度,一般以拟预测的产品需求量为因变量,而以有关的市场其他因素为自变量。回归分析法又可以分为简单回归分析法和多元回归分析法两种。

第三节　项目战略选择和销售规划

一、项目战略选择

编制投资项目销售规划要求事先确定项目投资目标,即投资项目的方向,说明投资的缘由和出发点,而项目战略是规定达到项目目标所需采取的方法和行动。决定项目战略的目的在于合理确定和系统反映项目的销售战略问题。

(一) 确定地理区域销售战略

编制投资项目销售规划应根据项目产品特点、项目投资能力及财务效益,选择项目产品的销售市场,确定当前和未来的销售对象,特别是生产经营的地理区域,制订各种战略方案,以确定企业实际竞争地位。

(二) 确定市场占有额销售战略

对一个投资项目来说,应规定项目在市场上所期望达到的市场占有额或市场地位,通常市场占有额的变化会直接影响项目的盈利能力。一般情况下,随着市场占有额的增加,企业便有可能从规模经济中获利,因而盈利率上升。但是某些情况下,随着市场占有额增加,边际销售额的增加可能低于边际销售成本的增加,使盈利率下降。因此,应当分析项目盈利率与市场占有额之间的关系,实施适当的基本战略,在市场占有额和项目盈利率之间进行选择。

(三) 确定产品—市场关系销售战略

确定产品—市场关系决定了销售规划的战略范围,也是决定项目战略的基础。针对产品—市场关系采取的销售战略有四种不同类型:第一,进入市场战略。企业主要采用广告和推销的手段在某个特定的市场范围内加强其产品市场实力和市场占有率,重点将企业的现有产品花色品种分散推出,以达到占领市场的目的。第二,市场开发战略。企业将现有产品着眼于开发新的地理区域、新的顾客阶层,并通过新的分销渠道来增加销售。第三,产品开发战略。企业的目的是通过开发新的产品来满足未来顾客潜在的需求愿望。第四,多种经营战略。企业着眼于不断用新产品来开发新市场达到增加销售的目的。

(四) 竞争和扩大市场销售战略

增加市场占有额可通过两种途径:一种是采取在现有市场状态下从竞争对手那里赢得市场份额,让竞争对手丧失一部分市场的战略;另一种是扩大销售市场的扩大战略,即在一个新市场发展的最初阶段取得领先于竞争对手的地位,也就是扩大现有市场量或开拓新市场。

战略选择的实质是企业选择恰当的战略,从而扬长避短,企业可选择的战略类型如表3-5所示。

表 3-5　　　　　　　　　　　　　企业可选择的战略类型

分类	战略		特征
基本战略	成本领先战略		企业强调以低单位成本价格为客户提供产品
	差异化战略		企业选择客户重视的一种或多种特质,并赋予其独特的地位满足顾客要求
	重点集中化战略		企业选择产业内一种或一组细分市场,量体裁衣为该细分市场提供服务
成长战略:核心能力企业内扩张	一体化战略	前向一体化	企业获得分销商或零售商的所有权或加强对其的控制
		后向一体化	企业获得供应商的所有权或加强对其的控制
		横向一体化	企业获得生产同类产品竞争对手的所有权或加强对其的控制
	多元化战略	同心多元化	企业增加新的、与原有业务相关的产品或服务
		横向多元化	企业向现有顾客提供新的、与原有业务不相关的产品或服务
		混合多元化	企业增加新的、与原有业务不相关的产品或服务
	加强型战略	市场渗透	企业通过加强市场营销,提高现有产品或服务在现有市场上的市场份额
		市场开发	企业将现有产品或服务打入新的区域市场
		产品开发	企业通过改进或改变产品或服务而提高销售额
	战略联盟		企业与其他企业在研发、生产运作、市场销售等方面进行合作,相互利用对方资源
	虚拟运作		与其他企业建立稳定关系,从而将企业价值活动集中于企业的优势方面,而将非专长业务外包出去
	出售核心产品		企业将价值活动集中于企业的少数优势上,产出产品或服务,并将产品或服务通过市场交易出售给其他生产者进一步加工
防御战略	收缩战略		通过降低成本和减少资产对企业进行重组,以加强企业基本的和独特的竞争能力
	剥离战略		企业出售分公司或任一部分,使企业摆脱那些不盈利,需要太多资金或与公司其他活动不相宜的业务
	清算战略		企业为实现其有形资产价值而将公司资产全部或分块出售

二、项目销售规划

项目销售规划是在项目战略的基本框架基础上,根据目标市场和消费者需求来制定销售战略,为达到项目目标和协调销售所采取的措施和方法。

(一) 销售规划的战略目标

1. 确定产品目标群

产品目标群是指消费者对产品的需求与采购决策的目标,如产品的声誉、美观程度、技术和价格。对于不同品种产品,除了估算其经营成本和费用外,还应注意以下因素:市场结构、潜在需求量、消费者的需要及采购决策的衡量标准、市场竞争与价格水平、现有核心技术或新技术等。

2. 确定销售目标

销售目标包括销售产品的目标以及产品在目标群方面的理想地位。应首先考虑周转率、市场占有额和利润等销售产品的目标;其次应考虑产品在目标群中的地位,这可以通过与竞争者和最终使用者的关系确定。

3. 确定销售战略

销售战略包括竞争战略和市场扩张战略。竞争战略可采取的措施有:采用侵略性价格战略;从主要对手的销售成果中获利的仿制战略;树立产品和企业形象的形象战略。市场扩张战略主要是用于开发新的市场或增加需求这两种情况,是在产品生命周期的早期采用的一种典型战略。

(二) 销售规划的实施

1. 确定销售组合

销售组合是指产品和产品政策、价格政策、推销、销售和分销渠道等销售工具的组合。确定销售组合最重要的是了解现有市场上的消费者、竞争者及贸易商之间的关系,并考虑到竞争的性质和消费者与竞争者的反应。最佳的销售组合主要取决于市场特性和销售战略。

(1) 产品和产品政策。在项目评估中,应确定产品方案是单一的还是多品种的,是制造同一类产品,还是制造不同规格、质量和颜色的产品。产品组合的设计应满足顾客的需求和爱好。产品设计应遵循国内或国际标准,因为遵循高标准可能会转化为推销上的优势,同时还应重视产品的售后服务。

(2) 价格政策。在确定销售价格和生产经营费用时,必须考虑到消费者对不同价格的反应及竞争者的价格政策,应对不同的消费者采取不同的价格政策。项目投产初期产品定价可能要低于生产成本,这种低价格政策有助于产品进入市场,使其逐步发展。同时,还必须考虑到出售同类产品的竞争者反应。

(3) 推销。这是为达到预期销售量所采取的措施。推销的工具有:广告、公共关系、推销员的面对面推销、产品推广会、参加商品交易会、免费赠送样品等。

(4) 销售和分销渠道。由批发商到零售商再到消费者的分销是由生产者到最终使用者的主要分销渠道。整个销售过程中应抓住货物交付、库存控制和运输中的货物保护等环节。选择分销渠道对项目的盈利有很大影响,在决定产品价格时,重要的是确定批发商、零售商把产品列入其销售计划中所需的毛利。

2. 确定销售措施

编制销售活动计划进度表及估测销售费用预算,是进行销售规划的最后一步工作。在进度表内应归纳所有对项目成功有重要作用的销售措施,它有助于在项目实施后期调整与确定详细的销售计划。

对于销售措施,要估测可能遇到的障碍,并分析项目对这种偶然情况的敏感性;不仅要估测风险,而且要找出避免风险或把风险降到最低限度的方法。

本章小结

市场分析是指通过市场调查和供求预测,根据项目产品的市场环境、竞争能力和竞争者状况,分析、判断项目投产后所生产的产品在有限的时间内是否有市场,以及应采取怎样的营销战略来实现销售目标。

市场分析可以确定合理的生产规模、初步确定投资规模、确定产品生产方案、为财务分析确定合理的数据分析基础以及为市场风险分析提供客观的判断依据。

市场分析的方法很多,主要有:市场调查、市场预测和市场趋势综合分析。

市场分析的基本内容主要包括两大部分,即市场宏观层面分析和市场微观层面分析。市场宏观层面分析主要有:人口环境、经济环境、政策和法律环境、自然和资源环境的分析。市场微观层面分析主要有:市场供求现状分析、产品分析、消费者购买行为分析、市场细分和目标市场的确定、项目竞争力分析和市场风险分析等。

在市场调查活动中,必须按照市场调查的原则进行。市场调查的原则包括:可信性原则、适用性原则、动态性原则、经济性原则、系统性原则和科学性原则。

市场调查的流程分为两个阶段:调查准备阶段、调查实施和调查分析研究阶段。其主要方法包括:文案调查法、实地调查法、问卷调查法和实验调查法。

市场预测的流程分为以下几个阶段:确定预测目标,收集、分析和处理信息,选择预测方法和分析预测结果。其主要方法包括:德尔菲法、时间序列预测法和回归分析法。

编制投资项目的销售规划,首先要求事先确定项目投资目标,它表示投资项目的方向,说明投资的缘由和出发点。项目战略包括:确定地理区域销售战略、确定市场占有额销售战略、确定产品—市场关系销售战略、竞争和扩大市场销售战略。

项目的销售规划是在项目战略的基本框架基础上,根据目标市场和消费者需求来制定销售战略,为达到项目目标和协调销售所采取的措施和方法。

本章重要概念

市场分析	市场调查	市场预测	德尔菲法	抽样调查
企业战略类型	SWOT 分析	销售规划		

思考与练习题

1. 市场分析的方法有哪些?
2. 市场分析包括哪些内容?
3. 市场调查的原则是什么?
4. 市场调查的流程是什么?
5. 基本竞争战略的特征和基本要求是什么?
6. 试对自己比较熟悉的企业进行 SWOT 分析,并提出若干具有实际意义的竞争战略。

第三部分

建设方案和资源评价篇

第四章 生产规模的确定

> **学习目的：**
> 通过本章的学习，掌握制约生产规模的因素，熟悉生产规模确定的方法，了解确定生产规模的基本理论。

生产规模也称建设规模，是指项目在设定的正常生产运营年份达到的生产或者服务能力。生产规模的确定是在产品方案的基础上，结合工艺技术、原材料和能源供应、协作配套、项目投融资以及规模经济等研究而进行的。

第一节　规模经济理论

一、生产规模的界定

从工业项目的角度看，规模经济中的规模一般是指工业企业生产规模。工业企业生产规模是指生产要素在企业中的集中程度，其衡量指标主要有产量、生产能力、产值、职工人数和资产价值等。其中，产量和生产能力指标应用较多。产量是指企业在一定条件下和一定时期内实际生产的产品数量。生产能力是指企业在一定生产技术条件下和一定时期内可能生产某种产品的最大能力。产量和生产能力通常按年计算，用实物量或标准实物量表示。有些企业使用原材料的成分对产量或生产能力有较大影响，其产量和生产能力可以用能加工处理的原材料数量来表示（如豆油加工厂）；有的企业用装机容量（如发电厂）、设备能力（如毛纺厂）来表示其产量和生产能力；有的企业产品种类繁多，差异性较大，一般可换算成标准实物量来表示产量或生产能力。

二、规模经济的含义及分类

规模经济理论属于微观经济学的范畴，是价格理论的延续。它也是现代产业组织理论的重要组成部分。规模经济（scale economy）又称规模利益（scale merit），通俗地讲，就是大规模的生产经营所带来的好处。这种好处是和产业或企业的"组织"直接相关的。用西方经济学的概念来表述，规模经济就是规模的"收益递增现象"。

规模经济还可表现为"长期平均费用曲线"向下倾斜。这里的长期就是指生产设备增加，生产能力扩大的过程；平均费用即单位成本。与长期平均费用曲线相对，还有一个短期平均费用曲线。所谓短期即生产能力恒定不变；短期平均费用曲线是生产经营能力一定时，单位成本随产量（或销售量）变化而变化的曲线。长期平均费用曲线正是短期平均费用曲线最低点的包络线。平均费用曲线如图 4-1 所示。

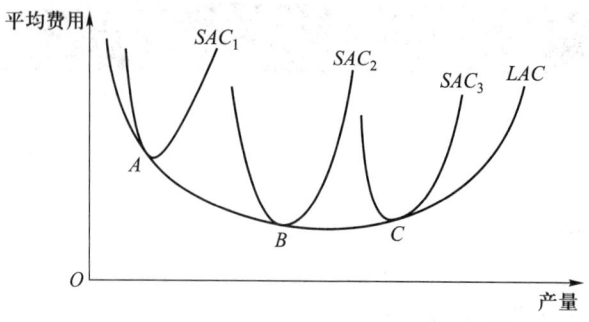

图 4-1 平均费用曲线图

在图 4-1 中，LAC 代表长期平均费用曲线；SAC 代表短期平均费用曲线。

由图 4-1 可以看出，规模经济就是随着生产能力的扩大，单位产品费用下降的趋势，即长期平均费用下降的趋势。另外可以看出，长期平均费用曲线的下降不是无限的。当达到 B 点时，不再下降，BC 处于水平状态，超过了 C 点，费用反而会上升。BC 称为最佳有效规模区间，超过 C 点后费用上升的现象称为规模不经济性。B 点称为最小有效规模，C 点称为最大有效规模。

总之，规模经济就是随着生产、经营能力的扩大，单位成本下降的趋势，即长期平均费用下降的趋势。按实现领域不同，规模经济可区分为生产上的规模经济和经营上的规模经济；按作用主体不同，规模经济可分为工厂规模经济和企业规模经济；按来源不同，规模经济可分为内部规模经济和外部规模经济。

（一）生产上的规模经济和经营上的规模经济

生产上的规模经济是指由于实行专业化生产或流水作业，如采用自动生产线，扩大了生产批量，提高了劳动生产率，降低了人工成本；或者采用大型高效设备，扩大了生产规模，提高了生产能力，从而使单位产品成本随着生产批量扩大或生产规模扩大而降低。

经营上的规模经济是指由于扩大经营规模，如通过企业间的横向联合或兼并，使生产要素得到充分的综合利用，节省了经营费用，生产要素物尽其用，从而使产品和技术开发能力提高，抵御经营风险的能力增强。

工业生产上的规模经济多与企业的规模有关，但这并不意味着单一企业规模的无限扩大。在深化分工、小而专的企业，同样能够通过扩大生产批量，获取规模效益；经营上的规模经济通常也与企业规模有关，可以通过企业之间的横向联合来实现。

（二）工厂规模经济和企业规模经济

经济学意义上的工厂，是指主要担负一定生产功能的、由若干生产装置系统和工人所组成的独立生产单位。工厂是企业的组成单位。工厂规模经济是从设备、生产线、工艺过程等角度提出来的。工厂规模经济是指工厂通过生产能力的改变，逐步扩大规模，导致收益递增的现象。工厂规模经济的形成是生产的必然要求，如专业分工、要素不可分割性、产品标准化与系列化等。

经济学意义上的企业，是指主要担负生产和经营功能，由若干个生产同样或是不同产品的生产线或工厂所组成的独立经济实体。企业与工厂的根本区别在于其除了生产功能外还具有经营功能,并一般在法律上拥有独立的经营实体地位(法人)。企业规模经济又可以称为多工厂规模经济,它是指由于企业规模扩大,经济收益不断增加的现象。企业的规模包括多种度量指标,如职工人数、固定资产、产值、销售额、产量等。企业规模经济形成的主要原因是企业内工厂的联合生产与经营方面的组织和管理创新。

(三) 内部规模经济和外部规模经济

内部规模经济的规模是指生产装置系统和企业在生产经营要求最佳组合时的生产能力或产量。内部规模经济是指由于企业内部自身条件的变化(如投资新项目,采用新工艺、新设备、新技术和新材料,实现生产自动化、专业化、流水作业等)带来的企业成本下降,利润上升。

外部规模经济是指由于企业所处的整个行业(生产部门)规模扩大而使个别经济实体的平均生产成本下降,收益增加。如行业规模扩大后,可降低整个行业内各公司、企业的生产成本,使之获得相应收益。

(四) 规模不经济

规模经济的对立概念是规模不经济。规模不经济是指一定经济实体的规模过小或过大而引起的不经济性。规模不经济意味着资源配置不合理,有限的资源不能得到有效利用。规模不经济也可分为生产上的规模不经济和经营上的规模不经济、工厂规模不经济和企业规模不经济、规模的内在不经济和外在不经济。

三、规模收益变动与规模经济区间

(一) 规模收益变动的类型

由上可知,规模经济与规模收益的变动有关。规模扩大,单位平均费用降低,企业收益增加,即为规模经济;规模扩大,单位平均费用增加,企业收益递减,即为规模不经济;规模扩大,单位平均费用不变,单位平均收益也不变。可见,规模收益变动有递减、递增和不变三种情况。

1. 规模收益递减

规模收益递减,即规模扩大后,收益增加的幅度小于规模扩大的幅度,甚至收益绝对地减少,即规模扩大使边际收益为负数。

2. 规模收益递增

规模收益递增,即规模扩大后,收益增加的幅度大于规模扩大的幅度。当然,这种规模增加是有限度的,超过限度,会变为规模收益递减。

3. 规模收益不变

规模收益不变,即规模扩大幅度与收益增加的幅度相等。一般来说,这是从规模收益递增转变为规模收益递减之间的过渡阶段所发生的情形,它不可能持久。

(二) 规模经济区间

规模经济所要研究的就是企业生产规模对成本和收益的影响,这必然和产品的营业收入、总成本费用、利润等有关。企业规模变动与成本、收入之间的关系可以用规模效果曲线图表示,如图 4-2 所示。

从图 4-2 可以看出,当生产规模达到 Q_A 时,企业不盈不亏;生产规模超过 Q_A,企业开始取得净收益;当生产规模达到 Q_C 时,企业又出现不盈不亏的状态;超过该生产规模,企业

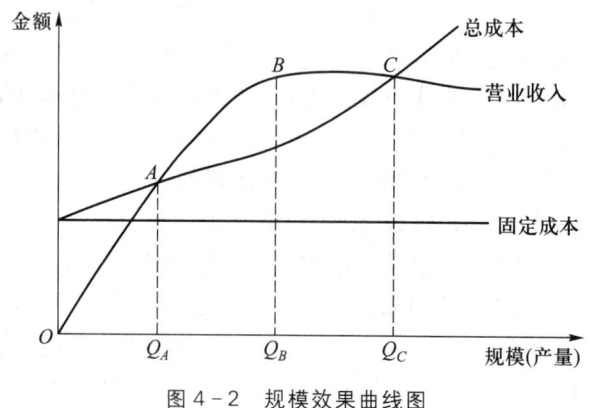

图 4-2 规模效果曲线图

开始亏损。在 Q_A 至 Q_B 之间,企业的规模收益一直是递增的,即收益的增加幅度大于生产规模增加的幅度;超过了 Q_B,企业的规模收益递减,即收益的增加幅度小于生产规模增加的幅度,甚至生产规模扩大使边际收益为负值。据此可以认为,Q_A 至 Q_B 的区间是规模经济区间。Q_B 是最佳生产规模,因为在这个规模上,项目的边际收益等于边际成本。

第二节 生产规模的制约和决定因素

在项目评估中,确定拟建项目的生产规模,旨在为拟建项目规划合理的规模,使其达到规模经济。一般来讲,制约和决定项目生产规模的因素主要包括政府经济发展规划、国家产业政策、市场需求量和供给量、工艺设备、资金和基本投入物、专业化分工与协作条件、其他建设因素和经济效益等因素。

一、政府经济发展规划和国家产业政策因素

(一)政府经济发展规划

政府经济发展规划是指各级政府一定时期的经济发展安排和规定。尽管我国已经确立了市场经济体制,在经济活动中以市场调节为主,但从宏观上还需要政府的干预。各级政府为了宏观经济的稳定发展和可持续发展,制定国家或地区的经济发展计划。而在这些规划中已经包括了许多投资项目,特别是生产有关国计民生产品的大中型项目。原则上,没有列入经济发展规划的投资项目,在规划期内不能实施;列入经济发展规划的投资项目,条件不成熟的,也不能实施。列入经济发展规划的不仅包括项目的名称、实施时间,而且包括项目的规模,所以,在确定拟建项目的生产规模时,一定要考虑政府制定的经济发展规划。

(二)国家产业政策

制定国家产业政策是国家加强和改善宏观调控,有效调整和优化产业结构,提高产业素质,促进国民经济持续、快速、健康发展的重要手段。产业政策包括产业结构政策、产业组织政策、产业技术政策和产业布局政策,以及其他对产业发展有重大影响的政策和法规。确定

拟建项目的生产规模要考虑国家产业政策,主要是以国家产业政策所规定的投资项目的经济规模标准作为项目的最低生产规模。在我国,投资项目小型化、分散化是工业企业达不到规模经济、生产效率低下的主要原因之一。为此,国家产业政策规定了部分规模效益比较显著、市场供需矛盾比较突出的热点产品实施固定资产投资项目的经济规模标准。

二、市场需求量和供给量因素

市场决定项目的命运,项目产品有市场,项目才有实施的必要性。要根据市场潜在的需求量和供给量来确定项目的生产规模,这样才能保证项目的顺利实施和正常生产,才不至于浪费有限的资源。在确定拟建项目的生产规模时,必须对市场分析的结果进行研究,分析项目产品的市场供求关系,了解项目产品的市场需求量和供给量,以及供求缺口到底有多大,并将其作为制约和决定项目生产规模的重要因素。

从数量上讲,确定的生产规模应小于或等于市场供求缺口。如果按照供求缺口确定的生产规模不在规模经济区间,不外乎有两种情况,即小于 Q_A 或大于 Q_B。若小于 Q_A,项目就是不可行的,如果没有通过主观努力增加市场需求量的可能性,即可以否定该项目;若大于 Q_B,不能盲目否定项目,可采取缩小规模的方法,考虑其他制约和决定生产规模的因素,把生产规模控制在规模经济区间内,即 $Q_A<$ 规模 $<Q_B$。同时,建议有关部门或企业再实施同样的项目,以满足市场对该种产品的需求。

三、工艺设备因素

在不同的工业部门中,可供使用的加工工艺和设备通常已按某种生产能力标准化了,如一条装配汽车的生产线或电视机、电冰箱等的生产线,都有额定的生产能力,并且受产业政策和其他有关政策及规定的制约,越来越向标准化的大型工艺和设备发展。确定拟建项目的生产规模要与此相适应。如果标准化的工艺和设备可以适用于较低的生产规模,有可能不在规模经济区间,则可以采用各种各样的组合方式来确定拟建项目的生产规模,使其达到规模经济。这种组合方式并不完全取决于标准化的工艺和设备,还受其他的生产规模的制约和决定因素的限制。

四、资金和基本投入物因素

国内外资金的短缺和基本投入物来源的匮乏,都可能限制拟建项目的规模,这些因素往往是限制拟建项目生产规模的重要因素。

(一) 资金因素

可用于投资的资金总是有限的,资金供给量的大小与确定的生产规模密切相关。资金的有限性表现在自有资金不足,又难以得到外部资金的支持。如果项目所需的设备和投入物全部或部分需要从国外进口,又会受到外汇供给的限制。

(二) 基本投入物因素

项目的基本投入物是指用于项目经营的主要原材料、中间产品和主要的燃料及动力等。因为存在资源的稀缺性,所以项目所需的基本投入物资源可能受到三个方面的限制:一是总供应量满足不了项目的需要;二是基本投入物质量满足不了项目的要求;三是使用基本投入物的成本问题。

五、专业化分工与协作条件因素

现代化的工业,分工越来越细,专业化水平越来越高。投资项目往往不是独立的,需要有许多企业或单位协作配套,投产后才能正常发挥作用,有提供原辅材料的配套,有生产零部件的配套,还有动力供应、交通运输等方面的配套。所以,确定项目的拟建规模要充分考虑协作配套条件,即项目的规模要与协作配套的量相符合。

六、其他建设因素

其他建设因素包括土地、交通、通信、环境保护等。这些因素从不同的方面制约着项目的生产规模。一方面,确定生产规模要尽可能少占用土地;另一方面,确定生产规模要考虑可能供给的土地面积和土地质量。交通、通信等都属于基础产业,而基础产业一直是我国的瓶颈产业,发展相对滞后,建设现代化的工业项目,确定生产规模时也不得不考虑这些方面的制约。环境保护问题也越来越受到重视,不同的生产规模对环境的影响也是不同的,对因项目而出现的"三废",国家对其规定了排放标准,因此,确定项目生产规模时必须考虑这个因素。

七、经济效益因素

经济效益是制约和决定项目生产规模的关键因素。在项目评估中,按照经济效益的高低,通常可以把项目生产规模分为以下四种类型:

(一) 亏损规模

亏损规模就是营业收入小于总成本费用的规模。在图4-2的规模效果曲线图中,小于Q_A和大于Q_C的规模都属于亏损规模。

(二) 起始规模

起始规模即最小经济规模,就是营业收入等于总成本费用的保本最小规模。在规模效果曲线图中,Q_A点即为起始规模。

(三) 合理经济规模

合理经济规模即适宜经济规模,就是营业收入大于总成本费用,并保证一定盈利水平的生产规模,在规模效果曲线图中,该规模位于Q_A和Q_B之间。

(四) 最佳经济规模

最佳经济规模就是能够产生最高经济效益的生产规模,在规模效果曲线图中,Q_B点即为最佳经济规模。

从以上四种类型的规模可以看出,最佳经济规模是最理想的规模,拟建项目的生产规模最好能达到这个水平,但受许多因素的限制,这种规模一般很难达到;亏损规模和起始规模都不能选择;在一般情况下,合理经济规模是应当优先考虑选择的。

第三节　确定生产规模的方法

一、经验方法

经验方法是指根据国内外同类或类似企业的经验数据,考虑生产规模的制约和决定因素,确定拟建项目生产规模的一种方法。在实践中,此法应用最为普遍。

在确定拟建项目生产规模之前,首先应找出与之相同或类似的企业,特别是要找出几个规模不同的企业,并计算出各个不同规模企业的主要技术经济指标,如财务内部收益率和投资回收期等。然后综合考虑制约和决定该项目拟建生产规模的各种因素,确定一个适当的规模。

【例 4-1】 拟建一个生产某产品的项目,同类企业的生产规模是年产 40 万台、60 万台、100 万台、200 万台、300 万台和 400 万台等。通过调查并计算,已知各种规模企业的投资额和财务内部收益率数据如表 4-1 所示。

表 4-1　　　　　　　　　　某项目的基础情况表

生产规模(万台/年)	40	60	100	200	300	400
投资额(万元)	10 000	13 000	16 000	22 000	27 000	31 000
财务内部收益率(%)	9.30	10.55	15.45	21.60	27.80	27.20

【解答】 通过表 4-1 可以看出,年产 300 万台的规模是最佳生产规模,但需要的投资比较大,约需要 27 000 万元。通过对各种制约与决定生产规模的因素进行研究,除资金供给和市场需求因素以外,其他方面都是适合的。该拟建项目可能筹措到的资金只有 15 600 万元,只适合于年产 100 万台的生产规模。另外,从市场需求情况看,该项目可能的市场份额在 100 万~150 万台,也只有选择年产 100 万台的规模。当然,年产 100 万台的规模,内部收益率达到 15.45%,收益水平也是比较高的,是可以接受的。

二、规模效果曲线法

规模效果曲线法是通过企业的营业收入与成本曲线随生产规模的变化情况来确定项目最适宜生产规模的一种方法。由于营业收入与成本曲线也叫规模效果曲线,所以,该种方法称为规模效果曲线法。

从规模效果曲线图(图 4-2)中可以看出,Q_A 到 Q_B 是规模经济区间,在这个区域内,Q_B 不但是规模经济临界点,也是最佳经济规模点,因为在这一点上边际收入等于边际成本。从理论上讲,应该以 Q_B 作为拟建项目的生产规模,但在实践中,拟建项目的生产规模往往受其他制约和决定生产规模的因素影响而小于 Q_B。Q_A 是第一个盈亏平衡点,不能选择这样的规模。可以看出,在选择拟建项目生产规模时,首先应当确定规模经济区间,然后在这个区间内,根据制约和决定生产规模的诸多因素,选择离 Q_B 点最近的生产规模。

三、分步法

分步法也叫"逼近法",其特点是先确定起始生产规模作为所选规模的下限,确定最大生产规模作为所选规模的上限,然后在上下限之间,拟订若干个有价值的方案,通过比较,选出最合理的生产规模。具体步骤如下。

(一) 确定起始生产规模

起始生产规模也就是项目盈亏平衡(保本)时的最小经济规模。根据项目产品的性质有以下三种确定起始生产规模的方法。

(1) 项目产品在国内销售,且无法用进口品替代,项目的起始生产规模主要受技术和设备的制约。一般情况下,较小的生产规模生产技术比较落后,经济效益差,会带来规模不经济的效果。此外,在一些生产部门,可供使用的加工工艺和设备已按一定的生产能力标准化,将生产能力较大的标准化设备用于较小的生产规模,会造成设备能力的闲置和成本费用的上升。在这种情况下确定起始生产规模时,可利用规模效果曲线,对可供选择的工艺和设备进行分析,选定其中恰好不会出现亏损的工艺与设备作为起始生产规模,也就是规模效果曲线图(图4-2)中的 Q_A 点。

(2) 如果项目产品可以用进口品替代,则应将生产成本费用与进口成本进行比较,确定起始生产规模。单位产品成本与单位进口产品成本的比较如图4-3所示。

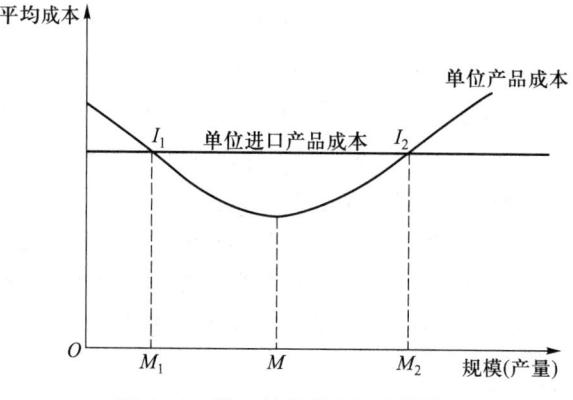

图4-3 进口替代项目经济规模

在图4-3中,假定进口产品的口岸价格比较稳定,单位进口产品成本是一条比较稳定的水平线,而单位产品成本则随着该项目生产规模的扩大而有所变化。当生产规模在 M_1 到 M_2 之间时,该项目生产是合算的;当生产规模小于 M_1 时,其生产成本费用高于进口成本。M_1 是拟建项目的起始生产规模。

(3) 如果项目产品可以出口,则应将项目生产成本费用与换汇收入进行比较,确定起始生产规模。单位产品成本与单位产品换汇收入的比较如图4-4所示。

在图4-4中,假定国际市场比较稳定,单位产品换汇收入是一条比较稳定的水平线,而单位产品成本则随着该项目生产规模的扩大而有所变化。项目生产规模在 M_1 至 M_2 之间,该项目生产是合算的;当项目生产规模小于 M_1 时,单位产品成本大于单位产品换汇收入,出口生产是不合算的。M_1 是拟建项目的起始生产规模。在确定起始生产规模以后,以

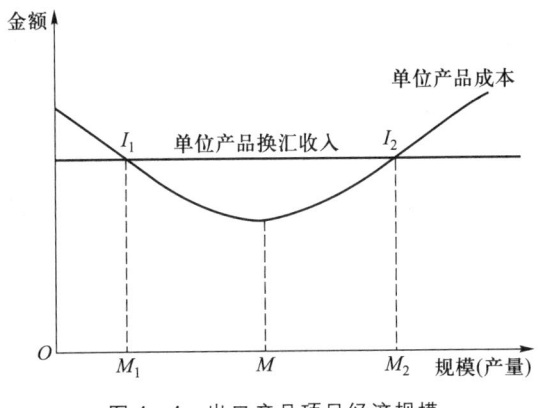

图 4-4　出口产品项目经济规模

其作为确定拟建项目生产规模的下限,然后再确定最大生产规模。

(二) 确定最大生产规模

在现实经济生活中,项目生产规模受到很多因素的制约。这就需要综合考虑各项因素对项目生产规模的限制作用,特别是要对制约项目生产规模的瓶颈因素进行分析。在一定的投资条件下,某个因素对项目生产规模的大小可能起决定性的作用,则该因素即成为项目生产规模的瓶颈。通过对瓶颈因素的分析,可以确定在可行条件下的最大生产规模,并以其作为所选生产规模的上限。

(三) 确定合理生产规模

起始生产规模与最大生产规模确定以后,就确定了拟建项目生产规模的上限和下限,可在这之间拟订若干不同规模的比较方案。在拟订比较方案时,起决定作用的是设备能力。可以在最小和最大规模之间,选择具有不同能力的设备或者对设备进行不同的组合,以拟订出不同的生产规模方案,然后计算不同生产规模方案的成本费用和效益。最后对成本费用和效益进行比较。其中成本费用最低、效益最好的方案应为最终确定的拟建项目的生产规模。

本章小结

工业项目在项目评估中的规模,一般是指工业企业的生产规模。它是指生产要素在企业中的集中程度,其衡量指标主要有产量、生产能力、产值、职工人数和资产价值等。其中,产量和生产能力指标应用较多。

规模经济理论是微观经济学的范畴,即价格理论的延续。它也是现代产业组织理论的重要组成部分。规模经济(scale economy)又称"规模利益"(scale merit)。通俗地讲,就是大规模的生产经营所带来的好处。这种好处是和产业或企业的"组织"直接相关的。用西方经济学的概念来表述,规模经济就是规模的"收益递增现象"。

规模经济可区分为生产上的规模经济和经营上的规模经济。生产上的规模经济是指由于实行专业化生产或流水作业,扩大了生产批量,或者采用大型高效设备,扩大了生产规模,从而使单位产品成本随着生产批量扩大或生产规模扩大而降低。经营上的规模经济是指由于扩大经营规模，节省了经营费用，生产要素物尽其用，从而使产品和技术开发能力提高，抵御经营风险的能力增强。

规模经济可区分为工厂规模经济和企业规模经济。工厂规模经济是指工厂通过生产能力的改变，逐步扩大规模，导致收益递增的现象。工厂规模经济的形成是生产的必然要求，如专业分工、要素不可分割性、产品标准化、系列化等。企业规模经济又可以称为多工厂规模经济，它是指由于企业规模扩大，经济收益不断增加的现象。企业规模包括多种度量指标，如职工人数、固定资产、产值、销售额、产量等。企业规模经济形成的主要原因是企业内工厂的联合生产与经营方面的组织和管理创新。

规模经济还可区分为内部规模经济和外部规模经济。内部规模经济是指由于企业内部自身条件的变化带来的企业成本下降，利润上升。外部规模经济是指由于企业所处的整个行业规模扩大而使个别经济实体的平均生产成本下降，收益增加。

规模收益变动有递减、递增和不变三种情况。规模收益递减是指规模扩大后，收益增加的幅度小于规模扩大的幅度，甚至收益绝对地减少，即规模扩大使边际收益为负数；规模收益递增是指规模扩大后，收益增加的幅度大于规模扩大的幅度；规模收益不变是指规模扩大幅度与收益增加的幅度相等。

制约和决定项目生产规模的因素主要包括：政府经济发展规划、国家产业政策、市场供求量、工艺设备、资金、基本投入物、专业化分工与协作条件、其他建设因素和经济效益等因素。

确定生产规模的方法有经验方法、规模效果曲线法和分步法等。

经验方法是指根据国内外同类或类似企业的经验数据，考虑生产规模的制约和决定因素，确定拟建项目生产规模的一种方法；规模效果曲线法是通过企业的营业收入与成本曲线随生产规模的变化情况来确定项目最适宜生产规模的一种方法；分步法包括确定起始生产规模、确定最大生产规模和确定合理生产规模三个步骤。

本章重要概念

生产规模	规模经济	生产上的规模经济	经营上的规模经济
工厂规模经济	企业规模经济	内部规模经济	外部规模经济
规模收益递增	规模收益递减	规模收益不变	规模效果曲线法

思考与练习题

1. 工业企业的产量和生产能力指的是什么？两者有什么区别？
2. 简述生产上的规模经济和经营上的规模经济。
3. 制约和决定生产规模的因素有哪些？
4. 为什么说经济效益是制约和决定生产规模的关键因素？
5. 确定生产规模有几种方法？各包括什么内容？

第五章 建设条件和生产条件分析

学习目的：

通过本章的学习，掌握影响场（厂）址选择的因素，环境保护方案研究的原则和要求，以及项目建设节能的原则与要求。熟悉场（厂）址选择的原则和分析内容，环境保护方案研究的内容，资源条件评价和主要原材料及燃料动力的供应方案分析，了解场（厂）址方案比选方法、评价节能方案和项目建设节水的原则与要求。

建设条件和生产条件分析是在市场分析、生产规模确定的基础上，对项目建设所需要的条件和项目建成或交付使用后生产经营所需要的条件进行的评价，并通过多方案比选，构造和优化项目方案的过程，包括场（厂）址选择、环境保护条件分析、资源利用分析、原材料与燃料动力供应条件分析、节能和节水措施分析等。

第一节 场（厂）址选择

场（厂）址选择是指在相当广阔的区域内选择合适的建厂地区，并在合适地区的范围内从几个可供考虑的场（厂）址方案中选择最优场（厂）址方案的分析评价过程。一般来说，在项目评估阶段根据可行性研究报告提出的场（厂）址推荐意见，是场（厂）址方案的最终选择。它关系到投资的地区分配、区域社会经济发展、经济结构、自然生态环境、城市规划和产品生产要求、未来产品销售市场，甚至职工生活等诸多方面，是带有全局性、长远性的主要问题。因此，合理选择投资项目的场（厂）址，是项目顺利实施并达到预期投资目的的关键环节。

一、场（厂）址选择应考虑的区域因素

对多数大型项目来说，选址涉及区域因素较多，既有政治方面的，也有经济方面的；既有自然方面的，也有社会方面的。

（一）自然因素

自然因素包括自然资源和自然条件两个方面。

1. 自然资源

自然资源包括矿产资源、水资源、土地资源、海洋资源、气象资源等。某些投资项目选址主要受某种或几种资源赋存状况的影响。有些项目本身并不直接使用矿产资源，但也要了解项目占地的矿产资源状况，因为按国家有关规定，不得覆盖重要矿床。用水量

大的项目选址取决于水资源的开发条件、水量、水质以及可能对地区生态环境造成的影响等。

2. 自然条件

自然条件包括地形、地貌及占地面积、工程地质和水文地质等,这些条件对项目选址影响很大。例如,场(厂)址的地形应力求平坦且略有坡度;地耐力要满足拟建项目的要求;应避免设在强烈地震带、断层、泥石流等不良地质地段;用水量大、对水质要求高的项目,如果水源受污染,项目也将受到影响。

(二) 经济技术因素

经济技术因素包括拟选地区的经济实力、协作条件、基础设施、技术水平、市场潜力、人口素质与数量等,这些因素对项目选址会产生很大的影响。在经济实力强的地区建设项目,可以利用已有的基础设施和良好的协作条件,且离消费地较近,有集聚效应,但也可能有远离原材料供应地的缺陷。而对于要在项目所在地进行融资的项目,选址时就要对地区融资能力加以考虑。

(三) 社会、政治因素

在项目选址时,应首先遵循国家法律法规、投资指南、开发战略以及项目审批权限和程序等,以便考虑是否可能获得各种特许及鼓励政策,分析其能否满足建厂要求。

(四) 运输和地理位置因素

运费是生产成本的重要组成部分。选址时要综合研究原料、燃料和产品销售地的关系,从而寻求最小运费点。地理位置因素是指项目拟选地点与原材料产地、经济发达地区、水陆交通干线及港口、消费市场等的空间关系,有利的地理位置会取得良好的经济协作条件,能方便地获得原材料、燃料、技术和信息。

二、场(厂)址选择的原则及分析内容

(一) 场(厂)址选择的原则

(1) 符合国家、地区和城乡规划的要求。
(2) 满足项目对原材料、能源、水和人力的供应,满足生产工艺和营销的要求。
(3) 节约和效益的原则,尽力做到降低建设投资,节省运费,减少成本,提高利润。
(4) 安全的原则,防洪、防震、防地质灾害、防战争危害。
(5) 实事求是的原则,对多个场(厂)址调查研究,进行科学分析和比选。
(6) 节约项目用地,尽量不占或少占农田。
(7) 有利于环境保护,以人为本,减少对生态和环境的影响。

(二) 场(厂)址选择的分析内容

1. 场(厂)址位置

分析拟选场(厂)址的坐落位置是否符合当地发展规划,与周边村镇、工矿企业等关系是否协调,当地政府和群众对项目场(厂)址能否接受,以及场(厂)址能否满足项目建设和生产运营的要求。

2. 占地面积

根据项目建设规模,主要建筑物、构筑物组成,参照同类项目计算拟建项目需要占用的

土地面积,分析拟选场(厂)址面积能否满足项目的要求。分期建设的项目,占地面积应考虑留有发展余地。

3. 地形、地貌和气象

分析拟选场(厂)址的地形、地貌、气象条件,如标高、坡度、降水量、日照、风向等,能否满足项目建设规模和建设条件的要求,并计算挖填土石方工程量及所需工程费用。

4. 地震情况

分析拟选场(厂)址所在地区及其周围的地震活动情况,包括地震类型、地震活动频度、震级、烈度,以及抗震设防要求。

5. 工程地质和水文地质条件

分析工程地质和水文地质条件能否满足项目建设的要求。工程地质主要分析拟选场(厂)址的地质构造、地基承载能力、有无严重不良地质地段(如溶洞、断层、软土、湿陷土等),以及是否处于滑坡区、泥石流区等。水文地质主要分析拟选场(厂)址的水文地质构造、地下水的类型及特征,土壤含水性,地下水水位、流向、流量和涌水量等。

6. 原材料供应

分析原材料品质和数量是否能够满足项目的要求,且供应是否可靠。

7. 动力供应

分析是否靠近热电厂,供电、供气是否有可靠的来源。自设热电站或锅炉房时,燃料供应是否可靠,需留有储煤、储灰场地。

8. 交通运输

分析交通运输条件(如港口、铁路、公路、机场、通信等)是否满足项目的需要。场(厂)址位置与铁路车站、码头、公路的距离是否适宜;铁路、公路、水路的运输能力、接卸能力能否满足大宗物资的运输需要;铁路、公路的承载能力,桥梁隧道的宽度和净空高度能否满足运输超大、超高、超重设备的要求。

9. 给水排水

分析是否靠近水源地,满足项目对水量、水质的要求,分析供水的可靠性。

10. 人力资源

分析是否具备项目生产经营所需要的人力资源及培训条件。

11. 施工条件

分析当地建筑材料是否充足,有无良好的施工队伍和施工机械设备条件,能否满足施工期用电、用水的需要。

12. 征地拆迁移民安置

分析征地拆迁移民安置方案,包括移民数量、安置途径、补偿标准、移民迁入地情况,以及拆迁安置工作量和所需投资。

13. 环境保护条件

分析拟选场(厂)址的位置能否被当地环境容量接受,是否符合国家环境保护法规的要求。例如,不得在水源保护区、风景名胜区、自然保护区内建设项目;产生严重粉尘、气体污染的项目,场(厂)址应处于城镇的下风向;生产或使用易燃、易爆、辐射产品的项目,场(厂)址应远离城镇和居民密集区等。

14. 法律支持条件

分析拟选场(厂)址所在地有关法规对项目建设和运营的支持程度及约束条件。境外投资项目选择场(厂)址时,应特别重视对所在国法律、法规支持条件的研究。

15. 生活设施依托条件

分析拟选场(厂)址所在地的生活福利设施(住宅、学校、医院、文化、娱乐、体育等)满足项目需要的程度。

技术改造项目应分析利用企业现有场地、公用设施和辅助设施的可能性,在此基础上再进行拟建项目场(厂)址方案研究。

三、场(厂)址方案比选

通过上述分析,对多个场(厂)址方案进行工程条件和经济性条件的比选。

工程条件比选的内容,主要有占用土地种类及面积、地形地貌、气候条件、地质条件、地震情况、征地拆迁移民安置条件、社会依托条件、环境条件、交通运输条件、施工条件等。

经济性条件比选的内容,一是建设投资比较,主要有土地购置费、场地平整费、基础工程费、场外运输投资、场外公用工程投资、防洪工程投资、环境保护投资以及施工临时设施费用等,应编制场(厂)址方案建设投资费用比较表;二是经营费用比较,包括原材料及燃料运输费、产品运输费、动力费、排污费和其他费用等,应编制场(厂)址方案经营费用比较表。

场(厂)址选择可采用的技术分析方法很多,在此仅介绍几种常用的方法。

(一) 方案比较法

这种方法是通过对项目不同选址方案的投资额和经营费用的对比,做出选址决定。其基本步骤是先在建厂地区内选择几个场(厂)址,列出可比较因素,进行初步分析比较后,从中选出两三个较合适的场(厂)址方案,再进行详细的调查、勘察,并分别计算出各方案的建设投资和经营费用。其中,建设投资和经营费用均为最低的方案为可取方案。如果不存在一个方案的建设投资和经营费用均为最低时,可用追加投资回收期法来进行比较。计算公式为:

$$T=\frac{K_2-K_1}{C_1-C_2} \qquad (公式5-1)$$

式中:T 为追加投资回收期;

K_1、K_2,C_1、C_2 分别为甲、乙两方案的建设投资额,以及甲、乙两方案的经营费用。

这个公式的实质是计算用建设投资高、经营费用低的方案节省的经营费用(C_1-C_2)来补偿其多花费的建设投资费用(K_2-K_1),需要多少年能够抵消完,即建设投资高的方案多增加的投资要多少年才能通过经营费用的节约收回来。

计算出追加投资回收期后,应与行业的标准投资回收期相比,如果小于标准投资回收期,说明建设投资高、经营费用低的方案可取,否则不可取。

建设投资与经营费用的比较可采用列表形式,根据具体情况设计(见表5-1)。

表 5-1　　　　　　　　　　建设投资与经营费用对比表

序号	项目＼费用＼方案	甲	乙	丙
1	建设投资（K）	K_1	K_2	K_3
2	经营费用（C）	C_1	C_2	C_3

（二）评分优选法

采用这种方法的关键是确定比重因子和评价值。首先，在场（厂）址方案比较表中列出主要判断因素；其次，将各判断因素按其重要程度给予一定的比重因子和评价值；最后，将各方案所有比重因子与对应的评价值相乘，得出指标评价分，其中评价分最高者为最佳方案。

（三）最小运输费用法

如果项目几个选址方案中的其他因素都基本相同，只有运输费用是不同的，则可用最小运输费用法来确定场（厂）址。最小运输费用法的基本做法是分别计算不同选址方案的运输费用，包括原材料、燃料的运进费用和产品销售的运出费用，选择其中运输费用最小的方案作为实施方案。在计算时，要全面考虑运输距离、运输方式、运输价格等因素。

四、场（厂）址选择案例

运用场（厂）址选择评分优选法进行方案比选，具体分析比较过程参见表 5-2 至表 5-4。

表 5-2　　　　　　　　　　发动机厂厂址方案比较表

序号	指标（判断因素）	方案甲	方案乙
1	厂址位置	某市半山工业区	某市重型汽车厂附近
2	占地面积	占地面积 14.8 万平方米	占地面积 36 万平方米
3	可利用固定资产原值	2 900 万元	7 600 万元
4	可利用原有生产设施	无	生产性设施 14.7 万平方米,现有铸造车间 3.4 万平方米,其中可利用 1.9 万平方米
5	交通运输条件	无铁路专用线	有铁路专用线
6	土方工程量	新建 3 万平方米厂房和公用设施,填方 6 万平方米	无大的土方施工量
7	所需投资额	7 500 万元	5 000 万元
8	消化引进技术条件	易于掌握引进技术	消化引进需较长时间

表 5-3 指标评价值表

序号	指标（判断因素）	不同方案的指标评价值		指标评价值之和
		方案甲	方案乙	
1	厂址位置	0.35	0.65	1.00
2	占地面积	0.30	0.70	1.00
3	可利用固定资产原值	0.28	0.72	1.00
4	可利用原有生产设施	0.00	1.00	1.00
5	交通运输条件	0.20	0.80	1.00
6	土方工程量	0.10	0.90	1.00
7	所需投资额	0.40	0.60	1.00
8	消化引进技术条件	0.80	0.20	1.00

表 5-4 不同方案指标评价分计算表

序号	指标（判断因素）	比重因子（WF）	不同方案指标评价分		指标评价分之和
			方案甲	方案乙	
1	厂址位置	15%	0.053	0.097	0.150
2	占地面积	15%	0.045	0.105	0.150
3	可利用固定资产原值	10%	0.028	0.072	0.100
4	可利用原有生产设施	10%	0.000	0.100	0.100
5	交通运输条件	5%	0.010	0.040	0.050
6	土方工程量	10%	0.010	0.090	0.100
7	所需投资额	15%	0.060	0.090	0.150
8	消化引进技术条件	20%	0.160	0.040	0.200
	合计	100%	0.366	0.634	1.000

以上计算表明，乙方案得分高于甲方案，所以应选定乙方案。

经过工程条件和经济性条件的比选，提出推荐场（厂）址方案，并绘制场（厂）址地理位置图。在地形图上，标明场（厂）址的四周界址、场（厂）址内生产区、办公区、场外工程、取水点、排污点、堆场、运输线等位置，以及与周边建筑物、设施的相互位置。

第二节 环境保护条件分析

投资项目一般会引起项目所在地自然环境、社会环境和生态环境的变化，对环境状况、环境质量产生不同程度的影响。因此，环境保护条件分析是投资项目评估的重要内容。环境保护条件分析是在分析确定场（厂）址方案和技术方案时，调查分析环境条件，识别和分析拟建项目影响环境的因素,提出治理和保护环境的措施,比选和优化环境保护方案。

一、环境影响的界定

(一) 环境保护和环境污染的概念

环境保护是指采取行政的、法律的、经济的和科学技术的等多方面措施,合理利用自然资源,防止环境污染和破坏,以求保护生态平衡,扩大可利用自然资源的再生产,保障人类社会的发展。环境污染是指人类活动所引起的环境质量下降有害于人类及其他生物正常生存和发展的现象。危害自然环境的主要因素有废水、废气、废渣、粉尘、垃圾、放射性物质以及噪声等,其中对环境危害最大的是废水、废气和废渣,简称"三废污染"。

(二) 工业项目是环境的重要污染源

工业生产所造成的环境污染已经严重地影响了人民生活和生产建设的发展。工业项目导致的对自然环境和生态平衡的破坏,主要来自以下三个方面:一是生产中投入的物料;二是生产过程中产生的污染;三是项目的产出物,有些产出物会对周围环境或生态产生有害影响。

(三) 环境保护评价的内容

在投资项目评估中,应对项目的环境保护进行单独评价。评价的主要内容应包括:建设地区的环境现状;主要污染源和主要污染物;资源开发可能引起的生态变化;采用的环境保护标准;控制污染和生态变化的初步方案;环境保护投资估算;环境影响评价的结论或环境影响分析以及存在问题与建议等。

二、环境保护方案研究的原则和要求

(一) 环境保护方案研究的原则

为了保护人类赖以生存的环境,实施可持续发展战略,我国相继制定了一系列法律法规,不仅为进行环境影响评价,也为环境保护方案研究提供了政策依据,如《中华人民共和国环境保护法》《建设项目环境保护管理条例》《关于执行建设项目环境影响评价制度有关问题的通知》和《中华人民共和国环境影响评价法》等。

根据国家相关政策,在项目评估阶段进行环境保护方案研究应遵循的原则如下。

1. 预防为主和环境影响最小化原则

大多数投资项目,对自然环境及其生态系统都会或多或少地产生负面影响,因此在方案设计时,就要借鉴成熟的经验和科学知识,防止负面影响的产生,或把对生态环境的影响降到最低程度。

2. 资源消耗减量化原则

项目建设一般都要消耗大量的资源和能源,必须采取措施把资源和能源消耗,特别是不可再生资源的消耗降到最低程度,尽可能采用节能、节水设备和材料等。

3. 优先使用可再生资源原则

资源是有限的,特别是不可再生资源,一旦资源耗竭将威胁到整个人类的生存和发展。因此,要尽可能地利用可再生能源,替代石油和煤炭;利用替代材料取代金属材料和木材。

4. 资源循环利用原则

建筑工程中大部分废弃物经过分选、加工和处理，都是可以循环使用的。因此，拆除的建筑材料可以进行整理和重复使用。

5. 工程材料无害化原则

在工程材料的选择上，必须选择无毒、无害、易处理、易回收的材料，而不要选择那些对人体和环境有害的材料。特别是装饰材料，要选择对人体健康无害或影响较小的材料。

（二）环境保护方案研究的要求

1. 控制污染源，使污染物的产生降到最低限度

（1）新建、改扩建和技术改造项目，以及一切可能对环境造成污染的项目，必须坚持"三同时"原则，即环境治理设施应与项目的主体工程同时设计、同时施工、同时投产使用。

（2）凡是产生环境污染和其他公害的项目，都应把消除污染、改善环境和节约资源作为加强经营管理的重要内容，推广清洁生产方式，尽量采用闭路循环工艺，大量减少"三废"的排放量。

（3）积极研究和采用无污染或低污染的先进工艺、技术和设备，推广使用环境保护新技术。

（4）从国外引进技术和设备的项目，必须遵守我国的环境保护法律、法规和政策，不得损害我国的环境权益，严禁将国外、境外列入危险特性清单中的有毒、有害废物和垃圾转移到我国境内处置，严格防止转移污染。

2. 控制污染排放

坚持污染物排放总量控制和达标排放的要求。污染物排放必须坚决执行相应的环境保护标准，达标后才允许排放。

3. 综合利用，减少排放

从建设方案设计着手，对废弃物中所含有的有害物质或余能进行利用，或制成副产品回收，或在生产中循环使用等。具体可采取下列措施：

（1）选择合理的燃料结构，改善燃烧方式，加强废渣和废水的综合利用，防止排放污染。

（2）对污水进行净化处理，循环使用。提出回水处理和再利用方案。

三、环境保护方案研究的内容

（一）环境质量现状

要对建设地区环境质量现状进行调查、描述并进行原因分析，一般包括地表水、环境空气和声学环境质量现状。对于依托原有企业改扩建的项目，还要调查、描述原有污染源及治理达标情况，一般包括废水、废气、噪声和固体废弃物的污染及治理情况。

（二）污染环境因素和破坏环境因素分析

主要分析项目建设和生产运营过程中，污染环境和导致环境质量恶化的主要污染因素和破坏因素。

1. 污染环境因素分析

分析生产过程中产生的各种污染源，计算排放污染物数量及其对环境造成的污染程度。

（1）废气。分析气体排放点，计算污染物的产生量与排放量、有害成分和浓度，分析排

放特征及其对环境造成的危害程度。

（2）废水。分析工业废水（废液）和生活污水的排放点，计算污染物的产生量与排放量、有害成分和浓度，分析排放特征、排放去向及其对环境造成的危害程度。

（3）固体废弃物。分析计算固体废弃物的产生量与排放量、有害成分，及其对环境造成的污染程度。

（4）噪声。分析噪声源位置，计算声压等级，分析噪声特征及其对环境造成的危害程度。

（5）粉尘。分析粉尘排放点，计算产生量与排放量，分析组分与特征、排放方式，及其对环境造成的危害程度。

（6）其他污染物。分析生产过程中产生的电磁波、放射性物质等污染物发生的位置、特征，计算强度值和对周围环境的危害程度。

2. **破坏环境因素分析**

分析项目建设施工和生产运营对环境可能造成破坏的因素，预测其破坏程度，主要包括以下方面：

（1）对地形、地貌等自然环境的破坏。
（2）对森林草地植被的破坏，如引起的土壤退化、水土流失等。
（3）对社会环境、文物古迹、风景名胜区、水源保护区的破坏。

（三）环境保护治理措施方案

1. **明确环境保护治理措施方案设计执行的标准**

在对污染因素和破坏因素进行详细分析的基础上，针对性地明确环境保护治理措施方案设计应执行的标准，作为进行环境保护治理措施方案设计的依据。这些标准等同于环境影响评价的标准，主要包括环境质量标准、污染物排放标准和总量控制指标三类。

2. **治理措施方案**

应根据项目的污染源和排放污染物的性质，采用不同的治理措施。

（1）废气污染治理，可采用冷凝、吸附、燃烧和催化转化等方法。

（2）废水污染治理，可采用物理法（如重力分离、离心分离、过滤、蒸发结晶、高磁分离等）、化学法（如中和、化学凝聚、氧化还原等）、物理化学法（如离子交换、电渗析、反渗透、气泡悬上分离、汽提、吹脱、吸附萃取等）、生物法（如自然氧池、生物滤化、活性污泥、厌氧发酵）等方法。

（3）固体废弃物污染治理，有毒废弃物可采用防渗漏池堆存法；放射性废弃物可采用封闭固化法；无毒废弃物可采用露天堆存法；生活垃圾可采用卫生填埋、堆肥、生物降解或者焚烧方式处理；利用无毒害固体废弃物加工制作建筑材料或者作为建材添加物，进行综合利用。

（4）粉尘污染治理，可采用过滤除尘、湿式除尘、电除尘等方法。

（5）噪声污染治理，可采用吸声、隔音、减振、隔振等措施。

（6）建设和生产运营引起环境破坏的治理。对岩体滑坡、植被破坏、地面塌陷、土壤劣化等，应提出相应治理方案。

3. **治理方案比选**

对环境治理的各局部方案和总体方案进行技术经济比较，并做出综合评价。比较、评价的主要内容有以下几方面。

（1）技术水平对比，分析对比不同环境保护治理方案所采用的技术和设备的先进性、适用性、可靠性和可得性。

（2）治理效果对比，分析对比不同环境保护治理方案在治理前及治理后环境指标的变化情况，以及满足环境保护法律法规要求的情况。

（3）管理及监测方式对比，分析对比各治理方案所采用的管理和监测方式的优缺点。

（4）环境效益对比，将环境治理保护所需投资、环保设施运行费用与所获得的收益相比较，效益费用比值较大的方案为优。

第三节　资源利用分析

资源是可供开发利用，并且为项目所需要的自然资源，如矿藏、农林、生物、土地及水资源等，资源条件直接关系到项目开发方案和建设规模的确定。资源开发项目包括：金属矿、煤矿、石油天然气矿、建材矿、化学矿、水利水电和森林采伐等项目。在项目评估阶段，应对资源开发利用的可能性、合理性和资源的可靠性进行分析和评价，为确定项目的开发方案和建设规模提供依据。

一、资源分类与特点

（一）资源分类

从不同角度对资源进行分类，可以分为以下几种。

1. 可再生资源与不可再生资源

按照能否再生，资源可分为可再生资源和不可再生资源两类。可再生资源是指能够通过大自然的作用不断地繁衍的资源，包括动物、植物等生物资源（有机体）和水；不可再生资源是指在人类可观测的时间限度内不能自生恢复的矿产资源，如金属矿、石油、天然气、煤炭和其他一些非金属矿。

2. 可枯竭资源和不可枯竭资源

按照是否会枯竭，资源可分为可枯竭资源和不可枯竭资源两类。可枯竭资源包括全部不可再生资源；不可枯竭资源包括水、太阳能、风能和土地等。若某些可再生资源利用不当，也会减少和枯竭，例如生物资源。

3. 物质资源与生态资源

按照联合国制定的相应类别，自然资源又可以分为物质资源与生态资源两类。物质资源是指人们直接消费和间接消费的资源，主要指矿产资源和生物资源；生态资源是指能保持生物圈生态平衡，从而确保人类正常生活环境，能完成一系列基本的生命重要职能的物质体系。一般将能容纳人类活动所产生废物的资源，如空气、水和土壤等归为生态资源。

（二）资源特点

自然资源一般具有有限性和分布不均衡性两方面的特点。

1. 资源的有限性

无论对自然资源如何进行分类，在一定范围内资源都是有限的。特别是矿产资源，需要在特定的条件下,经过漫长的地质年代才能形成。开采和使用多少,其储量就减少多少。即使是不可枯竭资源,如土地和水资源,在一定时期和一定范围内也是有限的。随着人口的增加,人均资源占有量还在逐渐降低。资源的有限性已经在一定程度上开始成为经济发展的制约条件,如不加重视,这种制约会愈演愈烈。某些资源的短缺甚至有可能影响国家安全。因此如何合理开发和利用有限的资源,实现可持续发展的目标,就成为人们普遍关心的问题,同样也成为项目评估的重要内容之一。

2. 资源分布的不均衡性

资源分布的不均衡性不仅体现在全球,也体现在我国国内。我国属人均资源相对贫乏的国家,大部分矿产资源集中在西部和北部。在对自然资源进行开发利用的过程中必须正视资源分布不均衡的具体情况,因势利导,扬长避短,制订合理的开发利用资源的方案。

二、资源优化配置的重要性

经济增长是靠消耗大量资源来实现的。投资项目或多或少都要直接或间接地利用资源,有些项目为资源开发项目,例如石油、天然气、金属或非金属矿等矿产资源的开发项目;有些项目要大量直接利用资源,如以石油或其炼制产品、天然气、煤炭等为原料的加工项目。鉴于资源有限性的特点,如何合理利用有限资源,使其发挥最佳效益,就必须考虑资源优化配置的问题。又由于我国资源分布的不均衡性,需要从国家整体考虑,在国家资源利用总体规划的指导下,采用切实可行的方案实现优化配置,体现资源利用的经济性和合理性。因此,在项目评估过程中,必须充分考虑资源优化配置的问题,把资源优化与国家的可持续发展目标联系起来。只有在每个资源开发和利用项目的投资决策中都充分考虑这个问题,才能在经济增长的同时,实现可持续发展的目标。

三、资源开发利用的基本要求

(一) 符合资源总体开发规划要求

资源开发项目应在总体开发规划的指导下进行合理开发。例如,煤炭开采项目,应符合煤田区域开发规划;油气田开采项目,应符合油气田区域开发规划;水利水电项目,应符合流域综合开发规划和国土整治要求。

(二) 符合资源综合利用的要求

对资源的开发利用要达到多层次、多目标的综合利用要求,避免浪费资源。多金属、多有用化学元素共生矿、油气混合矿等资源开发项目,应根据资源特征提出资源综合利用方案,做到物尽其用。

(三) 符合节约资源和可持续发展的要求

对资源的开发利用要注意资源供应数量、质量、服务年限、开采方式和利用条件等,尽量做到经济合理地开发资源。应处理好远期与近期的关系,力求节约资源。对可再生资源的开发利用,要保证资源的连续补偿,达到可持续性的发展和应用。

(四) 资源储量和品质的勘探深度应达到规定要求

资源储量和品质的勘探深度应确保资源开发项目设定的生产规模和开采年限。在进行资源开发项目的评估时,矿产开采项目应具有国家矿产资源储量委员会批准的储量报告;水利资源开发项目应具有相关部门批准的水利资源流域开发规划；森林采伐项目应具有相关部门批准的采伐复垦规划。

四、资源条件评价

资源条件评价主要是对拟开发利用资源的合理性、可利用量、自然品质、赋存条件以及开发价值进行评价。

（一）资源开发的合理性

明确项目所需资源的性质和种类，是可再生资源还是不可再生资源，对于不可再生资源，特别是某些稀缺的矿产资源，在分析拟建项目开发方案时，首先应根据国家矿产资源开发利用规划，分析研究这些资源近期与远期开发量的关系，资源保护、储备与可持续发展的关系。

（二）资源可利用量

分析资源的供应数量、质量及服务年限，能否多层次开发利用，以及资源的开采供应方式。根据拟建项目性质，研究矿产资源的可采储量或水利水能资源的蕴藏量，或森林资源的蓄积量，提出合理的开发（开采）规模和开发（开采）年限。矿产开采项目应根据国家矿产资源储量委员会批准的储量报告，在进一步勘探核查的基础上，提出项目的矿产可采储量；水利水能开发项目应根据流域开发总体规划，分析研究拟建项目河段内的年径流量、水位落差，并提出水利水能资源合理开发利用量；森林采伐项目应根据森林蓄积量调查资料，以及有关部门批准的采伐与迹地恢复规划，研究提出项目的原木可采伐量。

（三）资源自然品质

根据拟建项目特点分析资源品质，为制订项目技术方案提供依据。金属矿和非金属矿开采项目应分析研究矿石品位、物理性能和化学组分、洗选难易程度；煤炭开采项目应分析研究煤炭的热值、灰分、硫分、结焦性能等；石油天然气开采项目应分析研究油气的化学组分、物理性能（黏度、凝固点等）；水利水能开发项目应分析研究河床稳定性、泥沙含量、有机物含量、水体形态（水位、水温、流速）等。

（四）资源赋存条件

分析研究资源的地质构造和开采难易程度，以便确定开采方式和设备方案。矿产开采项目应分析地质构造、岩体性质、矿体结构、矿层厚度、倾斜度、埋藏深度、灾害因素、涌水量等；石油天然气开采项目应分析研究油气藏压力、含油气地质构造、孔隙率、渗透率等；水利水能开发项目应分析研究拟建项目河段内地质构造、地震活动和其他危害因素，以及水能梯级分布情况。对于稀缺资源，还需分析开辟新资源的可能前景及其替代资源的途径。

（五）资源开发价值

密切注意科技进步对资源发现和利用的影响。采用先进的科学技术手段，提高对资源的深加工程度，分析研究资源的开发利用价值，增加资源利用的经济效益。矿产开采项目应分析计算每吨矿产品生产能力投资、每吨矿产品开采成本等指标；森林采伐项目应分析每立方米原木生产能力投资；水利水能开发项目应分析每吨供水能力投资、每千瓦电力装机容量投资，以及防洪、灌溉、航运、养殖等综合利用的效益。

第四节 原材料与燃料动力供应条件分析

在分析确定项目产品方案、技术方案和设备方案的同时,还应对项目所需的原材料、辅助材料和燃料的品种、规格、成分、质量、数量、价格、来源、供应方式和运输方式进行分析论证,以确保项目建成后正常生产运营,并为计算生产运营成本提供依据。

一、主要原材料供应方案分析

主要原材料是项目建成后生产运营所需的主要投入物。在建设规模、产品方案、技术方案确定后,应对所需主要原材料的品种、规格、成分、质量、数量、价格、来源、供应方式和运输方式进行分析。

(一) 分析确定原材料品种、质量和数量

1. 确定项目所需原材料的数量

在分析评价时,应根据项目的设计生产能力、选用的工艺技术和使用的设备来估算所需原材料的数量,并分析预测其供应的稳定性和保证程度。为了保证正常生产,根据生产周期、生产批量、采购运输条件等计算物料的经常储备量,同时还要考虑保险储备量和季节储备量。保险储备量是指为预防物料延滞到货风险而增加的储备量;季节储备量是指为预防由于季节变化可能导致的物料供应量、供应价格变化而增加的储备量。经常储备量、保险储备量和季节储备量三者之和为物料储备总量(最高储备量),作为生产物流方案(包括运输、仓库等设施)分析的依据。

2. 确定项目所需各种物料的质量、品种、性能

一般来说,投入物的质量、品种和性能对项目的生产工艺、产品质量以及资源利用程度影响极大,因此,应根据产品方案和工艺技术方案,研究确定项目所需原材料的品种、质量、性能(包括物理性能和化学成分)。为确保采购的原材料、辅助材料的质量符合生产工艺要求,应提出建立必要的检验、化验和试验设施。

(二) 分析确定原材料供应来源与方式

1. 供应企业和地区研究

对可以从市场采购的原材料,应确定采购的地区。有特殊要求的原材料,应提出拟选择的供货企业及供货方案。

2. 供应方式

供应方式一般有市场采购、投资建立原料基地、投资供货企业扩大生产能力等几类,应根据项目特点选择经济合理的供应方式。

3. 进口原材料的供应

应调查研究国际贸易情况,分析拟选择的制造企业和供应企业的资信情况,确保原材料供应的可靠性。

4. 大宗原材料的供应

应调查研究主要供应企业的生产经营情况,再决定是否与拟选择的供应企业签订供货意向协议。

(三) 分析确定原材料运输方式

原材料运输方式分析是根据项目所需物料的形态(固态、液态、气态)、运输距离、包装方式、仓储要求、运输费用等因素研究确定物料运输方式。物料运输所需的设备和设施,应充分依靠社会运输解决。特殊物料运输,如易燃、易爆、易腐蚀、剧毒、有辐射性等物料,应按照政府部门发布的安全规范要求,提出相应的运输方案。大宗原材料的运输应与拟选择的运输企业签订运输意向协议。项目所需主要原材料运输费用的高低,对项目生产的连续性和产品成本的高低都有很大的影响。运输费用的高低与运输距离的长短及采用的运输方式是密切相关的,所以就地取材、缩短距离、采用合理的运输方式,将有助于降低运输费用,从而减少产品成本。为此,在分析评价时,应分析计算其运输能力和运输费用,以做出正确的评价。

(四) 分析确定原材料价格

在市场预测的基础上,对主要原材料的出厂价、到厂价,以及进口物料的到岸价和有关税费等作进一步计算,并进行比选。一般来说,项目主要投入物的价格是影响项目经济效益的关键因素,所以不但要观察主要投入物价格目前的变化动向,还要预测其未来的变化趋势。要充分估计到原材料供应的弹性和互补性,以保证原材料的合理替换和选择,这实质上体现了资源优势利用和加工工艺的经济合理性。

二、燃料动力供应方案分析

项目所需燃料动力包括生产工艺用燃料动力、公用和辅助设施用燃料动力、其他设施用燃料动力。建设和生产中所需的燃料通常有煤炭、石油和天然气等,所需动力主要有电力、蒸汽和水等。

燃料及动力供应条件分析评价包括以下主要内容:

(一) 分析和评价燃料供应条件

首先要依据产品生产过程、成本、质量、区域环境对所用燃料的要求,来选择燃料种类,同时还要分析燃料供应政策、供应数量、质量、来源及供应方式。如果是消耗大宗燃料的项目,还要落实燃料的运输及储存设施。

(二) 分析和评价供水条件

工业用水范围极为广泛,在分析评价时,要根据项目对水源、水质的要求,计算出项目的用水量,再结合当地的供水价格,分析耗水费用对产品成本的影响。同时,要考察工业用水的循环设施和生产中污水净化设施是否具备,供水泵站及管网等设施是否完善。

(三) 分析和评价供电条件

电力是工业生产的主要动力。对耗电量大而又要求连续生产的工业项目(如轧钢项目),需要分析估算项目最大用电量、高峰负荷、备用量、供电来源,还要按生产工艺要求计算日耗电量、年耗电量以及对产品成本的影响,要尽可能保证动力供应的稳定性。

(四) 分析和评价其他动力供应条件

在分析评价时,还要对产品生产中所需的其他动力(如各种汽、气等)的总需要量进行测算,并分析其对产品成本的影响。

三、主要原材料、燃料供应方案比选

对项目所需的主要原材料、燃料供应方案应进行比选。比选的主要内容为：

（一）满足生产要求的程度

满足生产要求的程度即指原材料、燃料动力在品种、质量、性能、数量上满足项目建设规模、生产工艺要求的程度。

（二）采购来源的可靠程度

采购来源的可靠程度包括原材料、燃料供应的稳定程度（包括数量、质量）和大宗原材料、燃料运输的保证程度。

（三）价格和运输费用是否经济合理

价格比选一般采用定性和定量分析相结合的方式进行，运输费用主要比选运输方式和单位运量的费用。经过比选提出最合理方案。

第五节　节能措施分析

在分析技术方案、设备方案和工程方案时，对能源消耗量大的项目，应提出节约能源措施，并对能耗指标进行分析。

一、项目建设节能的原则与要求

能源一般分为一次能源和二次能源。煤、石油、天然气等，没有经过加工或转换，称为一次能源；煤气、电力、汽油、煤油、焦炭等，是在一次能源基础上经过加工转换而来的，称为二次能源。所谓节约能源，是指通过技术进步、合理利用、科学管理和经济结构合理化等，以最小的能源消耗取得最大的经济效益。节能的环节和表现尽管各不相同，但都以一次能源节约为最终目的。

节能工作是一种特定形式的"能源开发"，是解决我国能源供应紧张、保护能源资源、保护环境的有效途径。

（一）项目的建设方案设计要体现合理利用和节约能源的方针

节能是我国发展经济的一项长远战略方针。1997 年公布施行的《中华人民共和国节约能源法》是我国关于节约能源的基本大法，该法于 2007 年 10 月 28 日修订通过。2006 年，国家发改委又颁发了《关于加强固定资产投资项目节能评估和审查工作的通知》，进一步强调加强节能评估，把能耗作为项目审核的强制性门槛，把节能减排作为经济结构调整、转变经济增长方式、提高经济效益现实有效的切入点和突破口。2007 年 2 月国家发改委和科技部联合发布了 2006 年版《中国节能技术政策大纲》，这是落实节约资源基本国策、提高能源利用效率、转变经济增长方式、减少对环境影响的重要技术政策支持。大纲对工业、建筑、交通、城市与民用、农业及农村等节能领域和可再生能源利用等方面，规范了可采用研发、推广发展以及加以限制、禁止的具体技术措施，也给项目投资重点方向提供了指导政策。

2016 年 7 月 2 日第十二届全国人民代表大会常务委员会第二十一次会议通过了修改《中华人民共和国节约能源法》的决定，修改内容更强调了国家实行固定资产投资项目节能

评估和审查制度；不符合强制性节能标准的项目，建设单位不得开工建设，已经建成的，不得投入生产、使用；政府投资项目不符合强制性节能标准的，依法负责项目审批的机关不得批准建设；负责审批政府投资项目的机关违反本法规定，对不符合强制性节能标准的项目予以批准建设的，对直接负责的主管人员和其他直接责任人员依法给予处分。项目的建设方案（包括工艺、设备、公用辅助设施）应按照上述法规的要求，依据国家和行业有关节能的标准和规范合理设计，起到提高能源利用效率、促进国民经济向节能型发展的作用。在进行投资项目评估时，应分析项目可行性研究报告中是否包括合理用能的专题论证。

（二）考察可行性研究报告中是否单列"节能篇（章）"

早在1992年，原国家计委、原国务院经贸办、原建设部就规定基本建设和技术改造工程项目可行性研究报告要增列"节能篇（章）"。1997年原国家计委、原国家经贸委、原建设部重新发布了《关于固定资产投资工程项目可行性研究报告"节能篇（章）"编制及评估的规定》，规定固定资产投资工程项目可行性研究报告必须包括"节能篇（章）"。"节能篇（章）"应经有资格的咨询机构评估。凡无"节能篇（章）"的可行性研究报告或未经评估，建设项目的主管部门不予受理。2016年11月27日国家发改委发布了2016年第44号令：《固定资产投资项目节能审查办法》，自2017年1月1日起施行。固定资产投资项目节能审查意见是项目开工建设、竣工验收和运营管理的重要依据。政府投资项目，建设单位在报送项目可行性研究报告前，需取得节能审查机关出具的节能审查意见。企业投资项目，建设单位需在开工建设前取得节能审查机关出具的节能审查意见。未按本办法规定进行节能审查，或节能审查未通过的项目，建设单位不得开工建设，已经建成的不得投入生产、使用。年综合能源消费量5 000吨标准煤以上（改扩建项目按照建成投产后年综合能源消费增量计算，电力折算系数按当量值，下同）的固定资产投资项目，其节能审查由省级节能审查机关负责。其他固定资产投资项目，其节能审查管理权限由省级节能审查机关依据实际情况自行决定。在投资项目评估时，应分析项目可行性研究报告中是否单列"节能篇（章）"。

（三）"节能篇（章）"的内容应符合有关规定

《关于固定资产投资工程项目可行性研究报告"节能篇（章）"编制及评估的规定》对"节能篇（章）"的内容和深度做出了明确的规定。规定"节能篇（章）"在对节能措施进行综述的同时，应分析建设项目的建筑、设备、工艺的能耗水平和其生产的用能产品的效率或能耗指标。国家发改委《关于加强固定资产投资项目节能评估和审查工作的通知》明确要求：节能分析应包括项目应遵循的合理用能标准及节能设计规范；建设项目能源消耗种类和数量分析；项目所在地能源供应状况分析；能耗指标；节能措施和节能效果分析等内容。国家发改委发布的《固定资产投资项目节能审查办法》也明确规定：建设单位应编制固定资产投资项目节能报告。项目节能报告应包括下列内容：分析评价依据；项目建设方案的节能分析和比选，包括总平面布置、生产工艺、用能工艺、用能设备和能源计量器具等方面；选取节能效果好、技术经济可行的节能技术和管理措施；项目能源消费量、能源消费结构、能源效率等方面的分析；对所在地完成能源消耗总量和强度目标、煤炭消费减量替代目标的影响等方面的分析评价。在投资项目评估时，应严格考察项目可行性研究报告"节能篇（章）"的内容是否符合上述有关规定。

（四）节能方案的技术要求

节能方案应符合相关建设标准、技术标准和《中国节能技术政策大纲》中的节能要求。单位建筑面积能耗指标、工艺和设备的合理用能、主要产品能源单耗指标要以国内先进能耗水平或参照国际先进水平作为设计依据。

二、节能方案评价

（一）节能措施

（1）应采用先进的技术和设备，提高能源利用效率，降低能源消耗。
（2）回收利用生产过程中产生的余热、余压及可燃气体。
（3）对炉窑、工艺装置及热力管网系统分别采取有效的保温措施。
（4）合理利用热能，尽可能避免生产工艺中能量的不合理转换。

（二）能耗指标分析

采取节能措施后，对拟建项目的能耗指标进行分析。计算单位产品消耗各种能源的实物量，折算成标煤消耗量，进行分析对比。能耗指标一般应达到国内外同行业先进水平。

技术改造项目，应详细说明企业能源利用现状，以及改造后合理利用能源、降低能耗的效果。

第六节　节水措施分析

在分析技术方案、设备方案、工程方案时，水资源消耗量大的项目，应提出节水措施，并对水耗指标进行分析。

一、项目建设节水的原则与要求

（一）项目建设节水的原则

全面节水是缓解水资源短缺的重要途径，是关系到我国实现资源永续利用、经济和社会可持续发展的一项战略任务。1984年原国家经委和原城乡建设环境保护部制定了《工业用水定额（试行）》，规定不同行业、不同规模的用水定额，对建设项目在合理利用水资源、减少水消耗、降低生产成本等方面发挥了积极作用。1988年颁布的《中华人民共和国水法》中规定"国家实行计划用水、厉行节约用水"。1993年国家实行取水许可证制度，从此结束我国无序取水的历史，标志我国水资源管理进入法制化阶段。2002年5月原国家计委和水利部颁布《建设项目水资源论证管理办法》，实行更加严格的水资源政策，要求项目建设必须充分评估水资源的承受能力和合理使用水资源。2016年9月1日起实施修改后的《中华人民共和国水法》。国家将逐步完善节水法规和节水管理办法，加紧组织修订重点行业用水定额，强化节水的基础工作，为水资源的高效利用和优化配置提供依据。

（二）项目建设节水的要求

（1）按照《建设项目水资源论证管理办法》的规定，从2002年5月1日起，凡是直接从江河、湖泊或地下取水的新建、改建、扩建的建设项目，如需申请取水许可证，必须委托有相应资质的单位，对其进行水资源论证，内容包括：取水水源有无保证、用水是否高效合理、是否符合节水要求、对其他用水户权益是否产生影响等,作为行政主管部门审批取水许可证的依据。

（2）项目评估报告必须依据国家和地方政府制定的主要行业用水定额标准,合理确定建设项目的用水量。

（3）项目评估报告应按照政府提出的工业用水重复利用率要求,采取有效的技术措施,提高水的重复利用率,降低水的消耗量。

二、节水措施

对于水资源消耗量大的项目,应对节水措施进行重点研究。

（一）采取有效措施提高水资源利用率

项目建设首先应选用节水型生产工艺技术和设备,降低水的耗用量,用有限的水资源生产出更多更好的产品。必须强制淘汰落后的卫生器具、设备和管道材料。采用高效节水型新工艺、新技术、新设备、新材料,对节约水资源关系重大,同时供水系统采取防渗、防漏措施,降低水资源无效消耗。

（二）提高工业用水回收率和重复利用率

推广一水多用、循环利用、逆流回用等节约用水措施。尽管各行各业情况和条件差别很大,要求各不一样,但都有很大的节约用水潜力。

（三）提高再生水回收率

积极稳妥地推行污水再生利用,是节水的措施之一,也是缓解水资源短缺的有效途径,特别对资源型缺水地区尤为重要。工业和市政污水经过适当处理后,根据回用水的用途和水质要求,有针对性地再进行补充处理,作为再生水资源（中水）用于农业灌溉用水、工业冷却水或工艺生产用水以及其他杂项用水。

（四）有条件的项目应采用海水替代技术和设备

地处沿海地区的项目应尽可能地采用海水替代技术和设备,以达到节约水资源的目的。

三、水耗指标分析

采用节水措施后,还应对拟建项目的水资源消耗量进行分析,计算单位产品的耗水量,对水耗指标和水的重复利用率进行分析对比。水耗指标一般应达到国内外同行业先进水平,水的重复利用率应达到当地政府规定的指标。技术改造项目,应详细说明企业水资源利用现状,以及改造后提高水资源利用率的效果。

本章小结

建设条件和生产条件分析是在市场分析、生产规模确定的基础上,对项目建设所需要的条件和项目建成或交付使用后生产经营所需要的条件进行的评价,并通过多方案比选,构造和优化项目方案的过程。它包括场（厂）址选择、环境保护条件分析、资源利用分析、原材料与燃料动力供应条件分析、节能和节水措施分析等。

项目评估阶段的场（厂）址选择,是根据可行性研究报告提出的场（厂）址推荐意见,是场

(厂)址方案的最终选择。

项目选择场(厂)址需要分析的主要内容有:场(厂)址位置;占地面积;地形地貌气象条件;地震情况;原材料供应;动力供应;交通运输条件;给水排水;工程地质和水文地质条件;征地拆迁移民安置条件;人力资源;环境保护条件;法律支持条件;生活设施依托条件;施工条件。通过上述分析,对多个场(厂)址方案进行工程条件和经济性条件的比选。

环境保护条件分析是在分析确定场(厂)址方案和技术方案时,调查分析环境条件,识别和分析拟建项目影响环境的因素,提出治理和保护环境的措施,比选和优化环境保护方案。在投资项目评估中,应对项目的环境保护进行单独评价。评价的主要内容应包括:建设地区的环境现状;主要污染源和主要污染物;资源开发可能引起的生态变化;采用的环境保护标准;控制污染和生态变化的初步方案;环境保护投资估算;环境影响评价的结论或环境影响分析;存在问题与建议。

根据国家相关政策,在项目评估阶段进行环境保护方案研究应遵循的原则有:预防为主和环境影响最小化原则;资源消耗减量化原则;优先使用可再生资源原则;资源循环利用原则;工程材料无害化原则。

环境保护方案研究的要求包括:控制污染源,使污染物的产生降到最低限度;控制污染排放;综合利用,减少排放。环境保护方案研究的内容包括:环境质量现状、污染环境因素和破坏环境因素分析、环境保护治理措施方案。

环境保护治理措施方案研究,首先应明确环境保护治理措施方案设计执行的标准;其次应根据项目的污染源和排放污染物的性质,采用不同的治理措施;最后对环境治理的各局部方案和总体方案进行技术经济比较,并做出综合评价。

资源开发利用的基本要求有:符合资源总体开发规划要求;符合资源综合利用的要求;符合节约资源和可持续发展的要求;资源储量和品质的勘探深度应达到规定要求。资源条件评价主要是对拟开发利用资源的合理性、可利用量、自然品质、赋存条件、开发价值进行评价。

主要原材料供应方案分析的内容有:分析确定原材料品种、质量和数量;分析确定原材料供应来源与方式;分析确定原材料运输方式;分析确定原材料价格。

燃料及动力供应条件分析评价包括以下主要内容:分析和评价燃料供应条件;分析和评价供水条件;分析和评价供电条件;分析和评价其他动力供应条件。

节约能源是指通过技术进步、合理利用、科学管理和经济结构合理化等,以最小的能源消耗取得最大的经济效益。节能措施主要包括:应采用先进的技术和设备,提高能源利用效率,降低能源消耗;回收利用生产过程中产生的余热、余压及可燃气体;对炉窑、工艺装置及热力管网系统分别采取有效的保温措施;合理利用热能,尽可能避免生产工艺中能量的不合理转换。

项目建设节水的要求为:凡是直接从江河、湖泊或地下取水的新建、改建、扩建的建设项目,如需申请取水许可证,必须委托有相应资质的单位,对其进行水资源论证,作为行政主管部门审批取水许可证的依据;必须依据国家和地方政府制定的主要行业用水定额标准,合理确定建设项目的用水量;应按照政府提出的工业用水重复利用率要求,采取有效的技术措施,提高水的重复利用率,降低水的消耗量。

节水措施包括:采取有效措施提高水资源利用率;提高工业用水回收率和重复利用率;提高再生水回收率;有条件的项目应采用海水替代技术和设备。

本章重要概念

场(厂)址选择	原材料供应方案	环境保护	环境污染
可再生资源	不可再生资源	一次能源	二次能源

思考与练习题

1. 项目场(厂)址选择的原则是什么?
2. 场(厂)址选择应分析哪些内容?
3. 场(厂)址方案比选应考虑哪些内容?
4. 环境保护的评价内容是什么?
5. 环境保护方案研究应遵循的原则是什么?
6. 环境保护方案研究的要求和内容是什么?
7. 资源条件评价应包括哪些内容?
8. 原材料、燃料及动力供应方案分析包括哪些内容?
9. 从不同角度对资源进行分类可分为哪几种?
10. 项目节能和节水措施包括哪些内容?

第六章 技术方案分析

> **学习目的：**
> 通过本章的学习，掌握工艺技术方案选择应考虑的主要因素，工程设计方案及设备方案的评价方法，以及影响设备选择的因素，熟悉工艺技术方案、设备方案、工程设计方案分析的内容，了解技术方案选择的一般程序和方法。

技术方案分析是投资项目评估中不可或缺的一个环节，主要内容是对项目的工艺技术方案、设备方案和工程设计方案进行评价分析。在投资项目评估中，技术方案分析涵盖的范围很广，可包括影响项目实施的一切技术因素，如工艺流程方案、设备方案、工程设计方案、建设条件、建设规模、节能节水以及环保方案等。在本书中，本章内容仅涉及普通意义上的技术方案分析，即工艺技术方案分析、设备方案分析和工程设计方案分析三部分。

第一节 技术方案分析概述

一、技术方案分析的意义

随着当今科技的发展，社会知识和技术的更新速度加快，新技术的生命周期变得越来越短，实现同样功能的技术解决方案和手段则越来越多。技术方案的多样性、复杂性和较强的时效性，使得项目实施过程中存在多个可行性方案，因此，对其进行有效的鉴别和遴选，找出最适合项目的满意方案就变得非常重要。此外，从经济学的角度来看，资源的稀缺性及方案选择的机会成本使我们在进行技术方案的选择和评估时，必须寻找能够最充分地利用现有资源，对实现本系统目标最有利的技术方案。任何国家、地区或者企业必须根据自身的目标与条件进行技术选择。

技术方案分析是整个投资项目评估的一个中间环节，起到承上启下的作用。项目建设必要性分析、市场分析、建设和生产条件、生产规模分析是技术分析的基础，而技术方案分析又是财务和经济分析的依据。一个项目只有当技术方案确定后，才能以此为依据进行投资额、产品成本和各项技术经济指标的估算。利用这些指标和其他经济参数，才能进行有效的项目财务和经济分析。因此，技术方案分析如果确定不可行，那么项目的财务和经济分析就将变得毫无意义。

另外，在考察项目技术方案的可行性、经济性和合理性的同时，还需要与项目所处行业、地区的现实条件相适应。而且，除了对项目本身进行系统、全面分析以外，还应该考虑项目技术的社会效应以及对上下游企业的影响，确定最适宜的技术方案。由此可见技术方案分析对于投资项目评估的重要性,应该给予充分的认识和重视。

二、技术方案分析的内容

技术方案选择一般应从项目拟采用的技术方案中,通过对其技术的先进性、适用性、成熟性、局限性和经济合理性等多个方面的考察和选择,确定满足项目要求的最满意方案。

(一) 先进性

技术的先进性是项目产品市场竞争能力的重要度量,是项目的核心竞争力。采用新工艺、新方法或生产出全新的产品,技术领先优势越大,其各项性能指标越好,市场竞争优势就越大。高新技术或先进工艺生产的产品,不但可以确保项目拟定的生产规模的合理性,甚至可以通过市场替代功能,获得传统产品的市场份额。技术的先进性主要表现在相同条件下能否生产质量更好、原材料消耗更少、产量更多、功能更全和环保性能更佳的产品,即"性能费用比"更好的产品。

(二) 适用性

对技术适用性的考虑,主要包括以下三个方面。

1. 资源条件的适用性

项目所采用的技术应与当地的资源条件和经济发展水平相适应。采用的技术与可能得到的原材料、燃料、主要辅助材料或半成品相适应。应尽量选择当地可利用的优势资源条件。

2. 设备的适用性

项目技术采用的各种主要和辅助设备是否适用,一是看国内能否生产,如果设备专用性很强,又必须从国外引进,那么该项成本将会很高,而且相关配套零配件或原辅材料也可能不易获得;二是看设备投入的性能成本比是否合理,其相应的生产能力是否能够被充分利用等。

3. 人力资源的适用性

评价项目人力资源是否适用,主要看拟采用的技术方案是否有合格的劳动力和足够高的管理水平。如果项目生产所需劳动力的素质和技能要求很高,而当地又缺乏足够的专业技术人员和操作工人,即使设备供应方可以提供技术和技能培训,也并不一定能够确保项目生产的正常进行;大型项目需要严谨、科学和先进的管理理念来指导项目的实施,若项目运营管理过程非常复杂,企业又缺乏能够承担项目管理职能的团队和制度,则这样的技术方案也是不可行的。

(三) 成熟性

技术方案的成熟性主要考察以下五个方面。

(1) 产品的各项技术指标是否达标且满足相关行业标准,性能是否稳定可靠。

(2) 生产对生产作业人员的人身安全是否构成威胁。

(3) 生产产生的废弃物或伴随的粉尘、烟雾和噪音等的处理及对人员和环境带来的危害。

(4) 对原材料的消耗及设备的损耗是否正常。

(5) 是否已具备大规模生产的条件等。

只有同时达到上述考察指标的技术方案才是成熟的技术方案。

(四) 局限性

局限性是指该技术方案的应用范围受到某些条件的制约。制约因素越少,该技术的局限性就越小,也就越容易实施和推广。技术方案的局限性可以从以下几个方面考察。

1. 对资源条件的要求

要考察项目实施所需资源能否得到满足,若不能满足,则要考察通过其他途径获得的资源有无保障,其成本是否合理。

2. 相关产品的生产和技术发展的制约

一项技术的应用,必须考虑与该技术相关产品的市场状况,如下游产品和互补产品的技术发展水平等。若这些产品技术与该项目技术不匹配,则该技术方案不可用。

3. 采用的技术方案在环境保护方面有无约束

应尽可能采用环保型生产技术,这不仅仅是产业发展和政策扶持的方向,更是企业应该承担的社会责任。有些技术或许可以降低投资,或许有较低的运营成本,但会带来严重的环境污染,这种技术方案是绝不能采用的。

4. 产品性能必须满足主要目标市场的要求

产品性能必须满足主要目标市场的要求,即使该技术方案由此导致的投资较大,只要投资回报能够高于判别标准,则该方案就可以考虑接受。

由此可以看出,在技术方案选择时,应该多方面考虑影响该技术应用的约束条件,局限性越小,采用该技术方案就越有利。

(五) 经济合理性

技术方案的经济合理性是考察和选择在相同投入条件下经济效益最大,或是在同等经济效益的前提下投入最小的技术方案。技术和设备并非是越先进、越精密越好。从经济学的角度看,边际效用最大的或是"费用效果比"最好的技术解决方案往往能成为较优方案,而并非是总效用最大的方案。因为在获得效用的同时必须兼顾考虑为此付出的成本是否合理。

此外,技术方案选择还要有一定的前瞻性和创新性,即对技术发展的可持续性、时效性和经济性有一个综合衡量。如果该项技术在现阶段具备先进性、成熟性、适用性和经济性等优势,但由于理论、工艺或其他瓶颈导致该技术缺乏创新性,失去了持续的优势,可以预见该技术的发展空间受限,就应该重新审视项目的投资规模,并对财务经济效益做更保守的估算。

三、技术方案选择的一般程序

实际工作中项目的千差万别,涉及国民经济的各个行业。虽然各项目均有着不同的专业背景,复杂程度也不尽相同,但技术方案选择遵循的一般规律还是有章可循的。大体可以分为以下几个阶段。

(一) 初步认识阶段

初步考察所应用的技术方案的可行性。首先是对该技术应用进行广泛的信息收集,确认该技术是否属于新创技术,是否有其他项目应用的案例,在实际应用过程中有何优势,存在什么风险,同类项目能够达到什么水平,其投资回报情况如何等。在收集信息时要确认其来源的可靠性并加以筛选。

(二) 分析和整理阶段

完成了技术信息的收集和初步分析后,应该进一步分析技术发展趋势。包括对该项技术的发展前景预测,技术产品的生命周期,替代产品及技术的发展状况。同时对项目相关产品的关联性、实施该项技术的资源条件是否具备、条件是否成熟进行深入研究。

这部分技术论证,除组织企业内部有关技术专家进行分析研究外,还可以邀请行业专家学者或技术权威机构协助论证,以期获得明确和可靠的结论。

(三) 项目备选技术方案的分析和选择

这部分是技术分析的核心。要从企业自身条件出发,从拟建项目的实际情况着手,依据项目技术方案选择的基本原则进行初选,然后从技术方案的先进性、成熟性、适用性、局限性和经济合理性等方面进行全面考察,结合财务分析手段和结论,从中选出相对满意的技术方案。

备选方案不宜过多,方案初选的目的就是尽快将不符合条件或是差别细微的方案进行淘汰或合并,要善于抓住主要矛盾。通常情况下工业项目的工艺技术、工艺流程、主要生产设备和关键性的零配件等是技术评估的主要对象。节省了论证时间也就相应提高了工作效率,同时降低了评估的成本。

(四) 结论、问题和建议等

应该明确给出技术方案评估的结论。同时,对拟建项目使用该技术方案时可能发生的问题要及时指出,对解决问题的方法应该提供合理的建议。以求防患于未然,确保项目的顺利实施。

四、技术方案选择的方法

技术方案比选的方法很多。一般而言,只要用于方案评估的指标具有可比性和一致性,通过该项指标评估的结果就有意义。如果时间和成本允许的话,可以采用不同评估方法进行比较,综合考虑各种方法的评估结果,最终对技术方案进行选择。以下主要介绍评分法和投资效益评价法。

(一) 评分法

1. 总分法

将技术方案应该具备的主要性能或是应该(便于)考察的重要指标列出,根据指标值的高低确定一个分值范围。然后根据每个方案的技术表现打分,将方案的各项性能得分相加,其总分就是方案的综合得分,分数越高则该方案越应优选。其数学表达为:

$$M = \sum m_i \qquad (公式 6-1)$$

式中: m_i ——第 i 项性能指标的得分;

M ——方案的综合得分。

该方法简单易行。但由于没考虑各项性能指标重要程度的差异,因此,在各项技术性能指标对最终方案贡献差异很大时,容易产生决策失误。

2. 加权平均法

由于在方案比较过程中,不同技术指标一般情况下对方案的影响程度是不同的,所以考察时也应加以区分,这就是加权平均法。加权平均法根据各项指标的重要程度不同,赋予其一个权重系数。权重系数大说明该指标的重要程度高,权重系数小说明该指标的重要程度相对较小。加权平均法可以分为两种形式:一是权重系数根据具体技术方案而定,其数值没有约束;二是对权重系数有一个约束,即所有权重系数之和等于1。

与总分法相比,加权平均法考虑了各项指标对方案的影响程度,因而对技术方案的评估也更客观、更合理。上述方法的计算公式如下:

$$M = \sum W_i m_i \qquad (公式6-2)$$

式中:m_i——第 i 项评价标准的评分值;

M——该备选方案的评价总分;

W_i——加权系数。

其中,第二种形式的约束条件为:$\sum W_i = 1$

下面通过一个具体案例对上述方法的使用进行具体分析。

【例6-1】 某项目拥有四种技术备选方案,每一种方案可以通过四个不同的技术指标进行考察。具体评价详见表6-1。

表6-1 各技术方案的基本评价参数

	方案一	方案二	方案三	方案四
指标 A 评分	9	9	9	8
权重 WA_1	15	16	16	16
权重 WA_2	0.5	0.5	0.4	0.4
指标 B 评分	8	8	9	8
权重 WB_1	10	6	4	8
权重 WB_2	0.3	0.2	0.2	0.2
指标 C 评分	8	8	9	9
权重 WC_1	3	7	8	4
权重 WC_2	0.1	0.2	0.2	0.2
指标 D 评分	8	7	7	10
权重 WD_1	3	6	8	8
权重 WD_2	0.1	0.1	0.2	0.2

【解答】 根据表6-1中各方案的评分和权重,可以得到表6-2的结论。

表 6-2　　　　　　　　　　　　技术方案评价结果

	方案一	方案二	方案三	方案四
总分法	33	32	34	35
排名	3	4	2	1
加权平均法一	263	290	308	308
排名	4	3	1	1
加权平均法二	8.5	8.4	8.6	8.6
排名	3	4	1	1

根据表 6-2 可知，若按总分法进行评价和决策，则方案四为最佳；若按加权平均法评价，则方案三与方案四在分别用两种加权平均法评价时，其得分均相同，在具体决策时可能考虑总分法方案四占优而选择方案四为最佳，也有可能因为指标 A 的权重最大，对项目的实施影响程度最大，由此认为方案三为最佳。这样的选择在实际评价中应视具体情况而定。

另外，在评分法当中，还有乘法评分法、加乘混合评分法等方式。各方法在实际应用中各有利弊，评估时可根据具体情况自行选择或进行组合方案的综合评价。

（二）投资效益评价法

投资效益评价法是运用经济学的常用评价方法，以其相应的择优标准进行选择的方法。常用的评价方法有如下三种。

1. 效用成本法

投资效益评价时，除非已经选定了效益最大或是成本最低原则来决策，否则，任何方案必须同时兼顾效益和成本费用两方面，将单位成本带来的效益作为判别标准，该数值越大越好。具体用公式表述如下：

$$\text{经济效果指数}(\text{I}) = \frac{\text{效益}}{\text{耗费}} \quad (\text{公式 } 6-3)$$

$$\text{经济效果指数}(\text{II}) = \text{效益} - \text{耗费} \quad (\text{公式 } 6-4)$$

前者是相对指标，后者为绝对指标。当指数（I）大于 1 或指数（II）大于 0 时，方案可取，并取数值最大为优；反之，则不可取。

2. 现值法

现值法是将预测的各技术方案带来的计算期内各年的现金流，按一定的折现率（如行业的基本收益率或银行利率）折成现值，数值较大的方案为优选方案。

3. 内部收益率法

内部收益率就是在备选方案的计算期内，使效益的现值和费用的现值相等时的贴现率。将此贴现率与实际利率（或行业利率）相比，如小于实际利率，则舍弃；如大于实际利率，再比较各方案的内部收益率，数值大者为优。

第二节　工艺技术方案分析

工艺是指为生产某种产品所采用的工艺流程和制造方法。工艺技术方案分析是整个技术方案分析的核心和基础。工艺技术方案是设备方案选择的依据。同时,在生产规模等因素确定的前提下,工程设计方案也要依据工艺技术方案的要求进行厂区的总图运输及公用辅助工程的设计和布局。

一、工艺技术方案分析的内容

工艺技术方案的考察是以技术方案决策依据为基本方法,也即通过对备选工艺技术方案在可靠性、合理性、适用性、经济性、安全性以及环保性等多方面的考察,选择符合项目实际资金、市场、技术及人力情况且具有较好经济效益的工艺技术方案。工艺技术方案的选择除遵循技术方案分析的一般原则外,还应重点考察如下几个方面。

(一) 工艺技术方案的可靠性和成熟性

可靠性和成熟性是项目工艺技术方案选择的首要条件。可靠、成熟的工艺意味着该技术方案已经过实验室研究和中间试验阶段,并获得有关专家或权威部门的检验认证,同时必须生产一定数量的产品并通过一段时间的检验。只有符合这样条件的工艺技术方案才是真正意义上的成熟可靠的技术方案。

成熟可靠的技术方案是产品质量的保证。这里的质量具有两方面含义:一是指生产的单个产品的技术参数指标合格;二是指该方案连续生产时产品质量的稳定性,即正品率的高低。

(二) 工艺流程的合理性

工艺流程亦称工艺线路,是指劳动者使用生产工具改变劳动对象的形状和性能,使其具有特定使用价值的过程。在投资项目评估中,对工艺流程合理性的分析可以通过对不同工艺的流程图和技术经济指标的对比来进行。合理的工艺流程应符合下列要求:

第一,产品能满足技术方案的要求。技术方案确定了对产品的基本要求,如各项产品性能指标应该达到的标准,单位时间生产的产量和原材料消耗比例等。

第二,原材料从其投入到形成成品的过程流畅、便捷、具有连续性,有利于提高劳动生产率、设备利用率。研究工艺流程的合理安排,应既能保证主要工序生产的稳定性,又能根据市场需要的变化,使生产的产品在品种规格上保持一定的灵活性。

第三,应能达到经济合理性要求。研究选择先进合理的物料消耗定额,提高收益率。如果为了降低消耗定额而增加了很多设备,提高了操作难度,降低了产品生产效率,使投资增加,效益率降低,则是一条不可取的路径。所以选择先进适用的物料消耗定额,是选择工艺流程必不可少的条件。

二、工艺技术方案的获得

项目工艺生产技术并不一定必须通过企业自身的研发获得,可以通过购买、许可证交易和合作开发等多种方式取得,实际应用中需要根据企业自身战略规划、资金实力和项目实际情况等加以选择。

(一) 取得工艺技术的途径

取得工艺技术可以采取以下形式:自主研制开发、整套采购工艺、工艺许可证交易、合资经营等。

1. 自主研制开发

实力雄厚的大企业或是技术领先的中小企业,往往在其主营业务上具有一定的研发能力。加强自主工艺技术的研究,可以获得或巩固技术领先优势,形成企业自身独特的核心竞争力。但需要注意的是,自主研发不但要消耗大量的人力物力,对企业的资金实力也是较大的考验。是否采取该方式,需视企业自身条件和环境而定。

2. 整套采购工艺

在某些情况下,最好是通过整套采购来取得工艺。由于一次性获得整套生产工艺有利于企业快速投产和抢占市场。在项目投资许可时,"一次性"工艺权或非专利技术可以采购到,工艺的升级和技术支持对出让方的依赖程度较小时,企业采取整套采购工艺的方式是合理的。

3. 工艺许可证交易

在工艺贸易中,工艺许可证交易已经发展成为一种普遍而有效的方法。根据相互协议的条款,一份许可证可能给予使用专利工艺的权利。这类似于商业连锁经营中的特许经营权交易。这种方式在获得工艺生产方法和出让方的技术支持的同时,可以节省由于购买整套工艺带来的资金压力和市场风险。其不足之处在于,由于工艺技术拥有者同样可以将工艺许可证出让给其他企业,因此,企业获得的工艺技术不具备垄断或区域性的垄断优势。

4. 合资经营

合资经营指工艺供应者提供工艺技术参与企业项目的经营,即工艺技术作价入股,与技术引进企业共同开发经营。其好处在于:企业可以获得长期持续的工艺技术支持;共享原工艺技术拥有者的市场供需渠道;共同分担新产品的市场风险;项目投资资金紧张时,或是购买工艺技术所需资金较多,且市场存在一定的不确定因素时,可有效节省前期投资和分散市场风险,迅速启动项目。其不足之处在于,企业运营管理存在协调问题。若合作双方在企业文化、经营理念存在冲突将会面临一定的风险;由于没有获得工艺技术的核心,技术支持和技术升级均会不同程度地受制于人。一旦协调不好,项目运营将面临危机。

(二) 影响工艺技术获得方式选择的主要因素

对于项目拟采用的工艺技术的获得,企业应该从如下几方面综合权衡。

1. 企业战略

工艺技术的取得方式首先取决于企业战略。如果企业想通过该项目的实施,获得行业领先的优势,或是快速扩张,尽可能多地抢占市场份额,实现企业利润最大化,而对于前期投入考虑较少。这种情况下,企业可以考虑购买成套技术。如果企业在该行业具有一定的经济、技术实力,也可以考虑加大研发投入,尽快开发出新的工艺技术。

2. 企业资金实力和项目总投资控制

企业目前的现金流状况也是一个重要的制约因素。如果企业拥有充足的现金流,项目总投资较为宽松,则可以考虑自主研发或购买;若资金链紧张,又严格控制了项目的总投资,则应该考虑许可证交易和合资开发的方式。

3. 经济性

无论何种情况下,均应对企业获取工艺技术的各种途径进行可靠的经济性分析,期望通过相对小的成本及风险获得更多的收益。具体分析时可首先分析各种可能的风险因素及其发生概率,同时确认每一种方式产生的现金流,然后计算其净现值和期望净现值,比较期望净现值并加以选择,期望净现值大的方式为优先考虑方式。

综合考虑上述影响因素,从而选择符合企业战略发展、经济效用最大、风险相对较小的工艺技术获得方式。

第三节 设备方案分析

一、设备方案选择的内容及要求

设备和工艺是相互依存的,设备方案的选择要以工艺的要求为主导。设备的比较和选择就是要完成对主要设备的型号、规格、数量、技术性能指标和价格等因素的考察,即主要比选各设备方案对建设规模的满足程度,对产品质量和生产工艺要求的保证程度,设备使用寿命、物料消耗指标、操作要求、备品备件保证程度、安装试车技术服务以及所需的设备投资等,并据此选择可以达到既定的生产能力所需要的、最佳的和高效能的设备类型。

在对主要设备方案进行选择时,应该满足以下基本要求:首先,选用设备时,应符合国家和有关部门颁布的相关技术标准要求;其次,主要设备方案应与拟选的建设规模和生产工艺相适应,主要设备之间、主要与辅助设备之间相互配套,以满足投产后生产(或使用)的要求;再次,设备质量可靠、性能成熟,以保证生产产品质量的稳定;最后,设备选择应在保证性能质量的前提下,力求经济合理。

二、影响主要设备方案选择的因素

选择主要设备方案的基本原则是技术上先进,经济上合理。一般应考虑以下几个方面。

(一)可靠性

符合工艺技术方案的要求是设备方案选择的最基本原则。可靠性是指系统、设备在规定的时间和条件下完成规定功能的能力。选择设备可靠性时要求设备平均无故障时间越长越好。具体地从设备设计选择的安全系数、贮备设计(也称冗余设计,即为完成规定功能而额外附加设计的系统或手段,保证即使其中一部分出现故障,但整台设备仍能正常工作)、耐环境(日晒、温度、湿度、沙尘、腐蚀、振动等)设计、元器件稳定性、故障保护措施、人机因素(不易造成操作差错,发生操作失误时防止设备发生故障)等方面进行分析。

(二)经济性

设备方案选择经济性的要求是:初始投资少、设备生产率高、耐久性长、能耗及原材料消耗少、维修和管理费用少等。

初始投资包括设备购置及安装费、运输费和辅助设施费等。在工艺及生产规模能够满足的前提下,初始投资较少,能够快速启动项目的设备投资方案是优选方案。

设备生产率应与企业的战略方针及规划、生产计划、运输能力、技术力量、劳动力、动力和原材料供应等相适应,生产率并非简单的越高越好。一般来说,生产率高的设备,往往自动化程度高、投资多、能耗大、维护复杂,如果选择设备的生产率和上述条件不适应,生产就不平衡,服务供应工作不配套,就不能达到设计产量,平均单位产品的成本就会增高。

耐久性是指零部件使用过程中物质磨损允许的自然寿命。一般来说,设备寿命越长,创造价值越多,综合经济效益越高。但耐久性不能一概而论,不同行业设备有不同要求。

考察设备的能耗及原材料消耗,就是选择消耗相同资源生产出更多产品的设备方案,或是选择生产相同的产品,消耗资源低的设备方案。能耗是单位产品能源的消耗量,不仅要看消耗量的大小,还要看耗能品种是否为常用的能源。耗能低的设备能有效地节约能源,降低成本,这也是今后技术发展的主要方向之一。

维修性是指系统、设备等在进行修理时,能以最小的资源消耗或成本,在正常条件下顺利完成维修的可能性。可靠性可以确保设备在正常时间内的生产,而维修性则决定在设备故障时期为恢复正常状态所需要支付的成本。维修性好,则综合维修及运营成本就小。

(三) 安全性

设备安全性是指设备使用时有必要的可靠的安全防护设施,对使用者和整个生产是安全的。如在设备操作运转过程中应该避免高空坠物、对操作者有害物质的释放及设备的防火、防漏电、防高温等性能均应该符合行业安全生产标准,不能满足上述要求的设备不宜使用。

(四) 环保性

设备的噪声和"三废"(废水、废气、废料)的排放、放射性污染等可能对人和周围环境造成的影响要符合有关环境保护规范的要求。

(五) 适应性和灵活性

科学技术的发展使产品的更新换代日趋加快,产品生命周期越来越短,市场竞争压力日趋增大,对于与工艺匹配的设备方案的适应性和灵活性的要求也随之大大提高。专用设备的专业性强,往往有些专用设备是为某一特定工艺技术要求设计、制造的,一旦工艺改变或产品更新,其寿命也就告终。专用设备比选时,应该考虑其生产更多规格的同类产品的可能性。对于可变的加工对象,例如大规模定制生产,要选用具有多种加工性能的设备,设备适应性的提高一般需要增加投资作为代价,是不是要采取灵活性较大的设备,要对产品市场的现状、发展及经济性进行分析后方可决定。

三、设备方案比选方法

为了选择经济上合理的设备,需要对设备方案进行经济评价,根据设备方案选择考察的五个方面,即设备的可靠性、经济性、安全性、环保性以及适应性和灵活性等,结合定性和定量分析方法进行对比分析,从中选出较佳的设备方案。

(一) 投资回收期法

设备的投资成本主要包括设备的价格、运输、安装等费用。在新设备投入之后,会由于提高劳动生产率、改进质量、降低能源消耗而带来节约额。将投资费用与年节约额相比,即可求得投资回收期。计算公式如下:

$$投资回收期(T) = \frac{投资额(I)}{年节约额(C)} \quad \text{(公式 6-5)}$$

(二) 差额投资分析法

差额投资分析法分为差额投资回收期法和差额投资内部收益率法。在方案比较时,往往采用差额投资回收期法。差额投资回收期法是将两个设备方案的运营成本的差额与设备投资的差额相比,计算差额投资回收年限。若估算年限少于预期投资回收期,则投资额大的方案为优。差额投资内部收益率法是计算两个备选方案的净现金流差额的内部收益率,如果大于基准折现率,则现金流大的方案为优选方案。

(三) 费用效率分析法

费用效率(可表示为 CE)分析法的基本原理是:在比选设备方案时,主要考虑设备系统效率和设备寿命周期总费用两个因素,以此计算出费用效率,用于各方案比较。其计算公式为:

$$费用效率(CE)=\frac{系统效率}{寿命周期总费用} \quad (公式6-6)$$

上式中,系统效率是指设备的营运效益,它既可用容易计量的产量、营业收入等指标来表示,也可用难以计量的各种功能(如启动性、舒适性、灵活性等)来表示,寿命周期总费用由设备购置安装费和生产营运费两部分构成。通过计算,选择费用效率高的设备,以保证设备的经济性。

(四) 投资收益率法

设备的投资收益率法考虑了设备的折旧。其计算公式为:

$$投资收益率(R)=\frac{投资总收益(C)}{设备投资额(I)} \quad (公式6-7)$$

在其他条件相同的情况下,设备投资收益率高的设备是优选设备,应优先选用。

第四节 工程设计方案分析

工程方案构成项目的实体。工程方案是在建设规模、工艺技术方案和设备方案确定的基础上,研究论证主要建筑物、构筑物的建造方案和辅助设施的布置方案。

一、工程方案选择的基本要求

工程方案的选择应该满足如下几点基本要求:一是项目工程规模、建筑面积和建筑结构应与生产和使用的要求相适应。对分期建设的项目,应留有适当的发展空间和余地。二是适应已选定场(厂)址、线路走向的要求。在已选定的场(厂)址、线路走向的范围内,合理布置建筑物、构筑物及地下管线的位置。三是建筑物、构筑物的基础、结构和所采用的建筑材料应符合国家和有关部门颁布的工程标准规范要求。四是工程方案的设计在满足使用功能、确保质量的前提下,力求降低造价,节约建设投资资金。在既定投资规模下,选择更利于项目实施的工程方案。

二、总图布置方案分析

项目总图布置就是根据拟建项目的生产工艺流程或使用功能的需要及其相互关系,结合场地自然条件和外部环境条件,经多方案比较后,对项目各个组成部分的位置进行统一布局,合理地规划和安排建设场地内功能区之间、各建筑物和构筑物之间,以及各种通道之间的平面位置关系,以便使整个项目形成布置紧凑、流程顺畅、经济合理、使用方便的格局。

在分析评估时,应注意总图布置的合理性,主要从以下几方面进行分析:是否能够满足生产工艺的要求,工艺流程是否流畅,生产系统是否完整;是否符合国土规划、土地管理和城市规划的要求;布置是否紧凑,各功能区的边界和面积是否合理;场内外运输、供水供电等线路的布置及走向是否合理;主要货流和主要人流能否有效避免交叉;是否符合卫生和安全生产的要求;能否节约用地、节约投资,是否经济合理等。

总图布置方案的比较可以通过土地利用系数、建筑系数、绿化系数、占地面积分析及土石方量、挖填工程量等一系列技术指标,以及由此估算的各项工程发生的费用来综合评价,择优选择。具体参见表6-3和表6-4。

表6-3　　　　　　　　　　总图布置方案技术指标比较

序号	指标	总图布置方案		
		方案A	方案B	方案C
1	场(厂)区占地面积(平方米)			
2	建筑物、构筑物占地面积(平方米)			
3	道路、铁路占地面积(平方米)			
4	绿化面积(平方米)			
5	绿化系数			
6	建筑系数			
7	土地利用系数			
8	土石方挖填量(立方米)			
9	地上地下管线工程量(立方米)			
10	防洪措施工程量(立方米)			
11	不良地质处理工程量(立方米)			
12	……			

表6-4　　　　　　　　　　总图布置方案费用比较　　　　　　　　　　单位:万元

序号	指标	总图布置方案		
		方案A	方案B	方案C
1	土石方费用			
2	地基处理费用			
3	地下管线费用			
4	防洪抗震费用			
5	……			
	合计			

三、主要工程设计方案分析

主要工程设计方案是指土建工程设计方案。土建工程包括：地基工程、一般土建工程、工业管道工程、电气及照明工程、给排水工程、采暖工程及通风工程等。土建工程的内容非常广泛，在项目的投资费用中所占的比例较大，在评估时应认真分析其主要工程内容，并估算其主要工程量。

（一）建筑工程方案分析

建筑物的平面布置和楼层高度要适应工艺和设备的需要，正确选择厂房建筑的层数和层高，按工艺要求合理布置设备，按车间设备的平面布置安排柱网和工作空间。

按照适用、经济的原则，选用建筑结构方案。根据生产工艺和设备的需要、厂房的大小和项目所在地的具体条件合理选用。

在评估时，应判别项目适应的建筑标准。若项目采用的标准过高，将造成不必要的浪费；标准过低，既不安全又会降低使用质量。

非主要建筑物、构筑物工程可不作详细研究。估算投资时，可参考已建成的同类项目的相似工程估算工程量。

（二）施工组织设计分析

1. 施工方案分析

施工方案分析是指对主要单项工程、公用设施、配套工程的施工方法和工程量的估算。要重点分析影响施工进度和工程质量的关键工程部位的施工方法。在明确全部单项工程施工方法的基础上，制订整个项目的施工方案。

2. 施工进度分析

项目工程实施进度常用甘特图和网络图两种方法表示。

（1）甘特图。甘特图又称横道图，在项目评估中常用于表示工程进度安排，具有简单明了、实用有效等优点。可以表示出各工序之间的交叉搭接和延续时间以确定项目的合理工期。其缺点是反映的信息较为有限，并难以体现并行任务之间的内在联系。常见的以甘特图表示的工程进度安排如表 6-5 所示。

表 6-5　　　　　　　　　　工程进度安排

序号	项目名称	2006年		2007年												2008年				
		11	12	1	2	3	4	5	6	7	8	9	10	11	12	1	2	3	4	5
1	项目可研	──	──																	
2	项目设计		──	──	──															
3	拆迁安置				──	──														
4	土石方工程					──	──	──												
5	地下室工程							──	──	──										
6	主体工程								──	──	──	──	──	──						
7	设备安装工程												──	──	──	──	──			

续表

序号	项目名称	2006年		2007年											2008年				
		11	12	1	2	3	4	5	6	7	8	9	10	11	12	1	2	3	4	5
8	室内装修工程																			
9	室外装修工程																			
10	室外工程																			
11	竣工验收																			

（2）网络图。网络图技术有多种，如关键路线规划、关键路线分析与计划评审。网络图技术的最基本思想是用图来表示项目各种活动之间的顺序关系，其目的是在一开始尚不清楚完成活动的具体时间时，就能画出一张工序安排图（与甘特图相比，网络图只有在活动日期或者至少是活动顺序确定以后才能够画出）。网络图的绘制最终需要找出或是计算出关键路线。所谓关键路线就是工期最长的路线，而且这一路线上任何任务的工期变化都将影响总工期。

（三）工程投资估算

工程方案经比选后，应编制推荐方案的建筑物、构筑物工程一览表，并估算建筑安装工程量和建筑材料用量以作为投资估算的依据，由此估算固定资产投资总额并汇总。汇总表参见表6-6。

表6-6　　　　　　　　　　　固定资产投资汇总表　　　　　　　　　　单位：万元

序号	工程费用名称	估算价值			
		建筑工程	设备购置及安装工程	其他费用	合计
1	土建工程				
2	装修工程				
3	设备购置及安装工程				
4	工程建设的其他费用				
4.1	土地使用费				
4.2	工程保险费				
4.3	勘察、设计费				
4.4	建设单位管理费				
4.5	工程监理费				
4.6	……				
	合计				

本章小结

项目技术方案分析应遵循先进性、适用性、成熟性、经济合理性和局限性等原则。其主要内容是对工艺技术方案、设备方案和工程设计方案进行分析评价。

工艺是指为生产某种产品所采用的工艺流程和制造方法。工艺技术方案分析是技术方案分析的核心和基础。工艺流程亦称工艺线路,是指劳动者使用生产工具改变劳动对象的形状和性能,使其具有特定使用价值的过程。进行工艺选择应考虑其可靠性与成熟性、流程的合理性等因素。可以通过自主研制开发、工艺许可证交易、整套采购工艺、合资经营等方法取得工艺。

设备和工艺是相互依存的。设备方案选择应考虑的因素主要有以下几个方面:可靠性、经济性、安全性、环保性、适应性和灵活性等。

常用设备方案比选方法主要有投资回收期法、差额投资分析法、投资收益率法和费用效率分析法。

主要工程设计方案是指土建工程设计方案,具体包括:地基工程、一般土建工程、工业管道工程、电气及照明工程、给排水工程、采暖工程及通风工程等方案设计。

本章重要概念

技术条件   工艺流程   项目总图布置

 思考与练习题

1. 如何理解技术条件分析作为项目评估的中间环节所起的作用?
2. 技术方案分析考察哪些方面的内容?
3. 工艺技术方案的获得应该考虑哪些方面的问题?
4. 主要设备选择应该考察哪些方面的因素?
5. 总图布置方案应该考察哪些方面的问题?
6. 甘特图与网络图的应用有何差别?

第四部分

经济评价篇

第七章 投资估算

学习目的：

通过本章的学习，掌握建设投资的构成，建设投资估算、建设期利息估算和流动资金估算的具体方法，熟悉投资估算的深度、要求和步骤，了解投资估算的依据和作用。

投资估算是在对项目的建设规模、技术方案、设备方案、场（厂）址方案、工程方案及项目进度计划等进行研究并初步确定的基础上，对投资项目总投资数额及分年资金需要量进行的估算。投资估算是投资决策过程中确定融资方案的重要依据，也是进行财务分析和经济分析的基础。

第一节 投资估算概述

一、投资估算的范围与内容

（一）项目总投资的含义及构成

项目总投资是指从投资项目筹建开始到项目报废为止所发生的全部投资费用，由筹建期和建设期投入的建设投资、建设期利息和项目建成投产后所需要投入的流动资金三部分组成。

建设投资是指在项目筹建与建设期间所花费的全部建设费用；建设期利息是债务资金在建设期内发生并计入固定资产原值的利息；流动资金是在项目运营期内长期占用并周转使用的营运资金。在估算项目总投资时，需对建设投资、建设期利息和流动资金各项内容分别进行估算。

项目总投资反映的是项目在整个计算期内投入的全部资金。项目计算期是指经济评价中为进行动态分析所设定的期限，包括建设期和运营期。其中，项目建设期是指从项目开始建设起至竣工投产为止所经历的时间，建设期的长短应参照项目建设的合理工期或项目的建设进度计划合理确定，或根据同类项目经验数据结合拟建设项目的具体情况加以确定。项目的运营期是指从项目建成投产起至项目报废为止所经历的时间，又分为投产期和达产期两个阶段。投产期是指项目投入生产运营，但生产能力尚未完全达到设计能力时的过渡阶段。达产期是指生产运营达到设计预期水平后的时间。在项目财务分析中，一般以项目主要固定资产的经济寿命期作为确定项目运营期的主要依据，也可以根据项目特点参照项目的合理经济寿命予以确定。

(二) 项目总投资估算的内容

项目的总投资包括建设投资、建设期利息和流动资金。根据资本保全原则和企业资产划分的有关规定,投资项目在建成交付使用时,项目投入的全部资金,即建设投资、建设期利息和流动资金,最终会形成固定资产、无形资产、其他资产和流动资产。项目总投资构成与资产形成如图 7-1 所示。

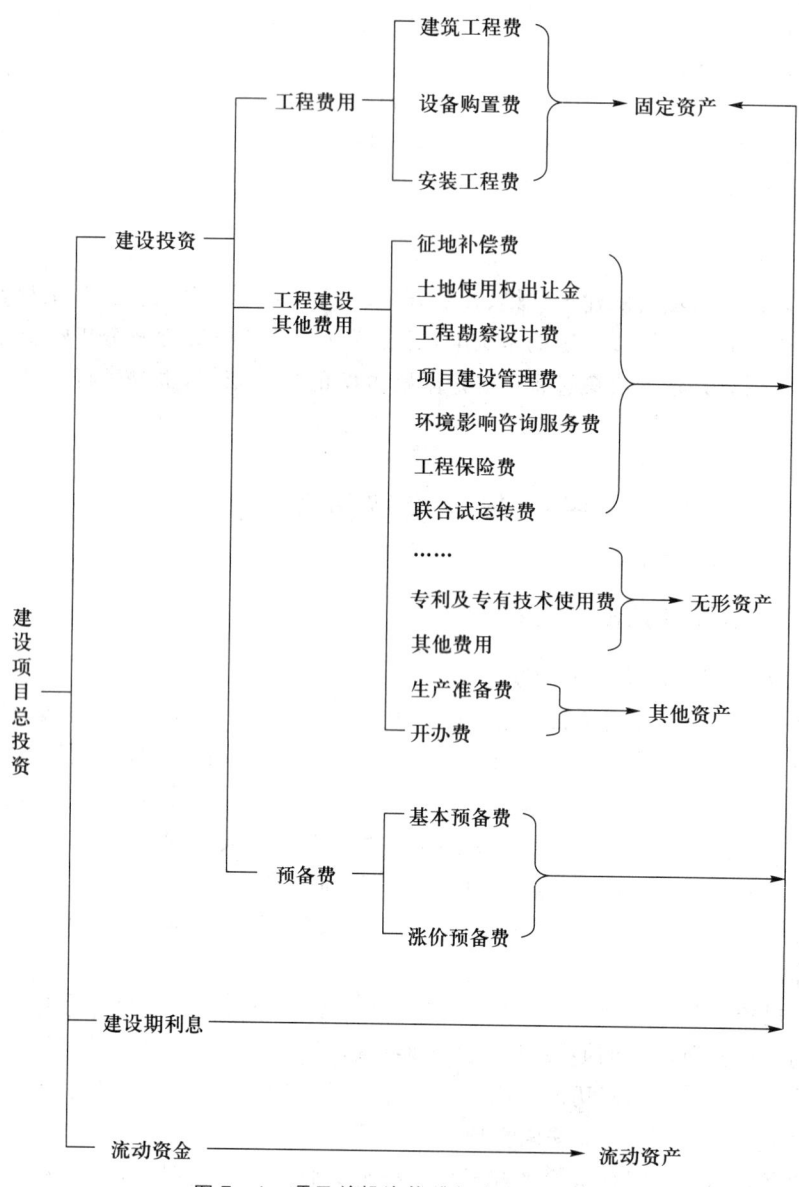

图 7-1 项目总投资构成与资产形成图

固定资产是指同时具有下列特征的有形资产:①为生产商品、提供劳务、出租或经营管理而持有的;②使用寿命超过一个会计年度。它一般包括房屋及建筑物、机器设备、运输设备以及其他与生产经营活动有关的工具、器具等。在投资项目评估中,应将工程费用、预备费、工程建设其他费用中除应计入无形资产和其他资产价值以外的全部待摊投资费用(也称固定资产其他费用)计入固定资产原值。另外,建设期利息也应计入固定资产原值。

无形资产是指企业拥有或者控制的没有实物形态的可辨认非货币性资产,包括专利权、非专利技术、商标权、土地使用权、特许权和著作权等。无形资产是有偿取得的资产,对于外购及其他依法取得的无形资产的支出,一般都予以资本化,并在其受益期内分期摊销。在投资项目评估中可将工程建设其他费用中的技术转让费或技术使用费(含专利技术和非专利技术)、商标权等作为企业的初始投资计入无形资产价值中。

其他资产原称递延资产,是指除流动资产、固定资产、无形资产以外的其他资产,如长期待摊费用。按照有关规定,除购置和建造固定资产以外,所有筹建期间发生的费用,先在长期待摊费用中归集,待企业开始生产经营起计入当期的损益。在投资项目评估中构成其他资产原值的费用主要包括生产准备费、开办费、样品样机购置费和农业开荒费等。

按照费用归集的形式,建设投资可按概算法或形成资产法分类。根据项目评估对投资估算精度的要求、行业特点及相关规定,选用相应的投资估算方法。

建设期利息是指项目建设期发生的银行借款和其他债务资金在建设期内的应计利息以及其他融资费用。建设期利息一般计入固定资产原值中。西方学者一般将建设期利息称为资本化利息。

流动资金是指运营期内占用并周转使用的运营资金。流动资金等于流动资产减去流动负债。流动资产是指可以在一年内或超过一年的一个营业周期内变现或运用的资产,一般包括存货、库存现金、应收账款和预付账款等。流动负债一般只考虑应付账款和预收账款。

二、投资估算的深度与要求

投资项目的前期研究工作主要包括投资机会研究、初步可行性研究(项目建议书)、可行性研究和项目评估四个阶段,各个阶段要求投资估算达到的准确程度有所不同。由于不同阶段工作深度、所掌握材料和具备的条件不同,投资估算必然会随着工作的不断进展,项目条件的逐步明确和细化而不断地深入,准确程度也会逐步提高,从而对项目投资起到越来越有效的控制作用。投资项目前期的不同阶段对投资估算的允许误差率如表 7-1 所示。

表 7-1　　　　　　　　投资项目前期各阶段对投资估算误差的要求

序号	投资项目前期各阶段	投资估算的误差率
1	投资机会研究阶段	±30%以内
2	初步可行性研究(项目建议书)阶段	±20%以内
3	可行性研究阶段	±10%以内
4	项目评估阶段	±10%以内

尽管允许有一定的误差,但是投资估算必须满足以下要求:①工程内容和费用构成齐全,计算合理,不重复计算,不提高或者降低估算标准,不高估冒算或漏项少算;②选用指标与具体工程之间存在标准或者条件差异时,应进行必要的换算或者调整;③投资估算精度应

能满足投资项目前期不同阶段的要求。

三、投资估算的依据和作用

(一) 投资估算的依据

建设项目投资估算应该以科学的方法和准确可靠的数据、文献作为估算依据。其主要依据有：①专门机构发布的建设工程造价费用构成、估算指标、计算方法以及其他有关计算工程造价的文件；②专门机构发布的工程建设其他费用计算方法和费用标准以及政府部门发布的物价指数；③拟建项目各单项工程的建设内容及工程量。

(二) 投资估算的作用

1. 投资估算是投资项目建设前期的重要环节

投资估算是投资项目建设前期工作中制订融资方案、进行财务效益分析的基础，也是其后编制初步设计概算的依据。因此，按照项目建设前期不同阶段所要求的内容和深度，完整、准确地进行投资估算是项目投资决策分析的阶段必不可少的重要工作。特别是在项目评估阶段，投资估算的准确与否，是否符合工程的实际情况，不仅决定着能否正确评价项目的可行性，也决定着融资方案设计的基础是否可靠。

2. 满足工程设计招投标及城市建筑方案设计竞选的需要

在工程设计的投标书中，除了包括方案设计的图文说明以外，还应包括工程的投资估算。在城市建筑方案设计竞选过程中，咨询单位编制的竞选文件也包括投资估算，因此，合理的投资估算也是为了满足工程招投标及城市建筑方案设计竞选的需要。

第二节　投资估算方法

一、建设投资的构成与估算

(一) 建设投资的构成

建设投资是指建设单位在项目筹建期与建设期间所花费的全部建设费用。建设投资的构成可按概算法或按形成资产法分类。

1. 按概算法分类

按概算法分类，建设投资由工程费用、工程建设其他费用和预备费三部分构成。其中：①工程费用又由建筑工程费、设备及工器具购置费和安装工程费构成。②工程建设其他费用内容较多，且随行业和项目的不同而有所区别，主要包括土地使用权出让金、征地补偿费、建设单位管理费、可行性研究费、研究试验费、勘察设计费、环境影响评价费、场地准备及临时设施费、引进技术和引进设备其他费、工程建设监理费、职业安全卫生健康评价费、工程质量监管费、工程保险费、市政公用设施建设及绿化费、联合试运转费、生产准备费、专利及专有技术使用费、办公及生活家具购置费等。③预备费是指在投资估算时用以处理实际费用与计划耗费不相符而追加的费用，包括基本预备费和涨价预备费两部分，基本预备费是为自然灾害可能造成的损失，或是施工阶段必须增加的工程和费用而设计的；涨价预备费是因在建设期间物价上涨而引起的投资费用的增加。

2. 按形成资产法分类

按形成资产法分类,建设投资由形成固定资产的费用、形成无形资产的费用、形成其他资产的费用和预备费四部分构成。其中:①形成固定资产的费用,是指投资时将直接形成固定资产的建设投资,包括工程费用、工程建设其他费用中按规定形成固定资产的费用和预备费,工程建设其他费用中按规定形成固定资产的费用也被叫固定资产其他费用,主要包括项目建设管理费、前期工作咨询费、研究试验费、勘察设计费、环境影响咨询服务费、场地准备及临时设施费、工程建设监理费、劳动安全卫生评审费、工程质量监督费、工程保险费、特殊设备安全监督检验费、招标代理服务费、联合试运转费;②形成无形资产的费用,是指将直接形成无形资产的建设投资,主要包括专利权、非专利技术、商标权、商誉等;③形成其他资产的费用,是指建设投资中除形成固定资产和无形资产以外的部分,如生产准备费和开办费等。

(二) 建设投资的估算

建设投资估算方法有简单估算法和分项详细估算法。

1. 建设投资简单估算法

建设投资简单估算法分为单位生产能力估算法、生产能力指数法、比例估算法、系数估算法和指标估算法等。前四种估算方法估算准确度相对不高,主要适用于投资机会研究和初步可行性研究阶段。

(1) 单位生产能力估算法。该方法根据已建成的、性质类似的建设项目的单位生产能力投资(如元/吨、元/千瓦)乘以拟建项目的生产能力,来估算拟建项目的投资额。其计算公式为:

$$Y_2 = \frac{Y_1}{X_1} \times X_2 \times CF \qquad (公式7-1)$$

式中: Y_2——拟建项目的投资额;

Y_1——已建类似项目的投资额;

X_1——已建类似项目的生产能力;

X_2——拟建项目的生产能力;

CF——不同时期、不同地点的定额、单价、费用变更等的综合调整系数。

该方法将项目的建设投资与其生产能力的关系视为简单的线性关系,估算简便迅速,但精确度较差。使用这种方法要求拟建项目与所选取的已建项目类似,仅存在规模大小和时间上的差异。这种方法一般仅用于机会研究阶段。

【例7-1】 已知2000年建设污水处理能力16万立方米/日污水处理厂的建设投资为16 000万元,2008年拟建污水处理能力20万立方米/日的污水处理厂一座,工程条件与2000年已建项目类似,调整系数CF为1.25,试估算该项目的建设投资。

【解答】 根据公式7-1,该项目的建设投资为:

$$Y_2 = \frac{16\ 000}{16} \times 20 \times 1.25 = 25\ 000(万元)$$

(2) 生产能力指数法。该方法根据已建成的、性质类似的建设项目的生产能力和投资额,以及拟建项目的生产能力,来估算拟建项目的投资额。其计算公式为:

$$Y_2 = Y_1 \times \left(\frac{X_2}{X_1}\right)^n \times CF \qquad \text{(公式 7-2)}$$

式中：n——生产能力指数；

其他符号含义同前。

该公式表明，建设项目的投资额与生产能力呈非线性关系。运用该方法估算项目投资的重要条件，是要有合理的生产能力指数。不同性质的建设项目，n 的取值是不同的。在正常情况下，$0 \leqslant n \leqslant 1$。若已建类似项目的规模和拟建项目的规模相差不大，$Y_1$ 与 Y_2 的比值为 0.5~2，则指数 n 的取值近似为 1；一般认为 Y_1 与 Y_2 的比值为 2~50，且拟建项目规模的扩大仅靠增大设备规模来达到时，则 n 取值为 0.6~0.7；若靠增加相同规格设备的数量来达到，则 n 取值为 0.8~0.9；高温高压的工业生产项目，n 则取值为 0.3~0.5。

采用生产能力指数法，计算简单、速度快。但要求类似项目的资料可靠，条件基本相同，否则误差就会增大。因此，这种方法多适用于工艺过程比较简单、工程内容比较固定的单项工程或工程项目。对于建设内容复杂多变的项目，实践中往往应用分类估算法。

【例 7-2】 已知建设年产 15 万吨聚酯项目的装置投资为 20 000 万元，现拟建年产 60 万吨聚酯项目，工程条件与上述项目类似，生产能力指数 n 为 0.8，调整系数 CF 为 1.1，试估算该项目的装置投资。

【解答】 根据公式 7-2，该项目的装置投资为：

$$Y_2 = 20\ 000 \times \left(\frac{60}{15}\right)^{0.8} \times 1.1 = 66\ 692(万元)$$

（3）比例估算法。比例估算法可分为以下两种：

① 以拟建项目的设备购置费为基数进行估算。该方法是以拟建项目的设备购置费为基数，根据已建成的同类项目的建筑工程费和安装工程费占设备购置费的百分比，求出相应的建筑工程费和安装工程费，再加上拟建项目其他费用（包括工程建设其他费用和预备费等），其总和即为拟建项目的建设投资。计算公式为：

$$C = E(1 + f_1 P_1 + f_2 P_2) + I \qquad \text{(公式 7-3)}$$

式中：　C——拟建项目的建设投资；

E——拟建项目根据当时当地价格计算的设备购置费；

P_1、P_2——已建项目中建筑工程费和安装工程费占设备购置费的百分比；

f_1、f_2——由于时间因素引起的定额、价格、费用标准等综合调整系数；

I——拟建项目的其他费用。

【例 7-3】 某拟建项目设备购置费为 18 000 万元，根据已建同类项目统计资料，建筑工程费占设备购置费的 25%，安装工程费占设备购置费的 11%，该拟建项目的其他有关费用估计为 3 200 万元，调整系数 f_1 为 1.1，f_2 为 1.2，试估算该项目的建设投资。

【解答】 根据公式 7-3，该项目的建设投资为：

$$C = 18\ 000 \times (1 + 25\% \times 1.1 + 11\% \times 1.2) + 3\ 200 = 28\ 526(万元)$$

② 以拟建项目的工艺设备投资为基数进行估算。该方法以拟建项目中最主要、投资比重较大并与生产能力直接相关的工艺设备的投资为基数，根据同类型已建项目各专业工程（总图、土建、暖通、给排水、管道、电气、电信及自控等）费用占工艺设备投资（包括运

杂费和安装费)的百分比,求出拟建项目各专业工程的投资,然后把各部分投资(包括工艺设备投资)相加求和,再加上拟建项目的其他有关费用,即为拟建项目的建设投资。计算公式为:

$$C = E(1 + f_1 P_1' + f_2 P_2' + f_3 P_3' + \cdots) + I \qquad (公式\ 7-4)$$

式中: E——拟建项目根据当时当地价格计算的工艺设备投资;

P_1'、P_2'、P_3'——已建项目各专业工程费用占工艺设备投资的百分比;

其他符号含义同前。

(4) 系数估算法。系数估算法也可分为两种方法:

① 朗格系数法。该方法以设备购置费为基础,乘以适当系数来推算项目的建设投资。计算公式为:

$$C = E(1 + \sum K_i) K_c \qquad (公式\ 7-5)$$

式中: C——建设投资;

E——设备购置费;

K_i——管线、仪表、建筑物等项费用的估算系数;

K_c——包括管理费、合同费、应急费等间接费用在内的总估算系数。

建设投资与设备购置费之比为朗格系数 K_L。即:

$$K_L = (1 + \sum K_i) K_c \qquad (公式\ 7-6)$$

运用朗格系数法估算投资,方法比较简单,但由于没有考虑项目(或装置)规模大小、设备材质的影响以及不同地区自然、地理条件差异的影响,所以估算的准确度不高。

② 设备及厂房系数法。该方法在拟建项目工艺设备投资和厂房建设投资估算的基础上,其他专业工程参照类似项目的统计资料,与设备关系较大的按设备投资系数计算,与厂房土建关系较大的则按厂房土建投资系数计算,两类投资加起来,再加上拟建项目的其他有关费用,即为拟建项目的建设投资。

【例 7-4】 某项目工艺设备及其安装费用估算为 1 800 万元,厂房土建费用估算为 3 200 万元,参照类似项目的统计资料,其他各专业工程投资系数如表 7-2 所示,其他有关费用为 2 000 万元,试估算该项目的建设投资。

表 7-2　　　　　　　　　　各专业工程投资系数

工艺设备	1.00	厂房土建(含设备基础)	1.00
起重设备	0.08	给排水工程	0.04
加热炉及烟道	0.11	采暖通风	0.03
气化冷却	0.01	工业管道	0.02
余热锅炉	0.05	电气照明	0.01
供电及转动	0.16		
自动化仪表	0.02		
系数合计	1.43	系数合计	1.10

【解答】 根据上述方法,则该项目的建设投资为:

$$1\,800\times1.43+3\,200\times1.10+2\,000=8\,094(万元)$$

(5) 指标估算法。估算指标是更为扩大的单项工程指标或单位工程指标,以单项工程或单位工程为对象,综合项目建设中的各类成本和费用,具有较强的综合性和概括性。

单项工程指标一般以单项工程生产能力单位投资表示,如工业窑炉砌筑以元/米^{3}表示;变配电站以元/千伏安表示;锅炉房以元/蒸汽吨表示。单位工程指标一般以如下方式表示:房屋区分不同结构形式,以元/米^{2}表示;道路区分不同结构层、面层,以元/米^{2}表示;管道区分不同材质、管径,以元/米表示。

使用估算指标应根据不同地区、不同时期的实际情况进行适当调整,因为地区、时期不同,设备、材料及人工的价格均有差异。这种方法适用于初步可行性研究阶段,也可在可行性研究和项目评估阶段采用。

2. 建设投资分项详细估算法

建设投资分项详细估算法是对构成建设投资的各类投资,即工程费用(含建筑工程费、设备及工器具购置费和安装工程费)、工程建设其他费用和预备费(含基本预备费和涨价预备费)分别进行估算,然后汇总得出建设投资总额。项目可行性研究和项目评估阶段,要求的投资估算精度较高,需通过工程量的计算,采用相对准确的分项详细估算法进行投资估算。

建设投资分项详细估算法具体的估算步骤如下:

首先,分别估算各单位工程所需的建筑工程费、设备购置费(含工器具及生产家具购置费)、安装工程费;其次,在汇总各单项工程费用的基础上,估算项目工程建设其他费用和基本预备费;再次,在确定工程费用分年投资计划的基础上估算涨价预备费;最后,加总求得建设投资总额。

建设投资分项详细估算法的具体估算方法如下:

(1) 建筑工程费用估算。建筑工程费是指为建造永久性建筑物和构筑物所需要的费用,如厂房、仓库、电站、设备基础、工业窑炉、金属结构、桥梁、码头、堤坝、隧道、涵洞、铁路、公路、水库、水坝、灌区、管线敷设、矿井开凿、露天剥离以及平整场地等项工程建造和实施的费用。

建筑工程费估算一般采用以下方法:

① 单位建筑工程投资估算法。单位建筑工程投资估算法以单位建筑工程所用投资乘以建筑工程总量计算。一般工业与民用建筑以单位建筑面积(平方米)的投资,工业窑炉砌筑以单位容积(立方米)的投资,水库以水坝单位长度(米)的投资,铁路路基以单位长度(千米)的投资,矿山掘进以单位长度(米)的投资,分别乘以相应的建筑工程总量计算建筑工程费。

② 单位实物工程量投资估算法。单位实物工程量投资估算法是以单位实物工程量的投资乘以实物工程总量计算。土石方工程以每立方米投资,矿井巷道衬砌工程以每平方米投资,路面铺设工程以每平方米投资,分别乘以相应的实物工程量计算建筑工程费。

③ 概算指标投资估算法。概算指标投资估算法是按照设计概算方法进行分部分项工程详细估算。

$$建筑工程费 = 单位工程概算指标 \times 单位工程量 \times 修正指数$$

(公式 7-7)

对于没有上述估算指标且建筑工程费占总投资比例较大的项目,可采用概算指标投资估算法。采用这种估算法，应拥有较详细的工程资料，了解详细的建筑材料价格情况和工程费用指标，所需投入的时间和工作量较大。具体估算方法见有关专门机构发布的概算编制办法。建设投资估算表（概算法）如附表 7-1 所示。

（2）设备及工器具购置费的估算。设备及工器具购置费，主要包括国产设备的购置费、进口设备购置费和工器具及生产家具购置费。此外，现场制作非标准设备费也应计入其内。在生产性项目中，设备及工器具购置费占建设投资比重增大，意味着生产技术的进步和资本有机构成的提高。

① 设备购置费。设备购置费是指为投资项目购置或自制的达到固定资产标准的各种国产或进口设备所支出的费用。它由设备原价和设备运杂费构成。设备原价指国产设备或进口设备的原价；设备运杂费指除设备原价之外的设备采购、运输、途中包装及仓库保管等方面支出费用的总和。国产设备和进口设备购置费应分别估算。

A. 国产设备购置费的构成及估算。国产设备原价一般是指设备制造厂的交货价，即出厂价或订货合同价。国产设备原价分为国产标准设备原价和国产非标准设备原价。

a. 国产标准设备原价，是指按照主管部门颁布的标准图纸和技术要求，由我国设备生产厂批量生产的，符合国家质量检测标准的设备交货价。设备出厂价分两种情况：一是带有备件的出厂价；二是不带有备件的出厂价。在计算设备原价时，一般应按带有备件的出厂价计算。如只有不带有备件的出厂价，应按有关规定另加备品备件费用。如设备由设备成套公司供应，还应考虑设备成套费用。国产标准设备原价可通过查询相关价格目录或向设备生产厂家询价得到。

b. 国产非标准设备原价，是指国家尚无定型标准，各设备生产厂不可能在工艺过程中采用批量生产，只能按一次订货，并根据具体的设计图纸制造的设备原价。非标准设备原价有多种不同的计算方法，如成本计算估价法、系列设备插入估价法、分步组合估价法、定额估价法等。按成本计算估价法，非标准设备原价由以下各项组成：材料费、加工费、辅助材料费、专用工具费、废品损失费、外购配套件费、包装费、利润、税金（主要指增值税）、非标准设备设计费。

c. 国产设备运杂费，一般包括设备原价中未包括的包装和包装材料费、运输费、装卸费、采购费、运输保险费、仓库保管费及供销部门手续费等。如果设备是由设备成套公司供应的，成套公司的服务费也应计入设备运杂费之中。设备运杂费按各部门及省、市等的规定计取。

B. 进口设备购置费的构成与估算。进口设备购置费由进口设备货价、进口从属费用及国内运杂费组成。

a. 进口设备货价按交货地点和方式不同，主要分为离岸价（FOB）和到岸价（CIF）两种价格。离岸价是货物的成本价，是指出口货物抵达出口国口岸交货的价格；到岸价是指进口货物抵达进口国口岸交货的价格，包括进口货物的离岸价、国外运费、国外运输保险费。进口设备按离岸价计价时，应先计算设备运抵我国口岸的国外运费和国外运输保险费，再得出到岸价。计算公式为：

$$到岸价 = 离岸价 + 国外运费 + 国外运输保险费 \quad （公式 7-8）$$

进口设备货价可依据向有关生产厂商的询价、生产厂商的报价及订货合同价等研究确定。

b. 进口从属费用包括国外运费、国外运输保险费、进口关税、进口环节消费税、进口环节增值税、外贸手续费和银行财务费。

$$国外运费 = 离岸价 \times 运费率 \qquad (公式7-9)$$

或

$$国外运费 = 单位运价 \times 运量 \qquad (公式7-10)$$

$$国外运输保险费 = (离岸价 + 国外运费) \times 国外运输保险费费率 \qquad (公式7-11)$$

$$进口关税 = 进口设备到岸价 \times 人民币外汇牌价 \times 进口关税率 \qquad (公式7-12)$$

$$进口环节消费税 = \frac{进口设备到岸价 \times 人民币外汇牌价 + 进口关税}{1 - 消费税税率} \times 消费税税率 \qquad (公式7-13)$$

$$进口环节增值税 = (进口设备到岸价 \times 人民币外汇牌价 + 进口关税 + 消费税) \times 增值税税率 \qquad (公式7-14)$$

$$外贸手续费 = 进口设备到岸价 \times 人民币外汇牌价 \times 外贸手续费率 \qquad (公式7-15)$$

$$银行财务费 = 进口设备货价 \times 人民币外汇牌价 \times 银行财务费率 \qquad (公式7-16)$$

c. 国内运杂费通常由运输费、装卸费、运输保险费等构成。按运输方式，根据运量乘以单位运价或者设备费金额乘以一定的运费率计算。

【例7-5】 某公司拟从国外进口一套机械设备，重量2 000吨，离岸价为500万美元。其他有关费用参数为：国外运费标准为320美元/吨；海上运输保险费费率为0.245%；银行财务费费率0.5%；外贸手续费费率为1.5%；关税税率为8%；进口环节增值税税率为17%；人民币外汇牌价为1美元=6.86元人民币，设备的国内运杂费率为2.5%。试对该套设备购置费进行估算（保留两位小数）。

【解答】 根据上述各项费用的计算公式，则有：

进口设备离岸价 = 500 × 6.86 = 3 430（万元）

国外运费 = 320 × 6.86 × 2 000 ÷ 10 000 = 439.04（万元）

国外运输保险费 = (3 430 + 439.04) × 0.245% = 9.48（万元）

进口设备到岸价 = 3 430 + 439.04 + 9.48 = 3 878.52（万元）

进口关税 = 3 878.52 × 8% = 310.28（万元）

进口环节增值税 = (3 878.52 + 310.28) × 17% = 712.10（万元）

外贸手续费 = 3 878.52 × 1.5% = 58.18（万元）

银行财务费 = 3 430 × 0.5% = 17.15（万元）

国内运杂费 = 3 430 × 2.5% = 85.75（万元）

进口设备购置费 = 3 878.52 + 310.28 + 712.10 + 58.18 + 17.15 + 85.75
= 5 061.98（万元）

② 工具、器具及生产家具购置费的构成及估算。工具、器具及生产家具购置费，是指按照有关规定，为保证新建或扩建项目初期正常生产必须购置的没有达到固定资产标准的设

备、仪器、工卡模具、器具、生产家具等的购置费用。一般以设备购置费为计算基数,按照部门或行业规定的工具、器具及生产家具购置费率计算。

(3) 安装工程费的估算。需要安装的设备应估算安装工程费,包括各种机电设备装配和安装工程费用,与设备相连的工作台、梯子及其装设工程费用,附属于被安装设备的管线敷设工程费用;安装设备的绝缘、保温、防腐等工程费用;单体试运转和联动无负荷试运转费用等。

安装工程费通常按行业或专门机构发布的安装工程定额、取费标准和指标进行估算。具体计算可按安装费率、每吨设备安装费或者每单位安装实物工程量的费用估算,即:

$$\text{安装工程费} = \text{设备原价} \times \text{安装费率} \qquad (公式\ 7-17)$$

$$\text{安装工程费} = \text{设备吨位} \times \text{每吨设备安装费} \qquad (公式\ 7-18)$$

$$\text{安装工程费} = \text{安装实物工程量} \times \text{每单位安装实物工程量费用指标}$$

$$(公式\ 7-19)$$

(4) 工程建设其他费用的估算。工程建设其他费用指从项目筹建开始到工程竣工验收交付使用为止的整个建设期间,除建筑工程费、设备及工器具购置费和安装工程费以外的,为保证工程建设顺利完成和交付使用后能够正常发挥效用而发生的各项费用。按其内容大体可分为三类;第一类是建设用地费用;第二类是与项目建设有关的费用;第三类是与项目运营有关的费用。

① 建设用地费用。建设项目要取得其所需土地的使用权,必须支付征地补偿费或者土地使用权出让金或者租用土地使用权的费用。其内容包括:

A. 征地补偿费。征地补偿费是建设项目通过划拨方式取得土地使用权时,依据《中华人民共和国土地管理法》等规定所支付的费用。包括:土地补偿费、安置补助费和地上附着物和青苗补偿费。

B. 土地使用权出让金。土地使用权出让金是指通过土地使用权出让方式,使建设项目取得有期限的土地使用权,应依照《中华人民共和国城镇国有土地使用权出让和转让暂行条例》的规定支付土地使用权出让金。

C. 对土地使用权的处理。在国家发改委和建设部发布的《建设项目经济评价方法与参数》(第三版)中提出对于土地使用权可进行如下特殊处理:按照有关规定,在尚未开发或建造自用项目前,土地使用权作为无形资产核算,房地产开发企业开发商品房时,将其账面价值转入开发成本;企业建造自用项目时,将其账面价值转入在建工程成本。因此,为了与以后的折旧和摊销计算相协调,在建设投资估算表中通常可将土地使用权直接列入固定资产其他费用中。

② 与项目建设有关的费用。主要包括如下几项费用:

A. 项目建设管理费。项目建设管理费是指建设单位从项目筹建至竣工验收合格或交付使用为止发生的管理性质的支出。包括建设单位经费、工程建设监理费和工程质量监督费。

a. 建设单位经费包括不在原单位发工资的工作人员工资及相关费用、办公费、办公场地租费、差旅交通费、劳动保护费、工具用具使用费、固定资产使用费、招募生产工人费、技术图书资料费(含软件)、业务招待费、施工现场津贴、竣工验收费和其他管理性质开支。以项目建设投资中的工程费用为基数分档计算。

b. 工程建设监理费是指建设单位委托工程监理单位对工程实施监理工作所需的费用。工程监理是受建设单位委托的工程建设技术服务，属于建设管理范畴。实施工程监理，建设单位部分管理工作量转移至监理单位。目前已全面放开建设项目专业服务价格，实行市场调节价。

c. 工程质量监督费是指工程质量监督检验部门检验工程质量而收取的费用。按照国家有关规定估算（设计院：10元/平方米）。

B. 前期工作咨询费。前期工作咨询费指工程咨询机构接受委托，提供建设项目专题研究、编制和评估项目建议书或者可行性研究报告，以及其他与建设项目前期工作有关的咨询等服务收取的费用。目前已全面放开建设项目专业服务价格，实行市场调节价。

C. 研究试验费。研究试验费是指为建设项目提供或验证设计参数、数据、资料等进行必要的研究试验以及按照设计规定在建设过程中必须进行试验、验证所需的费用。研究试验费应按照研究试验内容和要求进行估算。

D. 工程勘察设计费。工程勘察设计费是指委托勘察设计单位进行工程水文地质勘查、工程设计所发生的各项费用。包括：工程勘察费、初步设计费（基础设计费）、施工图设计费（详细设计费）以及设计模型制作费。目前已全面放开建设项目专业服务价格，实行市场调节价。

E. 环境影响咨询服务费。环境影响咨询服务费是按照《中华人民共和国环境保护法》《中华人民共和国环境影响评价法》等规定，为评价建设项目对环境可能产生的污染或造成的影响所需的费用。包括：编制和评估环境影响报告书、环境影响报告表等所需的费用。目前已全面放开建设项目专业服务价格，实行市场调节价。

F. 劳动安全卫生评审费。劳动安全卫生评审费是按照《建设工程项目劳动安全卫生监察规定》和《建设工程项目劳动安全卫生预评价管理办法》的规定，为预测和分析建设项目存在的职业危险、危害因素的种类和危险危害程度，并提出先进、科学、合理可行的劳动安全卫生技术和管理对策所需的费用。劳动安全卫生评审费依照建设项目所在省、自治区、直辖市劳动安全行政部门规定的标准计算。

G. 场地准备费及临时设施费。场地准备费是指建设工程项目为达到工程开工条件所发生的场地平整和对建设场地遗留的有碍于施工建设的设施进行拆除清理的费用。临时设施费是指为满足施工建设需要而供到场地界区的、未列入工程费用的临时道路、水、电、气等其他工程费用和建设单位的现场临时设施建（构）筑物的搭设、维修、拆除、摊销费用或租赁费，以及施工期间专用公路或桥梁的加固、养护、维修等费用。

H. 工程保险费。工程保险费是指建设项目在建设期间根据需要对建筑工程、安装工程、机器设备和人身安全进行投保而发生的保险费用。包括：建筑安装工程一切保险、引进设备财产保险和人身意外伤害险等。工程保险费费率按照保险公司的规定执行。

I. 特殊设备安全监督检验费。特殊设备安全监督检验费是指施工现场组装的锅炉及压力容器、压力管道、消防设备、燃气设备、电梯等特殊设备和设施，由安全监察部门按照有关安全监察条例和实施细则以及设计技术要求，进行安全检验，应由建设工程支付的，向安全监察部门缴纳的费用。按受检设备现场安装费的比例预估。

J. 招标代理服务费。招标代理服务费是指招标代理机构接受委托，提供代理工程、货物、服务招标，编制招标文件、审查投标人资格，组织投标人踏勘现场并答疑，组织开标、评标、定标，以及提供招标前期咨询、协调合同的签订等服务收取的费用。目前已全面放开建设项目专业服务价格，实行市场调节价。

③ 与项目运营有关的费用。主要包括如下几项费用：

A. 专利及专有技术使用费。费用内容包括：国外设计及技术资料费，引进有效专利、专有技术使用费和技术保密费；国内有效专利、专有技术使用费；商标使用费、特许经营权费等。专利及专有技术使用费应按专利使用许可协议和专有技术使用合同确定的数额估算。专有技术的界定应以省、部级鉴定批准为依据。建设投资中只估算需在建设期支付的专利及专有技术使用费。

B. 联合试运转费。联合试运转费是指新建企业或新增加生产工艺过程的扩建企业在竣工验收前，按照设计规定的工程质量标准，进行整个车间的负荷或无负荷联合试运转发生的费用净支出（试运转支出大于收入的差额部分费用）。联合试运转费一般根据不同性质的项目按需要试运转车间的工艺设备购置费的百分比计算。具体费率按照部门或行业的规定执行。

C. 生产准备费。生产准备费是指建设项目为保证竣工交付使用、正常生产运营进行必要的生产准备所发生的费用。包括：生产人员培训费、生产单位提前进厂参加施工、设备安装、调试以及熟悉工艺流程及设备性能等人员的工资、工资性补贴、职工福利费、差旅交通费、劳动保护费、学习资料费等费用。生产准备费一般根据需要培训和提前进厂人员的人数及培训时间按生产准备费指标计算。新建项目以可行性研究报告定员人数为计算基数，改扩建项目以新增定员为计算基数。具体费用指标按照部门或行业的规定执行。

工程建设其他费用的具体科目及取费标准处在变动之中，应根据各级政府物价部门有关规定并结合项目的具体情况确定。上述各项费用并不是每个项目必定发生的费用，应根据项目具体情况进行估算。

(5) 基本预备费估算。基本预备费是指在项目实施中可能发生但在项目决策阶段难以预料的支出，是需要事先预留的费用，又称工程建设不可预见费。它主要指设计变更及施工过程中可能增加工程量的费用。

基本预备费以工程费用和工程建设其他费用之和为计算基数，按部门或行业主管部门规定的基本预备费率计算。计算公式为：

$$基本预备费 = (工程费用 + 工程建设其他费用) \times 基本预备费率$$

(公式 7-20)

(6) 涨价预备费估算。涨价预备费是由于建设工期较长的项目在建设期内可能发生材料、设备、人工等价格上涨引起投资增加而需要事先预留的费用，亦称价格变动不可预见费。涨价预备费以分年的工程费用为计算基数。计算公式为：

$$PC = \sum_{t=1}^{n} I_t [(1+f)^t - 1] \quad (公式 7-21)$$

式中：PC——涨价预备费；

I_t——第 t 年的工程费用；

f——建设期价格上涨指数；

n——建设期；

t——年份。

建设期价格上涨指数，政府主管部门有规定的按规定执行，没有规定的由项目评价人员合理预测。

【例 7-6】 某项目的工程费用为 25 000 万元，按项目实施进度计划，项目建设期为 3 年，每年的投资分配使用比例为：第 1 年 20%，第 2 年 50%，第 3 年 30%，建设期内平均价格上涨指数预测为 4%，试估算该项目建设期的涨价预备费。

【解答】

第 1 年工程费用：$I_1 = 25\,000 \times 20\% = 5\,000$（万元）

第 1 年涨价预备费：$PC_1 = I_1[(1+f)-1] = 5\,000 \times [(1+4\%)-1] = 200$（万元）

第 2 年工程费用：$I_2 = 25\,000 \times 50\% = 12\,500$（万元）

第 2 年涨价预备费：$PC_2 = I_2[(1+f)^2-1] = 12\,500 \times [(1+4\%)^2-1] = 1\,020$（万元）

第 3 年工程费用：$I_3 = 25\,000 \times 30\% = 7\,500$（万元）

第 3 年涨价预备费：$PC_3 = I_3[(1+f)^3-1] = 7\,500 \times [(1+4\%)^3-1]$
$= 936.48$（万元）

该项目的涨价预备费为：

$$PC = PC_1 + PC_2 + PC_3 = 200 + 1\,020 + 936.48 = 2\,156.48（万元）$$

(7) 在上述估算的基础上，汇总编制建设投资估算表，并对建设投资的合理性进行分析。

① 汇总编制建设投资估算表。上述各项费用估算完毕后应编制建设投资估算表，见附表 7-1。

② 建设投资及其构成的合理性分析。

建设投资的合理性主要从以下两方面进行分析：一是单位投资的产出水平，分析项目单位投资所产生的生产能力、产出量，并与同行业其他类似项目进行比较；二是单位产出水平所需的投资，分析项目建设所形成的单位生产能力（或使用效益）需要多少投资（如形成日产 2 万吨生铁的生产能力需要多少投资），并与同行业其他类似项目进行比较，分析项目的投资支出是否合理。

建设投资构成的合理性主要从以下两方面进行分析：一是各类工程费用构成的合理性分析，应结合各类建筑工程、设备购置、安装工程的实物量，分析其货币量的合理性，并将项目的建筑工程费、设备购置费、安装工程费占建设投资的比例，以及主要工程和费用占建设投资的比例与同行业其他类似项目进行比较；二是分年投资计划的合理性分析，应结合各年的工程进度、各年的实物工程量、各年实际需要支付的工程建设其他费用等，分析项目分年投资计划的合理性。

二、建设期利息的构成与估算

（一）建设期利息的构成

在建设投资分年计划的基础上可设定初步融资方案，对采用债务融资的项目应估算建设期利息。建设期利息是指筹措债务资金时在建设期内发生并按规定允许在投产后计入固定资产原值的利息，即资本化利息。

建设期利息包括银行借款和其他债务资金的利息，以及其他融资费用。其他融资费用是指某些债务融资中发生的手续费、承诺费、管理费、信贷保险费等融资费用，一般情况下应将其单独计算并计入建设期利息。在项目前期研究的初期阶段，可将其作粗略估算并计入建设投资。对于不涉及国外贷款的项目，在可行性研究和项目评估阶段，也可作粗略估算并计入建设投资。

（二）建设期利息的估算

估算建设期利息，需要根据项目进度计划，提出建设投资分年计划，列出各年投资额，并明确其中的外汇和本币。

估算建设期利息，应注意名义年利率和有效年利率的换算。将名义年利率折算为有效年利率的计算公式为：

$$R = \left(1 + \frac{r}{m}\right)^m - 1 \qquad (公式 7-22)$$

式中：R——有效年利率；

r——名义年利率；

m——每年计息次数。

当项目在建设期内用自有资金按期支付利息时，应按单利计息，直接采用名义利率计算建设期利息；在建设期内如不支付利息，应按复利计息，采用有效年利率计算建设期利息。

计算建设期利息时，为了简化计算，通常假定项目借款均在每年的年中均衡发放，借款利息的计算可按当年借款在年中支用考虑。因此，借款当年按半年计息，其余各年份按全年计息。计算公式如下：

采用自有资金付息时，按单利计算：

各年应计利息＝（年初借款累计＋本年借款额÷2）×名义年利率

（公式 7-23）

采用复利方式计算时：

各年应计利息＝（年初借款本息累计＋本年借款额÷2）×有效年利率

（公式 7-24）

对有多种借款资金来源，每笔借款的年利率各不相同的项目，既可分别计算每笔借款的利息，也可先计算出各笔借款加权平均的年利率，再以加权平均利率计算全部借款的利息。

在完成建设期利息估算后，可以编制建设期利息估算表，见附表 7-2。

【例 7-7】 某新建项目建设期为 3 年，第 1 年借款 200 万元，第 2 年借款 600 万元，第 3 年借款 400 万元，各年借款均在年内均衡发放，名义年利率为 12%，按半年计息，建设期内只计息不支付，计算建设期贷款利息。

【解答】 由于在建设期内不支付利息，因此应用有效年利率计算建设期利息：

$$有效年利率 \ R = \left(1 + \frac{r}{m}\right)^m - 1 = \left(1 + \frac{12\%}{2}\right)^2 - 1 = 12.36\%$$

各年利息计算如下：

第 1 年借款利息：$Q_1 = \dfrac{200}{2} \times 12.36\% = 12.36(万元)$

第 2 年借款利息：$Q_2 = \left(212.36 + \dfrac{600}{2}\right) \times 12.36\% = 63.33（万元）$

第 3 年借款利息：$Q_3 = \left(212.36 + 663.33 + \dfrac{400}{2}\right) \times 12.36\% = 132.96（万元）$

该项目的建设期利息为：

$$Q = Q_1 + Q_2 + Q_3 = 12.36 + 63.33 + 132.96 = 208.65（万元）$$

三、流动资金的构成与估算

（一）流动资金的构成

流动资金是指在运营期内被企业长期占用并周转使用的营运资金，不包括运营中所需要的临时性营运资金。项目建成后，为保证企业正常生产经营的需要，必须有一定的流动资金维持其周转，如购置企业日常生产经营所需的原材料、燃料、动力，支付职工工资，以及由于作为生产中的周转资金而被半成品、产成品占用，在项目投产前应预先垫支的资金。流动资金在周转过程中不断地改变自身的实物形态，其价值也随着实物形态的变化而转移到新产品中，并随着产品销售的实现而回收。流动资金属于企业在生产经营中用于周转的长期占用资金。

项目运营需要流动资产投资，但项目评估中需要估算并预先筹措的是从流动资产中扣除流动负债后的流动资金。项目评估中流动资金的估算应考虑应付账款对需要预先筹措的流动资金的抵减作用。对有预收账款的某些项目，还应同时考虑预收账款对需要预先筹措的流动资金的抵减作用。

在项目评估中，流动资产主要考虑应收账款、现金和存货，流动负债主要考虑应付账款。由此看出，这里所解释的流动资金概念，实际上就是投资项目必须准备的基本运营资金。

流动资金估算的基础是营业收入和经营成本。因此，流动资金估算应在营业收入和经营成本估算之后进行。

（二）流动资金的估算

流动资金估算方法可采用扩大指标估算法或分项详细估算法。

1. 扩大指标估算法

扩大指标估算法是参照同类企业流动资金占营业收入或经营成本的比例，或者单位产量占用营运资金的数额估算流动资金。扩大指标估算法简便易行，但是准确度不高，在项目初步可行性研究阶段可采用扩大指标估算法，某些流动资金需要量小的项目在可行性研究和项目评估阶段也可采用此方法。究竟采用何种基数，依行业习惯而定。所采用的比例可以根据经验确定，也可以根据现有同类企业的实际资料确定，或根据行业、部门给定的参考值确定。具体有以下几种方法。

（1）营业收入资金率法。营业收入资金率是指一定时期（通常为一年）内项目流动资金需要量与营业收入的比率。使用营业收入资金率法估算流动资金需要量的计算公式如下：

$$\text{流动资金需要量} = \text{项目年营业收入} \times \text{营业收入资金率} \quad \text{（公式 7-25）}$$

式中，项目年营业收入取正常运营年份的数值，营业收入资金率根据同类项目的经验数据加以确定。

一般加工工业的项目多采用此法估算流动资金需要量。

（2）经营成本资金率法。经营成本资金率是指一定时期（通常为一年）内项目流动资金需要量与经营成本的比例。使用经营成本资金率法估算流动资金需要量的计算公式如下：

$$流动资金需要量＝经营成本×经营成本资金率 \quad （公式7-26）$$

式中，项目年经营成本取正常生产年份的数值，经营成本资金率根据同类项目的经验数据加以确定。

（3）单位产量资金率法。单位产量资金率是指项目单位产量所需的流动资金额。用单位产量资金率法估算流动资金需要量的计算公式如下：

$$流动资金需要量＝达产期年产量×单位产量资金率 \quad （公式7-27）$$

式中，单位产量资金率根据同类项目经验数据加以确定。

某些特定的项目（如煤矿项目）可采用单位产量资金率进行流动资金估算。

2. 分项详细估算法

分项详细估算法是对流动资产和流动负债的主要构成要素，即存货、现金、应收账款、预付账款、应付账款和预收账款等几项内容分项进行估算，最后得出项目所需流动资金数额。它是国际上通行的流动资金估算方法，该方法虽然工作量较大，但准确度较高，一般项目在可行性研究和项目评估阶段应采用分项详细估算法。运用此法计算的流动资金数额大小，主要取决于各项流动资产和流动负债的最低周转天数取值的合理性。在确定最低周转天数时要根据项目的实际情况，并考虑一定的保险系数。如存货中的外购原材料、燃料的最低周转天数应根据不同来源，考虑运输方式和运输距离等因素分别确定。在产品的最低周转天数应根据产品生产的实际情况确定。一般可以根据"流动资金估算表"（见附表7-3）对各项流动资金进行估算。计算公式如下：

$$流动资金＝流动资产－流动负债 \quad （公式7-28）$$
$$流动资产＝应收账款＋预付账款＋存货＋现金 \quad （公式7-29）$$
$$流动负债＝应付账款＋预收账款 \quad （公式7-30）$$
$$流动资金本年增加额＝本年流动资金－上年流动资金 \quad （公式7-31）$$

流动资金估算的具体步骤：首先确定各分项最低周转天数，计算出周转次数，然后进行分项估算。

（1）周转次数的计算。周转次数的计算公式如下所示：

$$周转次数＝\frac{360天}{最低周转天数} \quad （公式7-32）$$

各类流动资产和流动负债的最低周转天数应参照同类企业的平均周转天数并结合项目特点确定，或按部门（行业）规定，在确定最低周转天数时应考虑储存天数、在途天数，并考虑适当的保险系数。

（2）流动资产估算。流动资产是指可以在1年或者超过1年的一个营业周期内变现或耗用的资产，主要包括货币资金、短期投资、应收及预付款、存货、待摊费用等。在项目评估中，可以仅考虑存货、应收账款和现金三项，将发生预付账款的某些项目，还可以包括预付账款。

① 存货估算。存货是指企业在日常生产经营过程中持有以备出售，或仍然处在生产过

程中,又或将在生产过程、提供劳务过程中消耗的材料或物料等,包括各类材料、商品、在产品、半产品和产成品等。为简化计算,项目评估中仅考虑外购原材料、燃料、其他材料、在产品和产成品,并分项进行计算。计算公式为:

$$存货 = 外购原材料、燃料 + 其他材料 + 在产品 + 产成品 \quad (公式\ 7-33)$$

$$外购原材料、燃料 = \frac{年外购原材料、燃料费用}{分项周转次数} \quad (公式\ 7-34)$$

$$其他材料 = \frac{年其他材料费用}{其他材料周转次数} \quad (公式\ 7-35)$$

$$在产品 = \frac{年外购原材料、燃料及动力费 + 年工资或薪酬 + 年修理费 + 年其他制造费用}{在产品年周转次数}$$

$$(公式\ 7-36)$$

$$产成品 = \frac{年经营成本 - 年其他销售费用}{产成品年周转次数} \quad (公式\ 7-37)$$

② 应收账款估算。应收账款是指企业对外销售商品、提供劳务尚未收回的资金。计算公式为:

$$应收账款 = \frac{年营业收入}{应收账款年周转次数} \quad (公式\ 7-38)$$

③ 预付账款估算。预付账款是指企业为购买各类材料、半成品或服务所预先支付的账款。计算公式为:

$$预付账款 = 预付的各类原材料、燃料或服务年费用 / 预付账款年周转次数$$

$$(公式\ 7-39)$$

④ 现金需要量估算。项目流动资金中的现金是指为维持正常生产运营必须预留的货币资金,包括库存现金和银行存款。现金的计算公式为:

$$现金 = \frac{年工资或薪酬 + 年其他费用}{现金年周转次数} \quad (公式\ 7-40)$$

$$其他费用 = 制造费用 + 管理费用 + 销售费用 - 以上三项费用中所含的工资或$$
$$薪酬、折旧费、摊销费、修理费 \quad (公式\ 7-41)$$

(3) 流动负债估算。流动负债是指应在1年(含1年)或者超过1年的一个营业周期内偿还的债务,包括短期借款、应付票据、应付账款、预收账款、应付职工薪酬、应付股利、应交税费、其他应付款和一年内到期的长期借款等。为简化计算,在项目评估中,流动负债的估算可以只考虑应付账款,将发生预收账款的某些项目,还可以包括预收账款。计算公式为:

$$应付账款 = \frac{年外购原材料、燃料动力及其他材料费用}{应付账款年周转次数} \quad (公式\ 7-42)$$

$$预收账款 = \frac{预收的营业收入年金额}{预收账款年周转次数} \quad (公式\ 7-43)$$

根据我国各家商业银行的有关规定,新建、扩建项目要有30%的自有铺底流动资金,其余部分为银行贷款。对于自有铺底流动资金不足30%的项目,如果补充计划能落实,并能在一两年内补足,经济效益好的,可由银行发放特种贷款(利率上浮)。项目借入的流动资金长期占用,全年计息,流动资金利息应计入总成本费用的财务费用中,在项目计算期末收回全部流动资金时,再偿还流动资金借款。

为简化计算,流动资金一般按运营负荷投入,或在投产期按高于运营负荷10个百分点来考虑投入量。

(三) 流动资金估算需要注意的问题

(1) 当投入物和产出物采用不含税价格时,估算中应注意将销项税额和进项税额分别包含在相应的收入成本支出中。

(2) 流动资金一般应在项目投产前开始筹措。为了简化计算,流动资金可从投产第一年开始安排,并随运营负荷的增长而增长。但采用分项详细估算法估算流动资金时,运营期各年的流动资金数额应以各年的经营成本为基础,依照上述公式分别进行估算,不能简单地按100%运营负荷下的流动资金乘以投产期运营负荷估算。

■ 专栏 7-1

案 例 分 析

背景资料:

某公司拟投资建设一个化工厂,该投资项目的基础数据如下所示。

1. 项目实施计划

该项目建设期为3年,实施计划进度为:第1年完成项目全部投资的20%,第2年完成项目全部投资的55%,第3年完成项目全部投资的25%,第4年投产。投产当年项目的运营负荷达到设计生产能力的70%,第5年项目的运营负荷达到设计生产能力的90%,第6年运营负荷达到设计生产能力的100%。项目的运营期为15年。为方便计算,建设投资中自有资金和贷款均按投资比例投入。

2. 建设投资估算

该项目工程费用与工程建设其他费用的估算额为52 180万元,预备费为5 000万元。

3. 建设资金来源

本项目的资金来源为自有资金和贷款。贷款总额为40 000万元,贷款的年利率为6.84%。

4. 营业收入估计

该项目达产期各年营业收入均为28 000万元。

5. 生产经营费用估计

投资项目达到设计生产能力以后,全厂定员为1 100人,工资或薪酬按照每人每年4 800元估算。每年的其他费用为860万元(其中:其他制造费用为660万元,其他销售费用为80万元)。年外购原材料、燃料及动力费估算为19 200万元。年经营成本为21 000万元,年修理费占年经营成本的10%。各项流动资金的最低周转天数分别为:应收账款40天,现金30天,应付账款40天,存货40天。计算简单起见,不考虑预付账款和预收账款。

要求:

(1) 估算建设期利息;

(2) 用分项详细估算法估算项目的流动资金;

(3) 估算项目的总投资。

分析要点：本案例所考核的内容涉及了新建项目投资估算类问题的主要内容和基本知识点。对于这类案例分析题的解答，首先要注意充分分析阅读背景所给的各项基本条件和数据，分析这些条件和数据之间的内在联系。

① 在进行建设投资估算时，应按各年投资比例计算建设期利息。
② 在进行流动资金估算时，要掌握分项详细估算流动资金的方法。
③ 要求根据投资项目总投资的构成内容，计算投资项目总投资。

解答：

1. 估算建设期贷款利息

(1) 每年投资的借款本金数额计算：

第1年为：$40\,000 \times 20\% = 8\,000$（万元）

第2年为：$40\,000 \times 55\% = 22\,000$（万元）

第3年为：$40\,000 \times 25\% = 10\,000$（万元）

(2) 建设期每年应计利息计算：

建设期每年应计利息 = （年初借款本息累计额 + 本年借款额÷2）× 年实际利率

第1年贷款利息 = $(0 + 8\,000 \div 2) \times 6.84\% = 273.60$（万元）

第2年贷款利息 = $(8\,000 + 273.60 + 22\,000 \div 2) \times 6.84\% = 1\,318.31$（万元）

第3年贷款利息 = $(8\,000 + 273.60 + 22\,000 + 1\,318.31 + 10\,000 \div 2) \times 6.84\%$
$= 2\,502.89$（万元）

建设期贷款利息合计 = $273.60 + 1\,318.31 + 2\,502.89 = 4\,094.80$（万元）

2. 用分项详细估算法估算流动资金

(1) 应收账款 = 年营业收入÷年周转次数 = $28\,000 \div (360 \div 40) = 3\,111.11$（万元）

(2) 现金 = （年工资或薪酬 + 年其他费用）÷ 年周转次数
$= (1\,100 \times 4.8 + 860) \div (360 \div 30) = 511.67$（万元）

(3) 存货 = 外购原材料、燃料 + 在产品 + 产成品

外购原材料、燃料 = 年外购原材料、燃料及动力费÷年周转次数
$= 19\,200 \div (360 \div 40) = 2\,133.33$（万元）

在产品 = （年工资或薪酬 + 年其他制造费用 + 年外购原材料、燃料及动力费 + 年修理费）÷ 年周转次数
$= (1\,100 \times 4.8 + 660 + 19\,200 + 21\,000 \times 10\%) \div (360 \div 40)$
$= 3\,026.67$（万元）

产成品 = （年经营成本 − 年其他销售费用）÷ 年周转次数
$= (21\,000 − 80) \div (360 \div 40) = 2\,324.44$（万元）

存货 = $2\,133.33 + 3\,026.67 + 2\,324.44 = 7\,484.44$（万元）

(4) 流动资产 = 应收账款 + 现金 + 存货
$= 3\,111.11 + 511.67 + 7\,484.44 = 11\,107.22$（万元）

(5) 应付账款 = 年外购原材料、燃料及动力费÷年周转次数
$= 19\,200 \div (360 \div 40) = 2\,133.33$（万元）

(6) 流动负债＝应付账款＝2 133.33(万元)

　　流动资金＝流动资产－流动负债

　　　　　　＝11 107.22－2 133.33＝8 973.89(万元)

3. 根据投资项目总投资的构成内容,计算拟建项目的总投资

　　项目总投资估算额＝建设投资＋建设期利息＋流动资金

　　　　　　　　　　＝(工程费用＋工程建设其他费用＋预备费)＋建设期利息＋流动资金

　　　　　　　　　　＝(52 180＋5 000)＋4 094.80＋8 973.89

　　　　　　　　　　＝70 248.69(万元)

本章小结

　　项目总投资是指从投资项目筹建开始到项目报废为止所发生的全部投资费用,为建设投资、建设期利息和项目建成投产后所需的流动资金之和。

　　建设投资是指建设单位在项目筹建期与建设期间所花费的全部建设费用。根据我国现行项目投资管理规定,建设投资由建筑工程费、设备及工器具购置费、安装工程费、工程建设其他费用、基本预备费、涨价预备费构成。其中,建筑工程费、设备及工器具购置费、安装工程费形成固定资产;工程建设其他费用可分别形成固定资产、无形资产、其他资产;基本预备费、涨价预备费,在项目评估阶段为简化计算,可一并计入固定资产原值中。

　　建设投资的估算分为简单估算法和分项详细估算法。简单估算法是通过既定的方法直接估算建设投资的方法,方法直观,计算简便。分项详细估算法一般是按照建设投资的构成分别估算,然后加以汇总。其中建筑工程费用估算主要是采取概算指标估算法分项进行估算;设备及工器具购置费应根据项目主要设备表及价格、费用资料估算;安装工程费通常按安装工程定额、取费标准和指标估算投资;工程建设其他费用按各项费用科目的费率或者取费标准以及市场价估算;预备费可按基本预备费和涨价预备费分别估算。

　　建设期利息是指筹措债务资金时在建设期内发生并按规定允许在投产后计入固定资产原值的利息。在项目评估中,建设期利息采用复利法按年计息,并假定各种外部借款均在年中支用,即当年借款支用额按半年计息,上年借款按全年计息。在项目评估阶段,建设期利息计入固定资产原值中。

　　流动资金是指在运营期内被企业长期占用并周转使用的营运资金,是流动资产与流动负债的差额。流动资金属于长期性资金,被企业长期占用,在项目计算期末全部收回。流动资金可采用扩大指标估算法和分项详细估算法估算。流动资金一般按运营负荷投入,或在投产期按高于运营负荷10个百分点来考虑投入量。

本章重要概念

| 固定资产 | 无形资产 | 总投资 | 建设投资 | 流动资金 | 建设期利息 |
| 概算法 | 基本预备费 | 分项详细估算法 | | | |

思考与练习题

1. 建设投资由哪些内容构成?
2. 设备交货价主要有哪几种形式?
3. 进口设备购置费一般包括哪些内容?
4. 建设期利息由哪些内容构成?
5. 投资项目前期各阶段对投资估算误差的要求是什么?
6. 建设投资估算的方法有几种?
7. 流动资金分项详细估算法的计算思路是什么?
8. 固定资产原值是由哪几部分投资费用构成的?
9. 建设投资分项详细估算法的基本思路是什么?

附表 7-1　　建设投资估算表(概算法)　　单位:万元,万美元

序号	项目	建筑工程费	设备购置费	安装工程费	其他费用	合计	其中:外币	比例(%)
1	工程费用							
1.1	主体工程							
1.1.1	×××							
	……							
1.2	辅助工程							
1.2.1	×××							
	……							
1.3	公用工程							
1.3.1	×××							
	……							
1.4	服务性工程							
1.4.1	×××							
	……							
1.5	厂外工程							
1.5.1	×××							
	……							
1.6	×××							
	……							
2	工程建设其他费用							
2.1	×××							

续表

序号	项目	建筑工程费	设备购置费	安装工程费	其他费用	合计	其中:外币	比例(%)
	……							
3	预备费							
3.1	基本预备费							
3.2	涨价预备费							
4	建设投资合计							
	比例(%)							100%

附表 7-2　　　　　　　　　　建设期利息估算表　　　　　　　　　　单位:万元

序号	项目	合计	建设期					
			1	2	3	4	…	n
1	借款							
1.1	建设期利息							
1.1.1	期初借款余额							
1.1.2	当期借款							
1.1.3	当期应计利息							
1.1.4	期末借款余额							
1.2	其他融资费用							
1.3	小计(1.1+1.2)							
2	债券							
2.1	建设期利息							
2.1.1	期初债务余额							
2.1.2	当期债务金额							
2.1.3	当期应计利息							
2.1.4	期末债务余额							
2.2	其他融资费用							
2.3	小计(2.1+2.2)							
3	合计(1.3+2.3)							
3.1	建设期利息合计(1.1+2.1)							
3.2	其他融资费用合计(1.2+2.2)							

附表 7-3　　　　　　　　　　　　流动资金估算表　　　　　　　　　　单位:万元

序号	项目	最低周转天数	周转次数	计算期					
				1	2	3	4	...	n
1	流动资产								
1.1	应收账款								
1.2	存货								
1.2.1	原材料								
	×××								
	……								
1.2.2	燃料								
	×××								
	……								
1.2.3	在产品								
1.2.4	产成品								
1.3	现金								
1.4	预付账款								
2	流动负债								
2.1	应付账款								
2.2	预收账款								
3	流动资金(1-2)								
4	流动资金当期增加额								

注:原材料、燃料栏目应分别列出具体名称,分别计算。

第八章 项目融资方案与资金使用计划分析

学习目的：

通过本章的学习，掌握项目资金来源渠道、资金成本的计算，以及项目总投资使用计划与资金筹措表的编制；熟悉融资主体的划分和融资方案的分析；了解资本金的筹措。

融资方案与资金使用计划分析是在已确定建设方案并完成投资估算的基础上，结合项目实施组织和建设进度计划，构造融资方案，进行融资结构、融资成本和融资风险分析，作为融资后财务分析的基础。在融资方案分析之后，就可以分析资金使用计划是否合理。

第一节 项目的融资主体

项目的融资主体是指进行融资活动并承担融资责任和风险的法人单位。为建立投资责任约束机制，规范项目法人的行为，明确责、权、利，提高投资效益，依据《公司法》，原国家计委于1996年1月制定颁发了《关于实行建设项目法人责任制的暂行规定》，实行项目法人责任制，由项目法人对项目的策划、资金筹措、建设实施、生产经营、债务偿还以及资产的保值增值，实行全过程负责。项目的融资主体应是项目法人。按是否依托项目组建新的项目法人实体划分，项目的融资主体分为新设法人和既有法人。这两类经济主体在融资方式和财务评价方面均存在较大不同。确定融资主体应考虑项目投资的规模和行业特点，项目与既有法人资产、经营活动的联系，既有法人财务状况，项目自身的盈利能力等因素。

一、新设法人融资

新设法人融资是以新组建的具有独立法人资格的项目公司为融资主体的融资方式。其特点有以下三个方面：一是项目投资由新设法人筹集的资本金和债务资金构成；二是由新设法人承担融资责任和风险；三是从项目投产后的经济效益情况考察偿债能力，以项目投资所形成的收益或权益作为建立项目融资信用的基础，取得债务融资。在这种融资方式下，交易切断了项目对于投资人的风险，实现所谓"无追索权"或"有限追索权"的借款融资，即项目的股本投资方不对项目的借款提供担保或只提供部分担保。采用这种方式的建设项目一般是新建项目，但也可以是将既有法人的一部分子资产剥离出去后重新组建项目法人的改扩建项目。

采用新设法人融资方式,为了实施新项目,项目发起人及其他投资人出资,建立新的独立承担民事责任的法人(项目公司),项目公司承担项目的融资和运营,以及项目的债务风险。项目能否还贷,取决于项目自身的盈利能力,因此必须认真分析项目自身的现金流量和盈利能力。

项目公司股东对项目公司借款提供多大程度的担保,也是融资方案研究的内容之一。实力雄厚的股东,为项目公司借款提供完全的担保,可以使项目公司取得低成本资金,降低项目的融资风险。但担保额过高会使资信下降,同时股东担保也可能需要支付担保费,从而增加项目公司的费用支出。在项目本身财务效益好、投资风险可以有效控制的条件下,可以减少项目公司股东的担保额度。

在下列情况下,一般以新设法人为融资主体。

(1) 拟建项目的投资规模较大,既有法人不具有为项目进行融资和承担全部融资责任的经济实力。

(2) 既有法人财务状况较差,难以获得债务资金;而且项目与既有法人的经营活动联系不密切。

(3) 项目自身具有较强的盈利能力,依靠项目自身未来的现金流量可以按期偿还债务。

二、既有法人融资

既有法人融资是指以既有法人为融资主体的融资方式。其特点也有以下三个方面:一是拟建项目不组建新的项目法人,由既有法人统一组织融资活动并承担融资责任和风险;二是拟建项目一般是在既有法人资产和信用的基础上进行的,并形成增量资产;三是一般从既有法人的财务整体状况考察融资后的偿债能力。

采取既有法人融资方式,项目的融资方案需要与公司的总体财务安排相协调,将项目的融资方案作为公司理财的一部分考虑。所以既有法人融资又称公司融资。在这种方式下,由发起人公司——既有法人负责筹集资金,投资于新项目,不组建新的独立法人,负债由既有法人承担。债权人可对既有法人的全部资产(包括拟建项目的资产)进行债务追索,因而债权人的风险较低。在这种融资方式下,不论项目未来的盈利能力如何,只要既有法人能够保证按期还本付息,银行就愿意提供信贷资金。因此,采用这种融资方式,必须充分考虑既有法人整体的盈利能力和信用状况,分析可用于偿还债务的既有法人整体(包括拟建项目)的未来净现金流量。采取既有法人融资方式的建设项目,既可以是改扩建项目,也可以是非独立法人的新建项目。

在下列情况下,一般以既有法人为融资主体:

(1) 既有法人具有为项目进行融资和承担全部融资责任的经济实力;

(2) 项目与既有法人的资产以及经营活动联系密切;

(3) 项目的盈利能力较差,但项目对整个企业的持续发展具有重要作用,需要利用既有法人的整体资信获得债务资金。

新设法人融资与既有法人融资的特点比较见表 8-1。

表 8-1　　　　　　　　新设法人融资与既有法人融资的特点比较

比较项目	新设法人融资	既有法人融资
融资主体	项目公司	原有法人
资金来源	项目公司股东投入的资本金、项目承担的债务资金	既有法人内部融资、新增资本金、新增债务资金
融资基础	项目自身的盈利能力	既有法人整体(包括拟建项目)的盈利能力
担保基础	项目投资形成的资产、未来收益或权益	既有法人整体的资产和信用

第二节　资金来源与筹措

在估算出项目所需要的资金量后,应根据资金的可获得性、供应的充足性和融资成本的高低来确定具体的融资渠道。

按照我国现行财税制度的规定,在项目资金筹措阶段,投资项目所需要的资金总额主要由权益资金(包括项目资本金和资本公积金)和债务资金两部分构成(如图 8-1 所示)。

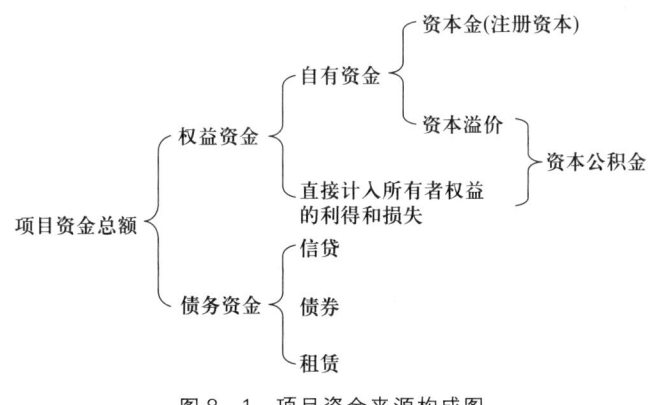

图 8-1　项目资金来源构成图

一、权益资金的构成

权益资金体现出资者权益,是指企业通过接受投资、发行股票、内部收益留存等方式筹集的资金。

(一) 项目资本金

项目资本金(外商投资项目为注册资本),是指在投资项目总投资(外商投资项目为投资总额)中,由投资者认缴的出资额,对投资项目来说是非债务性资金,项目法人不承担这部分资金的任何利息和债务;投资者可按其出资的比例依法享有所有者权益,也可转让其出资,但一般不得以任何方式抽回。

资本金是确定项目产权关系的依据,也是项目获得债务资金的信用基础。资本金没有固定的按期还本付息压力。股利是否支付和支付多少,视项目投产运营后的实际经营效果而定,因此,项目法人的财务负担较小。

(二) 资本公积金

资本公积金是指企业(项目)从投资人或从其他来源渠道取得的,由所有者所有,但不属于企业注册资金范围内的资本,包括资本溢价和直接计入所有者权益的利得和损失等。其中资本溢价是指企业在筹集资金的过程中,投资人的投入资金超过其注册资金的数额,即投资者的出资额超出资本金的差额。资本公积金属于企业所有者权益,也是一种资本储备形式,可以按照法定程序转增为资本金。

二、项目资本金的来源渠道与筹措方式

(一) 资本金的出资形式

投资者可以用货币出资,也可以用实物、工业产权、非专利技术、土地使用权和资源开采权等作价出资。作价出资的实物、工业产权、非专利技术、土地使用权和资源开采权,必须经过有资格的资产评估机构评估作价。2014年3月1日起执行的新《公司法》取消了对无形资产出资比例的限制。

为了使投资项目保持合理的资产结构,应根据投资各方及投资项目的具体情况选择项目资本金的出资方式,以保证项目能顺利建设并在建成后能正常运营。

(二) 新设法人融资的资本金筹措

新设法人融资的资本金筹措如图8-2所示。

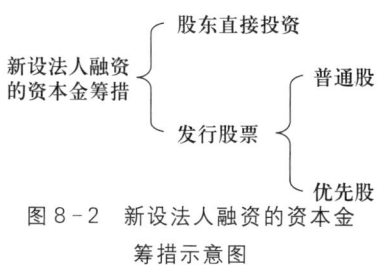

图8-2 新设法人融资的资本金筹措示意图

1. 股东直接投资

股东直接投资包括政府授权投资机构入股资金、国内外企业入股资金、社会团体和个人入股的资金以及基金投资公司入股的资金,股东直接投资可构成国家资本金、法人资本金、个人资本金和外商资本金。

新设法人融资项目,股东直接投资表现为项目投资者为项目提供资本金。合资经营公司的资本金由企业的股东按股东比例认缴,合作经营公司的资本金由合作投资方按预先约定的金额投入。

2. 发行股票

股票是一种有价证券,是企业向其出资者签发的出资证明或股份凭证。凡符合规定条件的企业,均可以通过发行股票在资本市场募集股本资金。按照股票是否含有投票权,股票可分为优先股和普通股两种。

优先股是准股本资金的一种形式,准股本资金是既具有资本金性质又具有债务资金性质的资金。从普通股股东的立场看,优先股可视为一种负债;但从债权人的立场看,优先股可视同为资本金。如同债权一样,优先股股息有一个固定的数额或比率,通常大大高于银行的贷款利息,该股息不随公司业绩的好坏而波动,并且优先股股东可以先于普通股股东领取股息;如果公司破产清算,优先股股东对公司剩余财产有先于普通股股东的要求权。优先股一般不参加公司的红利分配,持股人没有表决权,也不能参与公司的经营管理。优先股股票相对于其他债务融资,通常处于较后的受偿顺序,且股息在税后利润中支付。在项目评价中优先股股票应视为项目资本金。

股票发行方式有公募与私募两种。公募又称公开发行,一般是指事先没有特定的发行对象,向社会广大投资者公开发行推销股票的发行方式。为了保障广大投资者的利益,国家对公开发行股票有严格的要求,发行股票的企业要有较高的信用,符合证券监管部门规定的各项发行条件,并获得证券监管部门批准后方可发行。私募又叫非公开发行,是指发行者只对特定的发行对象推销股票的发行方式。私募程序可相对简化,但在信息披露方面仍应满足投资者的要求。

优先股股票的发行一般通过私募方式进行,普通股股票的发行一般两种方式均可。

(三) 既有法人融资的资本金筹措

既有法人融资的资本金筹措,如图 8-3 所示。

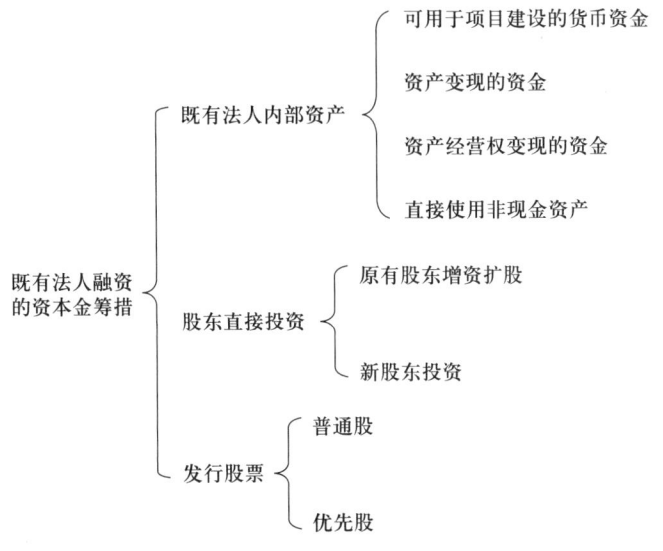

图 8-3 既有法人融资的资本金筹措

1. 既有法人内部资产

采用既有法人融资方式,既有法人内部资产也是项目建设资金的来源之一。既有法人内部资产在企业资产负债表中表现为企业的现金资产和非现金资产,它可能由企业的所有者权益形成,也可能由企业的负债形成。企业现有资产的形成,主要来源于三个方面:第一,企业股东过去投入的资本金;第二,企业对外负债的债务资金;第三,企业经营所形成的净现金流量。

对于企业的某一项具体资产来说,无法确定其是资本金形成的,还是债务资金形成的。当企业采用既有法人融资方式,以企业的资产或资产变现获得的资金,投资于本企业的改扩建项目时,同样不能确定其属性是资本金还是债务资金。但当企业以现有资产投资于另一个非独立法人的新建项目时,既有法人的资产应被视为资本金。

既有法人内部融资的渠道和方式主要有以下几个方面。

(1) 可用于项目建设的货币资金,包括既有法人现有的货币资金和未来经营活动中可能获得的盈余现金。现有的货币资金是指现有的库存现金和银行存款,扣除必要的日常经营所需货币资金额,多余的货币资金可用于项目建设。未来经营活动中可能获得的盈余现金,是指在拟建项目的建设期内,企业在经营活动中获得的净现金节余,可以抽出一部分用于项目建设。企业现有的库存现金及银行存款可以通过企业的资产负债表了解。企业未来经营活动可能获得的盈余现金,需要通过对企业未来现金流量的预测来估算。

(2) 资产变现的资金,指既有法人流动资产、长期投资和固定资产变现为现金的资金。企业可以通过加强财务管理,提高流动资金周转率,减少存货、应收账款等流动资产占用而取得现金,也可以出让有价证券取得现金。企业的长期投资包括长期股权投资和长期债权投资,一般都可以通过转让而变现。企业的固定资产中,有些由于产品方案改变而被闲置,有些由于技术更新而被替换,都可以出售变现。

(3) 资产经营权变现的资金,指既有法人可以将其所属资产经营权的一部分或全部转让,取得现金用于项目建设。

(4) 直接使用非现金资产。既有法人的非现金资产(包括实物、工业产权、非专利技术、土地使用权等)适用于拟建项目的,经资产评估可直接用于项目建设。当既有法人在改扩建项目中直接使用本单位的非现金资产时,其资产价值应计入"有项目"的项目总投资中,但不能计作新增投资。

2. 股东直接投资

对于既有法人融资项目,股东直接投资表现为扩充既有企业的资本金,包括原有股东增资扩股和吸收新股东投资。

既有法人通过发行股票的途径筹集资金的方式与新设法人相同。

(四) 政府投资

政府投资资金,包括各级政府的财政预算内资金、国家批准的各种专项建设资金、统借国外贷款、土地批租收入、地方政府按规定收取的各种费用及其他预算外资金等。政府投资主要用于关系国家安全或市场不能有效配置资源的经济和社会领域,包括加强公益性和公共基础设施建设,保护和改善生态环境,促进欠发达地区的经济和社会发展,推进科技进步和高新技术产业化等方面。中央政府投资除本级政权建设外,主要安排跨地区、跨流域以及对经济和社会发展全局有重大影响的项目(如三峡工程和青藏公路等)。

对政府投资资金,国家根据资金来源、项目性质和调控需要,分别采取直接投资、资本金注入、投资补助、转贷和贷款贴息等方式,并按项目安排使用。

在项目评价中,对投入的政府投资资金,应根据资金投入的不同情况进行不同的处理。

(1) 全部使用政府直接投资的项目,一般为非经营性项目,不需要进行融资方案分析;

(2) 以资本金注入方式投入的政府投资资金,在项目评价中应视为权益资金;

(3) 以投资补贴、贷款贴息等方式投入的政府投资资金,对具体项目来说,既不属于权益资金,也不属于债务资金,在项目评价中应视为一般现金流入(补贴收入);

(4) 以转贷方式投入的政府投资资金(统借国外贷款),在项目评价中应视为债务资金。

三、项目债务资金的来源渠道与筹措方式

(一) 项目债务资金

债务资金是指在投资中以负债方式从金融机构、证券市场等资本市场取得的资金。

债务资金具有以下特点:第一,资金在使用上具有时间性限制,到期必须偿还;第二,无

论项目的融资主体今后经营效果好坏,均需按期还本付息,从而形成企业的财务负担;第三,资金成本一般比权益资金低,且不会分散投资者对企业的控制权。

(二) 项目债务资金的来源渠道和筹措方式

债务资金的来源渠道很多,大致可以分为信贷融资、债券融资和融资租赁三类,如图8-4所示。

1. 商业银行贷款

商业银行贷款是我国建设项目获得短期、中长期贷款的重要渠道。国内商业银行贷款手续简单、成本较低,适用于有偿债能力的建设项目。

2. 政策性银行贷款

政策性银行提供的贷款一般期限较长,利率较低,是为配合国家产业政策等的实施,对有关的政策性项目提供的贷款。我国政策性银行有国家开发银行、中国进出口银行和中国农业发展银行。

3. 外国政府贷款

外国政府贷款是一国政府向另一国政府提供的具有一定的援助或部分赠予性质的低息优惠贷款。外国政府贷款有以下特点:第一,在经济上带有援助性质,期限长,利率低,有的甚至无息。一般年利率为2%~4%,还款平均期限为20~30年,最长可达50年。

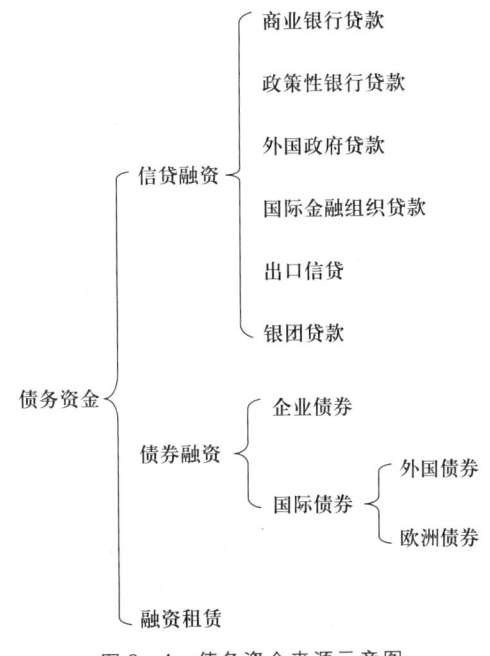

图8-4 债务资金来源示意图

第二,贷款一般以混合贷款方式提供,即在贷款总额中,政府贷款一般占1/3,其余2/3为出口信贷。第三,贷款一般都限定用途,如用于支付从贷款国进口设备,或用于某类项目建设。

我国各级财政可以为外国政府贷款提供担保,按照财政担保方式分为三类:国家财政担保、地方财政厅(局)担保以及无财政担保。

4. 国际金融组织贷款

国际金融组织按照章程向其成员国提供各种贷款。国际金融组织一般都有自己的贷款政策,只有这些组织认为应当支持的项目才能得到贷款。使用国际金融组织的贷款需要按照这些组织的要求提供资料,并且需要按照规定的程序和方法来实施项目。目前与我国关系最密切的国际金融组织是国际货币基金组织、世界银行和亚洲开发银行。

(1) 国际货币基金组织贷款只限于成员国财政和金融当局,不与任何企业发生业务,贷款用途限于弥补国际收支逆差或用于经常项目的国际支付,期限为1~5年。

(2) 世界银行贷款具有以下特点:

① 贷款期限较长。一般为20年左右,最长可达30年,宽限期为5年。

② 贷款利率实行浮动利率,随金融市场利率的变化定期调整,但一般低于市场利率。对已订立贷款契约而未使用的部分,要按年征收0.75%的承诺费。

③ 世界银行通常对其资助的项目只提供货物和服务所需要的外汇部分,占项目总额的30%～40%,个别项目可达50%。但是在某些特殊情况下,世界银行也提供建设项目所需要的部分国内费用。

④ 贷款程序严密,审批时间较长。借款国从提出项目到最终同世界银行签订贷款协议获得资金,一般要一年半到两年时间。

(3) 亚洲开发银行贷款分为硬贷款、软贷款和赠款。硬贷款是由亚行普通资金提供的贷款,贷款的期限为10～30年,含2～7年的宽限期,贷款的利率为浮动利率,每年调整一次。软贷款又称优惠利率贷款,是由亚行开发基金提供的贷款,贷款的期限为40年,含10年的宽限期,不收利息,仅收1%的手续费,此种贷款只提供还款能力有限的发展中国家。赠款资金由技术援助特别基金提供。

5. 出口信贷

出口信贷是设备出口国政府为促进本国设备出口,鼓励本国银行向本国出口商或外国进口商(或进口方银行)提供的贷款。贷给本国出口商的称卖方信贷,贷给外国进口商(或进口方银行)的称买方信贷。贷款的使用条件是购买贷款国的设备。出口信贷利率通常要低于国际上商业银行的贷款利率,但需要支付一定的附加费用(管理费、承诺费、信贷保险费等)。

6. 银团贷款

银团贷款是指多家银行组成一个集团,由一家或几家银行牵头,采用统一贷款协议,按照共同约定的贷款计划,向借款人提供贷款的贷款方式。银团贷款,除具有一般银行贷款的特点和要求外,由于参加银行较多,需要多方协商,贷款过程周期长。使用银团贷款,除支付利息之外,按照国际惯例,通常还要支付承诺费、管理费、代理费等。银团贷款主要适用于资金需求量大、偿债能力较强的建设项目。

7. 企业债券

企业债券是企业以自身的财务状况和信用条件为基础,依照《中华人民共和国证券法》《中华人民共和国公司法》等法律法规规定的条件和程序发行的、约定在一定期限内还本付息的债券,如三峡债券、铁路债券等。企业债券代表着发债企业和债券投资者之间的一种债务债权关系。债务投资者是企业的债权人,不是所有者,无权参与或干涉企业经营管理,但有权按期收回本息。

企业债券融资的特点是:筹资对象广、市场大,但发债条件严格、手续复杂;其利率虽低于银行贷款利率但发行费用较高,需要支付承销费、发行手续费、兑付手续费及担保费等费用。适用于资金需求大、偿债能力较强的建设项目。

企业可发行可转换债券。可转换债券,是一种可以在特定时间、按特定条件转换为普通股股票的特殊企业债券,兼有债权和股票的特性,是准股本资金的一种形式。由于可转换债券附有普通企业债券所没有的转股权,因此可转换债券利率一般低于普通企业债券利率,企业发行可转换债券有助于降低资金成本。但可转换债券在一定条件下可转换为公司股票,因而可能造成股权的分散。在项目评价中,可转换债券应视为项目债务资金。

目前,我国企业债券的发行总量需纳入国家信贷计划,申请发行企业债券必须经过严格的审核,只有实力强、资信好的企业才有可能被批准发行企业债券,还必须有实力很强的第三方提供担保。

8. 国际债券

国际债券是一国政府、金融机构、工商企业或国际组织为筹措和融通资金,在国际金融市场上发行的、以外国货币为面值的债券。国际债券的重要特征是债券发行者和债券投资者属于不同的国家,筹集的资金来源于国际金融市场。

按照发行债券所用货币与发行地点不同,国际债券主要分为外国债券和欧洲债券两种。外国债券是指外国债券发行人在东道国市场,以东道国货币标价发行的债券。欧洲债券是指外国债券发行人在东道国使用该国以外的货币标价发行的债券。

发行国际债券的优点是资金规模巨大、稳定、借款时间较长,可以获得外汇资金,缺点是发债条件严格、信用要求高、筹资成本高、手续复杂。国际债券适用于资金需求大,能吸引外资的建设项目。因国际债券的发行涉及国际收支管理,国家对企业发行国际债券进行严格的管理。

9. 融资租赁

融资租赁是资产拥有者在一定期限内将资产租给承租人使用,由承租人分期支付一定租赁费的融资方式。融资租赁是一种以租赁物品所有权与使用权相分离为特征的信贷方式。融资租赁一般由出租人按承租人选定的设备,购置后出租给承租人长期使用。在租赁期内,出租人以收取租金的形式收回投资,并取得收益;承租人支付租金租用设备进行生产经营活动,按照固定资产计提折旧。租赁期满后,一般出租人以事先约定的很低的价格将设备作价转让给承租人。采用融资租赁,通常承租人可以对设备的全部价款进行融资,融资额度比使用银行贷款大,因此租赁费中所含的利息也比贷款利息高。

融资租赁的优点是企业可不必预先筹集一笔相当于资产买价的资金就可以获得需要资产的使用权。这种融资方式适用于以购买设备为主的建设项目。

四、项目融资

近年来我国政府加大了对基础设施领域的改革,借鉴了国外的一些融资经验和模式,探索并实施了新的投融资机制,尤其是以特许经营的方式引入非国有资本的投资模式。基础设施特许经营就是由各级政府将基础设施的投资和经营权通过法定的程序,有偿或者无偿地交给选定的投资人投资经营,特许经营既是一种项目运作方式,也是一种融资方式。具体方式包括 BOT、TOT、PPP、PFI、ABS 等。

(一) BOT 融资模式

1. BOT 融资模式的概念

BOT(build-operate-transfer,建造—经营—移交),是一种相对比较简单或典型的特许经营项目融资模式。BOT 融资模式是指政府通过特许权协议,授权外商或私营商进行项目(主要是基础设施和自然资源开发)的融资、设计、建造、经营和维护,在规定的特许期(通常为 10~30 年)内向该项目的使用者收取费用,从而回收项目的投资、经营和维护等成本,并获得合理的回报,特许期满后项目一般将免费移交给政府。

在我国,BOT 融资模式是政府通过与外商或者私营商签订特许协议吸引外资或者民间资本,加快国内基础设施建设的一种手段,所以也被称为"特许权招标""特许经营招标"。

2. BOT 融资模式的形式

BOT 融资模式共有 3 种最基本的形式：

（1）BOT(build-operate-transfer，建造—经营—移交)。这是最基本的 BOT 形式，项目公司没有项目的所有权，只有建设和经营权。

（2）BOOT(build-own-operate-transfer，建造—拥有—经营—移交)。其与基本 BOT 的主要不同在于，项目公司既有经营权又有所有权，政府允许项目公司在一定范围内、一定时间内将项目资产抵押给银行，以便获得更优惠的贷款条件，从而使项目产品或服务价格降低。但特许期一般比基本 BOT 稍长。

（3）BOO(build-own-operate，建造—拥有—经营)。其主要特点在于项目公司不必将项目移交给政府（永久私有化），目的主要是鼓励项目公司从项目全寿命期的角度合理建设和经营设施，提高项目产品或服务的质量，追求全寿命期的总成本降低和效率的提高，使项目产品或服务价格更低。

除了上述三种基本形式之外，在各国应用 BOT 的过程中，出现了很多演变形式，如 BT(build-transfer，建造—移交)、BOOST(build-own-operate-subsidy-transfer，建造—拥有—经营—补贴—移交)、TOT(transfer-operate-transfer，移交—经营—移交)、DBOT(design-build-operate-transfer，设计—建造—经营—移交)等。

其中，BT 方式是指政府在项目建成后从民营机构购回项目（可一次性支付，也可分次支付）。与政府投资建造项目不同的是，政府用于购回项目的资金往往是事后支付（可通过财政拨款，但更多的是通过运营项目来支付）；民营机构是投资人或者项目法人，必须出一定比例的资本金，用于建设项目的其他资金可使用自有资金或银行的有限追索权贷款。

（二）TOT 融资模式

TOT 融资模式在发展中国家正得到越来越多的应用。其具体是指用民营资金购买项目资产（一般为公益性资产）的经营权，购买者在约定时间内通过经营该资产收回全部投资和得到合理回报后，再将项目无偿移交给原产权所有人（一般为政府或国有企业）。就项目发展而言，TOT 融资模式有着 BOT 融资模式所不具备的突出优点：为拟建项目引进资金，为建成项目引进管理；如果运作良好，TOT 融资模式可以实现基础设施和运营的良性循环；只涉及转让经营权，不存在产权、股权问题，避免争议；TOT 融资模式的风险比 BOT 融资模式小，金融机构、基金组织、私人资本等都有机会参与且更愿意投资，从而增加了项目的资金来源。

（三）PPP 融资模式

PPP(public-private partnership)，通常译为"公私合伙/合营"。广义的 PPP 融资模式泛指公共部门与私营部门为提供公共产品或服务而建立的合作关系，而狭义的 PPP 融资模式更强调政府在项目中的所有权（有股份），以及与企业合作过程中的风险分担和利益共享。这里采用的是 PPP 融资模式的狭义解释，即为项目融资一系列方式的总称。PPP 融资模式本质上是公共和私营部门为基础设施的建设和管理而达成的长期合同关系，公共部门由传统方式下公共设施和服务的提供者变为监督者和合作者，强调的是优势互补、风险的分担和利益的共享。

根据不同的分类标准，PPP 融资模式有不同的分类：①根据私营部门的投资形式，PPP

项目可分为外包类、特许经营类和私有化三大类；②根据私营部门在项目中的参与程度，PPP 项目可分为服务合同、租赁、合资公司、特许权授予和私有化五种模式；③根据公共部门和私营部门之间的合作关系，PPP 项目可分为横向和纵向合作关系两种类型。需要注意的是，并不存在一个可以适用于所有 PPP 项目的最佳固定模式，每个 PPP 项目都应该根据自身的特点和参与者的管理、技术和资金实力等情况，对所采用的 PPP 融资模式进行调整，以争取获得更大的投资效益。

（四）PFI 融资模式

PFI(private finance initiative)即"私人主动融资"，是指由私营企业进行项目的建设与运营，从政府或接受服务方收取费用以回收成本。在这种方式下，政府并未采取传统的由政府负责提供公共项目产出的方式，而是采取促进私人企业有机会参与基础设施和公共物品的生产及提供公共服务的一种全新的公共项目产出方式。在 PFI 融资模式下，政府部门发起项目，由私人企业负责进行项目的建设和运营，并按时间规定提供所需的服务；政府部门以购买私营企业提供的产品和服务，或给予私营企业收费特许权，或政府与私营企业以合伙方式共同运营等方式，实现政府公共物品产出中的资源配置优化、效率和产出最大化。

（五）ABS 融资模式

ABS(asset-backed/based securitization，基于资产的证券化)融资模式，是指将缺乏流动性但能产生可预见性的、稳定的现金流量的资产归集起来，通过一定的安排，对资产中的风险与收益要素进行分离和重组，进而转换为金融市场上可以出售和流通的证券的过程。根据资产类型不同，ABS 融资模式主要分为信贷资产证券化(以信贷资产为基础资产的证券化)和不动产证券化(以不动产如基础设施、房地产等为基础资产的证券化)两种。

ABS 融资模式的主要思路是通过项目收益资产证券化来为项目融资，即以项目所拥有的资产为基础，以项目资产可以带来的预期收益为保证，通过在资本市场发行债券来募集资金的一种证券化融资方式。具体做法是项目发起人将项目资产出售给特权机构(special purpose vehicle, SPV)，SPV 凭借项目未来可预见的稳定现金流，并通过寻求担保等信用提高手段，在国际资本市场上发行具有投资价值的高级债券，一次性地为项目进行融资，还本付息主要依靠项目的未来收益。

第三节 融资方案分析

在初步确定项目的融资主体和资金来源的基础上，应进一步对融资方案进行分析，内容包括融资方案资金来源的可靠性、资金结构的合理性、资金成本的高低和融资风险大小的分析，比较、遴选并推荐资金来源可靠、资金结构合理、融资成本低、融资风险小的方案。

一、资金来源可靠性分析

资金来源可靠性是指投入项目的各类资金在币种、数量和时间要求上应能满足项目需要。资金来源可靠性分析主要是分析项目建设所需总投资和分年所需投资能否得到足够的、持续的资金供应，即资本金和债务资金供应是否落实可靠。应力求所筹措的资金、币种及投入时序与项目建设进度和投资使用计划相匹配，确保项目建设顺利进行，分析资金来源是否正当、合理,是否符合国家的政策规定。

根据国家发改委和建设部发布的《建设项目经济评价方法与参数》(第三版)的要求,资金来源可靠性分析包括以下内容:

(一)既有法人内部融资的可靠性分析

(1)通过调查了解既有企业资产负债结构、现金流量状况和盈利能力,分析企业的财务状况、可能筹集到并用于拟建项目的现金数额及其可靠性。

(2)通过调查了解既有企业资产结构现状及其与拟建项目的关联性,分析企业可能用于拟建项目的非现金资产数额及其可靠性。

(二)项目资本金的可靠性分析

(1)采用新设法人融资方式的项目,应分析各投资者认缴的股本金数额及其可靠性。

(2)采用既有法人融资方式的项目,应分析原有股东增资扩股和吸收新股东投资的数额及其可靠性。

(3)采用上述两种融资方式,通过发行股票筹集资本金,应分析其获得批准的可能性。

(三)项目债务资金的可靠性分析

(1)采用债务融资的项目,应分析其能否获得国家有关主管部门的批准。

(2)采用银行贷款的项目,应分析其能否取得银行的贷款承诺。

(3)采用外国政府贷款或国际金融组织贷款的项目,应核实项目是否列入利用外资备选项目。

二、资金结构分析

资金结构是指融资方案中各种资金的比例关系。融资方案分析中,资金结构是一项重要内容。资金结构包括项目资本金与项目债务资金的比例、项目资本金内部结构比例和项目债务资金内部结构比例。

(一)项目资本金与项目债务资金的比例

1. 项目的资本结构是项目资金结构中最重要的比例关系

项目资本金与项目债务资金的比例,是项目资金结构中的基本比例,也称为项目的资本结构。债务资金的利息是所得税前列支的,可以起到合理减税的效果。在项目的收益不变、项目投资财务内部收益率高于负债利率的条件下,由于财务杠杆的作用,资本金所占比例越低,资本金财务内部收益率越高,同时企业的财务风险和债权人的风险也越大。因而从投资者的角度考虑,项目融资的资金结构追求以较低的资本金投入获得较多的负债融资,同时要争取尽可能低的对股东的追索;而提供债务融资的债权人,则希望债权得到有效的风险控制,即希望项目能够有较高的资本金比例,以降低债权的风险。

在一般情况下,项目资本金的比例越高,则贷款的风险越低,贷款的利率也越低;反之贷款的风险越高,利率也越高。当资本金的比例降到银行不能接受的水平时,银行将会拒绝贷款。所以资本金与债务资金的合理比例需要由各个参与方的利益平衡来决定。一般认为,在符合国家有关资本金(注册资本)比例规定、符合金融机构信贷法规及债权人有关资产负债比例要求的前提下,既能满足权益投资者获得期望投资回报的要求,又能较好防范财务风险的比例是较理想的资本金与债务资金的比例。

2. 项目资本金占总投资的比例要求

资本金的最低需要量是根据拟建项目的固定资产投资(建设投资和建设期利息之和)与铺底流动资金(为全部流动资金的30%)之和乘以国家规定的各行业最低资本金比例计算的。计算公式为：

项目资本金最低需要量＝(项目固定资产投资总额＋铺底流动资金)×
国家规定的项目最低资本金比例(%)　　(公式 8-1)

所以有：

$$项目资本金比例 = \frac{项目资本金}{项目总投资(其中流动资金只包含铺底流动资金)} \times 100\%$$

(公式 8-2)

按照我国有关法规规定,从 1996 年开始,对各种经营性国内投资项目试行资本金制度,投资项目资本金占总投资的比例根据不同行业和项目的经济效益等因素确定。具体规定如表 8-2 所示。

表 8-2　　　　　　　　　项目资本金占项目总投资的比例

序号	投资行业	项目资本金占项目总投资的比例
1	钢铁、电解铝	40%及以上
2	水泥	35%及以上
3	煤炭、电石、铁合金、烧碱、焦炭、黄磷、玉米深加工、机场、港口、沿海及内河航运、其他房地产开发项目	30%及以上
4	铁路、公路、城市轨道交通、化肥(钾肥除外)	25%及以上
5	保障性住房和普通商品住房、其他项目	20%及以上

注：此表根据《国务院关于调整固定资产投资项目资本金比例的通知》整理。

根据国民经济发展的实际情况,政府有关部门将适时调整建设项目的资本金比例。

3. 外商投资项目的注册资本与投资总额的比例

外商投资项目(包括外商独资、中外合资、中外合作经营项目)的注册资本与投资总额的比例,按照现行法规,具体规定如表 8-3 所示。

表 8-3　　　　　　　外商投资项目的注册资金占投资总额的最低比例

序号	投资总额	注册资金占投资总额的最低比例	附加条件
1	300 万美元以下	70%	
2	300 万～1 000 万美元	50%	其中投资总额在 420 万美元以下的,注册资金不低于 210 万美元
3	1 000 万～3 000 万美元	40%	其中投资总额在 1 250 万美元以下的,注册资金不低于 500 万美元
4	3 000 万美元以上	33%	其中投资总额在 3 600 万美元以下的,注册资金不低于 1 200 万美元

注：投资总额是指建设投资、建设期利息和流动资金之和。

(二) 项目资本金内部结构比例

项目资本金内部结构比例是指项目投资各方的比例。不同的出资比例决定各投资方对项目建设和经营的决策权和承担的责任,以及项目收益的分配。

(1) 采用既有法人融资方式的项目,项目的资金结构要考虑既有法人的财务状况和筹资能力,合理确定既有法人内部融资与新增资本金在项目融资总额中所占的比例,分析既有法人内部融资与新增资本金的可能性与合理性。既有法人将现金资产和非现金资产投资于拟建项目长期占用,将使企业的财务流动性降低,其投资额度受到企业自身财务资源的限制。

(2) 采用新设法人融资方式的项目,应根据投资各方在资金、技术和市场开发方面的优势,通过协商确定各方的比例、出资形式和出资时间。

(3)《外商投资产业指导目录》(2017年修订版)中明确规定,有些项目不允许国外资本控股,有些项目要求国有资本控股。如按规定,民用机场的建设和经营、核电站、铁路干线路网、城市地铁和轻轨等轨道交通项目,必须由中方控股。

根据投资体制改革的精神,国家放宽社会资本的投资领域,允许社会资本进入法律法规未禁入的基础设施、公用事业及其他行业和领域。按照促进和引导民间投资(个体、私营经济以及它们之间的联营、合股等经济实体的投资)的精神,除国家有特殊规定的以外,凡是鼓励和允许外商投资进入的领域,均鼓励和允许民间投资进入。因此,在进行融资方案分析时,应关注出资人出资比例的合法性。

2017年修订版的《外商投资产业指导目录》提出在全国范围内实施的外商投资准入负面清单,作为对外商投资实行准入前国民待遇加负面清单管理模式的基本依据。负面清单之外的领域,原则上不得实行对外资准入的限制性措施。删除内外资一致的限制性措施。按照外商投资准入负面清单模式特点,不再列示内外资一致的限制性措施。如大型主题公园的建设、经营,内外资均须履行项目核准程序;高尔夫球场、别墅,内外资均禁止新建;博彩业、色情业,内外资均禁止投资。

(三) 项目债务资金内部结构比例

项目债务资金内部结构比例反映债权各方为项目提供债务资金的数额比例、债务期限比例、内债和外债的比例,以及外债中各币种债务的比例等。在确定项目债务资金结构比例时,需要考虑的因素有以下几方面。

(1) 根据债权人提供债务资金的条件(包括利率、宽限期、偿还期及担保方式等)合理确定各类借款和债券的比例,可以降低融资成本和融资风险。

(2) 合理搭配短期、中长期债务比例。适当安排一些短期负债可以降低总的融资成本,但过多采用短期负债,会产生财务风险。大型基础设施项目的负债融资应以长期债务为主。

(3) 合理安排债务资金的偿还顺序。尽可能先偿还利率较高的债务,后偿还利率低的债务。对于有外债的项目,由于有汇率风险,通常应先偿还硬货币(指货币汇率比较稳定且有上浮趋势的货币)的债务,后偿还软货币(指汇率不稳定且有下浮趋势的货币)的债务。应使债务本息的偿还不致影响企业正常生产所需的现金量。

(4) 合理确定内债和外债的比例。内债和外债的比例主要取决于项目用汇量。从项目本身的资金平衡考虑,产品内销的项目尽量不要借用外债,可以采用投资方注入外汇或者以人民币购汇。

（5）合理选择外汇币种。选择可自由兑换货币，可自由兑换货币是指实行浮动汇率制且有人民币报价的货币，如美元、英镑、日元等，它有助于外汇风险的防范和外汇资金的调拨。对于建设项目的外汇贷款，在选择还款币种时，尽可能选择软货币。当然，软货币的外汇贷款利率通常较高，这就需要在汇率变化与利率差异之间做出预测和抉择。

（6）合理确定利率结构。当资本市场利率水平相对较低，且有上升趋势时，尽量借固定利率贷款；当资本市场利率水平相对较高，且有下降趋势时，尽量借浮动利率贷款。

三、资金成本分析

资金成本是指项目为筹集和使用资金而支付的费用，包括资金筹集费和资金占用费。资金筹集费是指资金筹集过程中支付的一次性费用，如承诺费、手续费、担保费和代理费等；资金占用费是指使用资金过程中发生的经常性费用，如借款利息、债券利息、优先股股息、普通股红利等。资金成本的高低是判断项目融资方案是否合理的重要因素之一。

为了便于分析比较，资金成本通常以相对数表示。项目使用资金所负担的费用同筹集资金净额的比率，称为资金成本率（一般亦通称为资金成本）。

$$K = \frac{D}{P-F} = \frac{D}{P(1-f)} \quad \text{（公式 8-3）}$$

式中：K——资金成本率；

D——资金占用费用；

P——筹集资金总额；

F——资金筹集费用；

f——筹措费用率。

资金成本是资金使用者向资金所有者和中介人支付的占用费和筹资费，是市场经济条件下资金所有权和使用权分离的必然结果。分析资金成本的作用在于：①资金成本是评价投资项目可行性的主要经济标准，是衡量一个项目是否可以接受的最低收益率，只有项目的预期收益足以弥补资金成本时，项目才可以考虑接受。②资金成本是选择资金来源、设计筹资方案的依据。资金来源渠道多，不同的筹资方式，其资金成本也不同。应比较各种资金来源的成本，合理调整资本结构，以达到综合资金成本最低的目的。

（一）债务资金成本

债务资金成本由债务资金筹集费和债务资金占用费组成。债务资金筹集费是指在债务资金筹集过程中支付的费用，如承诺费、发行手续费、担保费、代理费以及债券兑付手续费等；债务资金占用费是指使用债务资金过程中发生的经常性费用，如贷款利息和债券利息。

借贷、债券等的融资费用和利息支出均在缴纳所得税前支付，对于股权投资方，可以取得所得税抵减的好处。但是对资金提供者的各种付款并不是都能取得所得税抵减的好处，如利息在税前支付，具有抵税作用；借款本金偿还要在所得税后支付。考虑利息和本金的不同抵税作用后，其税后债务资金成本的计算公式为：

$$P_0(1-F) = \sum_{i=1}^{n} \frac{P_i + I_i \times (1-T)}{(1+K_d)^i} \quad \text{（公式 8-4）}$$

式中：K_d——含筹集费用的税后债务资金成本；

P_0——债券发行额或长期借款金额，即债务的现值；

F——债务资金筹资费用率；

P_i——约定的第 i 期期末偿还的债务本金；

I_i——约定的第 i 期期末支付的债务利息；

T——所得税税率；

n——债务期限，通常以年表示。

（公式 8-4）中，等号左边是债务人的实际现金流入；等号右边为债务引起的未来现金流出的现值总额。该公式中未计入债券兑付手续费（可忽略不计）。

使用该公式时应根据项目具体情况确定债务期限内各年的利息是否应乘以 $(1-T)$，如在项目建设期和项目运营期内的免征所得税年份，利息支付并不具有抵税作用。因此在项目的建设期内不应乘以 $(1-T)$，在项目运营期内的免征所得税年份也不应乘以 $(1-T)$。

【**例 8-1**】 某项目建设期 1 年，投产当年即可盈利，按有关规定可免征所得税 1 年，投产第 2 年起，所得税税率为 25%。该项目在建设期期初向银行借款 1 000 万元，筹资费用率为 0.5%，年利率 6%，按年付息，期限 3 年，到期一次还清借款，计算该借款的所得税后资金成本。

【**解答**】 根据（公式 8-4）有：

$$1\,000 \times (1-0.5\%) = \frac{1\,000 \times 6\%}{1+K_d} + \frac{1\,000 \times 6\%}{(1+K_d)^2} + \frac{1\,000 + 1\,000 \times 6\% \times (1-25\%)}{(1+K_d)^3}$$

查现值系数表（5%），1 年期、2 年期、3 年期的现值系数分别为 0.952 4、0.907、0.863 8，代入上述公式得：

$1\,000 \times 6\% \times 0.952\,4 + 1\,000 \times 6\% \times 0.907 + 1\,045 \times 0.863\,8 - 1\,000 \times (1-0.5\%) = 19.24$（万元）

查现值系数表（6%），1 年期、2 年期、3 年期的现值系数分别为 0.943 4、0.89、0.839 6，代入上述公式得：

$1\,000 \times 6\% \times 0.943\,4 + 1\,000 \times 6\% \times 0.89 + 1\,045 \times 0.839\,6 - 1\,000 \times (1-0.5\%) = -7.61$（万元）

用插入法（插入法的计算方式详见第十章财务分析）计算，该借款的所得税后资金成本为：

$$5\% + \frac{19.24}{19.24+7.61} \times (6\%-5\%) = 5.72\%$$

（二）权益资金成本

1. 优先股资金成本

优先股资金成本包括筹资费用和股息支付。由于优先股没有到息日，且每年的股息是固定的，因此可以把优先股股息视为一种永续年金。优先股资金成本的计算公式为：

$$K_p = \frac{D_p}{P_0(1-f)} \qquad \text{（公式 8-5）}$$

式中：K_p——优先股资金成本；

D_p——优先股年股息；

P_0——优先股现在的市场价格；

f——优先股筹资费用率。

【例 8-2】 A 公司发行面值为 100 元的优先股,规定的年股息率为 5%,该优先股溢价发行,发行价格为 110 元,筹资费用率为发行价的 3%,A 公司发行的优先股的资金成本为多少?

【解答】 根据(公式 8-5)有:
$$K_p = \frac{100 \times 5\%}{110 \times (1-3\%)} = 4.69\%$$

该优先股的资金成本率为 4.69%。

2. 普通股资金成本

普通股资金成本可以看作为保证普通股股东的必要投资利益,企业必须向投资者支付的最低效益率。普通股的股利往往随企业的经营情况变化而变化,而项目未来的收益以及股东对未来风险所要求的风险溢价很难准确测定,所以普通股资金成本的估算比较困难。可采用的计算方法主要有:资本资产定价模型法、税前债务成本加风险溢价法和股利增长模型法。

(1) 资本资产定价模型法。采用资本资产定价模型(CAPM),普通股资金成本的计算公式为:
$$K_s = R_f + \beta(R_m - R_f) \quad \text{(公式 8-6)}$$

式中:K_s——普通股资金成本;

R_f——社会无风险投资收益率;

β——项目的投资风险系数;

R_m——市场投资组合预期收益率。

【例 8-3】 B 公司普通股股票的投资风险系数为 1.2,政府发行的国库券年利息率为 5%,本年度证券市场平均报酬率为 12%,采用资本资产定价模型法计算普通股资金成本。

【解答】 根据(公式 8-6),普通股资金成本为:
$$K_s = 5\% + 1.2 \times (12\% - 5\%) = 13.4\%$$

(2) 税前债务成本加风险溢价法。根据投资风险越大,要求的报酬率越高的原理,普通股股东的投资风险大于债券投资者的风险,所以普通股股东会在债权人的收益率上再要求一定的风险溢价。据此,普通股资金成本的计算公式为:
$$K_s = K_b + RP_c \quad \text{(公式 8-7)}$$

式中:K_s——普通股资金成本;

K_b——税前债务资金成本;

RP_c——投资者比债权人承担更大风险所要求的风险溢价。

风险溢价是凭借经验估计的。一般认为,某企业普通股风险溢价相对其发行的债券,在 3%~5%,当市场利率达到历史性最高点时,风险溢价较低,在 3%左右;当市场利率处于历史性低点时,风险溢价较高,在 5%左右;通常情况下采用 4%的平均风险溢价。

(3) 股利增长模型法。股利增长模型法是依照股票投资的收益率不断提高的思路来计算普通股资金成本,一般假设收益以固定的增长率递增。其普通股资金成本的计算公式为:

$$K_s = \frac{D_1}{P_0} + G \qquad (公式 8-8)$$

式中：K_s——普通股资金成本；
　　　D_1——预期年股利额；
　　　P_0——普通股市价；
　　　G——普通股股利年增长率。

如果是发行新的普通股，则需要将发行成本考虑在内，则有：

$$K_s = \frac{D_1}{P_0(1-f)} + G \qquad (公式 8-9)$$

式中：f——新的普通股的发行成本率；
　　　其他符号含义同前。

【例 8-4】 C公司为上市公司，该公司普通股目前市价为15元，预期年末每股发放股利0.5元，股利年增长率为8%，另外该公司还计划发行新的普通股股票筹资，新股的每股面值为1元，发行价格为每股12元，发行成本为每股市价的2%，预期明年的现金股利为每股1元，以后每年固定按6%递增，则C公司普通股的资金成本为多少？

【解答】 根据（公式8-8），C公司原有普通股的资金成本为：

$$K_s = \frac{D_1}{P_0} + G = \frac{0.5}{15} + 8\% = 11.33\%$$

根据（公式8-9），C公司新发行的普通股的资金成本为：

$$K_s = \frac{D_1}{P_0(1-f)} + G = \frac{1}{12 \times (1-0.2\%)} + 6\% = 14.35\%$$

C公司普通股的资金成本为：

$$11.33\% + 14.35\% = 25.68\%$$

（三）加权平均资金成本

为了比较不同融资方案的资金成本，需要计算加权平均资金成本。加权平均资金成本一般是以各种资金占全部资金的比重为权数，对个别资金成本进行加权平均确定。其计算公式为：

$$K_w = \sum_{j=1}^{n} K_j W_j \qquad (公式 8-10)$$

式中：K_w——加权平均资金成本；
　　　K_j——第j种个别资金成本；
　　　W_j——第j种个别资金成本占全部资金的比重（权数）；
　　　n——各种融资类型的数目。

四、融资风险分析

融资风险是指融资活动存在的各种风险。融资风险有可能使投资者、项目法人、债权人等各方蒙受损失。在融资方案分析中，应对各种融资方案的融资风险进行识别、比较，并对最终推荐的融资方案提出防范风险的对策。融资风险分析中应重点考虑下列风险因素。

（一）资金供应风险

资金供应风险是指在项目实施过程中由于资金不落实，导致建设工期延长，工程造价上升，使原定投资效益目标难以实现的可能性。导致资金不落实的原因很多，主要包括：第一，已承诺出资的股本投资者由于出资能力有限（或者由于拟建项目的投资效益缺乏足够的吸引力）而不能（或不再）兑现承诺；第二，原定发行股票、债券的计划不能实现；第三，既有企业法人由于自身经营状况恶化，无力按原定计划出资。

为防范资金供应风险，必须认真做好资金来源可靠性分析。在选择股东投资者时，应当选择资金实力强、既往信用好、风险承受能力强的投资者。

（二）利率风险

利率风险是指由于利率变动导致资金成本上升，给项目造成损失的可能性。利率水平随金融市场情况而变动，未来市场利率的变动会引起项目资金成本发生变动。采用浮动利率，项目的资金成本随利率的上升而上升，随利率的下降而下降。采用固定利率，如果未来利率下降，项目的资金成本不能相应下降，相对资金成本将升高。因此，无论采用浮动利率还是固定利率都存在利率风险。

为了防范利率风险，应对未来利率的走势进行分析，以确定采用何种利率。

（三）汇率风险

汇率风险是指由于汇率变动给项目造成损失的可能性。国际金融市场上各国货币的比价在时刻变动，使用外汇贷款的项目，未来汇率的变动会引起项目资金成本的变动以及未来还本付息费用支出的变动。某些硬货币贷款利率较低，但汇率风险较高；软货币则相反，汇率风险较低，但贷款利率较高。

为了防范利率风险，使用外汇数额较大的项目应对人民币的汇率走势、所借外汇币种的汇率走势进行分析，以确定借用何种外汇币种以及采用何种外汇币种结算。一般情况下应尽量借用软货币。

第四节　项目总投资使用计划与资金筹措表的编制

项目总投资使用计划与资金筹措表是根据项目的各项资金来源和条件，按照项目投资的使用要求所进行的规划与安排。该表是投资估算和融资方案两部分的衔接点。其表格格式详见附表8-1。

项目总投资使用计划与资金筹措表的编制应注意以下问题。

一、各年度的资金平衡

项目实施的各年度中，资金来源必须满足投资使用的要求，即编制的总投资使用计划与资金筹措表应做到资金的需求与筹措在时序、数量两方面都能平衡。

二、新建项目资金筹措计划的安排

新设法人建设项目的资金筹措计划通常应先安排使用资本金，后安排使用负债融资，这样既可以降低项目建设期所承担的利息负担，又有利于建立资信，顺利取得债务融资。实践中也有项目的资本金与负债融资同比例到位的安排,或者先投入一部分资本金,剩余的资本金与债务融资同比例到位。

三、流动资金

总投资使用计划与资金筹措表中所列的流动资金可由流动资金估算表转入,即该表的流动资金即为流动资金估算表中的"流动资金当期增加额"。

■ 专栏 8-1

案 例 分 析

背景资料:

(1) 某项目工程费用为 4 600 万元,工程建设其他费用为 1 200 万元,基本预备费率为 5%,不考虑涨价预备费,项目建设期 2 年,两年的投资比例为 60% 和 40%。

(2) 项目建设投资中,资本金占 40%,其余为银行贷款,贷款年利率按 7% 考虑。资本金在第一年全部投入。

(3) 项目投产期 2 年,运营负荷为 50% 和 70%。项目正常年份流动资金为 600 万元,流动资金按运营负荷投入,流动资金中 30% 为资本金(全部在第一年投入),70% 为银行贷款。

要求:完成总投资使用计划与资金筹措表。

解答:根据所给材料,编制项目总投资使用计划与资金筹措表,见表 8-4。

表 8-4　　　　　　　　总投资使用计划与资金筹措表　　　　　　　单位:万元

序号	年份 项目	1	2	3	4	5	合计
1	总投资	3 696.63	2 609.50	300.00	120.00	180.00	6 906.13
1.1	建设投资	3 654.00	2 436.00				6 090.00
1.2	建设期利息	42.63	173.50				216.13
1.3	流动资金			300.00	120.00	180.00	600.00
2	资金筹措	3 696.63	2 609.50	300.00	120.00	180.00	6 906.13
2.1	资本金	2 436.00		180.00			2 616.00
2.2	银行借款	1 260.63	2 609.50	120.00	120.00	180.00	4 290.13
2.2.1	用于建设投资	1 218.00	2 436.00				3 654.00
2.2.2	用于建设期利息	42.63	173.50				216.13
2.2.3	用于流动资金			120.00	120.00	180.00	420.00

本章小结

按照是否依托项目组建新的经济实体划分,项目的融资主体可分为新设法人和既有法人,故而融资组织形式可相应划分为新设法人融资和既有法人融资。

项目资本金是指在建设项目总投资中,由投资者认缴的出资额,在项目评估阶段,应根据新设法人融资和既有法人融资的特点,分析资本金筹措方案。债务资金是指在投资中以负债方式从金融机构、证券市场等资本市场取得的资金,主要来源有商业银行贷款、政策性银行贷款、出口信贷、外国政府贷款、国际金融机构贷款、银团贷款、企业债券及国际债券、融资租赁等。项目融资是指以项目的资产、预期收益或权益作抵押取得的一种无追索权或有限追索权的融资或贷款活动。对于基础设施领域的投资项目可以采用项目融资方式,其具体方式包括 BOT、TOT、PPP、PFI、ABS 等。

在项目评估中对融资方案的分析,主要分析资金来源可靠性、资金结构、资金成本和融资风险。在项目融资方案确定后应根据项目实施进度计划的要求,编制资金使用计划,以便在保证完成项目任务的基础上,更合理有效地利用资金。

本章重要概念

| 融资主体 | 既有法人融资 | 新设法人融资 | 项目资本金 | 债务资金 |
| 准股本资金 | 资金成本 | 融资风险 | 资金结构 | |

 思考与练习题

1. 如何对融资主体进行划分?
2. 项目资本金有哪些来源渠道?
3. 项目债务资金有哪些来源渠道?
4. 项目的融资方案分析包括哪些内容?
5. 项目资金来源的可靠性分析包括哪些内容?
6. 项目资本金与债务资金的比例分析包括哪些内容?
7. 项目债务资金的内部结构分析包括哪些内容?
8. 项目融资方案中有可能遇到或产生哪些融资风险?如何识别和预测?
9. 资金结构分析包括哪些内容?
10. 如何进行资金成本计算?

附表 8-1　　　　　项目总投资使用计划与资金筹措表　　　　　单位:万元,万美元

序号	项目 \ 年份	1			……			合计		
		人民币	外币	小计	人民币	外币	小计	人民币	外币	小计
1	总投资									
1.1	建设投资									
1.2	建设期利息									
1.3	流动资金									
2	资金筹措									
2.1	项目资本金									
2.1.1	用于建设投资									
	××方									
	……									
2.1.2	用于流动资金									
	××方									
	……									
2.2	债务资金									
2.2.1	用于建设投资									
	××借款									
	××债券									
	……									
2.2.2	用于建设期利息									
	××借款									
	××债券									
	……									
2.2.3	用于流动资金									
	××借款									
	××债券									
	……									
2.3	其他资金									
	×××									
	……									

注:

1. 表中建设期利息一般可包括其他融资费用。
2. 既有法人项目的项目资本金中可包括新增资金、既有法人现有的货币资金、非现金资产,以及资产变现或资产经营权变现的资金,可分别列出或加以文字说明。

第九章 财务效益与费用估算

学习目的：

通过本章的学习，掌握财务效益与费用估算的基本思路；重点掌握总成本费用的生产要素估算法；熟悉经营成本和各项税金及附加的构成内容，借款还本付息的方式；了解营业收入、税金、利润总额和利润分配的有关估算公式。

财务效益与费用估算是项目财务分析、经济分析和不确定性分析的重要基础和依据，它不仅为财务分析提供所必需的财务基础数据，而且对财务分析的结果、所采取的分析方法，以及最后的决策意见产生决定性的影响。因此，在投资项目评估中，财务效益与费用估算是一项非常重要的工作。

第一节 财务效益与费用估算概述

一、财务效益与费用估算的概念及相关内容

(一) 财务效益与费用估算的概念

财务效益与费用估算是指在项目市场、资源、工程技术条件分析评价的基础上，从项目（或企业）的角度出发，依据现行的经济法规和价格政策，对一系列有关的财务效益与费用数据进行调查、收集、整理和测算，并编制有关的财务效益与费用估算表格的工作。

(二) 财务效益与费用估算的原则

1. 以现行的经济法律、法规为依据的原则

由于财务效益与费用的识别和估算是对将来情况的预测，经济评价中允许做有别于财务制度的处理，但是要求财务效益与费用的识别和估算在总体上与会计准则以及税收制度相适应。坚持这一原则的目的在于保证财务测算工作的合法性和可行性。因此，要求进行项目评估时必须严格执行国家有关部门制定和颁布的经济法规、条例、制度和规定。

2. 真实性原则

基础资料来源要可靠和真实，务求翔实准确，避免漏项或重复计算，尽量切合实际，严禁有意扩大或缩小重要的基础数据，以防估算结果失真。

3. 准确性原则

财务效益与费用估算的各项基础数据准确与否直接关系到经济评价结论的正确与否，因此，要求项目评估人员必须把握准确性原则。在选择数据时，要注意数据的合理、

科学和适用性；在预测和分析时，要注意防止主观性和片面性；还应考虑比较重要的效益与费用数据和参数在项目计算期内的变动趋势，以保证财务基础数据预测和经济评价结果的准确性。

4. 效益和费用对应一致的原则

在合理确定的项目范围内，遵循费用和效益计算口径对应一致的可比性，即要满足各项技术和建设方案在需求上、消耗上、价格上和时间上的可比原则，避免高估或低估项目的净效益。其中，时间上的一致性是指应将不同时间发生的费用和效益转换为同一时点或同期的费用和效益，使其具有等值关系。

5. "有无对比"的原则

"有无对比"是国际上项目评价中通用的效益与费用识别的基本原则。"有项目"是指实施项目后的将来状况；"无项目"是指不实施项目时的将来状况。在识别项目的效益和费用时，要注意只有"有无对比"的差额部分才是由于项目的建设增加的效益和费用。采用有无对比的方法，是为了识别那些真正应该算作项目效益的部分，即增量效益，排除那些由于其他原因产生的效益。同时要找出与增量效益相对应的增量费用，只有这样才能真正体现项目投资的净效益。

（三）财务效益与费用估算的参数和内容

1. 财务效益与费用估算的参数

项目评估必须确定评估参数，用于计算、衡量建设项目效益与费用，作为判断财务可行性和经济合理性的基准依据。评估参数具有一定的时效性，需适时进行动态调整。财务效益与费用估算的参数按其作用可以分为两类：一类是计算用数据和参数，另一类是判别用参数，或称基准参数。

（1）计算用数据和参数。计算用数据和参数可分为初级数据和派生数据两类。初级数据大多是通过调查研究、分析、预测确定的，或是由相关专业人员提供的，如产出物数量和商品量、销售价格、原材料和燃料动力消耗量及价格、人员数量和工资、折旧和摊销年限、成本计算中的各种费率、各种税率、汇率、利率、计算期和运营负荷等计算用数据和参数。成本费用、营业收入、税金及附加、增值税等可以看作为财务效益和费用估算以及财务分析所用的计算用数据，它们是通过初级数据计算出来的，称为派生数据。在计算用数据和参数中，初级数据是最关键的数据，直接影响成本费用、营业收入等的估算，进而影响财务分析结果的可信度。在进行财务分析之前，必须合理确定计算用数据和参数。

（2）判别用参数。判别用参数是用于判别项目效益是否满足要求的基准参数，如基准收益率或最低可接受收益率、基准投资回收期、偿债备付率等比率指标。其判别基准是需要通过专门分析和测算得到的，或者直接采用有关部门或行业的发布值，或者由投资者自行确定。这类基准参数决定着对项目效益的判断，是取舍项目的依据。

2. 财务效益与费用估算的内容

财务效益与费用估算包括对项目计算期内各年的经济活动情况及全部财务收支结果的估算。财务效益主要包括营业收入和补贴收入，财务费用主要包括项目投资、成本费用和税金等。财务效益与费用估算的具体内容主要包括项目总投资和资金来源与筹措的估算、项目运营期的确定、营业收入的估算、总成本费用估算、税金及附加和增值税的估算、利润总额及其分配的估算、贷款还本付息的估算等内容。

项目的财务效益与项目目标有直接的关系,项目目标不同,财务效益包含的内容也不同。

(1) 经营性项目。市场化运作的经营性项目,项目目标是通过销售产品或提供服务实现盈利,其财务效益主要是指所获取的营业收入。对于某些国家鼓励发展的经营性项目,可以获得增值税的优惠。按照有关会计及税收制度,先征后返的增值税应作为财务效益进行核算。

财务分析中应根据国家规定的优惠范围确定是否可采用这些优惠政策。对先征后返的增值税,财务分析中可做有别于实际的处理,不考虑"征"和"返"的时间差。

(2) 非经营性项目。对于以提供公共产品服务于社会或以保护环境等为目标的非经营性项目,往往没有直接的营业收入,也就没有直接的财务效益。这类项目需要政府提供补贴才能维持正常运转,应将补贴作为项目的财务收益,通过预算平衡计算所需要补贴的数额。

对于为社会提供准公共产品或服务,且运营维护采用经营方式的项目,如市政公用设施项目、交通、电力项目等,其产出价格往往受到政府管制,营业收入可能基本满足或不能满足补偿成本的要求,有些需要在政府提供补贴的情况下才具有财务生存能力。因此,这类项目的财务效益包括营业收入和补贴收入。

对于非经营性项目,无论是否有营业收入都需要估算费用。对于没有营业收入的项目,费用估算更为重要,可以用于计算单位功能费用指标,进行方案比选,还可以用来进行财务生存能力分析等。

二、财务效益与费用估算的步骤

财务效益与费用估算是一项繁杂的工作,为保证工作效率和测算数据的准确性及可靠性,一般可按下列程序进行。

(一) 熟悉项目概况,制订财务效益与费用估算工作计划

由于各个投资项目的背景、条件,以及内部因素和外部配套条件等各不相同,项目评估人员必须对项目的基本概况做一个全面的了解,针对其特点,制订出财务效益与费用估算工作计划,以明确估算的重点、时间安排和人员安排等。

(二) 收集资料

财务效益与费用估算工作涉及的范围很广,需要收集大量的资料。主要有:
(1) 有关部门批准的相关文件,如选址意见书、土地转让的批复等;
(2) 国家有关部门制定的法律法规、政策、规章制度、办法和标准等;
(3) 同类项目的有关基础资料。

(三) 进行财务效益与费用估算

在收集、整理和分析有关资料的基础上,测算各项财务基础数据,并按有关规定编制相应的财务效益与费用估算表格。

三、财务效益与费用估算采用的价格

（1）选取财务效益与费用价格时应正确处理价格总水平变动因素，原则上盈利能力分析应考虑相对价格变化，而偿债能力分析应同时考虑相对价格变化和价格总水平变动的影响。简化起见，可作如下处理。

① 在建设期间既要考虑价格总水平变动，又要考虑相对价格变化。在建设投资估算中价格总水平变动是通过涨价预备费来体现的。

② 项目运营期内，一般情况下盈利能力分析和偿债能力分析可以采用同一套价格，即预测的运营期价格。

③ 项目运营期内，根据项目的具体情况，预测的运营期价格可选用固定价格（项目经营期内各年价格不变）或考虑相对价格变化的变动价格（项目运营期内各年价格不同，或某些年份价格不同）。

④ 当有要求或价格总水平变动较大时，项目偿债能力分析采用的价格应考虑价格总水平变动因素。

（2）项目投资估算应采用含增值税价格，包括建设投资、流动资金和运营期内的维持运营投资。

（3）项目运营期内投入与产出采用的价格可以是含增值税价格，也可以是不含增值税价格。若采用含增值税价格时，需要正确调整部分表格（主要是利润表、财务计划现金流量表、项目投资现金流量表与项目资本金现金流量表）的相关科目，以不影响项目净效益的估算。但无论采用哪种价格，项目效益估算与费用估算所采用的价格体系应当协调一致。

（4）在计算期内同一年份，无论是"有项目"还是"无项目"的情况，原则上同种（质量、功能无差异）产出或投入的价格应取得一致。

四、财务效益与费用估算表及其相互联系

财务效益与费用估算表主要有：建设投资估算表，项目总投资使用计划与资金筹措表，流动资金估算表，总成本费用估算表，原材料能源成本估算表，工资或薪酬估算表、固定资产折旧估算表，无形资产与其他资产摊销估算表，营业收入、税金及附加和增值税估算表，利润表，借款还本付息计划表。

上述估算表可归纳为三大类。

第一类，分析项目建设期的建设投资、运营期的流动资金以及资金筹措和使用计划。

第二类，分析项目投产后的总成本费用、营业收入、税金和利润，为完成总成本费用估算表，还附设了原材料能源成本估算表、工资或薪酬估算表、固定资产折旧估算表和无形资产与其他资产摊销估算表。

第三类，分析项目投产后偿还建设投资借款本息的情况，即借款还本付息计划表。

财务效益与费用估算的几方面内容是连贯的，其中心是将投资成本、产品成本与营业收入的预测数据进行对比，求出项目的利润总额，在此基础上估算贷款的还本付息情况。因

此，上述三类估算表应按一定的程序和其内在联系使其相互衔接。

第一类估算表是根据项目评估人员调查收集到的资料，经过项目概况的分析、市场和生产规模分析、建设条件和工艺技术分析，加以判别和调查后计算编制的，顺序是先编制投资估算表（建设投资、流动资金），然后编制项目总投资使用计划与资金筹措表；第二类估算表中，总成本费用估算表所需的附表只要能满足财务分析对基本数据的需要即可，有的附表也可合并列入总成本费用估算表之中，或作文字说明，而后根据总成本费用估算表，营业收入、税金及附加和增值税估算表的数据，综合估算出项目利润总额列入利润表；第三类估算表是把前两类估算表中的主要数据进行综合分析和计算，按照国家现行规定，编制成项目借款还本付息计划表。

各类财务效益与费用估算表之间的关系如图9-1所示。

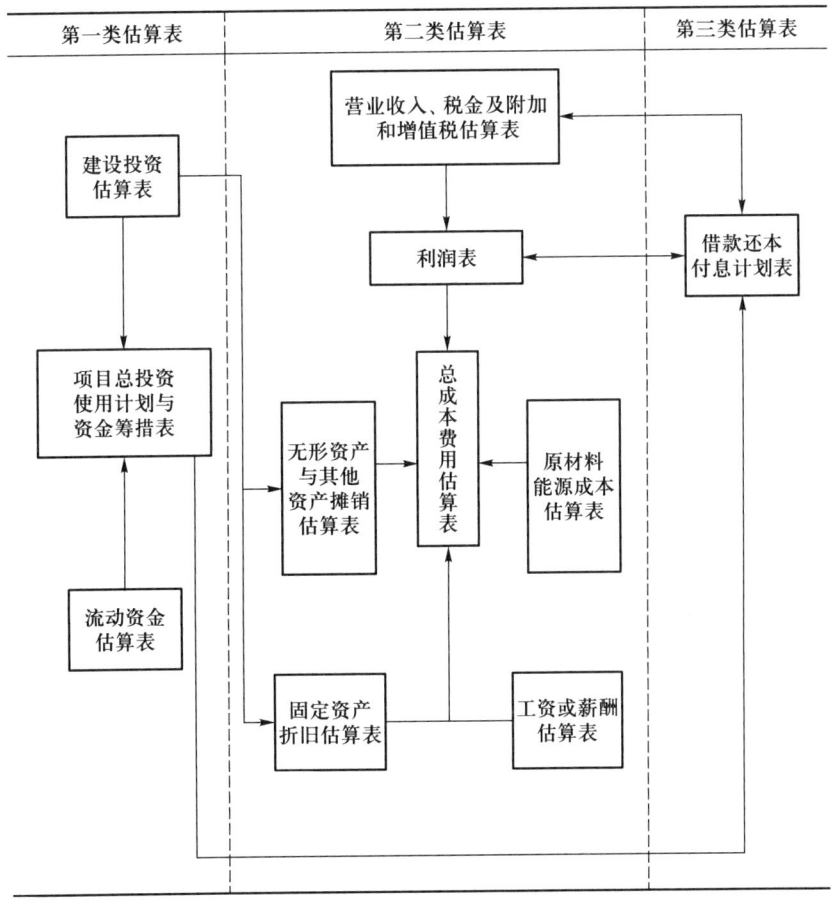

图9-1 财务效益与费用估算表关系

第二节 项目运营期估算

项目计算期是指在项目经济评价中为进行动态分析所设定的期限，包括项目建设期和运营期。建设期是指从项目资金正式投入开始到项目建成投产为止所需要的时间，可按合理工期或预计的建设进度确定。运营期分为投产期和达产期两个阶段。投产期是指项目投入生产，但生产能力尚未完全达到设计能力时的过渡阶段。达产期是指生产运营达到设计预期水平后的阶段。一般来讲，项目的运营期主要取决于项目主要固定资产（如主要设备）的经济寿命期，由于拟建项目所包括的固定资产种类繁多，所以项目固定资产的使用年限也有很大的差异。

一、固定资产寿命期的几种类型

固定资产寿命期（亦称使用年限）有自然寿命期和经济寿命期之分。

（一）自然寿命期

自然寿命期是指固定资产从投入使用到不能修理、修复而报废为止所经历的时间。随着科学技术的不断发展，维修水平的不断提高，固定资产的自然寿命期趋于延长。但是，随着固定资产自然寿命期的延长，固定资产将不断老化，因而用于维修方面的费用也将逐渐增加，这样就会进入一个恶性使用阶段，即进入经济上不合理的使用阶段。在项目评估时，一般不能只依据固定资产的自然寿命期来确定项目的运营期。

（二）经济寿命期

经济寿命期是指固定资产从投入使用到因继续使用不经济而需要提前更新所经历的时间。固定资产在使用过程中要经受两种磨损，即有形磨损和无形磨损，前者是由生产因素或自然因素引起的固定资产磨损；后者是由非使用因素和非自然因素引起的固定资产价值的损失，如技术进步会使生产同种设备的成本降低，从而使原设备价值降低，或者由于科学技术进步出现新技术、新设备，从而引起原来低效率、技术落后的旧设备贬值或报废等。固定资产的经济寿命期，充分考虑了上述两种磨损的因素，它是固定资产在经济上最合理的使用年限。

二、项目运营期的估算

在过去很长一段时间内，我国的项目运营期一直是依据主要固定资产的自然寿命期来确定的。由于自然寿命期的确定没有考虑科技进步的影响，所以，由此确定的固定资产折旧年限和项目运营期都偏长。因而，在进行财务效益与费用估算时，应该充分考虑科技进步对固定资产寿命的影响。一般来讲，在进行项目评估时，应该根据行业特点、主要装置或设备的经济寿命期来确定项目的运营期，同时考虑其自然寿命期。

三、进行项目运营期估算时应注意的问题

第一，有些折旧年限很长甚至是"永久性"的投资项目，如水坝等，其计算期中的生产（使用）期可低于其折旧年限。此时在现金流量表中最末一年"回收固定资产余值"栏内填写该年的固定资产净值。

第二，计算期不宜定得太长。除建设期应根据实际需要确定外，一般来说，运营期不宜超过20年。因为按折现法计算，把20年后的收益金额计算为现值，为数甚微，对评价结论不会发生关键性的影响。

第三,对于某些水利、交通运输等服务年限很长的特殊项目,经营期的年限可适当延长,比如25年,甚至30年以上。具体计算期可由部门或行业根据本部门或行业项目的特点自行确定。

第三节　营业收入与补贴收入估算

一、营业收入估算

营业收入是指一定时期内销售产品或者提供服务所获得的收入,是现金流量表中现金流入的主体,也是利润表的主体。它是项目建成投产后补偿总成本费用、上缴税金、偿还债务、保证企业再生产正常进行的前提,是进行利润总额和税金估算的基础数据。因此,营业收入是财务分析所需的重要数据,其估算的准确性极大地影响着项目财务效益的估计。以工业项目为例,营业收入的计算公式为:

$$营业收入 = 产品销售单价 \times 产品年销售量 \quad (公式9-1)$$

因此,估算营业收入的关键是确定产品的销售量与销售单价。

(一) 销售量的确定

产品的销售量需要结合市场预测与生产规模等相关因素来确定。这里需注意的有两点:

(1) 销售量估算时不考虑项目的库存情况,根据投产后各年的生产负荷确定销售量。即假设当年生产出来的产品当年全部售出,从而使项目的销售量等于项目的产量,项目的营业收入也就等于项目的产值。而在现实经济生活中,因为市场波动的影响,存在由于库存变化引起的产量与销售量的差别,因此,产值不一定等于营业收入。但在项目评估阶段,难以准确地估算出由于市场波动引起的库存量的变化,因此有如上假设。

(2) 分年运营量可根据经验确定负荷率后进行计算,或通过制订销售(运营)计划来确定。

第一,按照市场预测的结果和项目的具体情况,根据经验直接判定分年的负荷率。具体判定时应该充分考虑项目性质、技术掌握难易程度、产出的成熟度及市场的开发程度等诸多因素。

第二,根据市场预测的结果,结合项目性质、产出特性和市场的开发程度制订分年运营计划,进而确定各年产出数量。

相对而言,第二种做法更具合理性,国际上多采用此法。此外,运营计划或分年负荷的确定不应是固定的模式。一般来讲,开始投产时负荷较低,以后各年逐步提高,提高的幅度取决于上述因素的分析结果。有些项目的产出寿命期较短,且更新快,达到一定的负荷后,在适当的年份开始减少产量,甚至适时终止生产。

(二) 销售价格的选择

在财务效益与费用分析中,产品销售价格是一个很重要的因素。因为它对项目的经济效益变化一般是最敏感的,所以要谨慎选择。一般可有三个方面的选择。

1. 选择口岸价格

如果项目产品是直接出口产品,或替代进口产品,或间接出口产品,可以口岸价格为基础确定销售价格。出口产品和间接出口产品可选择离岸价格,替代进口产品可选择到岸价格。或者直接以口岸价格定价，或者以口岸价格为基础，参考其他有关因素确定销售价格。

2. 选择国内市场价格

如果同类产品或类似产品已在市场上销售，并且这种产品既与外贸无关，也不是计划控制的范围，可选择现行市场价格作为项目产品的销售价格。当然，也可以以现行市场价格为基础，根据市场供求关系及未来的变化趋势，上下浮动作为项目产品的销售价格。

3. 根据预计成本、利润和税金确定价格

如果拟建项目的产品属于新产品，可按产品的成本费用和成本利润率计算出厂价格，作为产品销售价格。计算公式如下：

$$产品出厂价格 = 产品成本费用 \times (1 + 成本利润率) \quad （公式9-2）$$

当难以确定采用哪一种价格时，可考虑选择可供选择方案中价格最低的一种作为项目产品的销售价格。

如果项目的产品比较单一，用产品单价乘以产量即可得到每年的营业收入；如果项目的产品种类比较多，就要根据营业收入、税金及附加和增值税估算表（见附表9-3）来进行估算，即应首先计算每一种产品的年营业收入，然后汇总，求出项目运营期各年的营业收入。此外，主副产品的销售收入应全部计入营业收入，其中某些行业的产品成品率按行业习惯或规定处理，其他行业提供的不同类型服务收入也应同时计入营业收入。如果产品部分销往国外，应计算外汇收入，并按外汇牌价折算成人民币，然后计入项目的年营业收入总额中。

总之，营业收入估算的基础数据，包括产品或服务的数量和价格，都与市场预测密切相关。在估算营业收入时应对市场预测的相关结果以及建设规模、产品或服务方案进行概括性描述或确认，特别应对采用价格的合理性进行说明。

二、补贴收入

某些项目还应按有关规定估算企业可能得到的补贴收入（仅包括与收益相关的补贴收入，与资产相关的补贴收入不在此处核算。与资产相关的补贴收入是指企业取得的、用于构建或以其他方式形成长期资产的补贴收入），主要用于补偿项目建成以后期间的相关费用或损益。包括先征后返的增值税、按销量或工作量等依据国家规定的补贴定额计算并按期给予的定额补贴，以及属于财政扶持领域而给予的其他形式的补贴等。这些补贴在取得时应确认递延收益，在确认相关费用的期间计入当期损益（营业外收入）。由于在项目财务分析中通常可忽略营业外收入科目，需要单列一个财务收益科目，称为"补贴收入"。

第四节　总成本费用估算

总成本费用是指项目在一定时期（一般为一年）为生产产品或提供服务而花费的全部成本费用。

一、总成本费用的构成

分析总成本费用的构成，通常有两种方法。如图9-2所示，左侧为生产成本加期间费

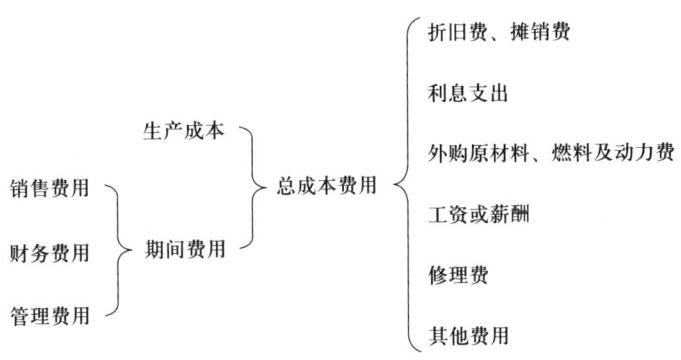

图 9-2 总成本费用关系图

用估算法表示的总成本费用的构成,右侧为生产要素估算法表示的总成本费用的构成。

(一) 生产成本加期间费用估算法

$$总成本费用=生产成本+期间费用 \quad (公式9-3)$$

其中:

$$生产成本=直接材料+直接燃料和直接动力费+直接工资或薪酬+$$
$$其他直接支出+制造费用 \quad (公式9-4)$$
$$期间费用=管理费用+销售费用+财务费用 \quad (公式9-5)$$

采用生产成本加期间费用估算法一般需要先分别估算各种产品的生产成本,然后与估算的销售费用、管理费用和财务费用相加。总成本费用估算表(生产成本加期间费用估算法)见附表9-2。

1. 生产成本的构成

生产成本(也称制造成本),是指企业生产经营过程中实际消耗的直接材料费、直接工资或薪酬、直接燃料和直接动力费、其他直接支出和制造费用。

(1) 直接材料费。直接材料包括企业生产经营过程中实际消耗的原材料、辅助材料、设备配件、外购半成品包装物、低值易耗品以及其他直接材料。

(2) 直接工资或薪酬。直接工资或薪酬包括企业直接从事产品生产人员的工资、奖金、津贴和补贴。

(3) 直接燃料和直接动力费。直接燃料和直接动力费包括企业生产经营过程中实际消耗的燃料、动力。

(4) 其他直接支出。其他直接支出包括直接从事产品生产人员的职工福利费等。

(5) 制造费用。制造费用是指企业各个生产单位(分厂、车间)为组织和管理生产而发生的各项费用,包括生产单位(分厂、车间)管理人员工资或薪酬、折旧费、修理费、物料消耗、低值易耗品摊销、劳动保护费、水电费、办公费、差旅费、运输费、保险费、租赁费(不包括融资租赁费)、设计制图费、试验检验费、环境保护费以及其他制造费用。

2. 期间费用的构成

期间费用是指在一定会计期间发生的与生产经营没有直接关系和关系不密切的管理费用、财务费用和销售费用。期间费用不计入产品的生产成本,直接体现为当期损益。

(1) 管理费用。管理费用是指企业行政管理部门为管理和组织经营活动发生的各项费用。包括：公司经费（工厂总部管理人员工资或薪酬、差旅费、办公费、折旧费、修理费、物料消耗、低值易耗品摊销以及其他公司经费）、工会经费、职工教育经费、劳动保险费、董事会费、咨询费、顾问费、交际应酬费、土地使用费（海域使用费）、技术转让费、无形资产摊销、开办费摊销、研究发展费以及其他管理费用。

(2) 财务费用。财务费用是指企业为筹集资金而发生的各项费用，包括企业生产经营期间的利息净支出（减利息收入）、汇兑净损失、调剂外汇手续费、金融机构手续费以及筹资发生的其他财务费用等。

(3) 销售费用。销售费用是指企业在销售产品、自制半成品和提供劳务等过程中发生的各项费用以及专设销售机构的各项经费，包括应由企业负担的运输费、装卸费、包装费、保险费、委托代销费、广告费、展览费、租赁费（不包括融资租赁费）和销售服务费用、销售部门人员工资或薪酬、差旅费、办公费、折旧费、修理费、物料消耗、低值易耗品摊销以及其他经费。

（二）生产要素估算法

$$总成本费用＝外购原材料、燃料和动力费＋工资或薪酬＋折旧费＋摊销费＋修理费＋利息支出＋其他费用 \quad (公式9-6)$$

式中，其他费用是指从制造费用、管理费用和销售费用中扣除了折旧费、摊销费、修理费、工资或薪酬以后的其余部分。

采用生产要素估算法是从估算各种生产要素的费用入手汇总得到项目总成本费用，而不管其具体应归集到哪个产品上。即将生产和销售过程中消耗的全部外购原材料、辅助材料、燃料、动力、工资或薪酬、修理等费用要素加上当年应计提的折旧、摊销、利息支出和其他费用，构成项目的总成本费用。采用这种估算方法，不必计算项目内部各生产环节成本结转，同时也较容易计算经营成本、可变成本、固定成本和进项税额。

总成本费用估算表（生产要素估算法）见附表9-1。

二、总成本费用的估算

总成本费用的估算可以根据其构成不同，按照不同方法进行估算。现以生产要素估算法为例，分步说明总成本费用各分项的估算。

（一）外购原材料和燃料及动力费估算

外购原材料和燃料及动力费是总成本费用中重要的组成部分。其估算公式为：

$$原材料成本＝全年产量×单位产品原材料成本 \quad (公式9-7)$$
$$燃料动力成本＝全年产量×单位产品燃料和动力成本 \quad (公式9-8)$$

式中，全年产量可根据测定的设计生产能力和运营期各年的运营负荷加以确定；单位产品原材料成本、单位产品燃料和动力成本是依据原材料、燃料和动力的单价和消耗定额确定的。

按生产要素估算法估算总成本费用时，原材料和燃料及动力费是指外购的部分。外购原材料和燃料及动力费的估算需要相关专业所提供的外购原材料和燃料动力年耗用量，以及在选定价格体系下的预测价格，该价格应按入库价格计，即到厂价格并考虑途库损耗。采用的价格时点和价格体系应与营业收入的估算一致。

外购原材料和燃料及动力费估算要充分体现行业特点和项目具体情况。外购原材料费估算表见附表9-1-1,外购燃料和动力费估算表见附表9-1-2。

(二) 工资或薪酬估算

工资或薪酬指企业为获得职工提供的服务而给予的各种形式的报酬。

工资或薪酬主要包括以下几部分:职工工资、奖金、津贴和补贴;职工福利费;医疗保险费、养老保险费、失业保险费、工伤保险费和生育保险费等社会保险费;住房公积金;工会经费和职工教育经费;非货币性福利;因解除与职工的劳动关系给予的补偿;其他与获得职工提供的服务相关的支出。企业以商业保险形式提供给职工的各种保险待遇、以现金结算的股份支付、以权益工具结算的股份支付也属于工资或薪酬。

在项目评价中,按生产要素估算法估算总成本费用时工资或薪酬按项目全部人员数量估算。确定工资或薪酬需考虑项目性质、项目地点、行业特点等因素。依托老企业的项目,还要考虑原企业工资水平。

根据不同项目的需要,估算中可视情况选择按项目全部人员年工资或薪酬的平均数值计算,或者按照人员类型和层次分别设定不同档次的工资或薪酬进行计算。

(1) 按全厂职工定员数和人均年工资或薪酬额计算的年工资总额。其计算公式为:

$$年工资成本 = 全厂职工定员数 \times 人均年工资或薪酬额 \quad (公式9-9)$$

(2) 按照不同的工资级别对职工进行划分,分别估算同一级别职工的工资,然后加以汇总。一般划分为五个级别,即高级管理人员、中级管理人员、一般管理人员、技术工人和一般工人等。若有国外的技术和管理人员,要单独列出。采用这种方式一般可通过编制工资或薪酬估算表(见附表9-1-5)完成。

(三) 折旧费估算

如前所述,按照生产要素估算法估算总成本费用时,要单独估算折旧费。所谓折旧,就是固定资产在使用过程中,通过逐渐损耗(包括有形损耗和无形损耗)而转移到产品成本或商品流通费中的那部分价值。计提折旧是企业回收其固定资产投资的一种手段。按照国家规定的折旧制度,企业把已发生的资本性支出转移到产品成本费用中去,然后通过产品的销售,逐步回收初始的投资费用。

计提折旧的固定资产范围是:企业的房屋、建筑物;在用的机器设备、仪器仪表、运输车辆、工具器具;季节性停用和在修理停用的设备;以经营租赁方式租出的固定资产;以融资租赁方式租入的固定资产。

1. 固定资产原值

计算折旧需要先计算固定资产原值。固定资产原值是指项目投产时(达到预定可使用状态)按规定由投资形成固定资产的部分。主要有:工程费用、待摊投资(工程建设其他费用中应计入固定资产原值的部分)、预备费和建设期利息。

对于融资租赁的固定资产,承租人应将租赁开始日租赁资产的公允价值与最低租赁付款额的现值两者中较低者作为租入资产的入账价值。计算最低租赁付款额的现值所用的折现率,应首先选择出租人的租赁内含利率,其次使用租赁合同中规定的利率。如都无法知悉,应用同期银行贷款利率。项目评价中条件不清楚的,也可直接按资产公允价值计算。

2. 固定资产折旧的估算方法

我国现行财税制度允许企业逐年提取固定资产折旧,符合税法的折旧费允许在所得税前列支。固定资产折旧方法可在税法允许的范围内由企业自行确定,一般采用年限平均法和工作量法。税法也允许采用某些快速折旧法,即双倍余额递减法和年数总和法。

(1) 年限平均法。年限平均法亦称直线法,即根据固定资产原值、预计净残值率和折旧年限计算折旧。其计算公式为:

$$年折旧额 = \frac{固定资产原值 \times (1 - 预计净残值率)}{折旧年限} \times 100\% \quad (公式 9-10)$$

需要注意的有以下两点:

第一,预计净残值率是预计的企业固定资产净残值与固定资产原值的比率,净残值率可在税法允许的范围内由企业自行确定,但与所采用的折旧方法无关。根据行业会计制度规定,企业净残值率按照固定资产原值的 3%～5% 确定。特殊情况下,净残值率低于 3% 或高于 5% 的,由企业自主确定,并报主管财务机关备案。在项目评估中,由于折旧年限是根据项目固定资产的经济寿命期决定的,因此固定资产的残余价值较大,净残值率一般可选择 10%,个别行业如港口、立交桥等可选择更高比率。

第二,折旧年限的设定应考虑到适应现代生产技术的发展和资产更新、资本回收的需要,因此在确定折旧年限时,一般按照税法明确规定的分类折旧年限,也可按照企业规定的综合折旧年限确定。例如根据国家对各类固定资产折旧最短年限的有关规定:房屋、建筑物为 20 年;火车、轮船、机器、机械和其他生产设备为 10 年;与生产、经营业务有关的器具、工具、家具等为 5 年;飞机、火车、轮船以外的运输工具为 4 年;电子设备为 3 年。在项目评估中,对轻工、机械、电子等行业的折旧年限,一般可确定为 8～15 年;有些项目的折旧年限可确定为 20 年;对港口、铁路、矿山等项目的折旧年限可超过 20 年。

(2) 工作量法。工作量法又分为两种:一是按照行驶里程计算折旧;二是按照工作小时计算折旧。

① 交通运输企业和其他企业专用车队的客货运汽车,按照行驶里程计算折旧费。其计算公式如下:

$$单位里程折旧额 = \frac{原值 \times (1 - 预计净残值率)}{总行驶里程} \quad (公式 9-11)$$

$$年折旧额 = 单位里程折旧额 \times 年行驶里程 \quad (公式 9-12)$$

② 大型专用设备可根据工作小时计算折旧费。其计算公式如下:

$$每工作小时折旧额 = \frac{固定资产原值 \times (1 - 预计净残值率)}{总工作小时}$$

$$(公式 9-13)$$

$$年折旧额 = 每工作小时折旧额 \times 年工作小时 \quad (公式 9-14)$$

工作量法简单实用,但是它将有形损耗看作一年期固定资产折旧的唯一因素,忽略了无形损耗的客观存在。因此,考虑固定资产由于科技进步而引起的无形损耗时,企业可以按照规定选用加速折旧法。

加速折旧法又称递减折旧费用法。指在固定资产使用前期提取折旧较多,在后期提取较少,使固定资产价值在使用年限内尽早得到补偿的折旧计算方法。它是一种鼓励投资的措施,国家先让利给企业,加速回收投资,增强还贷能力,促进技术进步。因此只对某些确有特殊原因的企业,才准许采用加速折旧。加速折旧的方法很多,有双倍余额递减法和年数总和法等。

（3）双倍余额递减法。双倍余额递减法是以年限平均法确定的折旧率的双倍乘以固定资产在每一会计期间的期初账面净值,从而确定当期应提折旧的方法。其计算公式为:

$$年折旧率 = \frac{2}{折旧年限} \times 100\% \quad (公式9-15)$$

$$年折旧额 = 期初固定资产净值 \times 年折旧率 \quad (公式9-16)$$

实行双倍余额递减法计提折旧的固定资产,应当在其固定资产折旧年限到期前两年内,将固定资产净值扣除预计净残值后的净额平均摊销。

【例9-1】 某公司的一台设备按双倍余额递减法计算折旧。该设备原始价值为200 000元,预计净残值为8 000元(净残值率为4%),预计使用5年。计算其各年折旧额。

【解答】 根据公式9-15、公式9-16,计算该设备的年折旧率和各年折旧额如下:

$$年折旧率 = \frac{2}{5} \times 100\% = 40\%$$

各年折旧额的计算见表9-1。

表9-1　　　　　　　　　　折旧额的计算

年份	年初账面净值	年折旧率	年折旧额	累计折旧额	期末账面净值
1	200 000	40%	80 000	80 000	120 000
2	120 000	40%	48 000	128 000	72 000
3	72 000	40%	28 800	156 800	43 200
4	43 200	改用年限平均法计提折旧	17 600	174 400	25 600
5	25 600		17 600	192 000	8 000

（4）年数总和法。年数总和法是以固定资产原值扣除预计净残值后的余额作为计提折旧的基础,按照逐年递减的折旧率计提折旧的一种方法。采用年数总和法的关键是每年都要确定一个不同的折旧率。其计算公式为:

$$年折旧率 = \frac{折旧年限 - 已使用年数}{折旧年限 \times (折旧年限 + 1) \div 2} \times 100\% \quad (公式9-17)$$

$$年折旧额 = (固定资产原值 - 预计净残值) \times 年折旧率 \quad (公式9-18)$$

【例9-2】 某公司的一台设备原始价值为200 000元,按年数总和法计算折旧,预计净残值为8 000元,使用年限为5年。计算其各年折旧额。

【解答】 根据公式9-17、公式9-18,计算该设备各年折旧率和折旧额如下:

$$第1年的折旧率 = \frac{5-0}{5 \times (5+1) \div 2} = \frac{5}{15}$$

$$第2年的折旧率 = \frac{5-1}{5 \times (5+1) \div 2} = \frac{4}{15}$$

同理计算第 3—5 年的折旧率分别为 3/15、2/15 和 1/15。

各年折旧基数 = 200 000 − 8 000 = 192 000(元)

各年折旧额的计算见表 9−2。

表 9−2　　　　　　　　　　　　折旧额的计算

年份	固定资产净值	年折旧率	年折旧额	累计折旧额	期末账面净值
1	192 000	5/15	64 000	64 000	136 000
2	192 000	4/15	51 200	115 200	84 800
3	192 000	3/15	38 400	153 600	46 400
4	192 000	2/15	25 600	179 200	20 800
5	192 000	1/15	12 800	192 000	8 000

在项目评估中，一般采用直线法计算折旧费。

在计算折旧时，如果采用综合计提折旧的方式，可根据固定资产原值和折旧年限计算出各年的折旧费，一般来讲，运营期各年的折旧费是相等的；如果采用分类计提折旧的方式，要根据固定资产折旧估算表（见附表 9−1−3）计算各类固定资产的折旧，然后将其相加，即可得出运营期各年的固定资产折旧费。

对于融资租赁的固定资产，需要说明的是：如果能够合理确定租赁期届满时承租人会取得租赁资产所有权，即可认为承租人拥有该项资产的全部尚可使用年限，因此应以其作为折旧年限；否则，则应以租赁期与租赁资产尚可使用年限两者中较短者作为折旧年限。

（四）固定资产修理费估算

修理费是指为保持固定资产的正常运转和使用，充分发挥其使用效能，对其进行必要修理所发生的费用，按其修理范围的大小和修理时间间隔的长短可以分为大修理和中小修理。

与折旧费相同，修理费也包括在制造费用、管理费用、销售费用之中。在估算总成本费用时，可以单独计算修理费。

按照生产要素估算法估算总成本费用时，固定资产修理费是指项目全部固定资产的修理费。修理费可直接按固定资产原值（扣除所含的建设期利息）的一定百分比估算，百分数的选取可考虑行业和项目特点，参照同类项目的经验数据加以确定。在生产运营的各年中，修理费率的取值，一般采用固定值。根据项目特点也可以间断性调整修理费率，开始取较低值，以后取较高值。实践中，也可以按照折旧费的一定百分比计算，该百分比可参照同类项目的经验数据加以确定。

（五）摊销费估算

摊销费是指无形资产和其他资产在一定期限内分期摊销的费用。无形资产和其他资产的原始价值要在规定的年限内，按年度或产量转移到产品的成本之中，这一部分被转移的无形资产和其他资产的原始价值，称为摊销。企业通过计提摊销费，回收无形资产及其他资产的资本支出。

2006 年新会计准则对于不同性质的无形资产的摊销期限和方法做出了不同的规定：第

一,使用寿命有限的无形资产,其应摊销金额应当在使用寿命内系统合理摊销(按照预计使用寿命摊销);第二,使用寿命不确定的无形资产不应摊销。企业选择的无形资产摊销方法,应当反映与该项无形资产有关的经济利益的预期实现方式。无法可靠确定预期实现方式的,应当采用直线法摊销。

在项目评估时,可以按照直线法计算无形资产摊销,摊销年限按预计使用年限确定。

根据国税函〔2009〕89号,新税法开(筹)办费未明确列作长期待摊费用,企业可以在开始经营之日的当年一次性扣除,也可以按照新税法关于长期待摊费用的处理规定处理,但一经选定,不得更改。项目评估中的其他资产摊销主要是指开办费摊销,可以按照上述规定在开始项目投产当年一次性摊销。

无形资产和其他资产发生在项目建设期或筹建期间,在运营期分期平均摊入管理费用中,在估算总成本费用时,可单独列出。

若各项无形资产摊销年限相同,可根据全部无形资产的原值和摊销年限计算出各年的摊销费;若各项无形资产摊销年限不同,则要根据无形资产与其他资产摊销估算表(见附表9-1-4)计算各项无形资产的摊销费,然后将其相加,即可得到运营期各年的无形资产摊销费。

(六) 其他费用估算

其他费用包括其他制造费用、其他管理费用和其他销售费用这三项费用,系指在制造费用、管理费用和销售费用中扣除工资或薪酬、折旧费、修理费、摊销费后的其余部分。产品出口退税和减免税项目按规定不能抵扣的进项税额也可以包括在内。

1. **其他制造费用**

其他制造费用是指由制造费用中扣除生产单位管理人员工资或薪酬、折旧费、修理费后的其余部分。项目评估中常见的估算方法有:按固定资产原值(扣除所含的建设期利息)的百分比估算;按人员定额估算,具体估算方法可从行业规定。

2. **其他管理费用**

其他管理费用是指由管理费用中扣除工资或薪酬、折旧费、摊销费、修理费后的其余部分。项目评估中常见的估算方法是按人员定额或取工资或薪酬总额的倍数估算。若管理费用中的技术转让费、研究与开发费等数额较大,应单独核算后并入其他管理费用,或单独列项。

3. **其他销售费用**

其他销售费用是指由销售费用中扣除工资或薪酬、折旧费、修理费后的其余部分。项目评估中常见的估算方法是按营业收入的百分数估算。

4. **不能抵扣的进项税额**

对于产品出口项目和产品国内销售的增值税减免税项目,应将不能抵扣的进项税额计入总成本费用的其他费用或单独列项。

在项目评估中,其他费用一般是根据总成本费用中前6项(外购原材料成本、外购燃料动力成本、工资或薪酬、折旧费、修理费、摊销费)之和的一定百分比计算的,其比率应按照同类企业的经验数据加以确定。

（七）利息支出估算

按照会计法规,企业为筹集所需资金而发生的费用称为借款费用,又称财务费用,包括利息支出(减利息收入)、汇兑损失(减汇兑收益)以及相关的手续费等。在大多数项目的财务分析中,通常只考虑利息支出。利息支出的估算包括生产经营期发生的利息支出,即运营期发生的长期借款利息、流动资金借款利息和短期借款利息三部分。

1. 长期借款利息

长期借款利息是指对建设期间借款余额(含未支付的建设期利息)应在运营期支付的利息。在项目评估中可以选择等额还本付息或者等额还本利息照付方式来计算长期借款利息。(具体估算见本章第七节)

$$每年支付利息＝年初借款余额×年利率 \quad （公式9-19）$$

2. 流动资金借款利息

在项目评估中估算的流动资金借款从本质上说应归类为长期借款,但目前企业往往有可能与银行达成共识,按期末偿还、期初再借的方式处理,并按一年期利率计息。

流动资金借款利息可以按下式计算：

$$年流动资金借款利息＝年初流动资金借款余额×流动资金借款年利率 （公式9-20）$$

财务分析中流动资金的借款可以考虑在计算期的最后一年偿还,也可以在还完长期借款后安排偿还。

3. 短期借款利息

项目评估中的短期借款是指,在项目运营期间由于资金的临时需要而发生的短期借款,短期借款的数额应在财务计划现金流量表中得到反映,其利息应计入总成本费用表的利息支出中。短期借款利息的计算同流动资金借款利息,短期借款的偿还按照随借随还的原则处理,即当年借款尽可能于下年偿还。

以上各项合计,即可得出各年的总成本费用。

三、经营成本估算

经营成本是指项目总成本费用扣除折旧费、摊销费和利息支出以后的成本费用,即：

$$经营成本＝总成本费用－折旧费－摊销费－利息支出 \quad （公式9-21）$$

或：经营成本＝外购原材料、燃料和动力费＋工资或薪酬＋修理费＋其他费用

$$（公式9-22）$$

经营成本是财务分析中现金流量分析所使用的特定概念,作为现金流量表中运营期内的主要现金流出。经营成本与融资方案无关。因此在完成建设投资和营业收入估算后,就可以估算经营成本,为项目融资前的现金流量分析提供数据。

计算经营成本时要从总成本费用中剔除折旧费、摊销费和利息支出,主要是基于如下的理由：

第一,现金流量表反映项目在计算期内逐年发生的现金流入和流出。与常规会计方法不同,现金收支何时发生,就在何时计算,不作分摊。由于投资已按其发生的时间作为一次性支出被计入现金流出,所以,不能再以折旧和摊销的方式计为现金流出,否则会发生重复计算。因此,作为经常性支出的经营成本中不包括折旧费和摊销费。

第二，各项目的融资方案不同，利率也不同，因此，项目投资现金流量表不考虑投资资金来源，利息支出也不作为现金流出；在项目资本金现金流量表中已将利息支出单列，因此，经营成本中也不包括利息支出。

四、固定成本与可变成本的估算

从理论上讲，成本按其性态分类可分为固定成本、可变成本和混合成本三大类。

（一）固定成本

固定成本是指在一定的产量范围内不随产量变化而变化的成本费用，如按直线法计提的固定资产折旧费、计时工资及修理费等。

（二）可变成本

可变成本是指随着产量的增减而成正比例变化的各项费用，如原材料费用、燃料及动力费用等。

（三）混合成本

混合成本是指介于固定成本和可变成本之间，既随产量变化又不成正比例变化的成本费用。混合成本又被称为半固定半可变成本，是指其同时具有固定成本和可变成本的特征。例如不能熄灭的工业炉的燃料费用等。工资或薪酬、销售费用和流动资金利息等也都可能既有可变因素又有固定因素。在进行财务分析和不确定性分析时，如有需要应将半可变（或半固定）成本进一步分解为可变成本和固定成本，将产品成本费用最终划分为可变成本和固定成本。长期借款利息应视为固定成本，流动资金借款和短期借款利息可能部分与产品产量相关，其利息可视为半可变半固定成本，为简化计算，一般也将其作为固定成本。

在项目评估中，为了简化计算，一般将总成本费用中的前两项（外购原材料费用和外购燃料及动力费用）视为可变成本，而其余各项均视为固定成本。之所以要把总成本费用划分为固定成本和可变成本，其主要目的就是为盈亏平衡分析提供数据。

经营成本、固定成本和可变成本可根据"总成本费用估算表（生产要素估算法）"直接计算。

第五节 税费估算

项目评价涉及的税费主要包括关税、增值税、消费税、所得税、资源税、城市维护建设税和教育费附加、房产税、土地使用税、印花税、车船使用税等，有些行业还包括土地增值税。其中消费税、土地增值税、资源税和城市维护建设税、教育费附加均可包含在税金及附加中。在进行财务分析时应说明税种、征税方式、计税依据、税率等，如有减免税优惠，应说明减免依据及减免方式。营业收入、税金及附加和增值税估算表见附表9-3。

一、税金及附加估算

（一）消费税估算

消费税是对在中华人民共和国境内从事生产、委托加工和进口应税消费品的单位和个人，以及国务院确定的销售应税消费品的其他单位和个人，就其应税消费品征收的一种税。

消费税是在普遍征收增值税的基础上,根据消费政策、产业政策的要求,有选择地对部分消费品征税。目的是调节产品结构,引导消费方向,保证国家财政收入。消费税实行价内税。

目前,我国的消费税共设置 15 个税目。消费税的计税依据分别采用从价和从量两种计税方法。实行从价计税办法征税的应税消费品,计税依据为应税消费品的销售额。实行从量定额办法计税时,通常以每单位应税消费品的重量、容积或数量为计税依据。

1. 从价定率方法

$$应纳税额 = 应税消费品销售额 \times 适用税率$$
$$= 组成计税价格 \times 消费税税率$$
$$= \frac{销售收入(含增值税)}{1+增值税税率} \times 消费税税率 \quad (公式 9-23)$$

若没有同类消费品销售价格,则按照组成计税价格计算纳税。组成计税价格计税公式为:

$$组成计税价格 = \frac{成本+利润}{1-消费税税率} \quad (公式 9-24)$$

$$应纳税额 = 组成计税价格 \times 适用税率 \quad (公式 9-25)$$

2. 从量定额方法

$$应纳税额 = 应税消费品销售数量 \times 单位税额 \quad (公式 9-26)$$

(二) 土地增值税估算

土地增值税是对有偿转让国有土地使用权及地上建筑物和其他附着物产权,取得增值收入的单位和个人征收的一种税。土地增值税的征税范围包括国有土地使用权转让,及地上建筑物和其附着物连同国有土地使用权一并转让。房地产开发项目应按国家规定计算土地增值税。

土地增值税实行四级超率累进税率。增值额未超过扣除项目金额 50% 的部分,税率为 30%;超过 50% 未超过 100% 的部分,税率为 40%;超过 100% 未超过 200% 的部分,税率为 50%;超过 200% 的部分,税率为 60%。

土地增值税的计税依据为转让房地产所取得的增值额。

$$增值额 = 转让房地产收入 - 扣除项目金额 \quad (公式 9-27)$$

扣除项目金额包括以下几部分:取得土地使用权所支付的金额;开发房地产的成本、费用;旧房及建筑物的评估价格;与转让房地产有关的税金;从事房地产开发的纳税人按照取得土地使用权所支付的金额和开发房地产的成本金额之和加计 20% 的扣除额。

土地增值税税额,可按增值额乘以适用的税率减去扣除项目金额乘以速算扣除系数的简便方法计算。具体公式如下:

增值额未超过扣除项目金额 50%:

$$土地增值税税额 = 增值额 \times 30\% \quad (公式 9-28)$$

增值额超过扣除项目金额 50%,未超过 100%:

$$土地增值税税额 = 增值额 \times 40\% - 扣除项目金额 \times 5\% \quad (公式 9-29)$$

增值额超过扣除项目金额 100%,未超过 200%:

$$土地增值税税额 = 增值额 \times 50\% - 扣除项目金额 \times 15\% \quad (公式 9-30)$$

增值额超过扣除项目金额200%：

$$土地增值税税额＝增值额×60\%－扣除项目金额×35\% \quad (公式9-31)$$

公式中的5%、15%、35%为速算扣除系数。

（三）资源税估算

资源税是对在我国境内开采应税矿产品或者生产盐的单位和个人征收的一种税。它是对因资源生成和开发条件的差异而客观形成的级差收入征收的。

资源税的征收范围包括：矿产品，包括原油、天然气、煤炭、黑色金属矿原矿和有色金属矿原矿，以及其他非金属矿原矿；盐，包括固体盐、液体盐。

资源税的应纳税额按照应税产品的课税数量和规定的单位税额计算。应纳税额的计算公式为：

$$应纳税额＝应税产品课税数量(产量)×单位税额 \quad (公式9-32)$$

课税数量是指：纳税人开采或者生产应税产品用于销售的，以销售数量为课税数量；纳税人开采或者生产应税产品自用的，以自用(非生产用)数量为课税数量。

（四）城市维护建设税估算

城市维护建设税是政府为了加强城市的维护建设，扩大和稳定城市维护建设资金的来源，而对有经营收入的单位和个人征收的一个税种。城市维护建设税以纳税人实际缴纳的增值税、消费税税额为计税依据，分别与增值税、消费税同时缴纳。它与其他税种不同，没有独立的征税对象或税基，而是以增值税、消费税"二税"实际缴纳的税额之和为计税依据，随"二税"同时附征，本质上属于一种附加税。城市维护建设税按纳税人所在地不同实行差别税率：纳税人所在地为市区的，税率为7%；纳税人所在地为县城、镇的，税率为5%；纳税人所在地不在市区、县城或者镇的，税率为1%。其应纳税额计算公式为：

$$应纳税额＝(实际缴纳的增值税＋消费税)×适用税率$$

$$(公式9-33)$$

（五）教育费附加估算

教育费附加是对在城市和县城凡缴纳增值税、消费税的单位和个人，就实际缴纳的两种税税额征收的一种附加费。教育费附加分别与增值税、消费税同时缴纳。其应纳税额计算公式为：

$$应纳税额＝(实际缴纳的增值税＋消费税)×适用税率(3\%)$$

$$(公式9-34)$$

另外，根据财税〔2010〕98号要求，各省市统一征收地方教育费附加，征收标准按增值税和消费税实际缴纳税额的2%征收。

二、增值税的估算

增值税是以商品(含应税劳务)在流转过程中产生的增值额作为计税依据而征收的一种流转税。从计税原理上说，增值税是对商品生产、流通、劳务服务中多个环节的新增价值或商品的附加值征收的一种流转税。实行价外税，也就是由消费者负担，有增值才征税，没增值不征税。

增值税是对销售货物或者提供加工、修理修配劳务以及进口货物的单位和个人就其实现的增值额征收的一个税种。但在实际当中,商品新增价值或附加值在生产和流通过程中是很难准确计算的。因此,中国也采用国际上普遍采用的税款抵扣的办法。即根据销售商品或劳务的销售额,按规定的税率计算出销售税额,然后扣除取得该商品或劳务时所支付的增值税款,也就是进项税额,其差额就是增值部分应交的税额,这种计算方法体现了按增值因素计税的原则。

按照现行税法的规定,增值税作为价外税不包括在税金及附加中,产出物的价格不含有增值税中的销项税,投入物的价格中也不含有增值税中的进项税。但在财务分析中还需要单独计算增值税税额,作为城市维护建设税和教育费附加的计算基数。

增值税纳税人按其经营规模大小及核算健全与否,分为一般纳税人和小规模纳税人。

增值税税率分为以下几档:一般纳税人的增值税税率为17%、13%,其中17%为基本税率,13%为低税率;小规模纳税人的征收率为3%;出口货物使用零税率,国务院另有规定的除外。

2017年7月1日起,简并增值税税率有关政策正式实施,原销售或者进口货物适用13%税率的全部降至11%,这个调整涉及农产品、天然气、食用盐、图书等23类产品。

2018年3月28日,国务院常务会议决定从2018年5月1日起,将制造业等行业增值税税率从17%降至16%,将交通运输、建筑、基础电信服务等行业及农产品等货物的增值税税率从11%降至10%。

(一) 一般纳税人增值税应纳税额的计算公式

$$增值税应纳税额 = 销项税额 - 进项税额 \quad (公式9-35)$$

销项税额是指纳税人提供应税服务按照销售额和增值税税率计算的增值税额。

销项税额的计算公式为:

$$销项税额 = 销售额(不含税) \times 增值税税率 \quad (公式9-36)$$

销售额是指纳税人销售货物或提供应税劳务向购买方收取的全部价款和价外费用,但是不包括收取的销项税额。其中,价外费用是指价款外向购买方收取的手续费等。若销售额含税,可以使用价税分离公式换算为不含税销售额。

换算公式为:

$$销售额 = 含税销售额 \div (1 + 增值税税率) \quad (公式9-37)$$

进项税额是指纳税人购进货物或者接受加工修理修配劳务和应税服务,支付或者负担的增值税额。购买方取得的增值税专业发票上注明的税额即为其进项税额。

(二) 小规模纳税人增值税应纳税额的计算公式

小规模纳税人是指年销售额在规定标准以下,并且会计核算不健全,不能按规定报送有关税务资料的增值税纳税人。应税服务年销售额的规定标准是未超过500万元;会计核算不健全是指不能正确核算增值税的销项税额、进项税额和应纳税额。

小规模纳税人适用征收率为3%。

$$应纳税额 = \frac{含税销售额}{1 + 征收率} \times 征收率 \quad (公式9-38)$$

第六节 利润总额及其分配估算

一、利润总额的估算

利润总额是企业在一定时期内生产经营活动的最终财务成果。它集中反映了企业生产经营各方面的效益。

利润总额的估算公式为：

$$利润总额 = 营业收入 - 税金及附加 - 总成本费用 \quad (公式 9-39)$$

根据利润总额可以计算所得税及进行税后利润的分配。在财务分析中，利润总额还是计算总投资收益率和项目资本金净利润率指标的基础数据。

二、所得税及利润的分配估算

根据税法的规定，企业取得利润后，应先向国家缴纳所得税，剩余部分再在企业、投资者、职工之间进行分配。

（一）所得税估算

企业所得税是对我国境内的企业和其他取得收入的组织的生产经营所得和其他所得征收的所得税。

纳税人每一纳税年度的收入总额减去准予扣除项目的余额，为应纳税所得额。

纳税人发生年度亏损的，可以用下一纳税年度的所得弥补；下一纳税年度的所得不足以弥补的，可以逐年延续弥补，但是延续弥补期最长不得超过 5 年。

企业所得税的应纳税额按照应纳税所得额乘以 25% 的基本税率计算。应纳税额计算公式为：

$$应纳税额 = 应纳税所得额 \times 25\% \quad (公式 9-40)$$

在项目评估中，应纳税额一般按照利润总额的 25% 来计算。如法律、法规和国务院有关规定给予减免税的，依照法律或规定执行。

（二）税后利润的分配顺序

在项目评估中，利润分配的内容和顺序如下：

（1）当期实现的利润总额减去所得税即为净利润。

（2）当期净利润，加上期初未分配利润（或减去期初未弥补亏损），为可供分配利润。

（3）从可供分配利润中提取盈余公积金，即可得到可供投资者分配的利润。

（4）在可供投资者分配的利润中，应付股利是指企业按照利润分配方案分配给股东的现金股利。企业分配给投资者的利润也在此核算。最后，经过上述分配后的剩余部分为未分配利润。

营业收入、成本、税金和利润的关系如图 9-3 所示。

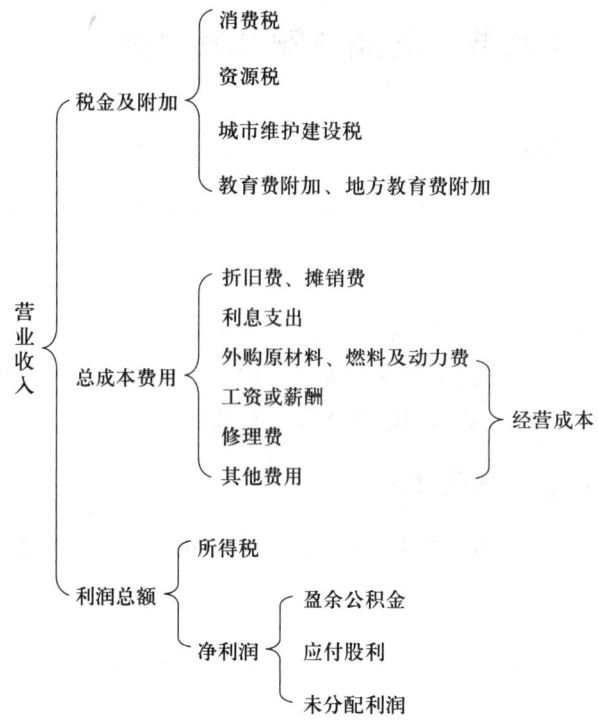

图 9-3　营业收入、成本、税金和利润关系图

第七节　借款还本付息估算

借款还本付息估算主要是测算借款还款期的利息和偿还建设投资借款的时间,从而考察项目的偿还能力和收益,为财务分析和项目决策提供依据。

一、还本付息的资金来源

根据国家现行财税制度的规定,偿还建设投资借款本金及利息的资金来源主要是项目投产后所取得的利润和摊入总成本费用中的折旧费、摊销费,以及其他资金来源。

(一) 利润

用于归还借款的利润,一般应是可供分配利润提取盈余公积金后的未分配利润。项目投产初期,如果用规定的资金来源归还贷款的缺口较大,也可暂不提取盈余公积金,但这段时间不宜过长,否则将影响企业的扩展能力。

(二) 固定资产折旧

项目投产初期还无须固定资产更新,作为固定资产重置准备金性质的累计折旧,在被提取以后暂时处于闲置状态。为了有效利用一切可能的资金来源以缩短还贷期限,加强项目的偿债能力,可以使用部分新增累计折旧作为偿还贷款的来源之一。一般来说,投产初期可以利用的累计折旧占全部累计折旧的比例较大,随着生产时期的延伸,可利用的累计折旧比例逐步减小,最终所有被用于归还贷款的累计折旧,应由未分配利润归还贷款后的余额回垫,以保证累计折旧在还清贷款后恢复其原有的经济属性。

(三) 无形资产及其他资产摊销费

摊销费是按现行的财务制度计入项目总成本费用的,但是项目在提取摊销费后,这笔资金没有具体的用途规定,具有"沉淀"性质,因此可以用来归还贷款。

(四) 其他还款资金

这里是指按有关规定可以用减免的税金作为偿还贷款的资金来源。进行估算时,如果没有明确的依据,可以暂不考虑。

项目在建设期借入的全部建设投资贷款本金及其在建设期发生的借款利息(资本化利息)两部分构成了项目总投资的贷款总额,在项目投产后可由上述资金来源偿还。

在运营期内,建设投资和流动资金的贷款利息,按现行的财务制度均应计入项目总成本费用的财务费用中,因此不必用还本资金来源支付。

二、还款方式及还款顺序

项目借款的还款方式应根据借款资金的不同来源所要求的还款条件来确定。常用的还款方式有三种,分别为等额还本付息方式、等额还本利息照付方式及按实际偿还能力偿还方式。

对于国外借款,按照国际惯例,债权人一般对贷款本息的偿还期限均有明确的规定,要求借款方在规定的期限内按规定的数量还清全部贷款的本金和利息。按协议的要求分别采用等额还本付息或等额还本利息照付两种偿还方式。

对于国内借款,虽然借贷双方在有关的贷款合同或协议中也规定了还款期限,而且也使用等额还本付息和等额还本利息照付两种贷款偿还方式,但是在实际操作过程中,主要还是根据项目的还款资金来源情况进行测算,即按实际偿还能力测算。一般做法是在先偿付当年所需的外汇借款本金后,用剩余的资金来源按先贷款的先还、后贷款的后还,利率高的先还、利率低的后还这样的顺序,或按双方的贷款协议归还国内借款。每年国内借款偿还额的计算公式为:

$$人民币还本额 = 当年还本资金来源 - 外汇当年还本额 \quad (公式 9-41)$$

三、借款利息的计算

(一) 国内借款利息的计算

1. 建设期利息的计算

因无法事先确定每笔借款的实际发生时间,所以近似假定当年的借款均发生在年中,按半年时间计息,转入以后年度则按全年计息。其计算公式见第七章。

2. 运营期利息的计算

假定还款期间都在当年年末偿还借款,因此还款当年按全年计息。其近似计算公式为:

$$运营期年应计利息 = 年初借款余额 \times 年利率 \quad (公式 9-42)$$

3. 按实际能力偿还借款的步骤

首先,在偿还建设投资借款的年份,每年可供投资者分配的利润全部作为未分配利润,用于偿还建设投资借款,偿还建设投资借款的来源为折旧费、摊销费和未分配利润;其次,在还清建设投资借款的年份,每年可供投资者分配的利润全部作为应付利润,用于支付投资者的股利。计算过程见本章案例分析。

(二) 国外借款利息的计算

1. 在规定期限内等额还本付息方式偿还

等额还本付息是指在还款期内,每年偿付的本金和利息之和是相等的,但每年支付的本金数和利息数均各不相等。采用等额还本付息的还款方式,其借款利息可按下列步骤计算:

(1) 计算建设期末或宽限期末的累计借款本金与未付资本化利息之和 I_c。

(2) 根据等值计算原理,采用资金回收系数计算每年等值的还本付息额 A。

$$A = I_c \times \frac{i(1+i)^n}{(1+i)^n - 1} \quad \text{(公式 9-43)}$$

式中:A——每年还本付息额(等额年金);

I_c——还款起始年年初的借款余额(含未支付的建设期利息);

i——年利率;

n——预定的还款期;

$\frac{i(1+i)^n}{(1+i)^n - 1}$——资金回收系数,可以自行计算或查复利系数表。

(3) 计算每年应支付的利息。计算公式为:

$$\text{每年支付利息} = \text{年初借款余额} \times \text{年利率} \quad \text{(同公式 9-42)}$$

其中: 年初借款余额 $= I_c -$ 本年以前各年偿还的本金累计 (公式 9-44)

(4) 计算每年偿还的本金。计算公式为:

$$\text{每年偿还本金} = A - \text{每年支付利息} \quad \text{(公式 9-45)}$$

由于此法要求各年还本付息的总额相等,但每年偿还本金额及支付的利息是不等的,利息将随偿还本金后欠款的减少而逐年减少;相反偿还本金部分却由于利息减少而逐年加大。因此,此法用于投产初期效益相对较差,而后期效益较好的项目。

2. 在规定期限内等额还本利息照付方式偿还

等额本金偿还是指在还款期内每年偿还的本金相等,而利息不等,而且每年还本付息的总和也不相等。采用等额本金偿还方式还款的借款,按下列步骤计算:

(1) 计算建设期末的累计借款本金与未付资本化利息之和(I_c)。

(2) 计算在规定偿还年限内,每年应偿还的等额本金 A'(含建设期未付的利息)。

$$A' = \frac{I_c}{n} \quad \text{(公式 9-46)}$$

(3) 计算每年应支付的利息额。计算公式为:

$$\text{每年支付利息} = \text{年初借款余额} \times \text{年利率} \quad \text{(同公式 9-42)}$$

(4) 计算各年的还本付息额 A_t。

$$A_t = \frac{I_c}{n} + I_c \times \left(1 - \frac{t-1}{n}\right) \times i \quad \text{(公式 9-47)}$$

其中,t 为第 t 年

此法由于每年偿还的本金是确定的,计算简捷,但是投产初期还本付息额相对较大。因此,此法适用于投产初期效益好的项目。如果效益不好则应另用短期贷款来偿还。

【例 9-3】 某建设项目在建设期末累计借款本金及未付利息之和为 800 万元,年利率为 6%,借款偿还期为 4 年。分别按照等额还本付息方式、等额还本利息照付方式,计算各年需偿还的本金及利息。

【解答】 设 $I_c=800$ 万元, $n=4$, $i=6\%$,按照公式计算:

(1) 等额还本付息方式:

$$A = I_c \times \frac{i(1+i)^n}{(1+i)^n-1} = 800 \times (A/P, 6\%, 4) = 230.87(万元)$$

各年本息计算结果见表 9-3。

表 9-3　　　　　　　　　　　各年本息计算结果

序号	年份 项目	1	2	3	4
1	年初借款累计余额(1)=上年的(5)	800.00	617.13	423.28	217.80
2	本年应付利息(2)=(1)×i	48.00	37.02	25.39	13.07
3	本年还本(3)=A−(2)	182.87	193.85	205.48	217.80
4	本年还本付息额(4)=A	230.87	230.87	230.87	230.87
5	年末借款累计余额(5)=(1)−(3)	617.13	423.28	217.80	0.00

(2) 等额还本利息照付方式:

$$A' = \frac{I_c}{n} = \frac{800}{4} = 200(万元)$$

每年还本付息额 A_t 为:

第 1 年: $\quad A_t = 200 + 800 \times \left(1 - \frac{1-1}{4}\right) \times 6\% = 248(万元)$

第 2 年: $\quad A_t = 200 + 800 \times \left(1 - \frac{2-1}{4}\right) \times 6\% = 236(万元)$

各年偿还本息的计算结果见表 9-4。

表 9-4　　　　　　　　　　　各年偿还本息计算结果

序号	年份 项目	1	2	3	4
1	年初借款累计余额(1)=上年的(5)	800	600	400	200
2	本年应付利息(2)=(1)×i	48	36	24	12
3	本年还本(3)=A′	200	200	200	200
4	本年还本付息额(4)=(2)+(3)	248	236	224	212
5	年末借款累计余额(5)=(1)−(3)	600	400	200	0

第八节　改扩建项目的财务效益与费用估算

一、投资项目的分类

投资项目可以从不同角度进行分类。按照项目建设的性质以及项目与企业原有资产的关系不同,可以分为新建项目和改扩建项目;按照项目的融资主体不同,可以分为新设法人项目和既有法人项目。既有法人项目,特别是依托现有企业进行改扩建与技术改造的项目(简称改扩建项目)在效益和费用估算方面有着显著的特点,应予以充分注意。

二、改扩建项目的特点

与从无到有的新建项目相比,改扩建项目的财务分析涉及面广,需要数据多,复杂程度高。它涉及项目和企业两个层次,"有项目"和"无项目"两个方面。其特点如下。

(1) 在不同程度上利用了原有资产和资源,以增量调动存量,以较小的新增投入取得较大的效益。

(2) 改扩建项目原有的生产状况本身也会发生变化,因此,改扩建项目效益与费用的识别和计算较新建项目复杂。

(3) 建设期内建设与生产可能同步进行。

(4) 项目与企业既有联系又有区别。既要考察项目给企业带来的效益,又要考察企业整体财务状况,因为项目的融资和还款主体是既有企业。

(5) 项目的效益和费用可随项目的目标不同而有很大差别,改扩建项目的目标各异,或是依托老厂新增生产线或车间生产新品种;或是在老装置上进行技术改造,降耗、节能、提高产品质量;或是扩大老品种的生产能力,提高产量;或是达到环境保护要求;或是上述几项兼而有之,因此其效益可能表现在不同方面。

(6) 改扩建项目的费用多样,不仅包括新增投资(含原有资产的拆除和迁移费用等)、新增成本费用,还可能包括因改造引起的停产损失。

三、项目范围的界定

项目建成后由新设法人承债的项目一般都是新建项目,项目范围比较明确,就是项目本身涉及的范围。而原有法人发起的,项目建成后仍由原法人承债的既有法人项目,应认真研究项目与原有企业的关系,合理界定项目范围。改建、扩建、技术改造、迁建、停产复建等项目都可以归入改扩建项目的范畴。项目范围界定方法如下所示。

(1) 对于"整体改扩建"的项目,项目范围包括整个既有企业,除要使用既有企业的部分原有资产、场地、设备,还要另外新投入一部分资金进行扩建或技术改造。企业的投资主体、融资主体、还债主体、经营主体是统一的,项目的范围就是企业的范围。"整体改扩建项目"不仅要识别和估算与项目直接相关的费用和效益,而且要识别和估算既有企业其余部分的费用和效益。

(2) 对于"局部改扩建"项目,项目范围只包括既有企业的一部分,只使用既有企业的一部分原有资产、资源、场地、设备,再加上新投入的资金,最终形成改扩建项目;企业的投资主体、融资主体与还债主体仍然是一致的,但可能与经营主体分离。整个企业只有一部分包含在项目"范围内",还有相当一部分在"企业内"但属于项目"范围外"。

(3) 在保证项目的费用与效益口径一致以及不影响分析结果的情况下,应尽可能缩小项目的范围,有可能的话,只包括与项目直接关联的财务费用与效益。在界定项目的范围后,就应当正确识别与估算项目范围内外的费用与效益。

例如某企业有 A、B、C 三个生产车间,拟建项目仅涉及对 A 车间的扩产,而 A 车间与其他车间仅有简单的供料关系,投入产出关系明晰,此时为简化工作,可仅将项目范围局限在A 车间,其他均界定为"项目范围外"。但如果 A、B、C 三个车间关系紧密,其效益或费用难以明确分开,就应该将项目范围界定为整个企业。

四、效益与费用的数据

(一) 涉及的五套数据

对既有法人项目的盈利能力分析要强调"有无对比",进行增量分析。即通过对"有项目"和"无项目"两种情况效益和费用的比较,求得增量的效益和费用数据,并计算效益指标作为投资决策的依据。因此可能涉及以下五套数据:

(1) "现状"数据,指项目实施前的资产与资源、效益与费用数据,也可称为基本值(baseline),是一个时点数。"现状"数据对于比较"项目前"(before project)与"项目后"(after project)的效果有重要作用。"现状"数据也是预测"有项目"和"无项目"的基础。"现状"数据一般可用实施前一年的数据,当该年数据不具有代表性时,可选用有代表性年份的数据或近几年数据的平均值。其中,特别是对生产能力的估计,应慎重取值。

(2) "无项目"(without project)数据,指既有企业利用拟建项目范围内的部分或全部原有生产设施(资产),在项目计算期内可能发生的效益与费用流量。"无项目"的流量是时间序列的数据。

(3) "有项目"(with project)数据,指既有企业进行投资活动后,在项目的经济寿命期内,在项目范围内可能发生的效益与费用流量。"有项目"的流量是时间序列的数据。

(4) "新增"(additional)数据,指项目实施过程各时点"有项目"的流量与"现状"数据之差,也是时间序列的数据。新增投资包括建设投资和流动资金,还包括原有资产的改良支出、拆除、运输和重新安装费用。新增投资是改扩建项目筹措资金的依据。实践中多先估算新增数据,加现状数据得出有项目数据。

(5) "增量"(increment)数据,指"有项目"的流量与"无项目"的流量之差,是时间序列的数据。"有项目"的投资减"无项目"的投资是增量投资;"有项目"的效益减"无项目"的效益是增量效益;"有项目"的费用减"无项目"的费用是增量费用。

(二) 五套数据之间的关系

这五套数据彼此之间存在一定的关系,现以固定资产数据为例说明各种数据之间的关系:

无项目固定资产价值＝原有固定资产价值(现状数据)＋
无项目追加投资形成固定资产价值　　(公式 9 - 48)

有项目固定资产价值＝新增固定资产价值＋原有固定资产

价值（假设固定资产全部利用） （公式 9-49）

增量固定资产价值＝有项目固定资产价值－无项目固定资产价值

＝新增固定资产价值－无项目追加投资形成固定资产价值

（公式 9-50）

若无项目追加投资形成固定资产价值为零,则：

增量固定资产价值＝新增固定资产价值 （公式 9-51）

如果"现状"数据为零,"无项目"数据也为零,此时：

新增数据＝有项目数据－现状数据＝有项目数据 （公式 9-52）

增量数据＝有项目数据－无项目数据＝有项目数据 （公式 9-53）

新增数据＝增量数据＝有项目数据 （公式 9-54）

即：

有项目＝新建项目 （公式 9-55）

（三）"无项目"数据是增量分析的关键

"无项目"时的效益由"老产品"产生,费用是为"老产品"投入；"有项目"时的效益一般由"新产品"与"老产品"共同产生；"有项目"时的费用同时包含为"新产品"的投入与为"老产品"的投入。"老产品"的效益与费用在"有项目"与"无项目"时可能有较大差异。

因此,在这五套数据中"无项目"数据的预测是一个难点,也是增量分析的关键所在。"现状"数据是指项目实施起点时的数据,是预测"无项目"数据的基点数据,"无项目"数据是很可能发生变化的,如果不区分项目的具体情况,一律简单地用"现状"数据代替"无项目"数据,可能影响"增量"数据的可靠性,进而影响盈利能力分析结果的准确性。

下面举例说明"无项目"数据预测的重要性。

【例 9-4】 表 9-5 演示了"无项目"数据预测中可能发生的三种情况,在具体操作中应该视情况具体分析。

表 9-5　　　　　　　　　某项目产量的预测　　　　　　　　单位：万吨

项目	起点	第 1 年	第 2 年	第 3 年	…	第 9 年	第 10 年
现状	6						
新增		0	4	4	4	4	4
无项目 1		6	6	6	6	6	6
有项目		6	10	10	10	10	10
增量 1		0	4	4	4	4	4
无项目 2		6	4	3	3	2	2
有项目		6	10	10	10	10	10
增量 2		0	6	7	7	8	8
无项目 3		6	6	8	8	8	8
有项目		6	10	10	10	10	10
增量 3		0	4	2	2	2	2

表中对"无项目"的情况设定了三种不同的预测数据,因而导致增量数据不同,进而影响盈利能力分析的结果。

"无项目1"设定"无项目"时的情况等同于现状,即在计算期内不发生变化,一直维持6万吨。

"无项目2"设定"无项目"时的产量逐年减少(可能由于设备老化或产品质量差,销路不畅等原因)。

"无项目3"设定"无项目"时的产量从第3年开始增加(可能预测市场转好,发挥了设备潜力,或是同时追加了投资)。

财务分析中应根据项目的具体情况,合理预测"无项目"的效益和费用,以保证盈利能力分析结果的可靠性。同时"无项目"的效益和费用预测需采取谨慎性原则,以避免人为夸大增量效益。

五、计算期的确定

"有项目"与"无项目"根据"费用与效益口径一致"的原则,计算期和计算范围应保持一致。为使计算期保持一致,应以"有项目"(新增资产部分)的计算期为基础,对"无项目"的计算期进行调整。若"有项目"时也利用了原有资产,也应对其可利用的期限进行调整。

如果"无项目"的计算期短于"有项目"的计算期,可以通过追加投资(局部更新或全部更新)来维持"无项目"的计算期,延长其寿命期至"有项目"的结束期,并于计算期末回收资产余值;若在经济或技术上延长寿命不可行,则应适时终止"无项目"的计算期,其后各期现金流量计为零,但实际中很少采用,除非某些极端情况,如按环保要求停产的装置。

六、沉没成本

沉没成本也称沉没费用,是指源于过去的决策,非当前决策所能改变的,已经发生的费用。在改扩建项目评价中应用沉没成本的概念,是指在项目增量盈利能力分析中,把已有资产作为沉没成本考虑,无论其是否在项目中得到使用。

例如项目利用原有企业闲置厂房,若没有当前项目,这笔已花的费用也无法收回,故应视为沉没成本,尽管它是项目资产的组成部分,但不能作为增量费用。当前项目利用企业原有设施潜在能力的,不论其潜力有多大,已花投资也都作为沉没成本。

对沉没成本的这种处理办法可能导致项目的内部收益率很高,但这恰恰反映了当前决策的性质。如果为了确定原有的投资决策是否合理,可以计算整个项目("有项目"状态,包括已经建成和计划实施的项目)的收益率,这时就应把沉没成本计算在内。

七、机会成本

企业资产一旦用于某项目,就同时丧失了用于其他机会(出租、出售等)可能带来的潜在收入,这些丧失的收入就是该资产被用于该项目的机会成本。

必要时,财务分析中应考虑机会成本,考虑的方式往往是把该机会成本作为"无项目"时的效益计算。例如上述利用原有企业闲置厂房的情况,如果该厂房能够脱离原有企业售出,并有明确的出售意向;或者该厂房已有明确的租出意向,此时在"无项目"效益预测中就应计入该厂房售出或者租出的收入,当简化直接进行增量计算时,可直接将其列为项目的增量费用。

【例 9-5】 某公司计划新开展一个项目,该项目需要一个原材料库,该公司原有的一个闲置仓库正好可以满足项目的需要,其固定资产净值 100 万元。同时该仓库正被他人租用,而且在项目运营期间一直可以租出,平均年租金估计 6 万元。在进行该项目的财务分析时,应该如何处理该仓库的费用?为什么?

【解答】 由于该仓库是过去投资建设的,原有价值属于沉没成本,其固定资产净值 100 万元不应计为增量费用。但如果项目不使用这个仓库,公司可以每年得到固定的租金收入;项目使用了这个仓库,导致公司损失了每年的租金收入。因此该租金收入就是项目使用该仓库的机会成本,应计作"无项目"时的收入,也可直接表示为增量的费用。

八、改扩建项目评价的简化处理

由于改扩建项目一般要用到"有项目""无项目""现状""新增"和"增量"数据,增大了数据预测的工作量;在企业规模比较大时,有些必要的企业数据比较难以获得,或即使得到了可靠性也比较差;还款主体与经营主体异位,一般还要进行项目层次与企业层次的分析。因此,改扩建项目经济评价比较复杂,在项目评价的实践中,往往简化处理按新建项目进行评价。

(1) 项目与既有企业的生产经营活动相对独立。在这种情况下,项目的边界比较清楚,可以进行独立经济核算,项目的费用与效益比较好识别,现金流入与流出比较好测定,符合新建项目评价的基本条件,可简化处理。

(2) 以增加产出为目的的项目,增量产出占既有企业产出比例较小。在这种情况下,既有企业产出规模大,项目的增量产出不会对既有企业现金流量产生较大影响,项目实际上也相对独立,可以简化成新建项目处理。

(3) 利用既有企业的固定资产量与新增量相比较小。被使用的既有企业固定资产量小,意味着"有项目"情况下现金流入与流出基本不受既有企业的影响,新增投资是项目建设期内主要的现金流出,项目其他现金流入和流出也是总现金流的主要组成部分,所以可以简化处理,使用新建项目的评价过程。

(4) 效益和费用的增量流量较容易确定。"有无对比"是项目评价的根本原则,对比的结果是求出增量现金流量,增量现金流量可直接用于项目(含新建项目)的盈利能力分析。新建项目实际是改扩建项目的特例:"无项目"的净现金流量为零,也不利用既有企业的任何资产,增量现金流量可以视作"无项目"的流量为零时"有项目"的现金流量。

(5) 对于可以进行简化处理的项目,一定要阐明简化处理的理由,不能直接用新建项目的做法进行估算和分析。

■ 专栏 9-1

案 例 分 析

背景资料:

(1) 某工程项目建设期为 2 年,运营期为 6 年,项目建设投资估算总额为 4 140 万元,其中:预计形成固定资产 3 570 万元(含建设期贷款利息 60 万元),无形资产 630 万元。固定资产使用年限为10年,净残值率为4%,固定资产余值在项目运营期末收回。

(2) 无形资产在运营期6年中,均匀摊入成本。

(3) 项目的设计生产能力为年产量150万件,产品售价为42元/件,税金及附加的综合税率为6%,所得税率为25%,行业基准收益率为8%。

(4) 还款采用实际偿还能力方式,流动资金贷款利率为4%,长期借款利率为6%(按年计息)。

(5) 流动资金为900万元,在项目的生命周期期末收回。

(6) 项目的资金投入、收益和成本等见基础数据表9-6。

表9-6　　　　　　　　　　基础数据表　　　　　　　　　　单位:万元

序号	年份 项目	1	2	3	4	5—8
1	建设投资	1 600	2 540			
	自有资金	1 600	540			
	贷款(不含贷款利息)		2 000			
2	流动资金			500	400	
	自有资金			300	0	
	贷款			200	400	
3	年销售量(万件)			100	120	150
4	年经营成本(万元)			2 520	3 024	3 780

要求:

(1) 编制项目总投资使用计划与资金筹措表;

(2) 编制项目借款还本付息计划表;

(3) 编制项目总成本费用估算表;

(4) 编制项目利润表,完成财务数据估算任务。

解答:

(1) 根据材料,编制项目总投资使用计划与资金筹措表,见表9-7。

表9-7　　　　　　　项目总投资使用计划与资金筹措表　　　　　　　单位:万元

序号	年份 项目	建设期		投产期		达产期	合计
		1	2	3	4	5	
1	总投资	1 600	2 600	500	400		5 100
1.1	建设投资	1 600	2 540				4 140
1.2	建设期利息		60				60
1.3	流动资金			500	400		900

续表

序号	年份\项目	建设期 1	建设期 2	投产期 3	投产期 4	达产期 5	合计
2	资金筹措	1 600	2 600	500	400		5 100
2.1	用于资本金	1 600	540	300			2 440
2.2	银行借款		2 060	200	400		2 660
2.2.1	用于建设投资		2 000				2 000
2.2.2	用于建设期利息		60				60
2.2.3	用于流动资金			200	400		600

（2）建设期借款利息累积到投产期，按年实际利率每年计息一次。编制项目借款还本付息计划表。采用按实际偿还能力偿还借款的方式，估算结果见表 9-8。

表 9-8   借款还本付息计划表   单位：万元

序号	年份\项目	1	2	3	4
1	借款				
1.1	年初借款累计余额			2 060.00	1 039.42
1.2	本年新增借款		2 000.00		
1.3	本年应计利息			60.00	123.60	62.37
1.4	本年还本			1 020.58	1 039.42
1.5	本年应付利息			123.60	62.37
2	还本资金来源			1 020.58	1 243.89
2.1	折旧费			342.72	342.72
2.2	摊销费			105.00	105.00
2.3	未分配利润			572.86	796.17

（3）编制项目总成本费用估算表，见表 9-9。

表 9-9   总成本费用估算表   单位：万元

序号	年份\项目	3	4	5	6	7	8
1	经营成本	2 520.00	3 024.00	3 780.00	3 780.00	3 780.00	3 780.00
2	折旧费	342.72	342.72	342.72	342.72	342.72	342.72
3	摊销费	105.00	105.00	105.00	105.00	105.00	105.00
4	利息支出	131.60	86.37	24.00	24.00	24.00	24.00
4.1	建设投资借款利息	123.60	62.37				
4.2	流动资金借款利息	8.00	24.00	24.00	24.00	24.00	24.00
5	总成本费用	3 099.32	3 558.09	4 251.72	4 251.72	4 251.72	4 251.72

其中:年折旧费=[固定资产原值×(1-残值率)]÷折旧年限
    =[3 570×(1-4%)]÷10=342.72(万元)
  年摊销费=无形资产÷摊销年限=630÷6=105(万元)
（4）编制项目利润表,见表9-10。

表9-10　　　　　　　　　　　　　利　润　表　　　　　　　　　　　　单位:万元

序号	年份 项目	3	4	5	6	7	8
1	营业收入	4 200.00	5 040.00	6 300.00	6 300.00	6 300.00	6 300.00
2	总成本费用	3 099.32	3 558.09	4 251.72	4 251.72	4 251.72	4 251.72
3	税金及附加	252.00	302.40	378.00	378.00	378.00	378.00
4	利润总额	848.68	1 179.51	1 670.28	1 670.28	1 670.28	1 670.28
5	所得税	212.17	294.88	417.57	417.57	417.57	417.57
6	净利润	636.51	884.63	1 252.71	1 252.71	1 252.71	1 252.71
7	盈余公积金	63.65	88.46	125.27	125.27	125.27	125.27
8	应付利润			1 127.44	1 127.44	1 127.44	1 127.44
9	未分配利润	572.86	796.17				

① 因为:年营业收入=当年产量×产品售价,所以计算年营业收入如下:
运营期第1年:营业收入=100×42=4 200(万元)
运营期第2年:营业收入=120×42=5 040(万元)
运营期第3-6年:营业收入=150×42=6 300(万元)
② 年税金及附加计算如下:
运营期第1年:税金及附加=4 200×6%=252(万元)
运营期第2年:税金及附加=5 040×6%=302.4(万元)
运营期第3-6年:税金及附加=6 300×6%=378(万元)

本章小结

　　财务效益与费用估算是指在项目市场、资源、工程技术条件分析评价的基础上,从项目（或企业）的角度出发,依据现行的经济法规和价格政策,对一系列有关的财务效益与费用数据进行调查、收集、整理和测算,并编制有关的财务效益与费用估算表格的工作。

　　财务效益与费用估算的原则:财务效益与费用的估算应以现行的经济法律、法规为依据,财务效益与费用的估算应遵守"有无对比"的原则,财务效益与费用的估算应体现效益和费用对应一致的原则,财务效益与费用的估算应遵循真实性和准确性原则。

　　财务效益与费用估算表主要有:建设投资估算表,项目总投资使用计划与资金筹措表,流动资金估算表,总成本费用估算表,原材料能源成本估算表,固定资产折旧估算表,无形资产与其他资产摊销估算表,营业收入、税金及附加和增值税估算表,利润表,借款还本付息计划表。

　　项目计算期是指在项目经济评价中为进行动态分析所设定的期限,包括项目建设期和运营期。项目运营期分为投产期和达产期两个阶段。

固定资产的寿命期(亦称使用年限)有自然寿命期和经济寿命期之分。

营业收入是指一定时期内销售产品或者提供服务所获得的收入,是现金流量表中现金流入的主体,也是利润表的主体。它是项目建成投产后补偿总成本费用、上缴税金、偿还债务、保证企业再生产正常进行的前提,是进行利润总额和税金估算的基础数据。

总成本费用是指项目在一定时期(一般为一年)为生产产品或提供服务而花费的全部成本费用。总成本费用的估算可以根据其构成不同,按照不同方法进行估算。

经营成本是指项目总成本费用扣除折旧费、摊销费和利息支出以后的成本费用,是财务分析中现金流量分析所使用的特定概念。

根据成本费用与产量的关系可以将总成本费用分解为可变成本、固定成本和混合成本。

项目评价涉及的税费主要包括关税、增值税、消费税、所得税、资源税、城市维护建设税和教育费附加等,有些行业还包括土地增值税。其中消费税、土地增值税、资源税和城市建设税、教育费附加都包含在税金及附加中。

利润总额是企业在一定时期内生产经营活动的最终财务成果。它集中反映了企业生产经营各方面的效益。

根据税法的规定,企业取得利润后,应先向国家缴纳所得税,剩余部分再在企业、投资者、职工之间进行分配。企业所得税的应纳税额按照应纳税所得额乘以25%的基本税率计算。

借款还本付息估算主要是测算借款还款期的利息和偿还建设投资借款的时间,从而考察项目的偿还能力和收益,为财务分析和项目决策提供依据。

根据国家现行财税制度的规定,偿还建设投资借款本金及利息的资金来源主要是项目投产后所取得的利润和摊入总成本费用中的折旧费、摊销费,以及其他资金来源。

项目借款的还款方式应根据借款资金的不同来源所要求的还款条件来确定。

本章重要概念

财务效益与费用分析　　经营成本　　固定成本　　可变成本
利润总额　　折旧　　摊销　　经济寿命期　　改扩建项目　　沉没成本　　机会成本

思考与练习题

1. 财务效益与费用估算应遵循的原则有哪些?
2. 固定资产有几种寿命期?项目运营期应根据什么确定?
3. 总成本费用的构成内容有哪些?如何估算总成本费用?
4. 计算经营成本时,为什么要扣除折旧费、摊销费和利息支出?
5. 产品税金及附加有哪些内容?如何估算?
6. 简要回答改扩建项目的分类及特点。
7. 改扩建项目效益与费用估算时所需数据有哪些?
8. 如何区分沉没成本与机会成本?

附表 9-1　　　　　　　　总成本费用估算表(生产要素法)　　　　　　　单位:万元

序号	项目	合计	计算期					
			1	2	3	4	…	n
1	外购原材料费							
2	外购燃料及动力费							
3	工资或薪酬							
4	修理费							
5	其他费用							
6	经营成本(1+2+3+4+5)							
7	折旧费							
8	摊销费							
9	利息支出							
10	总成本费用合计(6+7+8+9)							
	其中:可变成本							
	固定成本							

附表 9-1-1　　　　　　　　　外购原材料费估算表　　　　　　　　　单位:万元

序号	项目	合计	计算期				
			1	2	3	…	n
1	外购原材料						
1.1	原材料 A						
	单价						
	数量						
	进项税额						
1.2	原材料 B						
	单价						
	数量						
	进项税额						
	……						
2	辅助材料费用						
	进项税额						
3	其他						
	进项税额						
4	外购原材料合计						
5	外购原材料进项税额合计						

附表9-1-2　　　　　外购燃料和动力费估算表　　　　　　　单位:万元

序号	项目	合计	计算期				
			1	2	3	…	n
1	燃料费						
1.1	燃料A						
	单价						
	数量						
	进项税额						
1.2	燃料B						
	单价						
	数量						
	进项税额						
	……						
2	动力费						
2.1	动力A						
	单价						
	数量						
	进项税额						
	……						
3	外购燃料及动力费合计						
4	外购燃料及动力进项税额合计						

附表9-1-3　　　　　固定资产折旧估算表　　　　　　　单位:万元

序号	项目	合计	计算期					
			1	2	3	4	…	n
1	房屋、建筑物							
	原值							
	折旧费							
	净值							
2	机器设备							
	原值							
	折旧费							
	净值							
	……							
3	合计							
	原值							
	折旧费							
	净值							

注:本表适用于新设法人项目固定资产折旧费的估算,以及既有法人项目的"有项目""无项目"和增量固定资产折旧费的估算。当估算既有法人项目的"有项目"固定资产折旧费时,应将新增和利用原有部分固定资产分别列出,并分别计算折旧费。

附表9-1-4　　　　　　　无形资产和其他资产摊销费估算表　　　　　　　单位：万元

序号	项目	合计	计算期					
			1	2	3	4	…	n
1	无形资产							
	原值							
	当期摊销费							
	净值							
2	其他资产							
	原值							
	当期摊销费							
	净值							
	……							
3	合计							
	原值							
	当期摊销费							
	净值							

附表9-1-5　　　　　　　　　工资或薪酬估算表　　　　　　　　　　单位：万元

序号	项目	合计	计算期					
			1	2	3	4	…	n
1	工人							
	人数							
	人均年工资或薪酬							
	工资或薪酬额							
2	技术人员							
	人数							
	人均年工资或薪酬							
	工资或薪酬额							
3	管理人员							
	人数							
	人均年工资或薪酬							
	工资或薪酬额							
4	工资或薪酬总额(1＋2＋3)							

附表9-2　　　　总成本费用估算表(生产成本加期间费用法)　　　　　　　单位:万元

序号	项目	合计	计算期					
			1	2	3	4	…	n
1	生产成本							
1.1	直接材料费							
1.2	直接燃料及动力费							
1.3	直接工资或薪酬							
1.4	制造费用							
1.4.1	折旧费							
1.4.2	修理费							
1.4.3	其他制造费							
2	管理费用							
2.1	无形资产摊销							
2.2	其他资产摊销							
2.3	其他管理费用							
3	财务费用							
3.1	利息支出							
3.1.1	长期借款利息							
3.1.2	流动资金借款利息							
3.1.3	短期借款利息							
4	销售费用							
5	总成本费用合计(1+2+3+4)							
5.1	其中:可变成本							
5.2	固定成本							
6	经营成本(5−1.4.1−2.1−2.2−3.1)							

附表9-3　　　　营业收入、税金及附加和增值税估算表　　　　　　　单位:万元

序号	项目	合计	计算期					
			1	2	3	4	…	n
1	营业收入							
1.1	产品A营业收入 　单价 　数量 　销项税额							

续表

序号	项目	合计	计算期					
			1	2	3	4	...	n
1.2	产品B营业收入 　　单价 　　数量							
	销项税额							
	……							
2	税金及附加							
2.1	消费税							
2.2	资源税							
2.3	城市维护建设税							
2.4	教育费附加							
3	增值税							
3.1	销项税额							
3.2	进项税额							

第十章 财务分析

学习目的：

通过本章的学习，掌握财务分析的基本思路，包括财务分析的目标、财务分析报表的编制和指标的计算，熟悉财务分析的程序和各个财务分析报表之间的关系。

财务分析，又称财务评价，是项目评估中为判定项目财务可行性所进行的一项重要工作，是项目经济评价的重要组成部分。财务分析是在财务效益与费用估算以及编制财务辅助报表的基础上，编制财务基本报表，计算财务分析指标，考察和分析项目的盈利能力、偿债能力和财务生存能力，判断项目的财务可行性，明确项目对财务主体的价值以及对投资者的贡献，为投资决策、融资决策以及银行审贷提供依据。

第一节 财务分析概述

一、财务分析的概念及作用

（一）财务分析的概念

财务分析是在国家现行会计制度、税收制度和价格体系的前提下，从项目的角度出发，预测估计项目的财务效益与费用，编制财务报表，计算评价指标，分析考察项目财务盈利能力、偿债能力和财务生存能力，据以评价和判定项目在财务上可行性的一种经济评价方法。

（二）财务分析的作用

1. 财务分析是投资决策的重要组成部分

对投资项目的评价应从多角度、多方面进行，无论是对投资项目的前评价、中评价还是后评价，财务分析都是必不可少的重要内容。在投资决策的各个阶段中，无论是机会研究、初步可行性研究、可行性研究还是项目评估阶段，财务分析都是其中重要的组成部分。

2. 财务分析是投资决策的重要决策依据

在项目决策的范围内，财务分析虽然不是唯一的决策依据，但却是重要的决策依据。在市场经济条件下，绝大部分项目的有关各方都根据财务分析结果进行决策，尤其是项目评估阶段分析的结果，直接决定了投资于该项目的债权人是否给项目提供贷款，各级项目审批部门是否批准该项目。可见，财务分析结论是投资决策的重要决策依据之一。具体说来，财务分析中的盈利能力分析结论是投资决策的基本依据，其中项目资本金盈利能力分析的结论，同时也是融资决策的依据；偿债能力分析的结论，不仅是债权人决定是否发放贷款的依据，也是投资人确定融资方案的重要依据。

二、财务分析的目标

财务分析的主要目标是投资项目的盈利能力、偿债能力和财务生存能力。

（一）盈利能力

盈利能力主要考察投资项目的盈利水平，是反映项目在财务上可行程度的基本标志。投资项目的盈利能力分析，应当考察拟建项目建成投产后是否有盈利，盈利有多少，分析项目各年度投资盈利能力，以及项目在整个寿命期内的盈利水平。

（二）偿债能力

投资项目的偿债能力是指项目按期偿还其债务的能力。项目的偿债能力通常表现为建设投资借款偿还期的长短，利息备付率、偿债备付率以及资产负债率的高低，这些指标也是银行进行贷款决策的重要依据。

（三）财务生存能力

在项目运营期间，确保从各项经济活动中得到足够的净现金流量是项目能够持续生存的条件。财务分析中应根据财务计划现金流量表，综合考察项目计算期内各年的投资活动、融资活动和经营活动产生的各项现金流入和流出，计算净现金流量和累计盈余资金，分析项目是否有足够的净现金流量维持正常运营，实现财务可持续性。财务生存能力分析亦可称为资金平衡分析。

三、财务分析的内容

财务分析应在项目财务效益与费用估算的基础上进行。财务分析的内容应根据项目的性质和目标确定。

对于经营性项目，财务分析应通过编制财务分析报表，计算财务指标，分析项目的盈利能力、偿债能力和财务生存能力，判断项目的财务可接受性，明确项目对财务主体及投资者的价值贡献，为项目决策提供依据。

对于非经营性项目，财务分析应主要分析项目的财务生存能力。

财务分析可分为融资前分析和融资后分析，一般先进行融资前分析。融资前分析是指在考虑融资方案前就可以开始进行的财务分析，即不考虑债务融资条件下进行的财务分析。在融资前分析结论满足要求的情况下，初步设定融资方案，再进行融资后分析，融资后分析是指以设定的融资方案为基础进行的财务分析。在项目的初期研究阶段，也可只进行融资前分析。

融资前分析只进行盈利能力分析，并以动态分析（折现现金流量分析）为主，以营业收入、建设投资、经营成本和流动资金的估算为基础，考察整个计算期内的现金流入和现金流出，编制项目投资现金流量表，计算项目投资内部收益率和净现值等指标；以静态分析（非折现现金流量分析）为辅，计算投资回收期指标。融资前分析排除了融资方案变化的影响，从项目投资总获利能力的角度，考察项目方案设计的合理性。融资前分析计算的相关指标，应作为初步投资决策与融资方案研究的依据和基础。

融资后分析应以融资前分析和初步的融资方案为基础，主要是针对项目资本金折现现金流量和投资各方析现现金流量进行分析,考察项目在拟投资融资条件下的盈利能力分析、偿债能力分析和财务生存能力分析,判断项目方案在融资条件下的可行性。融资后分析用于比选融资方案,帮助投资者做出融资决策。融资后分析包括静态分析和动态分析两种。

四、财务分析的程序

投资项目的财务分析是在项目市场分析和实施条件分析的基础上进行的,主要是利用有关的基础数据,通过编制财务分析报表,计算各项财务分析指标,进行项目的财务分析,得出评价结论。财务分析程序具体包括以下步骤。

(一) 财务效益与费用数据的准备

根据项目市场分析和实施条件分析的结果,以及现行的有关法律、法规和政策,对项目总投资、资金筹措方案、产品成本费用、营业收入、税金和利润,以及其他与项目有关的一系列财务效益与费用数据进行分析和估算,并将所得的数据编制成辅助财务报表。

(二) 编制财务分析基本报表

将分析和估算所得的财务效益与费用数据进行汇总,编制出现金流量表、利润表、财务计划现金流量表、资产负债表及借款还本付息计划表等财务分析基本报表。财务分析基本报表是反映项目盈利能力、偿债能力和财务生存能力等财务分析指标的基础。

(三) 计算与分析财务效益指标

根据编制的财务分析基本报表,可以直接计算出一系列反映项目盈利能力和偿债能力的指标。反映项目财务盈利能力的指标包括静态分析指标(资本金净利润率、总投资收益率和投资回收期等)和动态分析指标(财务内部收益率、财务净现值等);反映项目偿债能力的指标包括借款偿还期、利息备付率、偿债备付率和资产负债率等。

(四) 进行不确定性分析与风险分析

通过盈亏平衡分析和敏感性分析等不确定性分析和风险分析方法,评价项目可能面临的风险及在不确定条件下适应市场变化的能力和抗风险的能力,得出项目在不确定条件下的财务分析结论或建议。

(五) 得出财务分析结论

将上述确定性分析和不确定性分析的结果,与国家有关部门公布的基准值,或与经验标准、历史标准和目标标准等加以比较,并从财务的角度做出项目可行与否的结论。

财务分析的具体程序如图 10-1 所示。

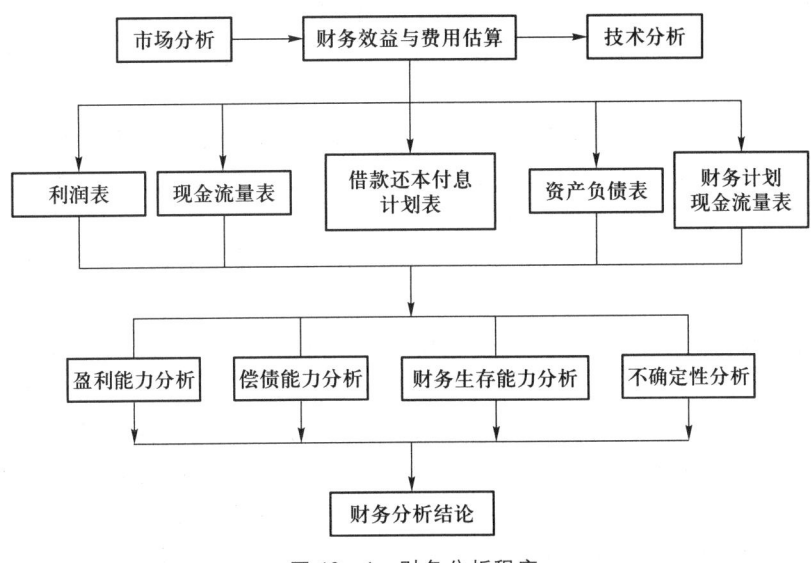

图 10-1 财务分析程序

第二节 财务分析报表的编制

财务分析报表包括各类现金流量表、利润表、财务计划现金流量表、资产负债表和借款还本付息计划表等。

一、现金流量表

(一) 现金流量表的概念与作用

现金流量是以项目作为一个独立系统,反映项目在计算期内实际发生的流入和流出的现金活动及其流动数量。项目在某一时间内支出的费用称为现金流出,可表示为 CO;取得的收入称为现金流入,可表示为 CI;现金流入与现金流出统称为现金流量;同一时点的现金流入与现金流出之差($CI-CO$)称为净现金流量。

现金流量表是指反映项目在计算期内各年的现金流入、现金流出和净现金流量的计算表格。按照国家规定,项目的现金流量分析分为三个层次:第一层次为项目投资现金流量分析;第二层次为项目资本金现金流量分析;第三层次为投资各方的现金流量分析。因此,现金流量表相应也可分为项目投资现金流量表、资本金现金流量表和投资各方现金流量表。编制现金流量表的主要作用是计算不同层次的财务内部收益率、财务净现值和投资回收期等分析指标。

此外,现金流量表只反映项目在计算期内各年实际发生的现金收支,不反映非现金收支(如折旧费、应收款及应付款等)。

(二) 现金流量表的结构

1. 项目投资现金流量表

项目投资现金流量表是指在确定项目融资方案前,对投资方案进行分析,利用资金时间价值的原理,以营业收入、建设投资、经营成本和流动资金为基础,考察整个计算期内现金流入和现金流出,用以计算投资项目所得税前后的财务内部收益率、财务净现值及投资回收期等财务分析指标的表格。

(1) 计算息税前的财务内部收益率、财务净现值和静态投资回收期的目的是考察项目方案设计本身的财务可行性,它不受融资方案和所得税的影响,可以供决策者对项目的可行性作出基本判断。

项目投资现金流量表中所得税前分析的现金流入主要包括营业收入,在计算期的最后一年,还包括回收固定资产余值和回收流动资金。现金流出主要包括建设投资、流动资金、经营成本、税金及附加。如果运营期内需要发生设备或设施的更新费用以及矿山、石油开采项目的拓展费用等(记作维持运营投资),也应作为现金流出。按《企业会计准则——固定资产》的规定,维持运营投资是否能予以资本化,取决于其是否能为企业带来经济利益且该固定资产的成本是否能够可靠地计量。项目评估中,如果该投资投入后延长了固定资产的使用寿命,或使产品质量实质性提高,成本实质性降低等,使可能流入企业的经济利益增加,那么该固定资产投资应予以资本化,即应计入固定资产原值,并计提折旧。否则该投资只能费用化,不形成新的固定资产原值。

项目投资现金流量表中的"所得税"应根据息税前利润乘以所得税率计算,称为"调整所得税"。原则上,息税前利润的计算应完全不受融资方案变动的影响,即不受利息多少的影响,包括建设期利息对折旧的影响(因为折旧的变化会对利润总额产生影响,进而影响息税前利润)。但如此将会出现两个折旧和两个息税前利润(用于计算融资前所得税的息税前利润和利润表中的息税前利润)。简化起见,当建设期利息占总投资比例不是很大时,也可按利润表中的息税前利润计算调整所得税。

(2) 所得税后分析是所得税前分析的延伸,由于所得税作为现金流出,可用于在融资条件下判断项目投资对企业价值的贡献,是企业投资决策依据的主要指标。

现金流入和现金流出的有关数据,可以依据"营业收入、税金及附加和增值税估算表""建设投资估算表""流动资金估算表""项目总投资使用计划与资金筹措表""总成本费用估算表"和"利润表"等有关财务报表填列。

项目投资现金流量表见附表10-1。

2. 项目资本金现金流量表

为了全面考察项目盈利能力,除了对融资前的项目现金流量进行分析外,还需要进行项目资本金现金流量分析,其实质是进行项目融资后的财务分析。

项目资本金现金流量表的净现金流量包括了项目在缴税和还本付息后所剩余的收益(含投资应分得的利润),也即项目的净利润,又是投资者的权益性收益。通过项目资本金现金流量表,可以计算资本金的财务内部收益率,资本金财务内部收益率能够从投资者整体角度考察项目的盈利能力。

项目资本金现金流量表与项目投资现金流量表的现金流入内容相同。现金流出包括项目资本金、借款本金偿还、借款利息支付、经营成本、税金及附加、所得税和维持运营投资。现金流入和现金流出的有关数据,可以依据"营业收入、税金及附加和增值税估算表""建设投资估算表""流动资金估算表""项目总投资使用计划与资金筹措表""总成本费用估算表"

"借款及还本付息计划表"和"利润表"等有关财务报表填列。

项目资本金现金流量表见附表10-2。

3. 投资各方现金流量表

对于某些项目,为了考察投资各方的具体收益,还需要编制从投资各方的角度出发的现金流量表,即投资各方现金流量表。

通过投资各方现金流量表可以计算投资各方财务内部收益率。投资各方的财务内部收益率实际上是相对次要的财务效益评价指标,因为投资各方按股本比例分配利润和分担亏损与风险,其利益一般是均等的,只有在投资者中有股权之外的不对等利益分配时,投资各方的收益率才会有差异。此外,不按比例出资和分配的合作经营项目,投资各方的收益率也可能有差异。计算投资各方的内部收益率,可以看出投资各方收益的不均衡性是否在合理水平上,有助于促成投资各方达成平等互利的投资方案,从而确定是否值得投资。

投资各方现金流量表的现金流入是指出资方因该项目的实施将实际获得的各种收入,包括实分利润、资产处置收益分配、租赁费收入、技术转让或使用收入和其他现金流入。现金流出是指出资方因该项目的实施将实际投入的各种支出,包括实缴资本、租赁资产支出和其他现金流出。现金流入和现金流出的有关数据,可以依据"营业收入、税金及附加和增值税估算表""项目总投资使用计划与资金筹措表""利润表"和"总成本费用估算表"等有关财务报表直接填列或者经过这些报表的计算间接得出。

投资各方财务现金流量表见附表10-3。

二、利润表

(一)利润表的概念与作用

利润表是反映项目计算期内各年的利润总额、所得税及税后利润的分配情况,用以计算总投资收益率和项目资本金净利润率等静态财务分析指标的表格。

(二)利润表的结构

详见第九章第六节利润总额及其分配估算。利润表见附表10-4。

三、财务计划现金流量表

(一)财务计划现金流量表的概念

财务计划现金流量表反映项目计算期内各年的投资、融资及经营活动的现金流入和流出,用于计算累积盈余资金,分析项目的财务生存能力。

(二)财务计划现金流量表的结构

财务计划现金流量表分为四大项,即经营活动净现金流量、投资活动净现金流量、筹资活动净现金流量和累计盈余资金。每一项活动的净现金流量又分为现金流入和现金流出,现金流入减现金流出为净现金流量。

1. 经营活动净现金流量

(1)现金流入。经营活动现金流入包括营业收入、增值税销项税额和其他流入。可根据"营业收入、税金及附加和增值税估算表"以及"利润表"填列。

(2) 现金流出。经营活动现金流出包括经营成本、增值税进项税额、税金及附加、增值税、所得税和其他流出。可根据"营业收入、税金及附加和增值税估算表""总成本费用估算表"以及"利润表"填列。

2. 投资活动净现金流量

(1) 现金流入。对于新建法人项目，投资活动的现金流入为零。

(2) 现金流出。投资活动现金流出包括建设投资、维持运营投资、流动资金和其他流出。可根据"建设投资估算表""流动资金估算表""项目总投资使用计划与资金筹措表"填列。

3. 筹资活动净现金流量

(1) 现金流入。筹资活动现金流入包括项目资本金投入、建设投资借款、流动资金借款、债券、短期借款和其他流入。可根据"项目总投资使用计划与资金筹措表"填列。

(2) 现金流出。筹资活动现金流出包括各种利息支出、偿还债务本金、应付利润（股利分配）和其他流出。可根据"总成本费用表"和"借款还本付息计划表"填列。

4. 累计盈余资金

经营活动净现金流量、投资活动净现金流量和筹资活动净现金流量之和为净现金流量，根据净现金流量计算累计盈余资金，"＋"表示当年有资金盈余，"－"表示当年资金短缺。

财务计划现金流量表见附表10-5。

四、资产负债表

(一) 资产负债表的概念

资产负债表用于综合反映项目计算期内各年年末资产、负债和所有者权益的增减变化及对应关系，计算资产负债率，分析财务主体的偿债能力。

(二) 资产负债表的结构

资产负债表由两部分组成，即资产和负债及所有者权益。

1. 资产

资产包括流动资产总额、在建工程、固定资产净值和无形及其他资产净值，其中流动资产总额由货币资金、应收账款、预付账款、存货和其他组成。

2. 负债及所有者权益

负债包括流动负债总额、建设投资借款、流动资金借款。其中流动负债总额由短期借款、应付账款、预收账款和其他组成。所有者权益包括资本金、资本公积、累计盈余公积金和累计未分配利润。

资产负债表见附表10-6。

五、借款还本付息计划表

(一) 借款还本付息计划表的概念

借款还本付息计划表是反映项目计算期内各年建设投资借款本金偿还和利息支付情况，用以计算偿债备付率、利息备付率和借款偿还期指标，进行偿债能力分析的表格。

由于流动资金借款本金在项目计算期末一次性回收，因此不必考虑流动资金的偿还问题。所以借款还本付息计划表只是反映项目建设投资借款还本付息情况的表格。

(二) 借款还本付息计划表的结构及填制

1. **借款还本付息计划表的结构**

借款还本付息计划表的结构包括各种债务的期初余额、当期还本付息和期末债务余额。

2. **借款还本付息计划表的填列**

(1) 借款。在项目的建设期,期初借款余额等于上年借款本金和建设期利息之和;在项目的运营期,期初借款余额等于上年尚未还清的借款本金。当期还本付息可以根据当年偿还借款本金和利息的资金来源填列;期末余额为期初借款余额与当期还本付息数额的差。

(2) 债券。借款还本付息计划表中的债券是指通过发行债券来筹措建设资金,因此债券的性质应当等同于借款。两者之间的区别是:通过债券筹集建设资金的项目,项目是向债权人支付利息和偿还本金,而不是向贷款的金融结构支付利息和偿还本金。

借款还本付息计划表可依据"项目总投资使用计划与资金筹措表""总成本费用估算表"和"利润表"的有关数据,通过计算进行填列。

借款还本付息计划表见附表10-7。

六、财务报表之间的关系

财务分析的基本原理就是从财务报表中取得数据,计算财务分析的盈利指标和偿债能力指标,进行项目的盈利能力、偿债能力和财务生存能力分析。计算所得的各项指标要与基本参数进行对比,根据一定的评价标准,决定项目是否可以考虑。财务报表的编制是财务效益分析体系中首要的组成部分。

财务分析的各报表之间有着密切的联系。"利润表"和"现金流量表"都是为进行项目盈利能力分析提供基础数据的报表,所不同的是"利润表"是为计算反映项目盈利能力的静态指标提供数据,而"现金流量表"是为计算反映项目盈利能力的动态指标提供数据。同时"利润表"也为"现金流量表"的填列提供了一些基础数据。

"借款还本付息计划表"和"资产负债表",都是为进行项目偿债能力分析提供基础数据的报表。根据"借款还本付息计划表"或"资产负债表"可以计算利息备付率、偿债备付率、借款偿还期、资产负债率、流动比率和速动比率等指标。

各种报表之间的关系如图10-2所示。

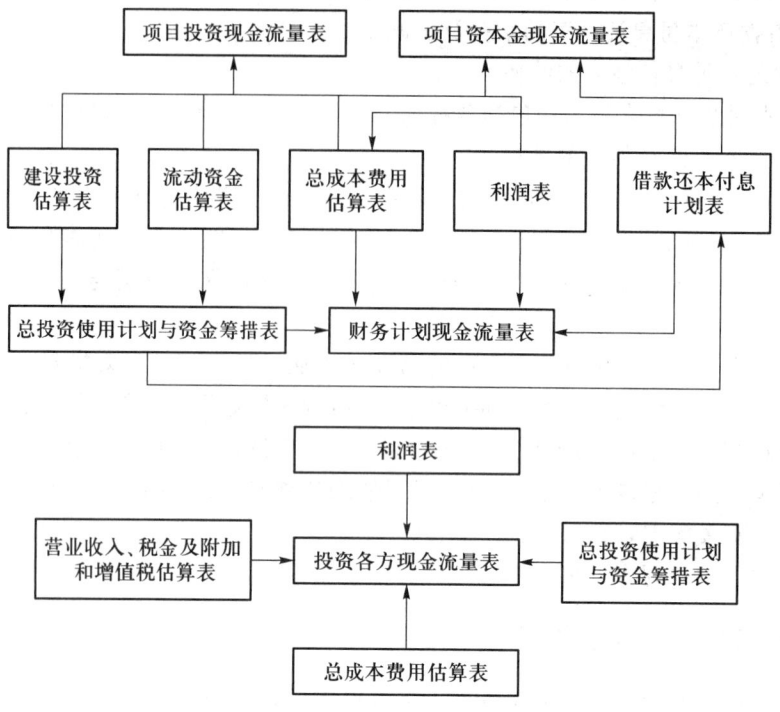

图 10-2 财务报表之间的关系

第三节 财务分析指标的计算

一、财务分析指标体系

投资项目财务分析结果的好坏,一方面取决于基础数据的可靠性,另一方面则取决于所选取的指标体系的合理性。只有选取正确的指标体系,项目的财务分析结果才能与客观实际情况相吻合,才具有实际意义。一般来讲,投资者的投资目标不止一个,因此项目财务指标体系也不是唯一的。根据不同的评价深度要求和可获得资料的多少,以及项目本身所处条件与性质不同,可选用不同指标。这些指标也有主次之分,可从不同侧面反映项目的经济效益状况。

(一)财务分析指标的分类

财务分析指标体系根据不同的标准,可进行不同的分类。

1. 按是否考虑资金时间价值因素进行分类

按是否考虑资金时间价值因素进行分类,财务分析指标可分为静态指标和动态指标,见图 10-3。

2. 按财务分析指标的性质进行分类

按指标的性质进行分类,财务分析指标可分为时间性指标、价值性指标和比率性指标,见图 10-4。

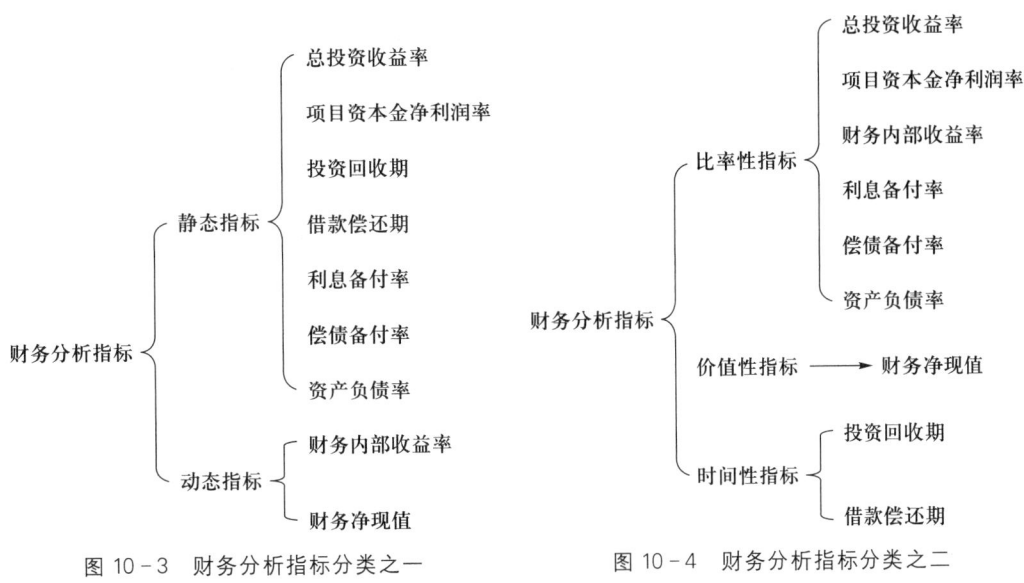

图 10-3 财务分析指标分类之一　　图 10-4 财务分析指标分类之二

3. 按财务分析的目标进行分类

按财务分析的目标进行分类,财务分析指标可分为盈利能力指标和偿债能力指标,见图 10-5。

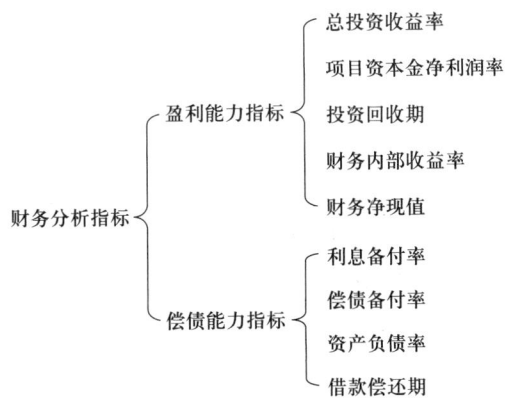

图 10-5 财务分析指标分类之三

(二) 财务分析指标与财务分析报表的联系

上述财务分析指标可以通过相应的财务分析报表直接或间接求得。财务分析指标同财务报表的关系如表 10-1 所示。

二、反映项目盈利能力的指标

按照是否考虑资金时间价值,反映项目盈利能力的指标分为静态盈利能力指标和动态盈利能力指标。静态盈利能力指标主要根据现金流量表和利润表来计算。

表 10-1　　　　　　　　　　　财务分析指标与财务分析报表的关系

分析内容	基本报表	静态指标	动态指标
盈利能力分析	项目投资现金流量表	投资回收期(所得税前后)	项目投资财务内部收益率(所得税前后) 项目投资财务净现值(所得税前后)
	项目资本金现金流量表		资本金财务内部收益率
	投资各方现金流量表		投资各方财务内部收益率
	利润表	总投资收益率 项目资本金净利润率	
偿债能力分析	借款还本付息计划表	利息备付率 偿债备付率 借款偿还期	
	资产负债表	资产负债率	
财务生存能力分析	财务计划现金流量表		
其他		价值指标或实物指标	

(一) 静态盈利能力指标的计算

静态盈利能力指标是指不考虑资金时间价值因素的影响而计算的反映盈利能力的指标，主要包括总投资收益率、项目资本金净利润率和投资回收期。静态盈利能力指标可以根据"建设投资估算表""项目总投资使用计划与资金筹措表""利润表"和"现金流量表"中的有关数据计算。

1. 总投资收益率

总投资收益率(可表示为 ROI)，是指项目达到设计能力后正常年份的年息税前利润或运营期内年平均息税前利润(可表示为 $EBIT$)与项目总投资(可表示为 TI)的比率。它是考察单位投资盈利能力的静态分析指标。计算公式为：

$$ROI = \frac{EBIT}{TI} \times 100\% \qquad (公式 10-1)$$

式中：$EBIT$——项目正常年份的年息税前利润或运营期内年平均息税前利润(年利润总额与年利息支出之和)；

TI——项目总投资(包括建设投资、建设期利息和流动资金)。

若项目生产期较短，且年息税前利润额波动较大，可以选择运营期的平均年息税前利润额；若项目生产期较长，年息税前利润额在生产期又没有较大的波动，可选择正常生产年份的年息税前利润额。

计算出的总投资收益率应与同行业的总投资收益率进行比较，以判断项目的获利能力和水平。若计算出的总投资收益率大于或等于同行业的平均总投资收益率，则认为项目盈利能力满足要求。

2. 项目资本金净利润率

项目资本金净利润率(可表示为 ROE)表示项目资本金的盈利水平，是指项目达到设计能力后正常年份的年净利润或运营期内年平均净利润(可表示为 NP)与项目资本金(可表示为 EC)的比率。计算公式为：

$$ROE = \frac{NP}{EC} \times 100\% \quad (公式10-2)$$

式中：NP——项目正常年份的年净利润或运营期内年平均净利润(所得税后利润)；

EC——项目资本金。

年净利润是选择正常生产年份的税后利润，还是选择运营期平均年税后利润，原理等同于总投资收益率的计算。式中的资本金是指项目的全部注册资本金。资本金净利润率是投资者最关心的一个指标，因为它反映了投资者本身出资所带来的净利润。

计算出的资本金净利润率要与同行业的平均资本金净利润率或投资者的目标资本金净利润率进行比较。若项目资本金净利润率大于或等于同行业的平均净利润率或投资者的目标资本金净利润率，则表明用项目资本金净利润率表示的盈利能力满足要求。

3. 投资回收期

投资回收期(可表示为 P_t)是指以项目的净效益回收项目投资所需要的时间，一般以年为单位，项目投资回收期宜从项目建设开始年算起，若从项目投产开始年算起，应予以特别说明。其表达式为：

$$\sum_{t=1}^{P_t}(CI-CO)_t = 0 \quad (公式10-3)$$

式中：P_t——投资回收期；

CI——现金流入量；

CO——现金流出量；

$(CI-CO)_t$——第 t 年的净现金流量。

若项目每年的净收益基本相同，可用下式计算：

$$项目投资回收期 = \frac{总投资}{各项效益之和} \quad (公式10-4)$$

若各年的净收益数额差别比较大，项目投资回收期可借助项目投资现金流量表计算。项目投资现金流量表中累计净现金流量由负值变为零的时点，即为项目投资回收期。可用下式计算：

$$项目投资回收期 = 累计净现金流量出现正值的年份 - 1 + \frac{上年累计净现金流量的绝对值}{当年净现金流量}$$

或：

$$P_t = T - 1 + \frac{\left|\sum_{i=1}^{T-1}(CI-CO)_i\right|}{(CI-CO)_T} \quad (公式10-5)$$

式中：T——各年累计净现金流量首次为正值或零的年数。

计算的项目投资回收期要与行业规定的基准投资回收期或同行业平均投资回收期进行比较，如果计算出的项目投资回收期小于或等于基准投资回收期或同行业平均投资回收期，则认为项目在财务上可以接受。投资回收期短，表明该项目投资回收快，抗风险能力强。

总之，静态盈利能力指标的计算比较简单，但由于没有考虑资金时间价值，因此在进行项目财务分析时，还需计算动态盈利能力指标。

(二) 动态盈利能力指标的计算

动态盈利能力指标是指考虑资金时间价值因素的影响而计算的盈利能力指标，主要包括财务净现值和财务内部收益率。动态盈利能力指标需要根据现金流量表计算。

1. 财务净现值

财务净现值（可表示为 $FNPV$）是反映项目在整个寿命期内总获利能力的动态评价指标。它是指按部门或行业的基准收益率或设定的折现率（一般采用基准收益率 i_c）计算的项目计算期内各年净现金流量的现值之和。其计算公式为：

$$FNPV = \sum_{t=1}^{n} (CI-CO)_t (1+i_c)^{-t} \qquad (公式 10-6)$$

式中：　　n——计算期$(1,2,\cdots,n)$；

i_c——设定的折现率；

$(1+i_c)^{-t}$——第 t 年的折现系数。

一般情况下，财务盈利能力分析只计算项目投资财务净现值，可根据需要选择计算所得税前净现值或所得税后净现值。

财务净现值是评价项目盈利能力的绝对数指标，它反映项目在满足国家、部门或行业规定的基准收益率或设定折现率要求的盈利能力之外，获得的超额盈利的现值。计算出的财务净现值可能有三种结果，即 $FNPV>0$，$FNPV=0$，或 $FNPV<0$。当 $FNPV>0$ 时，说明项目的盈利能力超过了按设定基准折现率计算的盈利能力，从财务角度考虑，项目是可以接受的；当 $FNPV=0$ 时，说明项目的盈利能力刚好达到按设定基准折现率计算的盈利能力，项目可以考虑接受；当 $FNPV<0$ 时，说明项目的盈利能力达不到按设定基准折现率计算的盈利能力，一般从财务角度判断项目不可行。

财务净现值指标计算简便，只要编制了现金流量表，确定好折现率，净现值的计算仅是一种简单的算术方法。另外，该指标的计算结果稳定，不会因算术方法的不同而带来任何差异。

财务净现值虽然考虑了项目整个寿命期的经济数据，全面地反映了项目的盈利能力，但也有其不足之处。主要体现在两个方面：第一，财务净现值指标是一个绝对数指标，只能反映项目是否有盈利，并不能反映拟建项目的实际盈利水平。第二，需要事先确定 i_c，i_c 是部门或行业的基准收益率或是设定的一个基准收益率，作为计算净现值的折现率。在项目所有经济数据不变的情况下，使 i_c 从小到大变化，就会发现作为 i_c 的函数，同一现金流量的净现值随着 i_c 的增大，会发生由大到小的变化。如图 10-6 所示，在 $i_c=i^*$ 处，财务净现值等于零，当 $i_c<i^*$ 时，财务净现值大于零，当 $i_c>i^*$ 时，财务净现值小于零。可见，项目选择的折现率过高，可行的项目可能被否定；选择的折现率过低，不可行的项目就可能被选中，特别是那些投资收益水平

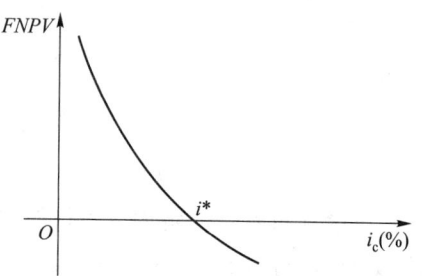

图 10-6　财务净现值与折现率的关系

居中的项目。所以,在运用财务净现值指标时,要选择一个比较客观的折现率,否则,评价的结果"失真",可能造成决策失误。

$FNPV$ 指标计算简便,显示出了项目现金流量的时间分配,但计算不出投资过程收益程度的大小,且受外部参数 i_c 的影响。为了克服利用财务净现值指标评价方案或筛选方案时可能产生的误差,在财务分析中,往往选择财务内部收益率作为主要的评价指标。

2. 财务内部收益率

财务内部收益率(可表示为 $FIRR$)是指项目在整个计算期内各年净现金流量现值之和为零时的折现率,也就是使计算期内各年净现值之和等于零时的折现率。它是评价项目盈利能力的一个重要动态评价指标,表示项目的实际盈利水平。其表达式为:

$$\sum_{t=1}^{n}(CI-CO)_t(1+FIRR)^{-t}=0 \qquad (公式 10-7)$$

式中:$FIRR$——财务内部收益率;

　其余符号含义同上。

财务内部收益率与财务净现值的表达式基本相同,但计算程序却完全不同。在计算财务净现值时,是预先设定折现率,并以此折现率将各年净现金流量折算成现值,然后累加得出净现值。而在计算财务内部收益率时,要经过多次试算,使得净现金流量现值累计等于零。财务内部收益率的手工计算比较繁杂,一般可借助 EXCEL 或有特定功能的计算器完成,如果用手工计算,应先采用试算法,后采用插入法。

运用手工计算项目财务内部收益率的基本步骤是:

第一步,用估计的某一折现率对拟建项目整个计算期内各年财务净现金流量进行折现,并得出净现值。如果得到的净现值等于零,则所选定的折现率即为财务内部收益率。如所得财务净现值为一正数,则再选一个更高一些的折现率再次进行试算,直至正数财务净现值接近零为止。

第二步,在第一步的基础上,再继续提高折现率,直至计算出接近零的负数财务净现值为止。

第三步,根据上两步计算所得的正、负财务净现值及其对应的折现率,运用插入法计算财务内部收益率。因为内部收益率与净现值之间不是线性关系,如果两个折现率之间的差太大,计算结果就会有较大的误差,所以,为保证计算的准确性,一般规定两个折现率之差最好在2‰～5‰。

插入法是将试算法得出的数据代入插入法计算公式求出财务内部收益率的一种方法。插入法的计算公式推导如下:

设:折现率为 i_1 时,$FNPV_1>0$;折现率为 i_2 时,$FNPV_2<0$。

如图 10-7 所示,将 i_1、i_2、$FNPV_1$、$FNPV_2$ 表示在直角坐标系中,连接 AC 与横轴相交于 D 点,在这一点上,$FNPV=0$,

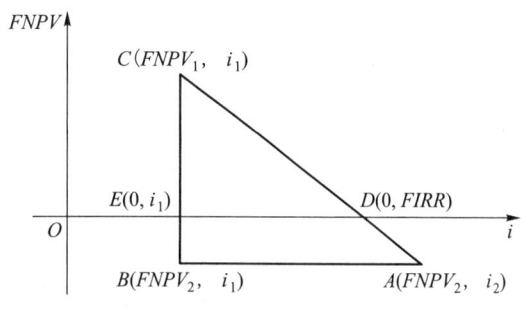

图 10-7　财务内部收益率的计算

即在此点的折现率就是财务内部收益率,用 $FIRR$ 表示。过 $C(FNPV_1,i_1)$ 点引一条平行于纵轴的直线,过 $A(FNPV_2,i_2)$ 点引一条平行于横轴的直线,两条直线相交于 $B(FNPV_2,i_1)$ 点。

△ABC 与 △DEC 是两个相似三角形,其对应边成比例,即:

$$\frac{FIRR-i_1}{i_2-i_1}=\frac{FNPV_1}{FNPV_1+|FNPV_2|}$$

整理上式,得:

$$FIRR=i_1+(i_2-i_1)\frac{FNPV_1}{FNPV_1+|FNPV_2|} \quad (公式10-8)$$

式中: i_1 ——偏低折现率;

i_2 ——偏高折现率;

$FNPV_1$ ——正净现值;

$FNPV_2$ ——负净现值。

按分析内容不同,财务内部收益率分为项目投资财务内部收益率、项目资本金财务内部收益率和投资各方的财务内部收益率,它们各自所采用的现金流入量和现金流出量不同。

项目投资财务内部收益率考察项目在确定融资方案和所得税税前整个项目的盈利能力。

项目资本金财务内部收益率是以项目资本金为计算基础,考察所得税税后资本金可能获得的收益水平。投资各方财务内部收益率是以投资各方出资额为计算基础,考察投资各方可能获得的收益水平。当投资各方不能按股本比例进行分配或有其他不对等收益时,可选择计算投资各方财务内部收益率。

项目资本金财务内部收益率和投资各方财务内部收益率应与投资方最低期望收益率对比,以此来判断投资方的收益水平。一般来讲,最低可接受收益率的确定主要取决于当时的资本收益水平以及投资者对权益资金收益的要求。它与资金机会成本和投资者对风险的态度有关。

财务基准收益率反映投资者对相应项目占用资金的时间价值的判断,应该是投资者在相应项目上最低可接受的财务收益率。计算出的项目财务内部收益率要与行业发布或财务分析人员设定的基准折现率,或投资者的目标收益率 i_c 进行比较。如果计算的 $FIRR$ 大于或等于 i_c,同时项目财务内部收益率也高于贷款利率 i,则认为项目的盈利能力能够满足要求,是可以考虑接受的。

财务内部收益率的概念明晰,反映项目的实际盈利率,并且计算时不用事先确定基准收益率或者设定一个折现率 i_c,但财务内部收益率的计算过程还是比较烦琐的。特别是财务内部收益率的计算是一个求解高次方程的过程,因此财务内部收益率可能出现这样几种情况:财务内部收益率是唯一的、财务内部收益率有多个(有多个根)和无实数财务内部收益率(无解)。多个根与无解是财务内部收益率的重要特性。

为了研究财务内部收益率多根或无解的情况,有必要了解常规项目与非常规项目的区别。常规项目是指计算期内各年净现金流量在开始一年或数年为负值,在以后各年为正值的项目;非常规项目是指计算期内各年净现金流量的正负符号的变化超过一次的项目。一般来讲,常规项目有唯一实数内部收益率,非常规项目则可能出现多根内部收益率或无实数内部收益率。例如,某拟建项目各年净现金流量如表10-2所示。

表10-2　　　　　　　　　　　某拟建项目各年净现金流量

年份	1	2	3
净现金流量	-100	320	-240

因为该项目累计净现金流量为-20,因此,该项目在既定的时期内无法收回全部投资,是一个亏损项目。然而,计算结果表明,该项目有两个财务内部收益率20%和100%。对于任何大于20%而小于100%的折现率,其净现值为正值。当折现率为60%时,净现值达到极大值。

因此,使用财务内部收益率指标应持慎重态度。如果项目有多根财务内部收益率或无实数财务内部收益率,则运用财务内部收益率指标将会使投资决策误入歧途,在此情况下,应当运用其他财务分析指标。

在财务分析中,内部收益率的判别基准 i_c 和计算净现值的折现率通常采用同一数值,其对项目效益的判断结果通常也应该是一致的。

作为项目投资财务内部收益率判别基准的财务基准收益率或计算项目投资净现值的折现率,应主要依据资金机会成本和资金成本确定,并充分考虑项目可能面临的风险。项目的投资目标、投资者的偏好、项目隶属的行业对确定基准收益率或折现率有重要影响。实际工作中,作为项目投资判别基准的财务基准收益率或计算项目投资净现值的折现率,应根据项目的性质使用有关部门发布的行业财务基准收益率,或参考使用有关主管部门发布的财务基准收益率。

在判别基准的设定中是否考虑价格总水平变动因素,应与指标计算时对价格总水平变动因素的处理相一致。在项目投资现金流量表的编制中一般不考虑价格总水平变动因素,所以在判别基准的设定中通常要剔除价格总水平变动因素的影响。

总之,由于动态指标考虑了资金时间价值,因此在项目财务分析过程中应作为主要的盈利能力评价指标,同时辅以静态指标进行分析。

三、反映项目偿债能力的指标

投资项目偿债能力分析是指根据有关财务报表,计算反映偿债能力的指标,考察项目借款偿还能力的过程。反映项目偿债能力的指标包括借款偿还期、利息备付率、偿债备付率和资产负债率。采用实际能力偿还方式偿还建设投资借款的项目,计算借款偿还期指标;对于预先设定借款偿还期的项目,即采用等额还本付息和等额还本利息照付方式偿还建设投资借款的项目,计算利息备付率和偿债备付率指标。

(一) 借款偿还期

借款偿还期是以项目投产后获得的可用于还本付息的资金来源,还清建设投资借款本息所需要的时间,一般以年为单位。偿还借款的资金来源包括按照国家规定当年可用于还本的折旧费、摊销费、未分配利润、以前年度结余可用于还本的资金、用于还本的短期借款和其他可用于还款的资金等。借款偿还期依据"借款还本付息计划表"计算。其计算公式为:

$$借款偿还期 = \frac{借款偿还后开始}{出现盈余年份} - 开始借款年份 + \frac{年初借款余额}{当年可用于还款的资金额}$$

(公式 10-9)

计算出借款偿还期后,要与贷款机构的要求期限进行对比,等于或短于贷款机构提出的要求期限,即认为项目有足够的偿债能力。否则,则认为项目的偿债能力不足,从偿债能力角度考虑,可认为项目是不可行的。

计算借款偿还期指标,目的是计算项目的最大偿还能力,因此这一指标适用于尽快偿还贷款的项目,不适用于已经约定偿还借款期限的项目。

对于已经约定借款偿还期限的项目,应采用利息备付率和偿债备付率指标分析项目的偿债能力,而无须计算借款偿还期指标。

需注意的是借款偿还期只是为估算利息备付率和偿债备付率指标所用,不应与利息备付率和偿债备付率指标并列。

(二) 利息备付率

利息备付率(可表示为 ICR)是指在借款偿还期内,各年可用于支付利息的息税前利润(可表示为 $EBIT$)与当期应付利息费用(可表示为 PI)的比值,它从付息资金来源的充裕性角度反映项目偿付债务利息的保障程度。其计算公式为:

$$ICR = \frac{EBIT}{PI}$$

(公式 10-10)

式中:$EBIT$——息税前利润;

PI——计入总成本费用的应付利息。

其中,息税前利润是指利润表中未扣除利息费用和所得税之前的利润;当期应付利息费用是指计入总成本本期发生的全部应付利息。

利息备付率表示项目的利润偿付利息的保证倍率,利息备付率高,说明利息偿付的保证度大。对于正常运营的企业,利息备付率应当大于1,一般不宜低于2;利息备付率小于1,表示没有足够资金支付利息,偿债风险很大。

利息备付率最好是分年计算,因为分年的利息备付率更能反映项目的偿债能力。

(三) 偿债备付率

偿债备付率(可表示为 $DSCR$)是指项目在借款偿还期内,用于还本付息的资金($EBITDA-T$)与应还本付息金额(可表示为 PD)的比值,它表示可用于还本付息的资金偿还借款本息的保障程度。其计算公式为:

$$DSCR = \frac{EBITDA - T}{PD}$$

(公式 10-11)

式中:$EBITDA$——息税前利润加折旧和摊销;

T——企业所得税;

PD——应还本付息金额。

当期应还本付息金额包括当期应还贷款本金和计入总成本费用的全部利息,融资租赁费用可视同借款偿还。运营期的短期借款本息也应纳入计算中。如果项目在运行期内有维持运营的投资,可用于还本付息的资金还应扣除维持运营的投资。

偿债备付率表示可用于还本付息的资金偿还借款本息的保证倍数。正常情况下,偿债备付率应当大于1,一般不宜低于1.3。偿债备付率低,说明还本付息的资金不足,偿债风险大。当指标值小于1时,表示当年资金来源不足以偿还当期债务,需要通过短期借款偿付已到期的债务。分年计算的偿债备付率更能反映项目的偿债能力。

(四) 资产负债率

资产负债率($LOAR$)是指各期期末负债总额(TL)同资产总额(TA)的比率,它反映了总资产中有多大比例是通过借债来筹集的,可用于衡量企业在清算时对债权人利益的保障程度。其计算公式为:

$$LOAR = \frac{TL}{TA} \times 100\% \quad \text{(公式 10-12)}$$

式中:TL——期末负债总额,包括长期负债和短期负债;

TA——期末资产总额,是扣除累计折旧后的净额。

资产负债率亦是反映项目各年所面临的财务风险程度及项目偿债能力的指标,衡量投资者承担风险程度的尺度。对该指标的分析,应结合国家宏观经济状况、行业发展趋势、企业所处竞争环境等具体条件判定。该比率越小,说明回收借款的保障越大;反之,则说明投资风险越高。在项目财务分析中,长期债务还清后可不再计算资产负债率。国际上公认较好的资产负债率指标是60%,但也难以简单地用资产负债率的高或低来进行判断,因为过高的资产负债率表明企业财务风险太大;过低的资产负债率则表明企业对财务杠杆的利用不够。

四、反映财务生存能力的分析

在项目(企业)运营期间,确保从各项经济活动中得到足够的净现金流量是项目能够持续生存的条件。财务分析中应根据财务计划现金流量表,综合考察项目计算期内各年的投资活动、融资活动和经营活动所产生的各项现金流入和流出,计算净现金流量和累计盈余资金,分析项目是否有足够的净现金流量维持正常运营。为此,财务生存能力分析亦可称为资金平衡分析。

财务生存能力分析应结合偿债能力分析进行,如果拟安排的还款期过短,致使还本付息负担过重,导致为维持资金平衡必须筹措的短期借款过多,可以调整还款期,减轻各年还款负担。通常因运营期前期的还本付息负担较重,故应特别注意运营期前期的财务生存能力分析。

可以通过以下两个方面,具体判断项目的财务生存能力。

第一,是否拥有足够的经营净现金流量。拥有足够的经营净现金流量是财务可持续的基本条件。一个项目具有较大的经营净现金流量,说明项目方案比较合理,实现自身资金平衡的可能性大,不会过分依赖短期融资来维持运营;反之,一个项目不能产生足够的经营净现金流量,或经营净现金流量为负值,则说明维持项目正常运行会遇到财务上的困难,项目方案缺乏合理性,实现自身平衡的可能性小,有可能要靠短期融资来维持运营;或者是非经营项目本身无能力实现自身资金平衡,要靠政府补贴。

第二,各年累计盈余资金是否出现负值。各年累计盈余资金不出现负值是财务生存的必要条件。在整个运营期间,允许个别年份的净现金流量出现负值,但不能允许任一年份的累计盈余资金出现负值。一旦出现负值应适时进行短期融资,该短期融资应体现在财务计划现金流量表中,同时短期融资的利息也应纳入成本费用和其后的计算。较多或较频繁的短期融资,有可能导致以后的累计盈余资金无法实现正值,致使项目难以持续运营。

财务计划现金流量表是项目财务生存能力分析的基本报表,其编制基础是财务分析辅助报表和利润表。

第四节 改扩建项目财务分析

由于改扩建项目与既有企业既有联系又有区别,一般可进行项目与企业两个层次的分析。改扩建项目应分析项目对既有企业的贡献。通过计算项目实施后既有企业的营业收入、利润总额等指标的"新增"数据及相关增长率,估算项目投资活动对既有企业财务状况改善的贡献。改扩建项目财务分析的关键是正确识别"有项目"与"无项目"的经济效益和经济费用。

改扩建项目财务分析采用一般建设项目财务分析的基本原理和分析指标,其分析指标为增量经济净现值和经济内部收益率。所用的报表可参照财务分析报表和经济费用效益分析报表,一般情况下,财务(经济)效益与费用宜分别单列"有项目"与"无项目"的流入与流出报表。

进行改扩建项目的既有企业条件各异,应根据项目、目的、项目层次与企业层次财务分析的结果、经济费用效益分析的结果,结合不确定性分析和风险分析的结果,以及项目对企业的贡献等,统筹兼顾,进行多指标投融资决策,并应处理好计算期的可比性、原有资产利用、停产减产损失和沉没成本等问题。改扩建项目只进行"有项目"状态的生存能力分析,且分析的内容与一般新建项目类同。所以,在此仅介绍改扩建项目盈利能力分析与偿债能力分析的特点。

一、改扩建项目盈利能力分析的特点

既有法人改扩建项目盈利能力分析除了遵循报表编制和指标计算的一般性要求外,还应注意以下几个特点。

(一) 以增量分析为主

改扩建项目的盈利能力分析要在明确项目范围和确定前述五套数据(见第九章第八节相关内容)的基础上进行。虽然改扩建项目的财务分析涉及五套数据,但并不要求计算五套指标。而是强调以"有项目"和"无项目"对比得到的增量数据进行增量现金流量分析,以增量现金流量分析的结果作为投资决策的主要依据。

(二) 辅以总量分析

必要时,既有法人改扩建项目的盈利能力分析也可以按"有项目"效益和费用数据编制"有项目"的现金流量表进行总量盈利能力分析,依据该表数值计算有关指标。目的是考察项目建设后的总体效果,可以作为辅助的决策依据。有无必要进行总量盈利能力分析一般取决于企业现状与项目目标。如果企业现状亏损,而该改扩建项目的目标又是使企业扭亏为盈,为了解改造后的预期目标能否因该项目的实施而实现,就应该进行总量盈利能力的分析;如果增量效益较好,而总量效益不能满足要求,则说明该项目方案的带动效果不足,需要

改变方案才有可能实现扭亏为盈的目标。

实际上,通过编制"有项目"利润表就可以考察是否实现扭亏为盈,因此编制"有项目"的现金流量表计算相关指标并不是投资决策的必然要求。

(三) 改扩建项目盈利能力分析报表

既有法人改扩建项目盈利能力分析报表与新建项目的财务报表基本相同,只是输入数据不同,科目可能略有增加,改扩建项目盈利能力分析的主要报表有项目投资现金流量表(增量)和利润表(有项目)。

(四) 关于改扩建项目盈利能力增量分析的简化

简化的增量分析即按照"有无对比"原则,直接判定增量数据用于报表编制并进行增量分析。这种做法实际上是把项目模拟成一个法人,相当于按照新建(新设法人)项目的方式进行盈利能力分析。

1. 按照"有无对比"原则,直接判定增量数据的前提条件

(1) 项目与老厂界限清晰,例如建设一套新装置,该装置与原有装置没有任何关联,或仅有简单的供料关系,当然还可能利用老厂的水、电、气等。

(2) 作为公司的局部改造项目,涉及范围较少,对其他部分影响很小。

(3) 在上述两种情况下,有充分的理由设定投入和产出的现状数据在"无项目"时保持不变,即"无项目"数据等于现状数据;或者投入和产出的"无项目"数据很容易理清,使得增量数据的确定比较简单。

2. 直接进行增量分析时应注意的问题

(1) 新增投资包括新建或扩建装置的投资和对老厂原有设施填平补齐发挥能力为新项目配套的投资,还可能包括为腾出场地必须对原有建筑物的拆除和改建费用。

(2) 正确识别增量效益和费用。

① 如因项目的建设使老厂的生产受到了影响,则停产损失应计为增量费用,作为现金流量表的一项现金流出。

② 如建设新项目利用了原有企业的资产,而该资产有明确的机会成本,该机会成本是无项目的收入,在直接判定增量数据进行增量分析时应作为增量费用,作为现金流量表的一项现金流出。

(3) 直接进行增量盈利能力分析的报表格式与新建项目的财务报表基本相同,只是输入的是增量数据。

■ 专栏10-1

案 例 分 析

背景资料:

某公司要将其生产线改造成计算机自动化控制的生产线,以提高生产效率。由于项目建设工程量不大,耗时少,为简化计算,设定建设投资在第1年年初投入,当年就投入运营,实现效益,运营期按5年计算。假设流动资金不发生变化。项目资金来源中无债务资金。财务基准收益率设定为15%,适用的所得税率为25%。其他有关数据见表10-3。

表 10-3　　　　　　　　　某公司生产线改造项目有关数据　　　　　　　　　单位:万元

现状数据	
年工资	20 000
年运营维护费用	8 500
年残次品损失	7 200
旧设备当初购买成本	60 000(资产原值)
预计使用寿命	10 年
已经使用年限	5 年
预计净残值	0
折旧年限及方法	10 年,年限平均法
旧设备当年市值	12 000
"无项目"数据(不进行更新改造的预计数据)	
设定同现状数据	
"有项目"数据(更新改造后的预计数据)	
年工资	2 000
年运营维护费用	6 800
年残次品损失	1 800
预计使用寿命	5 年
预计净残值	0
折旧年限及方法	5 年,年限平均法
新增数据	
更新改造数据	69 500

要求:

(1) 假定"无项目"数据与"现状"数据相同,计算本次更新改造投资计划的现金流量(融资前分析)。

(2) 计算所得税后的投资回收期、财务净现值和财务内部收益率指标。

(3) 评价该投资计划的财务可行性。

解答:

1. 识别并计算增量现金流量

该项目仅为一条生产线的改造,项目与老厂界限清晰,对企业其他部分基本无影响,可以通过有无对比直接判定增量现金流量,包括期初现金流量、运营期间的现金流量和期末现金流量。

(1) 期初现金流量。期初现金流量主要涉及购买资产和使之正常运行所必需的直接现金支出,包括资产的购买价格加上运输、安装等费用。本项目为对原有生产线的更新改造,期初现金流量还可考虑与旧资产出售相关的现金流入以及旧资产出售所带来的纳税效应。

出售旧资产可能涉及三种纳税情形:①当旧资产出售价格高于该资产折旧后的账面价值时,旧资产出售价格与其折旧后的账面价值之间的差额属于应税收入,按所得税税率纳税;②当旧资产出售价格等于该资产折旧后的账面价值时,资产出售没有带来收益或损失,无须考虑纳税问题;③当旧资产出售价格低于该资产折旧后的账面价值时,旧资产出售价格与其折旧后的账面价值之间的差额属于应税损失,可以用来抵减应税收入从而减少纳税。

按年限平均法计算折旧:

$$旧资产已经计提的折旧(累计折旧) = \frac{(资产原值-期末残值) \times 已使用年限}{预计全部使用年限} = (60\,000-0) \times 5/10 = 30\,000(万元)$$

旧设备账面价值=原值-累计折旧=60 000-30 000=30 000(万元)

旧设备当年的市值仅为12 000万元,旧设备出售可以获得所得税抵扣收益:

$$(30\,000-12\,000) \times 25\% = 4\,500(万元)$$

编制项目期初现金流量表,如表10-4所示。

表 10-4　　　　　　　　　期初现金流量　　　　　　　　　单位:万元

现金流入	16 500
旧设备出售收入	12 000
出售旧设备抵税收益	4 500
现金流出	69 500
更新改造投资	69 500
税后净现金流量(现金流入-现金流出)	-53 000

(2) 运营期间现金流量。

① 计算增量收入。在本例中,更新改造并没有新增营业收入,只是通过费用节约产生效益。节约的费用也可以直接列为增加的收入,主要包括:

年工资节省:20 000-2 000=18 000(万元)

年运营维护费减少:8 500-6 800=1 700(万元)

年残次品损失减少:7 200-1 800=5 400(万元)

通过费用节约增加的收入合计为25 100万元。

② 计算增量折旧费。尽管折旧及其增加额对现金流量不造成直接影响,但它会通过减少应税收入的形式来减少应纳税所得额,从而影响税后净现金流量。

旧设备的年折旧费:60 000×(1-0)/10=6 000(万元)

新设备的年折旧费:69 500×(1-0)/5=13 900(万元)

该项目的实施将使公司每年增加折旧费7 900(13 900-6 000)万元。

③ 计算增量的调整所得税。对项目运营期内的包括由于利润增加所带来的纳税增加和由于折旧费增加所带来的节税额进行计算。

融资前分析现金流量中的所得税应以息税前利润为基数计算,由于该项目资金来源中没有借款,没有利息支出,因此息税前利润就等于利润总额。调整所得税与企业应缴所得税相同。同时,由于该项目是通过费用节约来实现效益,按上述方法计算的增量收入构成增量息税前利润的主要部分。另外,由于折旧费增加使息税前利润减少 7 900 万元。

因此有:增量息税前利润 = 25 100 − 7 900 = 17 200(万元)

增量调整所得税 = 17 200 × 25% = 4 300(万元)

编制项目运营期间的现金流量表,如表 10-5 所示。

表 10-5　　　　　　　　　运营期间的现金流量　　　　　　　　　单位:万元

现金流入	25 100
增量收入(费用节省额)	25 100
现金流出	4 300
增量调整所得税	4 300
税后现金流入	20 800

注:计算中忽略了税金及附加可能的变化。

(3) 期末现金流量。项目运营期末年现金流量除了运营期内通常的现金流量外,还包括资产余值的回收。该项目已设定新设备的预计净残值为 0,折旧年限又等于计算期,所以没有期末回收固定资产余值。又因设定改造后流动资金不发生变化,增量资金为零,因此也没有期末回收流动资金。

2. 编制项目投资现金流量表并计算相关指标

将上述三步骤得到的分年现金流量纳入现金流量表,编制的项目投资现金流量表见表 10-6,并计算相关指标。

表 10-6　　　　　　　　项目投资现金流量表(增量)　　　　　　　　单位:万元

年份 项目	0	1	2	3	4	5
一、现金流入	16 500	25 100	25 100	25 100	25 100	25 100
旧设备出售收入	12 000					
出售旧设备抵税收益	4 500					
运营期间增量收入(费用节省额)		25 100	25 100	25 100	25 100	25 100
二、现金流出	69 500	4 300	4 300	4 300	4 300	4 300
更新改造投资	69 500					
调整所得税		4 300	4 300	4 300	4 300	4 300
三、税后净现金流量	−53 000	20 800	20 800	20 800	20 800	20 800
四、累计税后净现金流量	−53 000	−32 200	−11 400	9 400	30 200	51 000
折现系数($i=15\%$)	1	0.869 6	0.756 1	0.657 5	0.571 8	0.497 2

注:0 表示计算期的起点,即计算现值的时点。该时点发生的现金流入和现金流出数值不予折现(或称折现系数为1)。

项目投资回收期 $=3-1+\dfrac{11\,400}{20\,800}=2.55$（年）

项目投资财务净现值$(i_c=15\%)=16\,725.76$（万元）

项目投资财务内部收益率$=28\%$

3. 评价结论

上述计算结果表明，本次更新改造投资的财务内部收益率大于财务基准收益率15%，以15%为折现率计算的财务净现值为16 725.76万元，大于零，该投资计划在财务上可行。

二、改扩建项目偿债能力分析的特点

对于新设法人项目，项目即为企业。而既有法人改扩建项目，由于项目范围界定不同，可能分为项目和企业两个层次。当项目范围与企业范围一致时（企业整体改造或局部改造但将项目范围界定为整体时），"有项目"数据与报表都与企业一致，可直接进行借款偿还计算；当项目范围与企业不一致时（局部改扩建且将项目范围界定为企业局部时），偿债能力分析就有可能出现项目和企业两个层次。

（一）项目层次的借款偿还能力

首先进行项目层次的偿债能力分析，编制"有项目"时的借款还本付息计划表，计算利息备付率和偿债备付率。

当项目范围内存在原有借款时，应纳入计算。虽然借款偿还是由企业法人承借并负责偿还的，但计算得到的项目偿债能力指标可以表示项目用自身的各项收益偿付债务的能力，显示项目对企业整体财务状况的影响。计算得到的项目层次偿债能力指标可以给企业法人两种提示：一是本项目自身收益可以偿还债务，不会给企业法人增加债务负担；二是本项目的自身收益不能偿还债务，需要企业法人另筹资金偿还债务。企业投资计划部门和财务管理部门可由此获得是否会因项目给企业增加财务负担的信息，对该部门的计划管理工作十分有益。

对于大型企业集团，为满足总公司决策需要，项目层次的借款偿还能力分析是十分必要的。

同样，计算得到的拟建项目偿债能力指标对银行等金融部门也可作为参考，一是项目自身有偿债能力；二是项目自身偿债能力不足，需要企业另外筹资偿还。由于银行贷款通常是贷给企业法人而不是贷给项目，因此计算项目层次的借款偿还能力要与企业财务状况的考察相结合，才能满足银行信贷决策的要求，因此在计算项目层次的借款偿还能力时，企业要向银行提供前3~5年的主要财务报表。因为银行是根据企业的整体资产负债结构和财务状况决定信贷取舍的。有时虽然项目自身无偿债能力，但是整个企业信誉好、偿债能力强，银行也可能给予贷款；有时虽然项目有偿债能力，但企业整体信誉差、负债高、偿债能力弱，银行也可能不予贷款。

（二）企业层次的借款偿还能力

银行等金融部门为了考察企业的整体经济实力，决定是否贷款，往往在考察现有企业财务状况的同时还要了解企业各笔借款（含项目范围内外的原有借款、其他拟建项目将要发生的借款和项目新增借款)的综合偿债能力。为了满足债权人要求,企业不仅需要提供项目建设前3～5年的企业主要财务报表,还需要编制企业在拟建项目建设期和投产后3～5年内(或项目偿还期内)的综合借款还本付息计划表,并结合利润表、财务计划现金流量表和资产负债表,分析企业整体偿债能力。企业过去和未来的财务报表编制通常需要企业和咨询人员的通力合作。

(三) 考察企业财务状况的指标

考察企业财务状况的指标主要有资产负债率、流动比率、速动比率等比率指标,可以根据企业资产负债表的相关数据计算。

上述指标的含义和计算公式如下:

1. 资产负债率

资产负债率是指企业某个时点负债总额同资产总额的比率。其计算公式参见本章第三节的第三部分。

2. 流动比率

流动比率是企业某个时点流动资产同流动负债的比率。其计算公式为:

$$流动比率 = (流动资产/流动负债) \times 100\% \quad (公式10-13)$$

流动比率衡量企业资金流动性的大小,考察流动资产规模与流动负债规模之间的关系,判断企业短期债务到期前,可以转化为现金用于偿还流动负债的能力。该指标越高,说明偿还流动负债的能力越强。但该指标过高,说明企业资金利用效率低,对企业的运营也不利。国际上公认较好的流动比率指标是200%,但行业间流动比率指标会有很大差异,一般而言,行业生产周期较长,流动比率就应相应提高;反之,就可以相对降低。

3. 速动比率

速动比率是企业某个时点速动资产同流动负债的比率。其计算公式为:

$$速动比率 = (速动资产/流动负债) \times 100\% \quad (公式10-14)$$

速动比率指标是对流动比率指标的补充,是将流动比率指标计算公式的分子剔除了流动资产中变现能力最差的存货后,计算企业实际的短期债务偿还能力,可较流动比率更准确地反映偿还流动负债的能力。该指标越高,说明偿还流动负债的能力越强。与流动比率一样,该指标过高,说明企业资金利用效率低,对企业的运营也不利。国际上公认的标准比率是100%,同样行业间会有很大差异,实践中应结合行业特点进行分析判断。

第五节 非经营项目的财务分析

一、对没有营业收入的项目

对没有营业收入的项目,不进行盈利能力分析,主要考察项目财务生存能力。此类项目通常需要政府长期补贴才能维持运营,应合理估算项目运营期各年所需的政府补贴数额,并分析政府补贴的可能性与支付能力。对有债务资金的项目,还应结合借款偿还要求进行财务生存能力分析。

二、对有营业收入的项目

对有营业收入的项目,财务分析应根据收入抵补支出的程度区别对待。收入补偿费用的顺序应为:补偿人工、材料等生产经营耗费、缴纳流转税、偿还借款利息、计提折旧和偿还借款本金。

有营业收入的非经营性项目可分为下列两类:

(1) 营业收入在补偿生产经营耗费、缴纳流转税、偿还借款利息、计提折旧和偿还借款本金后尚有盈余,表明项目在财务上有盈利能力和生存能力,其财务分析方法与一般项目基本相同。

(2) 对一定时期内收入不足以补偿全部成本费用,但通过在运行期内逐步提高价格(收费)水平,可实现其设定的补偿生产经营耗费、缴纳流转税、偿还借款利息、计提折旧和偿还借款本金的目标,并预期在中长期产生盈余的项目,可只进行偿债能力分析和财务生存能力分析。由于项目运营前期需要政府在一定时期内给予补贴,以维持运营,因此应估算各年所需的政府补贴数额,并分析政府在一定时期内可能提供财政补贴的能力。

■ 专栏10-2

案 例 分 析

背景资料:

同第九章财务效益与费用估算案例分析中给出的各项基础条件。

要求:

(1) 编制项目投资现金流量表、项目资本金现金流量表、财务计划现金流量表;
(2) 计算各项盈利能力和偿债能力指标,对该拟建项目进行财务分析。

分析要点:

项目的财务分析主要是分析盈利能力和偿债能力,而项目盈利能力和偿债能力的考察是通过编制财务报表和计算财务分析指标完成的。因此,项目的财务分析必须掌握财务报表的编制和各项评价指标的计算方法。

解答:

1. 编制财务报表

(1) 根据已经完成的总成本费用估算表、利润表,编制项目投资现金流量表,见表10-7。

(2) 根据总成本费用估算表、利润表、借款还本付息计划表,完成项目资本金现金流量表,见表10-8。

表 10-7　　　　　　　　　　　　　项目投资现金流量表　　　　　　　　　　　　　单位：万元

序号	年份＼项目	1	2	3	4	5	6	7	8
1	现金流入			4 200.00	5 040.00	6 300.00	6 300.00	6 300.00	8 713.68
1.1	营业收入			4 200.00	5 040.00	6 300.00	6 300.00	6 300.00	6 300.00
1.2	回收固定资产余值								1 513.68
1.3	回收流动资金								900.00
1.4	其他现金流入								
2	现金流出	1 600.00	2 540.00	3 272.00	3 726.40	4 158.00	4 158.00	4 158.00	4 158.00
2.1	建设投资	1 600.00	2 540.00						
2.2	流动资金			500.00	400.00				
2.3	税金及附加			252.00	302.40	378.00	378.00	378.00	378.00
2.4	经营成本			2 520.00	3 024.00	3 780.00	3 780.00	3 780.00	3 780.00
2.5	其他现金流出								
3	所得税前净现金流量	−1 600.00	−2 540.00	928.00	1 313.60	2 142.00	2 142.00	2 142.00	4 555.68
4	累计所得税前净现金流量	−1 600.00	−4 140.00	−3 212.00	−1 898.40	243.60	2 385.60	4 527.60	9 083.28
5	调整所得税			245.07	316.47	423.57	423.57	423.57	423.57
6	所得税后净现金流量	−1 600.00	−2 540.00	682.93	997.13	1 718.43	1 718.43	1 718.43	4 132.11
7	累计所得税后净现金流量	−1 600.00	−4 140.00	−3 457.07	−2 459.94	−741.51	976.92	2 695.35	6 827.46

表 10-8　　　　　　　　　　　项目资本金现金流量表　　　　　　　　　单位:万元

序号	年份 项目	1	2	3	4	5	6	7	8
1	现金流入			4 200.00	5 040.00	6 300.00	6 300.00	6 300.00	8 713.68
1.1	营业收入			4 200.00	5 040.00	6 300.00	6 300.00	6 300.00	6 300.00
1.2	回收固定资产余值								1 513.68
1.3	回收流动资金								900.00
1.4	其他现金流入								
2	现金流出	1 600.00	540.00	4 436.35	4 747.06	4 599.57	4 599.57	4 599.57	5 199.57
2.1	项目资本金	1 600.00	540.00	300.00					
2.2	借款本金偿还			1 020.58	1 039.42				600.00
2.3	借款利息支付			131.60	86.37	24.00	24.00	24.00	24.00
2.4	税金及附加			252.00	302.40	378.00	378.00	378.00	378.00
2.5	经营成本			2 520.00	3 024.00	3 780.00	3 780.00	3 780.00	3 780.00
2.6	所得税			212.17	294.88	417.57	417.57	417.57	417.57
2.7	其他现金流入								
3	净现金流量	-1 600.00	-540.00	-236.35	292.94	1 700.43	1 700.43	1 700.43	3 514.11

(3) 根据总成本费用估算表、利润表、借款还本付息计划表,完成财务计划现金流量表,见表 10-9。

表 10-9　　　　　　　　　　　财务计划现金流量表　　　　　　　　　　单位:万元

序号	年份 项目	1	2	3	4	5	6	7	8
1	经营活动净现金流量			1 215.83	1 418.72	1 724.43	1 724.43	1 724.43	1 724.43
1.1	现金流入			4 200.00	5 040.00	6 300.00	6 300.00	6 300.00	6 300.00
1.1.1	营业收入			4 200.00	5 040.00	6 300.00	6 300.00	6 300.00	6 300.00
1.2	现金流出			2 984.17	3 621.28	4 575.57	4 575.57	4 575.57	4 575.57

续表

序号	年份 项目	1	2	3	4	5	6	7	8
1.2.1	经营成本			2 520.00	3 024.00	3 780.00	3 780.00	3 780.00	3 780.00
1.2.2	税金及附加			252.00	302.40	378.00	378.00	378.00	378.00
1.2.3	所得税			212.17	294.88	417.57	417.57	417.57	417.57
2	投资活动净现金流量	−1 600.00	−2 540.00	−500.00	−400.00				
2.1	现金流入								
2.2	现金流出	1 600.00	2 540.00	500.00	400.00				
2.2.1	建设投资	1 600.00	2 540.00						
2.2.2	流动资金			500.00	400.00				
3	筹资活动净现金流量	1 600.00	2 540.00	368.40	313.63	−24.00	−24.00	−24.00	−24.00
3.1	现金流入	1 600.00	2 540.00	500.00	400.00				
3.1.1	项目资本金投入	1 600.00	540.00	300.00					
3.1.2	建设投资借款		2 000.00						
3.1.3	流动资金借款			200.00	400.00				
3.2	现金流出			131.60	86.37	24.00	24.00	24.00	24.00
3.2.1	各种利息支出			131.60	86.37	24.00	24.00	24.00	24.00
4	净现金流量			1 084.23	1 332.36	1 700.43	1 700.43	1 700.43	1 700.43
5	累计盈余资金			1 084.23	2 416.59	4 117.02	5 817.45	7 517.88	9 218.31

2. 指标计算

(1) 盈利能力指标的计算

静态指标：

$$总投资收益率(ROI) = \frac{EBIT}{TI} \times 100\% = \frac{1\ 503.88}{5\ 100} = 29.49\%$$

资本金净利润率$(ROE)=\dfrac{NP}{EC}\times100\%=\dfrac{1\,088.66}{2\,440}=44.62\%$

投资回收期 = 累计净现金流量出现正值年份 $-1+\dfrac{|上年累计净现金流量|}{当年净现金流量}$

$$=5-1+\dfrac{|-1\,898.4|}{2\,142}=4.9(年)$$

动态指标:

根据公式:财务净现值$(FNPV)=\sum\limits_{t=1}^{n}(CI-CO)_t(1+i_c)^{-t}$

项目财务净现值 = 4 561.85 万元

根据公式:$\sum\limits_{t=1}^{n}(CI-CO)_t(1+FIRR)^{-t}=0$

项目财务内部收益率 = 30.80%

资本金财务内部收益率 = 29.31%

(2) 偿债能力指标的计算

借款偿还期 = $\dfrac{借款偿还后开始}{出现盈余年份}-开始借款年份+\dfrac{年初借款余额}{当年可用于还款的资金额}$

$$=4-2+\dfrac{1\,039.42}{342.72+105+796.17}=2.84(年)$$

结论:

财务分析表明,项目投资财务净现值为 4 561.85 万元;项目投资财务内部收益率为 30.80%,资本金财务内部收益率为 29.31%,大于行业基准收益率 8%;总投资收益率、资本金净利润率分别为 29.49% 和 44.62%,高于同行业平均标准;借款偿还期 2.84 年,低于银行规定标准(4年)。可见,该项目的盈利能力和偿债能力都是比较强的。

因此,从财务角度分析,该项目是可行的。

本章小结

  财务分析一般宜先进行融资前分析,再进行融资后分析。融资前分析只进行盈利能力分析,并以动态分析(折现现金流量分析)为主,以营业收入、建设投资、经营成本和流动资金的估算为基础,考察整个计算期内的现金流入和现金流出,编制项目投资现金流量表,计算项目投资内部收益率和净现值等指标;融资后分析应以融资前分析和初步的融资方案为基础,主要是针对项目资本金折现现金流量和投资各方折现现金流量进行分析,考察项目在拟投资融资条件下的盈利能力分析、偿债能力分析,判断项目方案在融资条件下的可行性。

  财务分析的主要目标是投资项目的盈利能力、偿债能力和财务生存能力。

  用估算的财务效益与费用数据编制财务分析基本报表,包括现金流量表(项目投资现金流量表、项目资本金现金流量表和投资各方财务现金流量表)、利润表、财务计划现金流量表、资产负债表和借款还本付息计划表等。财务分析基本报表之间有密切的联系。

　　根据编制的财务分析基本报表,可以计算出财务指标。项目的财务指标体系根据不同标准有不同划分。按是否考虑资金时间价值因素进行分类,财务分析指标可分为静态盈利能力指标和动态盈利能力指标;按财务分析指标的性质进行分类,财务分析指标可分为时间性指标、价值性指标和比率性指标;按财务分析的目标进行分类,财务分析指标可分为盈利能力指标、偿债能力指标和财务生存能力指标。只有选取正确的指标体系,项目的财务分析结果才能与客观实际情况相吻合,才具有实际意义。

　　对于改扩建项目进行财务分析,应注意三点内容:第一,改扩建项目的财务分析一般包括项目与企业两个层次;第二,改扩建项目的财务分析所采用的基本原理和分析指标与一般项目相同;第三,一般情况下,财务(经济)效益与费用宜分别单列"有项目"与"无项目"的流入与流出报表,因为改扩建项目只进行"有项目"状态的生存能力分析,且分析的内容与一般新建项目类同,而改扩建项目的盈利能力分析与偿债能力分析不同于一般新建项目。

　　对于非经营性项目,财务分析可按下列要求进行:第一,对没有营业收入的项目,不进行盈利能力分析,主要考察项目财务生存能力。第二,对有营业收入的项目,财务分析应根据收入抵补支出的程度区别对待。

本章重要概念

| 财务分析 | 现金流量 | 现金流量表 | 静态盈利能力指标 |
| 动态盈利能力指标 | 财务净现值 | 财务内部收益率 | 增量现金流量 |

思考与练习题

1. 融资前财务分析与融资后财务分析有哪些区别?
2. 财务分析的目标是什么?
3. 财务净现值有哪些特点?
4. 试分析财务净现值与折现率的关系。
5. 财务内部收益率有哪些特点?
6. 确定折现率应考虑哪些因素?
7. 反映项目盈利能力和偿债能力的指标有哪些?
8. 改扩建项目的盈利能力分析与偿债能力分析有哪些特点?
9. 财务分析有哪些报表?

附表 10-1   项目投资现金流量表   单位:万元

序号	项目	合计	计算期					
			1	2	3	4	…	n
1	现金流入							
1.1	营业收入							
1.2	补贴收入							
1.3	回收固定资产余值							
1.4	回收流动资金							
2	现金流出							
2.1	建设投资							
2.2	流动资金							
2.3	经营成本							
2.4	税金及附加							
2.5	维持运营投资							
3	所得税前净现金流量(1-2)							
4	累计所得税前净现金流量							
5	调整所得税							
6	所得税后净现金流量(3-5)							
7	累计所得税后净现金流量							

计算指标(所得税前后):
项目投资财务内部收益率(%)
项目投资财务净现值(万元)
项目投资回收期(年)
注:本表适用于新设法人项目与既有法人项目的增量和"有项目"的现金流量分析。

附表 10-2   项目资本金现金流量表   单位:万元

序号	项目	合计	计算期					
			1	2	3	4	…	n
1	现金流入							
1.1	营业收入							
1.2	补贴收入							
1.3	回收固定资产余值							
1.4	回收流动资金							
2	现金流出							
2.1	项目资本金							
2.2	借款本金偿还							
2.3	借款利息支付							
2.4	经营成本							

续表

序号	项目	合计	计算期					
			1	2	3	4	...	n
2.5	税金及附加							
2.6	所得税							
2.7	维持运营投资							
3	净现金流量(1−2)							

计算指标：资本金内部收益率(%)

注：
1. 项目资本金包括用于建设投资和流动资金的资金。
2. 对外商投资项目，现金流出中应增加职工奖励及福利基金科目。
3. 本表适用于新设法人项目与既有法人项目"有项目"的现金流量分析。

附表 10−3　　　　投资各方财务现金流量表　　　　单位：万元

序号	项目	合计	计算期					
			1	2	3	4	...	n
1	现金流入							
1.1	实分利润							
1.2	资产处置收益分配							
1.3	租赁费收入							
1.4	技术转让或使用收入							
1.5	其他现金流入							
2	现金流出							
2.1	实缴资本							
2.2	租赁资产支出							
2.3	其他现金流出							
3	净现金流量(1−2)							

计算指标：投资各方内部收益率(%)

注：
1. 本表可按不同投资方式分别编制。
2. 投资各方现金流量表既适用于内资企业也适用于外商投资企业；既适用于合资企业也适用于合作企业。
3. 表中科目应根据项目具体情况调整。
(1) 实分利润是指投资者由项目获取的利润。
(2) 资产处置收益分配是指对有明确的合营期限或合资期限的项目，在期满时对资产余值按股比或约定比例的分配。
(3) 租赁费收入是指投资方将自己的资产租赁给项目使用所获得的收入，此时应将资产价值作为现金流出，列为租赁资产支出科目。
(4) 技术转让或使用收入是指投资方将专利或专有技术转让或允许该项目使用所获得的收入。

附表 10-4　　　　　　　　　　　　　利 润 表　　　　　　　　　　　　　单位:万元

序号	项目	合计	计算期					
			1	2	3	4	…	n
1	营业收入							
2	税金及附加							
3	总成本费用							
4	补贴收入							
5	利润总额(1-2-3)							
6	弥补以前年度亏损							
7	应纳税所得额(4-5)							
8	所得税							
9	净利润(4-7)							
10	期初未分配利润							
11	可供分配利润(8+9)							
12	提取法定盈余公积金							
13	可供投资者分配的利润(10-11)							
14	应付优先股股利							
15	提取任意盈余公积金							
16	应付普通股股利(12-13-14)							
17	各投资方利润分配							
	其中:××方							
	××方							
18	未分配利润(12-13-14-16)							
19	息税前利润(利润总额+利息支出)							
20	息税折旧摊销前利润(息税前利润+折旧+摊销)							

附表 10-5　　　　　　　　　　　财务计划现金流量表　　　　　　　　　　　单位:万元

序号	项目	合计	计算期					
			1	2	3	4	…	n
1	经营活动净现金流量(1.1-1.2)							
1.1	现金流入							
1.1.1	营业收入							
1.1.2	增值税销项税额							
1.1.3	补贴收入							
1.1.4	其他流入							
1.2	现金流出							

续表

序号	项目	合计	计算期					
			1	2	3	4	…	n
1.2.1	经营成本							
1.2.2	增值税进项税额							
1.2.3	税金及附加							
1.2.4	增值税							
1.2.5	所得税							
1.2.6	其他流出							
2	投资活动净现金流量(2.1－2.2)							
2.1	现金流入							
2.2	现金流出							
2.2.1	建设投资							
2.2.2	维持运营投资							
2.2.3	流动资金							
2.2.4	其他流出							
3	筹资活动净现金流量(3.1－3.2)							
3.1	现金流入							
3.1.1	项目资本金投入							
3.1.2	建设投资借款							
3.1.3	流动资金借款							
3.1.4	债券							
3.1.5	短期借款							
3.1.6	其他流入							
3.2	现金流出							
3.2.1	各种利息支出							
3.2.2	偿还债务本金							
3.2.3	应付利润(股利分配)							
3.2.4	其他流出							
4	净现金流量(1＋2＋3)							
5	累计盈余资金							

注：
1. 对于既有法人项目，可适当增加科目。
2. 必要时，现金流出中可增加应付优先股股利科目。
3. 对于外商投资项目，应将职工奖励与福利基金列为经营活动现金流出。

附表 10-6　　　　　　　　　　　资产负债表　　　　　　　　　　　单位:万元

序号	项目	合计	计算期					
			1	2	3	4	…	n
1	资产							
1.1	流动资产总额							
1.1.1	货币资金							
1.1.2	应收账款							
1.1.3	预付账款							
1.1.4	存货							
1.1.5	其他							
1.2	在建工程							
1.3	固定资产净值							
1.4	无形及其他资产净值							
2	负债及所有者权益(2.4+2.5)							
2.1	流动负债总额							
2.1.1	短期借款							
2.1.2	应付账款							
2.1.3	预收账款							
2.1.4	其他							
2.2	建设投资借款							
2.3	流动资金借款							
2.4	负债小计(2.1+2.2+2.3)							
2.5	所有者权益							
2.5.1	资本金							
2.5.2	资本公积							
2.5.3	累计盈余公积金							
2.5.4	累计未分配利润							

计算指标:资产负债率(%)

注:

1. 对外商投资项目,第2.5.3项改为累计储备基金和企业发展基金。

2. 对既有法人,一般只针对法人编制,可按需要增加科目,此时表中资本金是指企业全部实收资本,包括原有和新增的实收资本。必要时,也可针对"有项目"范围编制。此时表中资本金仅指"有项目"范围的对应数值。

3. 货币资金包括现金和累计盈余资金。

附表 10-7　　　　　　　　　　借款还本付息计划表　　　　　　　单位：万元

序号	项目	合计	计算期					
			1	2	3	4	…	n
1	借款 1							
1.1	期初借款余额							
1.2	当期还本付息							
	其中：还本							
	付息							
1.3	期末借款余额							
2	借款 2							
2.1	期初借款余额							
2.2	当期还本付息							
	其中：还本							
	付息							
2.3	期末借款余额							
3	债券							
3.1	期初债务余额							
3.2	当期还本付息							
	其中：还本							
	付息							
3.3	期末债务余额							
4	借款和债券合计							
4.1	期初余额							
4.2	当期还本付息							
	其中：还本							
	付息							
4.3	期末余额							
计算指标	利息备付率(%)							
	偿债备付率(%)							
	借款偿还期							

注：

1. 本表与财务分析辅助表的"建设期利息估算表"可合二为一。

2. 本表直接适用于新设法人项目，如有多种借款或债券，必要时应分别列出。

3. 对于既有法人项目，按"有项目"范围进行计算时，可根据需要增加项目范围内原有借款的还本付息计算；在计算企业层次的还本付息时，可根据需要增加项目范围外借款的还本付息计算；当简化直接进行项目层次新增借款还本付息计算时，可直接按新增数据进行计算。

4. 本表可另加流动资金借款的还本付息计算。

第十一章 经济分析

> **学习目的：**
> 通过本章的学习，重点掌握经济分析的基本原理，费用、效益的鉴别和度量，熟悉经济分析与财务分析的主要区别，了解影子价格在经济分析中的作用以及影子价格的确定方法。

经济分析又称国民经济评价，是对投资项目进行评价，判定其经济合理性的一项重要工作。相对财务分析，经济分析更为复杂。因为财务分析所使用的数据都是在现行的财务会计制度、现行的市场价格和现行的税收政策等基础上估算出来的，只需要对现行的政策和项目投入物及产出物的未来价格走势进行预测，并通过财务指标，评价该项目给投资者（企业）带来的商业利润。而经济分析则是要按照社会资源合理配置的原则，用科学的方法测算出一系列参数，对估算的财务效益和费用数据进行调整，再根据调整后的数据，计算经济指标，衡量该项目对社会经济的贡献。

第一节 经济分析概述

一、经济分析的含义及意义

（一）经济分析的含义

经济分析是按照资源合理配置的原则，采用社会折现率、影子汇率、影子工资和土地影子价格等经济分析参数，从项目对社会经济所做贡献以及社会为项目付出代价的角度，考察项目的经济合理性。

经济分析的理论基础是新古典经济学关于资源优化配置的理论。从经济学角度看，经济活动的目的是配置稀缺经济资源用于生产产品和提供服务，满足社会需要。当经济体系功能发挥正常，社会消费的价值达到最大时，就认为是取得了"经济效率"，达到了帕累托最优。

（二）经济分析的作用

对于大型的投资项目，特别是一些在经济和社会发展中具有举足轻重作用的大型投资项目，在项目评估中，仅仅进行财务分析是不够的，还必须进行经济分析。经济分析的作用有以下几方面。

1. 正确反映投资项目对社会经济的净贡献，评价项目的经济合理性

财务分析主要是从企业的角度考察项目的效益。由于企业的利益并不总是与国家和社会的利益完全一致,项目的财务营利性在某些方面并不能全面正确地反映项目的经济合理性,如国家给予项目补贴、企业向国家税务部门缴纳税金、某些投入物或产出物市场价格可能扭曲、项目的外部效果等。因而需要从项目对社会资源增加所做贡献和项目引起社会资源耗费增加的角度,对项目进行经济分析,以便正确地反映项目的经济效率和对社会福利的净贡献。

2. 为政府合理配置资源提供依据

合理配置有限的资源(包括劳动力、土地、各种自然资源、资金等)是人类经济社会发展所面临的共同问题。在完全的市场经济状态下,可通过市场机制调节资源的流向,实现资源的优化配置。在非完全的市场经济中,需要政府在资源配置中发挥调节作用。但是由于市场本身的原因及政府不恰当的干预,可能导致市场配置资源的失灵。

经济分析对项目的资源配置效率,即项目的经济效益(或效果)进行分析评价,可为政府的资源配置决策提供依据,提高资源配置的有效性。主要体现在两方面:一是对财务效益好,但经济效益差的项目进行调控。政府在审批或核准项目的过程中,对那些财务效益好但经济效益差的项目可以限制,使有限的社会资源得到更有效的利用。二是对财务效益差而经济效益好的项目予以鼓励。政府对那些本身财务效益差而经济效益好的项目,可以采取某些支持措施,鼓励项目的建设,促进对社会资源的有效利用。因此,应对项目的经济效益费用流量与财务现金流量存在的差别以及造成这些差别的原因进行分析,特别是对一些关乎国计民生的项目,如果经济分析合理而财务分析不可行,可提出相应的财务政策方面的建议,调整项目的财务条件,使项目具有财务可持续性。

3. 政府审批或核准项目的重要依据

在新的投资体制下,政府对项目的审批和核准重点放在项目的外部性、公共性方面,经济分析强调从资源配置效率的角度分析项目的外部效果,是政府审批或核准项目的重要依据,是市场经济国家政府部门干预投资活动的重要手段。而财务分析只局限于以现行价格计算的项目自身的效益和成本,没有考虑项目建成使国民经济其他部门产生的效益和付出的代价,即财务分析只考虑项目的内部效果,没有考虑项目的外部效果。

4. 有助于实现企业利益与全社会利益有机结合和平衡

政府实行审批和核准的项目,应当特别强调从社会经济的角度进行评价,支持和发展对社会经济贡献大的产业项目,并注意限制和制止对社会经济贡献小甚至有负面影响的项目。正确运用经济分析方法,在项目决策中可以有效察觉产能过剩行业的项目,从而将企业利益与全社会利益有机地结合起来。

二、需要进行经济分析的项目范围

需要进行经济分析的投资项目主要包括以下几个方面。

(一) 从投资项目性质角度确定的范围

1. 自然垄断项目

对于电力、电信、交通运输等行业的项目,存在规模效益递增的产业特征,企业一般不会按照帕累托最优规划进行运作,从而导致市场配置资源失效,需要进行经济分析。

2. 公共产品项目

其产品具有公共产品特征的项目,提供的产品或服务在同一时间内可以被共同消费,具有"消费的非排他性"和"消费的非竞争性"特征。由于市场价格机制只有通过将那些不愿意付费的消费者排除在该物品的消费之外才能得以有效运作,因此,市场机制对公共产品项目的资源配置失灵,经济分析就显得很有必要。

3. 具有明显外部效果的项目

产生外部效果的行为主体由于不受预算约束,常常很少考虑受益者和受损者的损益情况,从而在行为过程中低效率或无效率地使用有限的资源,造成消费者剩余和生产者剩余的损失及市场失灵。

4. 国家控制的战略性资源开发和涉及国家经济安全的项目

国家控制的战略性资源开发和涉及国家经济安全的项目往往具有公共性和外部效果明显等特征,不可能完全依靠市场配置资源。

(二) 从投资管理角度确定的范围

(1) 利用政府预算内投资(包括国债资金),关于国家安全、国土开发和市场无法有效配置资源领域的公益性项目和公共基础设施项目,保护和改善生态环境项目及重大战略性开发项目。

(2) 利用政府各类专项建设基金,关于交通运输、农林水利等基础设施、基础产业建设的投资项目。

(3) 利用国际金融组织和外国政府贷款,需要政府主权信用担保的项目。

(4) 法律法规规定的其他政府性资金投资建设的项目。

(5) 企业投资建设的涉及国家经济安全、影响环境资源与公共利益,可能出现垄断和涉及整体布局等公共性问题,需要政府核准的项目。

三、经济分析与财务分析的主要区别

投资项目的经济评价包括经济分析和财务分析,两者既有联系也有区别。其主要区别具体体现在分析的角度和基本出发点、项目效益和费用的含义及范围、价格体系、折现率、汇率和分析内容等方面。

(一) 分析的角度和基本出发点不同

财务分析是站在项目的层次上,从项目的财务主体、投资者、未来债权人的角度分析项目的财务效益和财务可持续性,分析投资各方的实际收益或损失,分析投资或贷款的风险及收益;经济分析是站在国家的层次上,从全社会的角度分析、评价和比较项目对整个社会经济的效益和费用。

(二) 项目效益和费用的含义及范围不同

财务分析只根据项目发生的财务收支,计算项目的内部费用和效益;经济分析则是从全社会的角度考察项目的效益和费用,不仅要考虑项目的内部费用和效益(内部效果),还要考虑外部的费用和效益(外部效果)。另外,从全社会的角度考虑,项目的有些收入和支出不能作为费用或效益,例如企业向政府缴纳的大部分税金、政府给予企业的补贴和国内银行贷款利息等,在经济分析中应作为转移支付从费用或效益中剔除;而在财务分析中这些都计入项目的收入或成本。

(三) 使用的价格体系不同

财务分析侧重计算和分析在现行价格体系下企业的实际盈利水平和偿债能力,度量费用和效益的价值尺度是现行市场价格,或者说是企业为投入物支付的实际价格以及销售产出物收到的实际价格。而经济分析要考虑资源的稀缺性和有效配置,利于社会经济发展的最佳投资方向和投资结构,以及国内外市场供求关系和市场价格变化等因素。因此,作为价值尺度的价格,应该是满足以上要求的合理价格,即为反映资源的稀缺性和有效配置,追求经济结构的合理化,纳入国内国际市场价格体系,在完全竞争的条件下反映市场供求关系的影子价格。

(四) 采用的折现率不同

财务分析采用的是各部门、各行业的基准收益率,或是综合平均利率加风险报酬率,又或是投资者的最低可接受收益率;经济分析一般采用社会资本的机会成本,也称社会折现率。并且,财务分析的折现率一般不是唯一的,因为不同的投资项目会有不同的风险,因此,不同的投资项目采用的折现率有一定的差别;经济分析则采用的是全国统一的、反映政府价值取向的社会折现率。

(五) 汇率不同

财务分析使用官方汇率,而经济分析使用的是影子汇率。汇率实质是一种外汇价格,官方汇率体现了现行的外汇价格,所以在财务分析中,用官方汇率换算、度量费用和效益。经济分析要求使用一种反映资源稀缺性和市场供求关系的外汇价格,所以要对现行汇率进行调整,用比较合理的汇率进行换算和度量。

(六) 分析内容不同

财务分析要进行盈利能力分析、偿债能力分析和财务生存能力分析;经济分析只有营利性分析,即经济效率分析。

为了便于比较,表11-1列出了经济分析与财务分析的主要区别。

表 11-1　　　　　　　　　　经济分析与财务分析的主要区别

项目	财务分析	经济分析
目标	企业效益最大化	社会经济效益最大化
出发点	投资者	全社会
价格	现行市场价格	影子价格(包括影子汇率、影子工资和土地影子价格)
外部性	不计入	计入
折现率	各部门、各行业的基准收益率或综合平均利率加风险报酬率,或投资者最低可接受收益率	全国统一使用的社会折现率
评价指标	财务内部收益率、财务净现值和投资回收期等	经济内部收益率、经济净现值等

四、经济分析的步骤

经济分析和财务分析之间的联系很紧密。在很多情况下,经济分析是在财务分析基础上进行的,利用财务分析的数据资料,以财务分析为基础进行必要的调整计算,得到经济分析的结论。经济分析也可以独立进行,即项目未进行财务分析就直接进行经济分析。

(一) 在财务分析的基础上进行经济分析的步骤

1. 效益和费用范围的调整

(1) 剔除已计入财务效益和费用中的转移支付。

(2) 识别项目的外部效益和外部费用,对能定量的应进行定量计算,不可量化的,应该进行定性分析。

2. 效益和费用数值的调整

(1) 建设投资的调整。剔除属于国民经济内部转移支付的引进设备、材料的关税、消费税和增值税,并用影子汇率、影子运费和贸易费用对引进设备价值进行重新调整,对于国内设备价值则用其影子价格、影子运费和贸易费用进行调整;根据建筑工程消耗的人工、建材、其他大宗材料、电力等,用影子工资、货物和电力的影子价格调整建筑费用,或通过建筑工程影子价格换算系数直接调整建筑费用;若安装费中的材料费占很大比重,或有进口安装材料,也应按材料的影子价格调整安装费用;用土地的影子价格代替占用土地的实际费用;剔除涨价预备费;调整其他费用。

(2) 流动资金的调整。调整由于流动资金估算基础的变动引起的流动资金占用量的变动。

(3) 经营费用的调整。可以先用货物的影子价格、影子工资等参数调整费用要素,然后加总,计算出年经营费用。

(4) 营业收入调整。先确定项目产出物的影子价格,然后重新计算营业收入。

(5) 在涉及外汇借款时,用影子汇率计算外汇借款本金与利息的偿付额。

3. 编制表格与计算指标

编制项目投资经济费用效益流量表,并据此计算经济内部收益率和经济净现值指标。

(二) 直接进行经济分析的步骤

1. 识别和计算项目的内部效益

首先,根据项目提供的产出物性质确定是否属于外贸货物;其次,根据定价原则确定产出物的影子价格;最后,按照项目的产出物种类、数量及其逐年的增减情况和产出物的影子价格计算项目的内部效益。对为社会提供服务的项目,应根据提供服务的数量和用户的受益情况,按照愿支付价格计算项目的内部效益。

2. 投资估算

用货物的影子价格、土地的影子价格、影子工资、影子汇率、社会折现率等参数直接进行项目的投资估算。

3. 流动资金估算

用货物的影子价格、影子工资、影子汇率、社会折现率等参数直接估算项目所需要的流动资金。

4. 计算经营费用

根据生产经营的实物消耗和各种货物的影子价格、影子工资、影子汇率等参数计算经营费用。

5. 识别项目的外部效益和外部费用

对于项目的外部效益和外部费用,能定量的应进行定量计算,难以量化的,应作定性分析。

6. 编制有关报表,计算相应的技术经济指标

第二节 经济分析基本原理

一、费用—效益分析

(一) 费用—效益分析的含义

费用—效益分析是项目经济分析的基本理论。它是从国家和整个社会的角度出发,全面综合地分析和评价投资项目的一种科学的方法。费用—效益分析的基本问题是计算影子价格、影子汇率及项目未来的经济效益和费用,以社会折现率对净效益进行折现,最后对计算出的一系列技术经济指标进行分析和判断,以确定投资项目的经济合理性。

费用—效益分析的基本要求是在费用一定的前提下取得最大的效益,或者是在效益一定的前提下消耗最小的费用。

费用—效益分析的基本指标是经济净现值、经济内部收益率和效益费用比等。用社会折现率对各年净效益进行折现,得出经济净现值。经济净现值为正值或为零,该项目才值得实施;经济内部收益率大于或等于社会折现率,方能接受该项目。在费用—效益分析中占有重要地位的是影子价格和社会折现率,价格合理与否,将直接影响费用和效益计算的准确性和分析评价的客观性;社会折现率既是折现率,又是评选项目的标准。

(二) 费用和效益

经济分析是把社会经济作为一个整体,考察项目为其带来的效益和使其付出的代价,所以,经济分析中费用和效益的范围比财务分析中的费用和效益要宽得多。

1. 项目的费用

项目的费用是指因项目建设而使社会经济付出的代价,包括项目自身和社会经济其他部门或其他环节所付出的代价。项目的费用分为内部(直接)费用和外部(间接)费用。内部费用是指用影子价格计算的项目投入物的经济价值,一般表现为投入项目的各种物料、人工、资金、技术以及自然资源而带来的社会资源的消耗;外部费用是指社会为项目付出了代价,而项目本身并不需要支付的那部分费用。例如,项目对自然环境造成的损害等。

在经济分析中,项目的费用以机会成本来度量。项目投入物作为一种稀缺的资源,具有许多种用途,投到该项目上,就失去了用于其他用途获得效益的机会,这种因投入物用于某项目而使社会经济所付出的代价,就是它所放弃的,用于其他使用机会可能获得的最大效益。机会成本实质上是被放弃的一种效益。用机会成本度量费用,就可以把项目的效益和费用放在一个共同可比的标准上进行度量和评价,即将取得的效益与放弃的效益进行比较,

前者大于后者,项目是可以接受的,说明项目所投入的资源得到了最佳配置;前者小于后者,项目是不能被接受的,说明项目所投入的资源未得到最佳配置。

2. 项目的效益

项目的效益是指项目建设对社会经济所作出的贡献。项目效益分为内部(直接)效益和外部(间接)效益。内部效益是指项目产出物用影子价格计算的经济价值,一般表现为项目为社会生产提供的物质产品、科技文化成果和各种各样的服务所产生的效益;外部效益是指项目为社会经济做出了贡献,而该项目的投资者本身并未得到的那部分效益。例如,项目使用劳动力,非技术劳动力经训练转变为技术劳动力。再如技术扩散的效益等。

在经济分析中,项目的效益一般采用愿支付价格来度量。这是因为存在消费者剩余,消费者剩余是消费者愿意为某种商品支付的金额与实际支付金额之间的差额。

(三) 外部效果

1. 外部效果的含义

外部效果也叫外部性、外部效应或溢出效应,是由于项目的外部性所导致的项目对外部的影响,而项目本身并未因此实际获得收入或支付费用。外部效果分为外部效益和外部费用。项目的外部费用是由于项目存在而使项目以外的主体受到的全部损失,如某些工业项目制造了大量噪音,它们一般不会因干扰了工厂附近的居民而向他们进行补偿。项目的外部效益是由于项目存在而使项目以外的主体享有的利益,如有些项目因为大量投资于研究和开发,会给社会的其他成员带来许多利益,而这些成员对其并没有任何支付。

2. 外部效果的处理方式

外部效果计算的范围应考虑环境及生态影响效果、技术扩散效果和产业关联效果。为防止外部效果计算扩大化,一般只应计算一次相关效果。计算外部效果应明确项目"范围"的边界。根据具体项目情况,合理确定项目扩展的边界。有条件时可将具有相互关联的项目拴在一起作为"项目群"进行评价,使外部效果的处理内部化。无法量化的外部效果,应进行定性分析,以全面反映项目的产出效果。

二、经济分析参数

经济分析参数是指在经济分析中计算、衡量经济费用效益的各类计算参数和判定项目经济合理性的判据参数。从社会观点看,经济分析参数应反映最佳的资源配置、宏观经济目标、政府的价值判断和一定时期的经济政策等。经济分析参数既是数量度量标准,也是价值判别标准,在经济分析中有着重要的作用,它直接影响着投资项目评价和选择的结果。

原则上,经济分析参数应该对所有部门、地区和投资项目都是一致的,只有在非常特殊的条件下才可能不一致。比如,一些由于历史和自然条件等原因而较落后地区的投资项目,以及那些国家急需发展的或从战略角度考虑比较重要部门的投资项目,就可能不用统一的经济分析参数。

经济分析参数随着时间的推移应该不断变化。在不同时期,政府有不同的价值判断、经济发展目标和经济政策,相应也应该有不同的经济分析参数。随着经济的发展、项目经济分析方法和理论体系的日臻完善,经济分析参数也要不断地进行测算和修订,力求达到投资资源的最佳配置,充分反映政府的价值判断、经济和社会发展目标,以及一定时期的经济政策。

经济分析参数主要包括社会折现率、影子汇率、影子工资和土地影子价格等。

(一) 社会折现率

社会折现率是指项目经济分析中衡量经济内部收益率的基准值,也是经济净现值的折现率,是项目经济可行性和方案比选的主要依据。社会折现率是社会资金的影子价格,也即投入资金的机会成本。适当的社会折现率可以促进资源的合理配置,引导资金投向对社会经济净贡献大的项目。原则上,选取的社会折现率应能使投资资金的供需基本平衡。如果社会折现率定得过高,投资资金供过于求,将导致资金积压,也会过高估计货币的时间价值,使投资者偏爱短期项目;如果定得过低,在经济分析中有过多的项目通过检验,将导致投资资金不足,同时也会过低地估计货币的时间价值,使投资者偏爱长期项目。

社会折现率应根据国家的社会经济发展目标、发展战略、发展优先顺序、发展水平、宏观调控意图、社会成员的费用效益时间偏好、社会投资收益水平、资金供给状况和资金机会成本等因素综合测定。根据上述各项因素,结合当前我国的实际情况,国家发改委和建设部颁布的《建设项目经济评价方法与参数》(第三版)中测定的社会折现率为8%;对于受益期长的建设项目,如果远期效益较大,效益实现的风险较小,社会折现率可适当降低,但不应低于6%。

(二) 影子汇率

影子汇率是指能正确反映国家外汇经济价值的汇率。影子汇率在经济分析中用以将外汇折算为人民币,对于非美元的其他国家货币,可先按当时国家外汇管理局公布的汇率折算为美元,再用影子汇率折算为人民币。影子汇率影响投资项目决策中的进出口决策,间接影响项目的经济合理性。影子汇率可通过影子汇率换算系数计算,影子汇率换算系数是影子汇率与国家外汇牌价的比值。影子汇率应按下式计算:

$$影子汇率 = 外汇牌价 \times 影子汇率换算系数 \quad (公式11-1)$$

根据我国外汇收支情况、进出口结构、进出口增值税及出口退税补贴等情况,目前我国的影子汇率换算系数确定为1.08。

(三) 影子工资

在经济分析中,用影子工资度量劳动力费用。影子工资是指拟建项目使用劳动力资源而使社会付出的代价。影子工资由两部分组成:一是劳动力的机会成本,即因拟建项目对劳动力的需要而使其他部门流失劳动力的边际产出;二是因拟建项目所用劳动力就业或转移而增加的社会资源消耗,如交通运输费用、城市管理费用等。这些资源是因项目存在而消耗的,但并没有因此提高劳动力的生活水平。

影子工资可通过影子工资换算系数得到。影子工资换算系数是指影子工资与项目财务分析中的劳动力工资之间的比值,影子工资可按下式计算:

$$影子工资 = 财务工资 \times 影子工资换算系数 \quad (公式11-2)$$

影子工资的确定应符合下列要求:①影子工资应根据项目所在地劳动力就业状况或转移成本测定;②技术劳动力的工资报酬率一般可由市场供求决定,即影子工资可以财务实际支付工资计算;③对于非技术劳动力,根据我国非技术劳动力就业状况,其影子工资换算系数一般取0.25~0.8,具体可根据当地的非技术劳动力供求状况确定,非技术劳动力较富余的地区可取较低值,反之,则可取较高值,中间状况可取 0.5。

(四) 土地影子价格

土地是一种重要的经济资源。土地影子价格是指项目使用土地资源而使社会付出的代价。在投资项目经济分析中以土地影子价格计算土地费用。

第三节 费用和效益的鉴别与度量

一、费用和效益鉴别与度量的原则

(一) 费用和效益鉴别的原则

费用和效益的鉴别应遵循以下原则。

1. 增量分析的原则

经济分析应建立在增量费用和增量效益鉴别与计算的基础之上,不应考虑沉没成本和已实现的效益。应按照"有无对比"增量分析的原则,通过项目的实施效果与无项目条件下可能发生的情况进行对比分析,并作为计算机会成本或增量效益的依据。

2. 考虑关联效应的原则

实施一个投资项目,可能引起关联效应,如可能增加"上游"产品的供给,增加"下游"产品的产量,或者使整个产业发生较大的变化。所以,进行经济分析应考虑项目投资可能产生的其他关联效应。

3. 以本国居民作为分析对象的原则

对于跨越国界,对本国之外的其他社会成员产生影响的项目,在进行经济分析时,应重点分析对本国公民新增的费用和效益。项目对本国以外的社会群体所产生的效果,应进行单独分析。

4. 剔除转移支付的原则

转移支付代表购买力的转移行为,接受转移支付的一方所获得的效益与付出方所产生的费用相等,转移支付行为本身没有导致新增资源的消耗。在进行经济分析时,一般不再计算转移支付的影响。

(二) 费用和效益度量的原则

费用和效益的度量应遵循以下原则:

1. 支付意愿原则

计算项目产出物所产生的正面效果应遵循支付意愿(WTP)原则,用于分析、判断社会成员为项目所产生的效益愿意支付的价格。

2. 受偿意愿原则

计算项目产出物所产生的负面效果应遵循受偿意愿原则,用于分析社会成员为接受这种不利影响所得到补偿的价值。

3. 机会成本原则

计算项目投入的经济费用应遵循机会成本原则,用于分析项目所占用的所有资源的机会成本。机会成本应按资源的其他最有效利用所产生的效益进行计算。

4. 实际价值计算原则

在进行经济分析时,应采用反映资源真实价值的实际价格计算所有费用和效益,不考虑通货膨胀因素,但应考虑相对价格变动。

二、内部费用和效益的鉴别与度量

(一) 内部费用的鉴别与度量

1. 因项目建设而增加项目所需投入物的社会供应量

因项目大量使用投入物引起社会生产增加。也就是说,社会为满足增加的需求量消耗了有限的资源。项目所需投入物所带来的费用是为增加社会供给量所消耗的资源的真实成本,也就是作为项目投入物资源的机会成本。

2. 减少对其他相同或类似企业的供给量

项目所需的投入物可能是由减少对其他企业的供应量而转移过来的。在这种情况下,项目的费用就是其他企业因减少投入物供应而无法生产的产品用影子价格计算的边际效益。

3. 增加进口或减少出口

增加进口是指投资项目建设使国家不得不增加进口,以满足项目对投入物的需要。项目的费用可看作国家为增加进口而多支付的外汇。减少出口是指因项目使用了国家原准备用于出口的商品作为投入物,从而减少了国家的出口量。项目的费用可看作国家因减少出口而损失的外汇收入。

(二) 内部效益的鉴别和度量

1. 项目投产后增加社会总的供给量

项目投产后所生产的产品增加了国内的最终消费品或中间产品。从理论上讲,其效益要用消费者或用户的愿支付价格度量。在目前情况下,这种愿支付价格不易确定,可以用依据调价方法调整后的价格度量。

2. 项目投产后减少了其他相同或类似企业的产量

项目投产后所生产的产品,没有增加整个社会经济中该种产品的数量,而是替代了其他相同或类似企业的等量产品。从理论上讲,此种情况下的项目效益是被替代企业因为停产或减少产量而节省的资源价值。这些资源的价值也应该用愿支付价格度量。

3. 增加出口或减少进口

增加出口是指因项目投产后增加国家出口产品的数量。项目效益是国家增加的外汇收入。减少进口是指项目投产后其产品可以替代进口产品,减少国家等量产品的进口。项目效益是国家因此而节省的外汇。

三、外部费用和效益的鉴别与度量

(一) 外部费用的鉴别与度量

在经济分析中所考虑的外部费用主要是工业项目废物产生的环境污染给社会造成的损失。对于项目所造成的污染,首先要进行鉴别,并与国家规定的标准进行比较,考察污染的程度,然后对污染所付出的代价尽可能用货币量化。

（二）外部效益的鉴别与度量

在经济分析中所考虑的外部效益主要包括以下几个方面：

1. 环境和生态影响效益

项目实施可能造成环境污染和生态破坏，也可能保护了自然环境，改善了生态系统。环境和生态影响效益来自项目采取环境保护措施和改善生态系统所带来的效益增加。不能定量计算的，应进行定性描述。

2. 技术扩散效果

一个技术先进项目的实施，由于技术人员的流动，技术在社会上扩散和推广，整个社会都将受益。但这类外部效果通常难于定量计算，一般只进行定性说明。

3. "上下游"企业相邻效果

项目的"上游"企业是指为项目提供原材料或半成品的企业，项目的实施可能刺激这些上游企业得到发展，增加新的生产能力或是使原有生产能力得到更充分的利用。例如兴建汽车厂，会对为汽车厂生产零部件的企业产生刺激，对钢铁生产企业产生刺激。项目的"下游"企业是指使用项目的产出物作为原材料或半成品的企业，项目的产出物可能对下游企业的经济效益产生影响，使其闲置的生产能力得到充分利用，使其节约生产成本。例如兴建大型乙烯联合企业，可满足对石化原料日益增长的需求，刺激乙烯下游加工行业的发展。

许多情况下，项目对"上下游"企业的相邻效果可以在项目的投入物和产出物的影子价格中得到反映，就不再计算其外部效益。例如大型乙烯项目的产品如以进口替代计算其影子价格，就不应再计算下游加工行业增加生产带来的外部效益。也有些间接影响难以反映在影子价格中，需要作为项目的外部效果计算。

（三）注意项目的外部效果不能重复计算

已经在直接效益和费用中计入的不应再在外部效果中计算。还要注意所考虑的外部效果是否确应归于所评价的项目。考虑外部效果时要避免重复计算和虚假扩大项目外部效益。如果项目产出物以影子价格计算的效益已经将部分外部效果考虑在内了，就不应再计算该部分外部效果；项目的投入物影子价格大多数已合理考虑了投入物的社会成本，不应再重复计算间接的上游效益。有些外部效益能否完全归属于所评价项目，往往也需要仔细论证。

（四）调整项目范围，解决项目外部效果计算的困难

由于项目外部效果计算上的困难，有时可以采用调整项目范围的办法，将项目的外部效果转化到项目以内。调整项目范围的一种方法是将项目的范围扩大，将具有关联性的几个项目合成一个"项目群"进行分析，这样就可以将这几个项目之间的相互支付转化到项目内部，从而相互抵消。例如，在评价相互联系的煤矿、铁路运输、火力发电项目时，可以将这些项目合成一个大的综合能源项目，这些项目之间的相互支付就可以转到大项目内部而相互抵消。

四、转移支付的处理

如前所述，在鉴别和度量效益与费用时，要剔除"转移支付"。在投资项目的经济分析中，"转移支付"是指那些既不需要消耗社会经济资源，又不增加社会经济收入，只是一种归

属权转让的款项,包括税金、补贴和国内贷款利息等。

(一) 税金

列为转移支付的税金包括税金及附加、房产税、土地使用税和车船税等。在财务分析中,这些税金是企业拿出按营业收入的一定比例计算的款项上缴给各级政府财政,也是项目的支付。但经济分析是站在全社会角度考察项目的,是以能否增加社会经济的资源消耗或社会经济收入价值来判定费用或效益的,各种税金支付,实际上并不花费任何资源,只是项目实施机构把这笔款项转付给财政部门。因此,在经济分析中,这些税金不列入项目的费用,否则就会高估项目的经济代价,从而降低项目的效益。但有一些税金是校正项目外部效果的一种重要手段,在进行经济分析时,这类转移支付不可剔除,例如体现资源补偿和环境补偿的税收,可以用于计算外部效果。

(二) 补贴

补贴是指根据国家政策的规定给某种产品的价格补贴。我国在价格体系不合理的条件下,往往采取价格补贴的方式,鼓励人们消耗或购买某种产品。这种补贴对作为使用者的项目来讲,少支付了相当于补贴金额的款项,意味着项目降低了成本,增加了效益。因此,在财务分析中,这部分价格补贴金额表现的是项目的效益。但从社会经济角度来考察项目,为生产这些包含价格补贴的产品所消耗的资源并没有因价格补贴而减少,社会经济收入也没有因此而增加。所以,这种补贴实质上是与税金方向相反的转移支付。在经济分析中,不应把这种补贴作为项目的效益,以免低估项目的经济代价,人为增加项目效益。但与一些税金一样,如果是作为校正项目外部效果重要手段的补贴,在进行经济分析时不可剔除,可以用于计算外部效果。

(三) 国内贷款利息

国内贷款利息是一种转移支付。在财务分析中,国内贷款利息是作为项目的费用来处理的。但从社会经济的角度考察,它也属于一种转移性支付,即由项目拿出一部分款项转付给国内的金融机构。这种转移支付并没有增加社会经济的收入或社会经济的资源消耗。故在经济分析中,不把国内贷款利息列入项目费用。

第四节 价格调整

一、影子价格

影子价格是进行项目经济分析专用的计算价格。影子价格依据经济分析的定价原则测定,反映项目投入物和产出物的真实经济价值,反映市场供求关系,反映资源稀缺程度,反映资源合理配置的要求。进行项目的经济分析时,项目的主要投入物和产出物原则上应采用影子价格。

影子价格理论最初来自求解数学规划,在求解一个"目标"最大化数学规划的过程中,发现每种"资源"对于"目标"有着边际贡献。即这种"资源"每增加一个单位,"目标"就会增加一定的单位,不同的"资源"有着不同的边际贡献。这种"资源"对于"目标"的边际贡献被定义为"资源"的影子价格。经济分析中采用了影子价格的这种基本思想,采取不同于财务价格的影子价格衡量项目耗用资源及产出贡献的真实价值。

影子价格应当根据项目的投入物和产出物对社会经济的影响,从"有无对比"的角度研究确定。一般来说,项目使用投入物将造成两种影响:对社会经济造成资源消耗,或挤占其他用户对投入物的使用;项目生产的产品或提供的服务也会造成两种影响:用户使用得到效益,或挤占其他供应者的市场份额。

二、调价范围和货物的划分

(一)价格调整的范围

尽管需要用影子价格对现行市场价格进行调整,但并不是所有的投入物和产出物都要进行调价。有些投入物和产出物在项目的费用和效益中所占比重较大,调整其价格对项目的总费用量或总效益量的影响也比较大;有些投入物和产出物在项目的费用和效益中所占比重较小,调整其价格对项目的总费用量或总效益量影响也比较小。由此可以得出投入物和产出物采用影子价格的两个约束条件:一是现行市场价格严重不合理;二是在费用或效益中所占比重较大。只有符合这两个条件的投入物和产出物,才需要调整其价格。

(二)货物的划分

调整价格就是把不合理的现行价格调整为基本合理的影子价格。在确定影子价格时,应把项目的投入物和产出物划分为可外贸货物、非外贸货物和特殊投入物三种类型。

1. 可外贸货物

可外贸货物是指其生产、使用将直接或间接影响国家进出口水平的货物。产出物中包括直接出口货物、间接出口(替代其他企业的产品使其增加出口)货物或替代进口货物;投入物中包括直接进口货物、间接进口(占用其他企业的投入物使其增加进口)货物或减少出口(占用原可用于出口的国内产品)货物。

2. 非外贸货物

非外贸货物是指其生产或使用将不影响国家进出口水平的货物。除基础设施产品和服务外,它还包括受运输、贸易政策等条件限制不能进行外贸的货物。也可以说,非外贸货物是指就其性质而言无法外贸的货物,或者是指从经济上讲外贸不合算的货物。

3. 特殊投入物

特殊投入物包括劳动力、土地和自然资源等。

三、可外贸货物影子价格的确定方法

影子价格属于重要的经济分析参数,一般应由国家权威机构测算并发布。但作为可投入和产出的货物成千上万,因受各方面条件的限制,国家权威机构不可能测算出所有投入物和产出物的影子价格,大部分还需要项目评估人员自己进行测算。可外贸货物的影子价格以口岸价格为基础,加减国内长途运输费用和贸易费用来测算。

(一)产出物(以出厂价计算)的定价方法

属于可外贸货物的产出物包括直接出口货物、间接出口货物和替代进口货物等。其影子价格的计算公式为:

$$产出物的影子价格(出厂价) = 离岸价格(FOB) \times 影子汇率 - 出口费用$$

(公式 11-3)

式中,离岸价格(FOB)是指出口货物运抵我国出口口岸交货的价格;出口费用是指货物出口环节在国内发生的所有相关费用,包括运输、储运、装卸、运输保险等各种费用支出及物流环节的各种损失、损耗等。

(二) 投入物(以进厂价计算)的定价方法

属于可外贸货物的投入物包括直接进口货物、间接进口货物和减少出口货物等。其影子价格的计算公式为:

$$投入物的影子价格(到厂价) = 到岸价格(CIF) \times 影子汇率 + 进口费用$$

(公式 11-4)

式中,到岸价格(CIF)是指进口货物运抵我国进口口岸交货的价格,包括货物进口的货物价格、运抵我国口岸之前所发生的境外运输费及其保险费;进口费用是指货物进口环节在国内所发生的所有相关费用,包括运输、储运、装卸、运输保险等各种费用支出及物流环节的各种损失、损耗等。

【例 11-1】 某货物 A 进口到岸价为 100 美元/吨,某货物 B 出口离岸价也为 100 美元/吨,用影子价格估算的进口费用和出口费用分别为 50 元/吨和 40 元/吨,影子汇率 1 美元=7 元人民币,试计算货物 A 的影子价格(到厂价)以及货物 B 的影子价格(出厂价)。

【解答】 货物 A 的影子价格为:$100 \times 7 + 50 = 750$(元/吨)

货物 B 的影子价格为:$100 \times 7 - 40 = 660$(元/吨)

如果可外贸货物以财务成本或价格为基础调整计算经济费用和效益,应注意以下两点。

第一,如果不存在关税、增值税、消费税、补贴等转移支付因素,则项目的投入物或产出物价值直接采用口岸价格进行调整计算。

第二,如果在货物的进出口环节存在转移支付因素,应区分不同情况处理。

四、非外贸货物影子价格的确定方法

(一) 产出物的定价方法

1. 增加供应数量满足国内消费的产出物

供求均衡的非外贸产出物,按财务价格定价;供不应求的非外贸产出物,参照国内市场价格并考虑价格变化的趋势定价,但不应高于相同质量产品的进口价格;无法判断供求情况的,取上述价格中的较低者。

2. 替代其他相同或类似企业的产出物

不增加国内供应数量,只是替代其他相同或类似企业的产出物,致使被替代企业停产或减产的非外贸产出物,质量与被替代产品相同的,应按被替代企业相应的产品可变成本分解定价;提高产品质量的,原则上应按被替代产品的可变成本加提高产品质量而带来的社会经济效益定价。其中,提高产品质量带来的效益,可近似地按国际市场价格与被替代产品的价格之差确定。

产出物按上述方法定价后,再计算为出厂价格。

（二）投入物的定价方法

（1）能通过原有企业挖潜（不增加投资）增加供应的，按可变成本分解定价。

（2）在拟建项目计算期内需通过增加投资扩大生产规模来满足项目需要的，按全部成本（包括可变成本和固定成本）分解定价。当难以获得分解成本所需要的资料时，可参照国内市场价格定价。

（3）在拟建项目计算期内无法通过扩大生产规模增加供应的（只能减少原用户的供应量），参照国内市场价格或国家统一价格加补贴（如有）中较高者定价。

投入物按上述方法定价后，再计算为进厂价格。

（三）非外贸货物的成本分解法

1. 成本分解法的基本原理

测算非外贸货物的影子价格，成本分解法是一种重要的方法，通过对某种货物的边际成本（实践中往往采用平均成本）进行分解并用影子价格进行调整换算，得到该货物的分解成本。分解成本是指某种货物的生产所需要耗费的全部社会资源的价值，包括各种物料投入以及人工、土地等投入，也包括资本投入所应分摊的费用，各种耗费都需要用影子价格重新计算。

2. 成本分解法的步骤

（1）数据准备。列出该非外贸货物按生产费用要素计算的单位财务成本。其主要要素有：原材料、燃料和动力、工资或薪酬、折旧费、修理费、利息支出以及其他费用。对其中重要的原材料、燃料和动力，要详细列出价格、耗用量和耗用金额。列出单位货物所占用的固定资产原值，以及所占用的流动资金数额。调整确定或设定项目的建设期、建设期各年投资比例、经济寿命期限及固定资产余值。

（2）确定重要原材料、燃料和动力、工资或薪酬等投入物的影子价格，计算单位经济费用。

（3）对建设投资进行调整和等值计算。按照建设期各年投资比例，计算出建设期各年建设投资额，用下式把分年建设投资额换算到生产期初：

$$I_F = \sum_{t=1}^{n_1} I_t (1+i_s)^{n_1-t} \qquad （公式 11-5）$$

式中：I_F——等值计算到生产期初的单位建设投资；

I_t——建设期第 t 年调整后的单位建设投资；

n_1——建设期；

i_s——社会折现率。

（4）用固定资金回收费用取代财务成本中的折旧费。设每单位该货物的固定资金回收费用为 M_F，不考虑固定资产余值回收时为：

$$M_F = I_F \times (A/P, i_s, n_2) \qquad （公式 11-6）$$

考虑固定资产余值回收时为：

$$M_F = (I_F - S_v) \times (A/P, i_s, n_2) + S_v \times i_s \qquad （公式 11-7）$$

式中：S_v——计算期末回收的固定资产余值；

n_2——生产期。

(5) 用流动资金回收费用取代财务成本中的流动资金利息。设每单位该货物的流动资金回收费用为 M_w，则有：

$$M_w = W \times i_s \qquad (公式 11-8)$$

式中：W——每单位该货物占用的流动资金。

(6) 财务成本中其他科目可不予调整。

(7) 完成上述调整后，计算的各项经济费用总额即为该货物的分解成本，可作为其影子价格。

五、特殊投入物影子价格的确定方法

(一) 劳动力影子价格的确定方法

劳动力影子价格即为劳动力的影子工资。在经济分析中，以影子工资作为劳动力费用，并计入经营成本。从理论上讲，影子工资包括劳动力的机会成本和社会为劳动力的就业或转移所消耗的资源价值。计算公式为：

$$影子工资 = 劳动力机会成本 + 新增资源消耗 \qquad (公式 11-9)$$

式中，劳动力机会成本是指劳动力被本项目使用，不能在其他项目中使用而被迫放弃的劳动收益；新增资源消耗是指劳动力在本项目就业或由其他就业岗位转移来本项目而发生的资源消耗。

影子工资可通过影子工资换算系数得到。影子工资换算系数是影子工资与项目财务分析中劳动力工资(财务工资)的比值。

$$影子工资 = 财务工资 \times 影子工资换算系数 \qquad (公式 11-10)$$

(二) 土地影子价格的确定方法

土地影子价格是指项目使用土地资源而使社会付出的代价。土地作为投资项目的一项投入，项目占用土地无论实际是否需要支付费用，都应根据机会成本或消费者支付意愿计算土地的影子价格。

1. 生产性用地

项目占用生产性用地，主要是指农业、林业、牧业、渔业及其他生产性用地，其影子价格应按照这些生产用地的机会成本，以及因改变土地用途而发生的新增资源消耗进行计算。

$$土地影子价格 = 土地机会成本 + 新增资源消耗 \qquad (公式 11-11)$$

其中，土地机会成本应按照社会对这些生产用地未来可以提供的消费产品支付意愿价格进行分析计算，一般按照项目占用土地在"无项目"情况下的"最佳可行替代用途"生产性产出的净效益现值进行计算。新增资源消耗应按照"有项目"情况下土地的征收造成的原有地上附属物财产损失及其他资源耗费来计算。

2. 非生产性用地

对于非生产性用地，如住宅、休闲用地等，应按照支付意愿的原则，根据市场交易价格测算其影子价格。

3. 土地机会成本的计算

(1) 通过政府公开招标取得的国有土地出让使用权，以及通过市场交易取得的已出让

国有土地使用权,应按市场交易价格计算其影子价格。

(2) 未通过正常市场交易取得的土地使用权,应分析其价格优惠扭曲情况,参照当地正常情况下的市场交易价格,调整或类比计算其影子价格。

(3) 当难以用市场交易价格类比方法确定土地影子价格时,可采用收益现值法,或以开发投资应得收益加土地开发成本确定。

(4) 由于土地开发规划许可的取得会对土地市场价格产生影响,土地价值的估算应反映实际的或潜在的规划批准情况,应分析规划得到批准的可能性及其对地价的影响。如果土地用途受到限制,其影子价格就会被压低。应分析这些限制被解除的可能性,以及解除限制对土地价值的影响。

(5) 项目征收农村用地,应按土地征收费调整计算其影子价格。其中,耕地补偿费及青苗补偿费应视为土地的机会成本,地上建筑物补偿费及安置补偿费应视为新增资源消耗。

(6) 在征地过程中,征收的征地管理费、耕地占用税、耕地开垦费、土地管理费、土地开发费等各种税费,应视为转移支付,不列入土地经济费用中计算。

(三) 自然资源影子价格的确定方法

自然资源是指自然形成的,在一定的经济和技术条件下,可以被开发利用以提高人们生活福利水平和生存能力,并同时具有某种"稀缺性"的实物性资源的总称,包括土地资源、森林资源、矿产资源和水资源等。项目经济分析将自然资源分为资源资产和非资产性自然资源,在影子价格的计算中只考虑资源资产。

资源资产是指所有权已经界定,或者随着项目的实施可以界定,所有者能够有效控制并能够在目前或可预见的将来产生预期经济效益的自然资源。资源资产属于经济资产范畴,包括土地资产、森林资产、矿产资产、水资产等。经济分析中项目的建设和运营需要投入的自然资源,可以用项目投入物替代方案的成本,以及这些资源资产用于其他用途的机会成本等进行分析测算。

第五节 经济分析报表和指标

一、经济分析报表

(一) 经济分析辅助报表

为了调整投资、营业收入、经营费用,在经济分析中需要编制 5 个辅助报表:

(1) 经济费用效益分析投资费用估算调整表(见附表 11-1);
(2) 经济费用效益分析经营费用估算调整表(见附表 11-2);
(3) 项目直接效益估算调整表(见附表 11-3);
(4) 项目间接费用估算表(见附表 11-4);
(5) 项目间接效益估算表(见附表 11-5)。

(二) 经济分析基本报表

在经济分析中需要编制项目投资经济费用效益流量表(见附表 11-6),主要用于计算经济内部收益率和经济净现值等评价指标。

二、经济分析指标

经济分析以经济内部收益率为主要指标。根据项目特点和实际需要,也可计算经济净现值和经济效益费用比等指标。此外,还应对难以量化的外部效果进行定性分析。

(一) 经济内部收益率

经济内部收益率(可表示为 $EIRR$)是反映项目对经济净贡献的相对指标。它是项目在计算期内各年经济净效益流量的现值累计等于零时的折现率。其表达式为:

$$\sum_{t=1}^{n}(B-C)_t(1+EIRR)^{-t}=0 \qquad (公式 11-12)$$

式中: B——经济效益流量;

C——经济费用流量;

$(B-C)_t$——第 t 年的经济净效益流量;

n——计算期。

经济内部收益率等于或大于社会折现率表明项目对社会经济的净贡献达到或超过了要求的水平,这时应认为项目是可以考虑接受的,或者说项目资源配置的经济效率达到了可以被接受的水平。

(二) 经济净现值

经济净现值(可表示为 $ENPV$)是反映项目对社会经济净贡献的绝对指标。它是指用社会折现率将项目计算期内各年的经济净效益流量折算到建设期初的现值之和。其表达式为:

$$ENPV=\sum_{t=1}^{n}(B-C)_t(1+i_s)^{-t} \qquad (公式 11-13)$$

式中: $ENPV$——经济净现值;

i_s——社会折现率。

经济净现值等于或大于零表示社会为拟建项目付出代价后,可以得到符合或超过社会折现率所要求的以现值表示的社会盈余,这说明项目的经济营利性达到或超过了社会折现率的基本要求,从经济效率看,该项目可以被接受。

(三) 经济效益费用比

经济效益费用比(可表示为 R_{BC})是指项目在计算期内经济效益流量的现值与经济费用的现值之比。其表达式为:

$$R_{BC}=\frac{\sum_{t=1}^{n}B_t(1+i_s)^{-t}}{\sum_{t=1}^{n}C_t(1+i_s)^{-t}} \qquad (公式 11-14)$$

式中: R_{BC}——经济效益费用比;

B_t——第 t 期的经济效益;

C_t——第 t 期的经济费用。

经济效益费用比大于1,表明项目资源配置的经济效率达到了可以被接受的水平。

在完成了经济分析之后,应进一步分析对比经济费用效益与财务现金流量之间的差异,并根据需要对财务分析与经济分析之间的差异进行分析,找出受益或受损群体,分析项目对不同利益相关者在经济上的影响程度,并提出改进项目资源配置效率及财务生存能力的政策建议。

第六节　费用—效果分析

一、费用—效果分析的基本原理

以上主要讲的是费用—效益分析方法,它适宜于费用和效益均可以用货币单位度量的投资项目。在现实生活中,有许多项目所创造的效益不易用货币单位度量,也就不可能用经济内部收益率和经济净现值等指标评价项目和选择方案。在这种情况下,可以采用费用—效果分析方法。

(一) 费用—效果分析的含义

广义的费用—效果分析泛指通过比较所达到的效果与所付出的耗费,来分析判断所付出的代价是否值得。它是项目经济评价的基本原理。广义的费用—效果分析并不刻意强调采用何种计量方式。狭义的费用—效果分析专指耗费采用货币计量,效果采用非货币计量的分析方法。而效果和耗费均用货币计量的称为费用—效益分析。项目评价中一般采用狭义的概念。

(二) 费用—效益分析和费用—效果分析的比较

费用—效益分析的优点是简洁明了、结果透明,易于被人们接受。在市场经济中,货币是最统一和被认可的参照物,在不同产出物(效果)的叠加计算中,各种产出物的价格往往是市场认可的公平权重。总收入、净现金流量等是效果的货币化表达。财务盈利能力、偿债能力分析必须采用费用—效益分析方法。在项目经济分析中,当项目效果或其中主要部分易于货币化时也采用费用—效益分析方法。

费用—效果分析回避了效果的定价难题,直接用非货币化的效果指标与费用进行比较,方法相对简单,最适用于效果难于货币化的领域。

对于效果难以用货币单位度量的投资项目,可以采用费用—效果分析和加权费用—效果分析两种方法进行分析和评价。具体采用什么方法取决于项目的目标和可获得的信息等,如果项目是为了实现难以用货币单位度量的目标,可以采用费用—效果分析方法;如果项目有多个难以用货币单位度量的目标,则应该采用加权费用—效果分析方法。不论采用什么分析方法,其基本程序是一致的,首先确定项目的预期目标,并找出相关的问题;其次考虑各种可供选择的实施方案,并选择适当的方法进行分析评价;最后确定最终实施方案。

对难以用货币单位度量的项目效果,往往用实物指标代替,如教育项目提高分数或提高升学率,卫生保健项目减少患病率和死亡率或者增加寿命年限等。

二、费用—效果分析的基本指标

费用—效果分析的基本指标是效果费用比和费用效果比。

（一）效果费用比

效果费用比指标用来衡量单位费用所达到的效果。计算公式如下：

$$R_{EC} = \frac{E}{C} \qquad \text{（公式 11-15）}$$

式中：R_{EC}——效果费用比；

E——项目效果；

C——项目费用。

（二）费用效果比

习惯上也可以采用费用效果比指标，用来衡量单位效果所花费的费用。计算公式如下：

$$R_{CE} = \frac{C}{E} \qquad \text{（公式 11-16）}$$

在采用加权费用—效果分析时，分析人员首先要对每个目标（结果）的重要性进行评价，确定权重，并对每个目标（结果）进行加权，然后得出一个单一的综合度量指标，最后用综合指标除以被考察方案的费用，得到加权效果费用比。

本章小结

经济分析是按照资源合理配置的原则，采用社会折现率、影子汇率、影子工资和土地影子价格等经济分析参数，从项目对社会经济所做贡献以及社会为项目付出代价的角度，考察项目的经济合理性。

投资项目的经济评价包括经济分析和财务分析，两者既有联系也有区别。其主要区别具体体现在分析的角度和基本出发点不同，项目效益和费用的含义及范围划分不同，价格体系、折现率、汇率和分析内容不同等方面。

费用—效益分析的基本问题是计算影子价格、影子汇率及项目未来的经济效益和费用，以社会折现率对净效益进行折现，最后计算出一系列技术经济指标，用以分析、判断投资项目的经济合理性。

项目的费用是指因项目建设而使社会经济付出的代价，包括项目自身和社会经济其他部门或其他环节所付出的代价。项目的费用分为内部（直接）费用和外部（间接）费用。内部费用是指用影子价格计算的项目投入物的经济价值；外部费用是指社会为项目付出了代价，而项目本身并不需要支付的那部分费用。

项目的效益是指投资项目对社会经济所做出的贡献。项目效益分为内部（直接）效益和外部（间接）效益。内部效益是指项目产出物用影子价格计算的经济价值；外部效益是指项目为社会做出了贡献，而该项目的投资者本身并未得到的那部分效益。

外部效果也叫外部性、外部效应或溢出效应。是由于项目的外部性所导致的项目对外部的影响，而项目本身并未因此实际获得收入或支付费用。

经济分析参数主要包括社会折现率、影子汇率、影子工资和土地影子价格等。

费用和效益的鉴别应遵循以下原则：增量分析的原则；考虑关联效应的原则；以本国居民作为分析对象的原则；剔除转移支付的原则。

费用和效益的度量应遵循以下原则：支付意愿原则；受偿意愿原则；机会成本原则；实际价值计算原则。

转移支付是指那些既不需要消耗社会经济资源，又不增加社会经济收入，只是一种归属权转让的款项，包括税金、补贴和国内贷款利息等。

在费用—效益分析中需要编制的报表包括：项目投资经济费用效益流量表、经济费用效益分析投资费用估算调整表、经济费用效益分析经营费用估算调整表、项目直接效益估算调整表、项目间接费用估算表和项目间接效益估算表。

根据项目投资经济费用效益流量表，计算经济内部收益率和经济净现值等评价指标。

经济分析以经济内部收益率为主要指标。根据项目特点和实际需要，也可计算经济净现值和经济效益费用比等指标。此外，还应对难以量化的外部效果进行定性分析。

广义的费用—效果分析泛指通过比较所达到的效果与所付出的耗费，分析判断所付出的代价是否值得。广义的费用—效果分析并不刻意强调采用何种计量方式。狭义的费用—效果分析专指耗费采用货币计量，效果采用非货币计量的分析方法。而效果和耗费均用货币计量的称为费用—效益分析。项目评价中一般采用狭义的概念。

本章重要概念

经济分析	费用—效益分析	费用	效益	机会成本
外部效果	外部效益	外部费用	内部效益	内部费用
社会折现率	影子价格	影子工资	影子汇率	转移支付
特殊投入物	费用—效果分析			

思考与练习题

1. 经济分析有什么作用？
2. 经济分析与财务分析的主要区别是什么？
3. 需要进行经济分析的项目范围包括哪些？
4. 经济分析中为什么要用机会成本来度量费用？
5. 社会折现率的确定应考虑哪些因素？
6. 什么是影子价格？影子价格的定价应该考虑哪些因素？
7. 价格调整的范围是什么？
8. 项目的外部效益包括哪些方面？怎样鉴别和度量？
9. 项目的外部费用包括哪些方面？怎样鉴别和度量？
10. 劳动力的影子价格怎样确定？
11. 怎样进行经济分析？需要计算哪些指标？
12. 费用—效益分析和费用—效果分析的区别是什么？

附表 11-1　　　　经济费用效益分析投资费用估算调整表　　　　单位:万元,万美元

序号	项目	财务分析			经济费用效益分析			经济费用效益分析比财务分析增减
		外币	人民币	合计	外币	人民币	合计	
1	建设投资							
1.1	建筑工程费							
1.2	设备购置费							
1.3	安装工程费							
1.4	其他费用							
1.4.1	其中:土地费用							
1.4.2	专利及专有技术费							
1.5	基本预备费							
1.6	涨价预备费							
1.7	建设期利息							
2	流动资金							
	合计(1+2)							

注:若投资费用是通过直接估算得到的,本表应略去财务分析的相关栏目。

附表 11-2　　　　经济费用效益分析经营费用估算调整表　　　　单位:万元

序号	项目	单位	投入量	财务分析		经济费用效益分析	
				单价(元)	成本	单价(元)	费用
1	外购原材料						
1.1	原材料 A						
1.2	原材料 B						
1.3	原材料 C						
1.4	……						
2	外购原材料及动力						
2.1	煤						
2.2	水						
2.3	电						
2.4	重油						
2.5	……						
3	工资或薪酬						
4	修理费						
5	其他费用						
	合计						

注:若经营费用是通过直接估算得到的,本表应略去财务分析的相关栏目。

附表11-3　　　　　　　　　项目直接效益估算调整表　　　　　　　　　单位:万元

产出物名称			投产第一期负荷(%)				投产第二期负荷(%)				……	正常生产年份(%)			
			A产品	B产品	……	小计	A产品	B产品	……	小计		A产品	B产品	……	小计
年产出量	计算单位														
	国内														
	国际														
	合计														
财务分析	国内市场	单价(元)													
		现金收入														
	国际市场	单价(美元)														
		现金收入														
经济费用效益分析	国内市场	单价(元)													
		直接效益														
	国际市场	单价(美元)														
		直接效益														
合计															

注:若直接效益是通过直接估算得到的,本表应略去财务分析的相关栏目。

附表11-4　　　　　　　　　项目间接费用估算表　　　　　　　　　单位:万元

序号	项目	合计	计算期					
			1	2	3	4	…	n

附表11-5　　　　　　　　　项目间接效益估算表　　　　　　　　　单位:万元

序号	项目	合计	计算期					
			1	2	3	4	…	n

附表 11-6　　　　　项目投资经济费用效益流量表　　　　　单位:万元

序号	项目	合计	计算期					
			1	2	3	4	...	n
1	效益流量							
1.1	项目直接效益							
1.2	资产余值回收							
1.3	项目间接效益							
2	费用流量							
2.1	建设投资							
2.2	维持运营投资							
2.3	流动资金							
2.4	经营费用							
2.5	项目间接费用							
3	净效益(1-2)							

第十二章 不确定性分析与风险分析

> **学习目的：**
> 通过本章的学习，重点掌握不确定性分析中盈亏平衡分析和敏感性分析的原理和方法，熟悉风险分析的方法、不确定性和风险产生的原因，了解风险识别、风险估计、风险评价和风险应对方法。

风险与不确定性广泛存在于社会经济活动之中，投资项目也不例外。虽然在投资项目的前期工作中就项目产品市场、技术与工程方案、外部配套条件、融资方案、财务与经济分析等方面作了详细的预测、分析和研究，但由于环境的可变性、社会经济系统的复杂性、项目自身的动态性、认识能力的局限性以及前期工作条件的约束性，项目实施后的实际结果可能在一定程度上偏离预测的基本方案，导致项目出现不利后果。因此，进行不确定性分析和风险分析可以发现潜在的不确定性和风险因素，制定有效措施，合理规避其不利影响，提高项目的社会和经济效益。

第一节 不确定性分析与风险分析概述

一、不确定性与风险的含义

不确定性是指某一决策可能有一种以上的可能结果。在对投资项目进行决策时，分析所使用的数据大多数都来自估计和预测。由于很多社会和经济因素都有可能影响估计和预测的准确性，给项目的经济分析带来很大的不确定性，所以各个经济分析指标都可能按照一定的概率在一定范围内发生变动。这些不确定性在项目实施过程中又构成了整个投资项目的不确定性，通过对拟建项目具有较大影响的不确定因素进行分析，计算基本变量的增减变化引起项目财务或经济效益指标的变化，找出最敏感的因素及其临界点，预测项目可能承担的风险，使项目的投资决策建立在较稳妥的基础上。

风险是未来发生不利事件的概率或可能性。投资项目风险是由于不确定性的存在导致项目实施后偏离其财务和经济效益目标的可能性。

二、不确定性与风险产生的原因

(一) 不确定性与风险产生的主观原因

1. 信息的不完全性和不充分性

信息完全和充分只是一种理想化的假设,而获取完全或充分的信息要花费大量的时间和金钱,是不经济的行为,因为这样会使消费在信息采集上的经济资源边际效率大大降低。对充分信息的任何偏离都会给决策带来风险和不确定性。

2. 人的有限理性

人的有限理性决定了人不可能准确无误地预测未来的一切。人类认识世界的局限性,再加上预测工具以及工作条件的限制,决定了人对未来进行的预测总是与实际情况存在一定的偏差,即具有不确定性。

(二) 不确定性与风险产生的客观原因

1. 市场供求变化的影响

投资项目都要在市场上实现其最终产品的销售,而投资项目的建设和生产周期往往都比较长,少则数年,多则数十年。在如此长的一个周期中,生产者的状况可能发生很大变化,如生产商急剧增加,项目产品的供给量大量增加。消费者的情况也有可能发生变化,如居民的收入和偏好发生变化。另外,市场条件同样也可能发生较大的变化,如新的政策及法规的制定。因此,由于市场供求引起的项目投入与产出品的价格变化,成为影响项目经济分析结论最重要的变化。

2. 技术变化的影响

现代科学技术的发展日新月异,各个研究机构和企业都投入大量的资源进行开发。技术的更新,有可能使现有项目的生产成本较其他项目更高,从而使得项目产品在市场竞争中处于不利的位置。因此在进行项目评价时,对技术发展的预测,虽是一种降低投资风险的手段,但不可能对新技术的出现及其影响有准确的预测,这就造成了项目的不确定性。

3. 经济环境变化的影响

在市场经济条件下,国家的宏观经济调控政策、各种改革措施以及经济发展本身对投资项目都有着重要影响,如价格变化、利率变化和汇率变化,这些参数的变化都有可能影响项目的经济效益,使项目具有不确定性。

4. 社会、政策、法律和文化方面的影响

社会、政策、法律、文化的环境可以称为投资项目的软环境,这些因素对投资项目的效益有着很大的影响。我国正处于建立市场经济初期,尤其是在加入WTO后,随着全球经济一体化进程的发展,我国的许多政策法规需要和国际接轨,大量新法规和新规定的不断出台,使得项目的不确定性大大增加。因此,在进行项目评价时,应尽可能考虑这些因素的影响。

5. 自然条件和资源方面的影响

任何投资项目的建设都需要一定的自然条件和自然资源作为保证才可以顺利进行,而自然条件和资源在项目周期中是有可能发生变化的。因此,项目评估必须对项目建设所在地的自然条件以及自然资源进行认真分析研究,必须注意分析自然和自然资源变化对项目产生的影响。

三、不确定性分析与风险分析的关系

项目评价所采用的数据,大部分来自测算和估算,有一定的不确定性。为了分析不确定因素对经济评价指标的影响,需要进行不确定性分析,以预测项目可能承担的风险,确定项目在财务、经济上的可靠性;风险分析则是识别风险因素、估计风险概率、评价风险影响并制定风险对策的过程。

(一) 不确定性分析与风险分析的作用

投资项目不但耗费大量资金、物质和人力等宝贵资源,且具有一次性和固定性的特点,一旦建成,难以更改。相对于一般经济活动而言,投资项目的不确定性和风险尤为值得关注。只要能在决策前正确认识到相关的风险,并在实施过程中加以控制,大部分的不确定性和风险的影响是可以降低和防范的。

投资决策充分考虑风险分析的结果,有助于在项目评估过程中,通过信息反馈,改进或优化项目设计方案,直接起到降低项目风险的作用,避免在决策中忽视风险的存在而蒙受损失。同时,充分利用风险分析的成果,建立风险管理系统,有助于为项目全过程风险管理打下基础,防范和规避项目实施和经营中的风险。

(二) 不确定性分析与风险分析的区别与联系

不确定性分析与风险分析的目的是共同的,都是识别、分析、评价影响项目的主要因素,防范不利影响,提高项目的成功率。两者的主要区别在于分析方法不同。不确定性分析是对投资项目受不确定因素的影响程度进行分析,并粗略考察项目的抗风险能力,主要方法是敏感性分析和盈亏平衡分析;风险分析则要对投资项目的风险因素和风险程度进行识别和判断,并制定防范风险的措施,主要方法有专家调查法(checklist)、层次分析法(AHP)、CIM法、概率树法。

不确定性分析与风险分析之间也有一定的联系。由敏感性分析可知影响项目效益的敏感因素和敏感程度,但不知这种影响发生的可能性,如需得知可能性,就必须借助概率分析。而敏感性分析所确定的敏感因素又可以作为概率分析风险因素的确定依据。

第二节 盈亏平衡分析

盈亏平衡分析是在一定的市场、生产能力条件下,通过计算盈亏平衡点(break-even point,BEP)处的产量或运营能力利用率,分析拟建项目成本与收益平衡关系的方法。项目的盈利与亏损之间的转折点,称为盈亏平衡点,反映在一定的生产经营水平时投资项目收益与成本之间的平衡关系。

根据项目收益和成本之间的函数关系,可将盈亏平衡分析分为线性盈亏平衡分析和非线性盈亏平衡分析。

通过盈亏平衡分析可以找出盈亏平衡点,考察企业(或项目)对产出品变化的适应能力和抗风险能力。用销售量和运营能力利用率表示的盈亏平衡点越低,表明企业适应市场需求变化的能力越大,抗风险能力越强;用产品销售价格表示的盈亏平衡点越低,表明企业适应市场价格下降的能力越大,抗风险能力越强。

一、线性盈亏平衡分析

当营业收入与销售量(产量)、成本费用与销售量(产量)呈线性关系时,盈亏平衡分析称为线性盈亏平衡分析。

(一)盈亏平衡分析的假设条件

盈亏平衡分析基于以下假设条件。

(1) 成本是生产量或销售量的函数;

(2) 生产量等于销售量;

(3) 单位可变成本随产量按比例变化;

(4) 在所分析的产量范围内,固定成本保持不变;

(5) 某一产品或产品组合的销售价格,在任何销售水平上都是相同的,因此,营业收入是销售价格和销售数量的线性函数;

(6) 所采用的数据均为正常年份(达到设计能力生产期)的数据。

(二)线性盈亏平衡分析函数及盈亏平衡图

1. 线性盈亏平衡分析函数

$$产品营业收入函数:S = P \times Q \quad (公式12-1)$$

$$产品总成本费用函数:C = F + V \times Q \quad (公式12-2)$$

$$产品总利润函数:P = S - C - T \times Q = (P - V - T) \times Q - F \quad (公式12-3)$$

式中:S——产品营业收入;

C——产品总成本费用;

P——产品单价;

Q——年产量;

F——年固定总成本;

V——单位产品可变成本;

T——在盈亏平衡点处的单位产品税金及附加。

2. 线性盈亏平衡分析图

在以上基本假设条件下,营业收入函数和成本函数均为线性关系,可用图12-1表示。

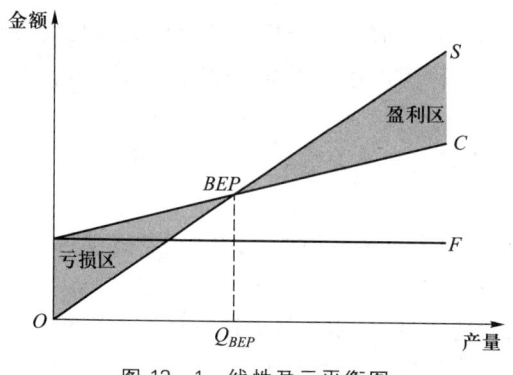

图12-1 线性盈亏平衡图

图中：F——固定成本曲线；
C——总成本曲线；
S——营业收入曲线。

由图 12-1 可以看出：S 曲线与 C 曲线有一个交点，这个交点就是盈亏平衡点（BEP），它把 S、C 两条直线所夹的范围分成两个区，交点左边总成本线高于营业收入，为亏损区；交点右边营业收入线高于总成本线，为盈利区。交点所对应的产量 Q_{BEP}，就称为盈亏平衡点产量。也就是说，当产量高于 Q_{BEP} 时，项目是盈利的；当产量低于 Q_{BEP} 时，项目是亏损的。交点越低，亏损区就越小，项目盈利的机会就越大，亏损的风险就越小。

（三）线性盈亏平衡点的计算

在进行线性盈亏平衡分析时，必须把项目建成投产后正常年份的总成本费用划分为可变成本和固定成本。

盈亏平衡点的表示方式不同，通常有以下四种：

1. 以年产量表示

设 Q_{BEP} 表示盈亏平衡点产量，由 $P=(P-V-T)\times Q-F=0$ 可得：

$$Q_{BEP}=\frac{F}{P-V-T} \quad \text{（公式 12-4）}$$

上式表明，当产量达到 Q_{BEP} 时，项目即可达到盈亏平衡点。以产量表示的盈亏平衡点，表明企业不发生亏损时必须达到的最低限度的产量，即 Q_{BEP} 是企业生产达到保本点时的产量。

2. 以运营能力利用率表示

设 R_{BEP} 为以运营能力利用率表示的盈亏平衡点，则有：

$$R_{BEP}=\frac{F}{Q\times(P-V-T)}\times 100\%=\frac{Q_{BEP}}{Q}\times 100\% \quad \text{（公式 12-5）}$$

上式表明，当运营能力利用率达到 R_{BEP} 时，项目即可达到盈亏平衡点。以运营能力利用率表示的盈亏平衡点，表明企业不发生亏损时必须达到的最低限度的生产能力，即 R_{BEP} 是企业生产达到保本点时的生产负荷。R_{BEP} 值越小，表明运营能力利用率很小就可以盈利，项目的可靠性越大。若实际运营能力利用率大于 R_{BEP}，项目就可盈利。

在进行项目评估时，运营能力利用率表示的盈亏平衡点，通常可以根据正常生产年份的产品产量或者销售量、可变成本、固定成本、产品价格，以及税金及附加等数据计算，即：

$$R_{BEP}=\frac{年固定成本}{年营业收入-年可变成本-年税金及附加}\times 100\%$$

$$\text{（公式 12-6）}$$

当采用含增值税价格时，式中分母还应扣除增值税。

通过以上分析可以看出：项目的固定成本、产品销售价格和可变成本是确定盈亏平衡点的决定性因素。

【例 12-1】 假设某项目达产第一年营业收入为 31 389 万元，税金及附加为 392 万元，固定成本 10 542 万元，可变成本 9 450 万元，该项目设计运营能力为 100 吨。假定项目的营业收入与成本费用均采用不含税价格表示，且营业收入、总成本费用均与产量呈线性关系，计算该项目的盈亏平衡点。

【解答】

根据题意，计算单位产品可变成本：
$$V = \frac{9\,450}{100} = 94.5(万元/吨)$$

计算单位产品的税金及附加：
$$T = \frac{392}{100} = 3.92(万元/吨)$$

计算产品单价：
$$P = \frac{31\,389}{100} = 313.89(万元/吨)$$

根据公式，计算 Q_{BEP}：
$$Q_{BEP} = \frac{F}{P-V-T} = \frac{10\,542}{313.89-94.5-3.92} = 48.93(吨)$$

根据公式，计算 R_{BEP}：
$$R_{BEP} = \frac{F}{Q(P-V-T)} \times 100\% = \frac{10\,542}{100\times(313.89-94.5-3.92)} \times 100\% = 48.93\%$$

也可用
$$R_{BEP} = \frac{Q_{BEP}}{Q} \times 100\% = \frac{48.93}{100} \times 100\% = 48.93\%$$

通过计算盈亏平衡点，结合市场预测，可以对方案发生亏损的可能性，即风险程度做出大致判断。

针对本题，在达产第一年，一般项目利息负担较重，固定成本较高。该盈亏平衡点实为项目计算期内各年的较高值。计算结果表明，在运营负荷达到设计能力的 48.93% 时即可盈亏平衡，说明项目对市场的适应能力较强。

二、非线性盈亏平衡分析

（一）非线性盈亏平衡分析的含义

在实际生产经营过程中，投资项目的产品价格与成本不一定是常数。例如当项目的产量在市场中占有较大的比例时，其产量的高低可能明显地影响市场供求关系，使市场价格随产量的变化而变化，此时营业收入与产量的关系是非线性关系。再如，根据报酬递减规律，可变成本随着生产规模的不同而与产量呈非线性关系，在生产中还有一些辅助性的生产费用通常指半可变成本随着产量的变化呈梯形分布。由于这些原因，造成产品的营业收入和总成本与产量之间存在非线性关系，在这种情况下，进行的盈亏平衡分析称为非线性盈亏平衡分析。

从图 12-2 中可以看出：第一，项目有两个盈亏平衡点，即 Q_{BEP_1} 和 Q_{BEP_2}；第二，产量小于 Q_{BEP_1} 时，总成本费用大于营业收入，项目处于亏损区；第三，产量位于 Q_{BEP_1} 与 Q_{BEP_2} 之间时，营业收入大于总成本费用，项目处于盈利区，其中在 Q_{MAX} 点盈利值最大；第四，产量大于 Q_{BEP_2} 时，营业收入小于总成本费用，项目再次处于亏损区。

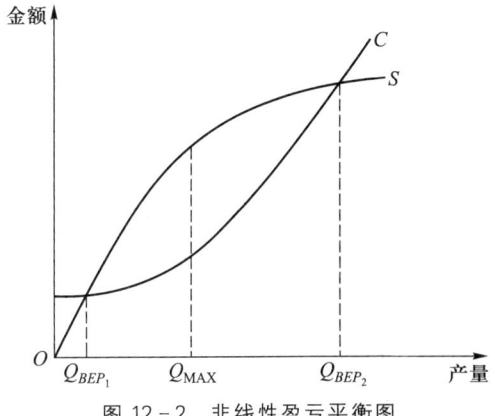

图 12-2 非线性盈亏平衡图

(二) 非线性盈亏平衡的计算

这里设定营业收入是产量的非线性函数(二次函数):

$$TR(x) = a_1 x + a_2 x^2 + a \qquad (公式 12-7)$$

式中:TR——营业收入;

　　　x——产量;

$a_2 < 0$,通常 a_2 很小。

设定总成本是产量的非线性函数(二次函数):

$$TC(x) = F + b_1 x + b_2 x^2 \qquad (公式 12-8)$$

式中:TC——总成本;

　　　F——固定成本;

$b_2 > 0$,b_1 和 b_2 为常数,主要源于市场预测或经验数据。

这时利润的函数为:

$$P(x) = TR(x) - TC(x) = (a_1 x + a_2 x^2 + a) - (F + b_1 x + b_2 x^2) \qquad (公式 12-9)$$

根据盈亏平衡的定义可知:

$$P(x) = TR(x) - TC(x) = 0 \qquad (公式 12-10)$$

代入整理后,得到:

$$(a_2 - b_2) x^2 + (a_1 - b_1) x + (a - F) = 0 \qquad (公式 12-11)$$

解此二次方程,得到两个解,即 x_1 和 x_2,即项目的两个盈亏平衡点。

另外,通过对 $P(x)$ 求导,可求得项目的最大盈利点,即公式 12-12 中的 x,就是项目的最大盈利点。

$$P'(x) = 2(a_2 - b_2) x + (a_1 - b_1) = 0 \qquad (公式 12-12)$$

【例 12-2】 某工程项目计划生产一种新产品,经过市场调研及历年的历史数据分析,预计生产该产品的营业收入函数及成本函数分别为:$TR = 3\,100x - 0.6x^2$,$TC = 3\,187\,500 + 600x - 0.2x^2$。试确定该项目产品的盈亏平衡点及最大盈利点。

【解答】 这是一个非线性盈亏平衡分析的问题。

根据盈亏平衡点的定义,可知在盈亏平衡时,有 $TR = TC$,即:

$$3\,100x - 0.6x^2 = 3\,187\,500 + 600x - 0.2x^2$$

整理得：

$$P(x) = 0.4x^2 - 2\,500x + 3\,187\,500 = 0$$

解上述方程，可得：

$$x_1 = 1\,785, \quad x_2 = 4\,465$$

即产品的盈利区域为产量介于 1 785 到 4 465 之间。

根据最大盈利点的含义，当产量水平达到最大盈利点时，应有：

$$P'(x) = 0$$

解得：$x = 3\,125$，即当产量水平达到 3 125 时，该产品将获得最大的利润。

三、盈亏平衡分析的局限性

通过盈亏平衡分析，可以明确产量、成本、营业收入三者的关系，预测经济形势变化带来的影响，分析投资项目抗风险的能力，从而为投资方案的优劣分析与决策提供重要的科学依据。但是盈亏平衡分析也有其局限性。

第一，由于盈亏平衡分析特别是线性盈亏平衡分析建立在一系列假设条件的基础上，如果假设条件与实际出入很大，分析结果很难准确。

第二，盈亏平衡分析仅仅是讨论价格、产量、成本等不确定因素的变化对投资项目盈利水平的影响，却不能从分析中判断项目实际盈利能力的大小。

第三，盈亏平衡分析虽然能对投资项目的风险进行分析，但难以定量测度风险的大小。

第四，盈亏平衡分析只是一种静态分析，没有考虑资金的时间价值因素和项目计算期的现金流量的变化，因此其计算结果和结论是比较粗略的。

尽管盈亏平衡分析具有很大的局限性，但由于它的计算方法比较简单，在项目评估过程中，它仍然是一种被广泛使用的方法，在实际中可与其他方法结合使用，以提高不确定性分析的准确性。

第三节　敏感性分析

一、敏感性分析的基本原理

（一）敏感性分析的概念

敏感性分析是在确定性分析的基础上，进一步分析、预测项目主要不确定因素的变化对项目评价指标的影响，从中找出敏感性因素，确定评价指标对该因素的敏感程度和项目对其变化的承受能力。敏感性分析也称灵敏度分析。

敏感性分析侧重于对最敏感的关键因素（不利因素）及其敏感程度进行分析。通常是分析单个因素变化，必要时也可分析两个或多个不确定因素的变化对项目经济效益指标的影响程度。因此，敏感性分析除了单因素敏感性分析以外，还可采用多因素敏感性分析等。在项目评估中，一般使用单因素敏感性分析，故此章只介绍单因素敏感性分析。

(二) 敏感性分析的目的

(1) 确定影响项目经济效益的敏感因素,分析与敏感因素有关的预测数据产生不确定性的根源,采取有效措施,防患于未然。

(2) 对不确定因素的敏感度进行排序。对提示敏感度大的因素,要重点监控和防范,找出防范风险的重点。

(3) 对各种方案的敏感度进行分析对比,选择敏感度小的,即风险小的方案进行投资。

(4) 找出不确定因素可能出现的最有利与最不利的变动,分析项目经济效益指标的变动范围,使投资决策者了解项目的风险程度,以采取有效控制措施或寻找替代方案,为最后确定有效可行的投资方案提供可靠的依据。

二、敏感性分析的一般步骤

(一) 选取不确定因素

不确定因素是指在项目评估过程中涉及的、对项目效益有一定影响的基本因素。敏感性分析不可能也不需要对项目涉及的全部因素进行分析,而只是分析那些可能对项目效益影响较大的、重要的不确定因素。

进行敏感性分析选取不确定因素遵循的原则:

(1) 预计在可能的变动范围内,该因素的变动将会强烈地影响项目投资效益;

(2) 对在确定性分析中所采用的该因素数据来源的可靠性、准确性把握不大。

对于一般的工业项目来说,确定敏感性分析的因素经常从下列因素中选定:投资额、产品价格、产品年产量、经营成本、项目寿命期、寿命期内资产残值和折现率等。不确定因素的选取也可以结合行业和项目特点,根据经验数据加以判断。

(二) 选取分析指标

由于敏感性分析是在确定性分析的基础上进行的,故一般敏感性分析指标应与确定性分析所使用的指标相一致。投资项目有一整套的指标体系,敏感性分析可选取其中一个或者几个主要指标进行。最基本的分析指标是财务内部收益率($FIRR$),根据项目的实际情况也可选择财务净现值($FNPV$)和投资回收期(P_t)等指标,必要时可同时针对两个或两个以上的指标进行敏感性分析。

(三) 研究并设定不确定因素的变动范围

敏感性分析通常是针对不确定因素的不利变化进行的,为绘制敏感性分析图也可考虑不确定因素的有利变化。一般不确定因素按照一定的变化幅度(如5%、10%和20%等)进行变化,通常选择10%为其变动范围;对于那些不便用百分数表示的因素,例如建设期,可采用延长一段时间的方式来表示,通常延长一年。

(四) 敏感性分析的计算指标

1. 敏感度系数

敏感度系数也称灵敏度,是指项目效益指标变化的百分率与不确定因素变化的百分率之比。敏感度系数高,表示项目效益对该不确定因素的敏感程度高,提示应重视该不确定因素对项目效益的影响。敏感度系数计算公式如下:

$$S_{AF} = \frac{\Delta A/A}{\Delta F/F} \qquad (公式12-13)$$

式中： S_{AF}——评价指标 A 对于不确定因素 F 的敏感系数；

$\Delta F/F$——不确定因素 F 的变化率；

$\Delta A/A$——不确定因素 F 发生 ΔF 的变化率时，评价指标 A 的相应变化率。

$S_{AF}>0$，表示评价指标与不确定因素同方向变化；$S_{AF}<0$，表示评价指标与不确定因素反方向变化。$|S_{AF}|$较大者敏感度系数高。

敏感度系数的计算结果可能受到不确定因素变化百分率取值不同的影响，即随着不确定因素变化百分率取值的不同，敏感度系数的数值会有所变化。但其数值大小并不是计算该项指标的目的，重要的是分析各不确定因素敏感度系数的相对值，借此了解各不确定因素的相对影响程度，以选出敏感度较大的不确定因素。因此，虽然敏感度系数有以上缺陷，但在判断各不确定因素对项目效益的相对影响程度上仍然具有一定的作用。

2. 临界点

临界点是指不确定因素的极限变化，即不确定因素的变化使项目由可行变为不可行的临界数值，也可以说是该不确定因素使内部收益率等于基准收益率时的变化率。当不确定因素的变化超过了临界点所表示的不确定因素的极限变化时，项目内部收益率指标将会转而低于基准收益率，表明项目将由可行变为不可行。

临界点的高低与设定的基准收益率有关，对于同一个投资项目，随着设定基准收益率的提高，临界点就会变低（临界点表示的不确定因素的极限变化变小）；在一定的基准收益率下，临界点越低，就说明该因素对项目效益指标的影响越大，项目对该因素越敏感。

可以通过敏感性分析图求得临界点的近似值，但由于项目效益指标的变化与不确定因素的变化之间不是直线关系，有时误差较大，因此最好采用计算机的专用函数来求解临界点。

（五）确定敏感性因素

由于各因素的变化都会引起项目经济效益指标一定的变化，但其影响程度却各不相同。有些因素可能仅发生较小幅度的变化，就能引起经济效益指标发生较大幅度的波动，而另一类因素即使发生了较大幅度的变化，对经济效益指标的影响也不是很大。前一类因素称为敏感性因素，后一类因素称为非敏感性因素。敏感性分析的目的就是找出哪些不确定因素是敏感性因素，哪些是非敏感性因素。敏感性因素的确定，可以采取上面介绍的两种方法：一是求敏感度系数，也称相对测定法；二是求各个不确定因素变动的临界值，也称绝对测定法。在实践中，通常是将这两种方法结合起来使用。

（六）提出敏感性分析的结论和建议

结合确定性分析与敏感性分析的结果，粗略预测项目可能的风险，对项目作进一步评价，并为下一步风险分析打下基础，同时还可以进一步寻找相应控制风险的对策。如果进行敏感性分析的目的是对不同的投资项目进行比选，一般应选择敏感程度小、承受风险能力强、可靠性大的项目或方案。

三、敏感性分析的方法

(一) 单因素敏感性分析图

敏感性分析图是通过在坐标图上做出各个不确定因素的敏感性曲线,进而确定各个因素敏感程度的一种图解方法。其基本作图方法如下:

(1) 以纵坐标表示项目的经济评价指标(项目敏感性分析的对象),横坐标表示各个变量因素的变化幅度(以%表示)。

(2) 根据敏感性分析的计算结果绘出各个变量因素的变化曲线,其中与横坐标相交角度较大的变化曲线所对应的因素就是敏感性因素。

(3) 在坐标图上做出项目经济评价指标的临界曲线(如 $FNPV=0, FIRR=i_c$ 等),求出变量因素的变化曲线与临界曲线的交点,则交点处的横坐标就表示该变量因素允许变化的最大幅度,即项目由盈到亏的极限变化值。

图 12-3 是以财务内部收益率为例绘制的敏感性分析图。

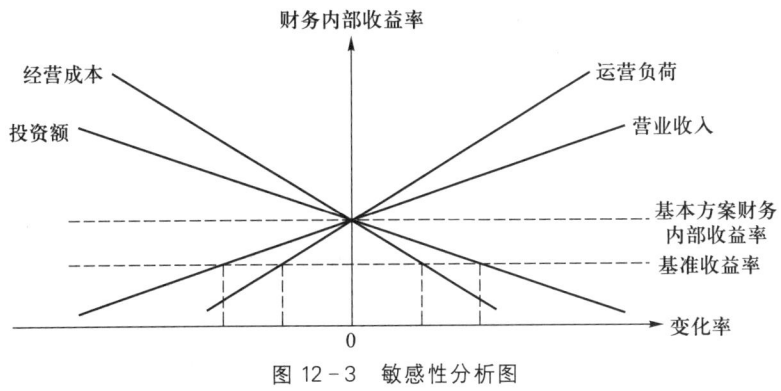

图 12-3 敏感性分析图

(二) 单因素敏感性分析的应用

【例 12-3】 某投资方案预计总投资为 1 200 万元,年产量为 10 万台,产品价格为 35 元/台,年经营成本为 120 万元,方案经济寿命为 10 年,同时设备残值为 80 万元,基准收益率为 10%,试就投资额、产品价格及经营成本进行敏感性分析。

【解答】 选择净现值为敏感性分析的对象,根据净现值的计算公式可以计算出项目的净现值。即:

$$FNPV = -1\,200 + (10 \times 35 - 120) \times (P/A, 10\%, 10) + 80 \times (P/F, 10\%, 10)$$
$$= -1\,200 + 230 \times 6.144 + 80 \times 0.385 = 243.92 (万元)$$

由于 $FNPV > 0$,所以从财务分析角度看,该项目是可行的。

对该项目进行敏感性分析的步骤如下(见表 12-1)。

(1) 选取三个不确定因素:投资额、产品价格、经营成本;
(2) 简单起见,选定财务净现值作为项目效益分析指标;
(3) 确定不确定因素变动的范围为 ±10%;
(4) 分别计算相应净现值的变化情况,得出结果;

表 12-1　　　　　　　　　　　敏感性分析表

序号	调整项目			分析结果		
	投资额	营业收入	经营成本	FNPV(万元)	平均+1%	平均-1%
0				243.92		
1	+10%			123.92	-4.94%	
2	-10%			363.92		+4.94%
3		+10%		458.96	+8.82%	
4		-10%		28.88		-8.82%
5			+10%	170.19	-3.02%	
6			-10%	317.65		+3.02%

(5) 绘制敏感性分析图,计算临界值和敏感度系数。

由表 12-1 可以看出,当其他因素均不发生变化时,投资额每增加 1%,净现值将下降 4.94%;当其他因素均不发生变化时,产品营业收入每下降 1%,净现值下降 8.82%;当其他因素均不发生变化时,经营成本每上升 1%,净现值下降 3.02%。因此在各个变量因素变化率相同的情况下,产品的营业收入变动对净现值的影响程度最大,营业收入是最敏感因素,其次是投资,最不敏感因素是经营成本。

由图 12-4 可以看出,当产品价格下降幅度超 14.42%时,净现值由正变负,项目由可行变为不可行;当投资额增加的幅度超过 31%时,净现值由正变负,项目由可行变为不可行;当经营成本上升幅度超过 36.33%时,净现值由正变负,项目由可行变为不可行。因此通过图 12-4 敏感性分析图可以计算出允许变量因素变动的临界值,即产品营业收入下降不超过 14.42%,投资额增加不超过 31%,经营成本增加不超过 36.33%。如果这三个变量的变化超过上述极限,项目就不可行。

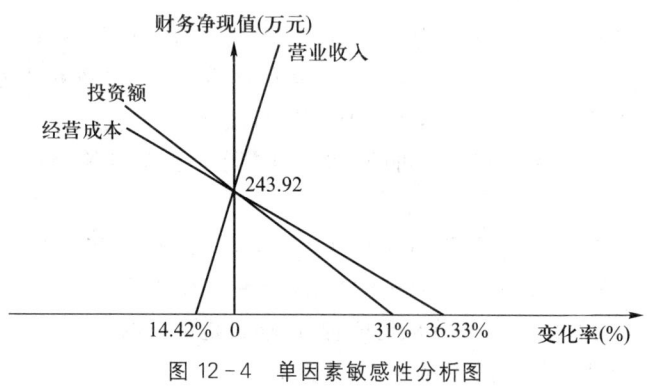

图 12-4　单因素敏感性分析图

(6) 根据敏感性分析的结果,提出建议。根据敏感性分析得知,营业收入是最敏感的因素,因此从项目决策的角度来讲,应该对产品价格进行更进一步的、更准确的测算,因为从项目风险的角度来讲,如果未来产品营业收入发生变化的可能性较大,则意味着这一项目的风险性亦较大。

四、敏感性分析的局限性

敏感性分析是项目经济评价时常用的一种方法,是投资决策中的一个重要步骤。它在一定程度上就不确定因素变动对项目投资效益的影响作了定量描述,得出了维持投资方案在经济上的可行性所允许的不确定因素发生不利变动的最大幅度,但是敏感性分析在使用中也存在一定的局限性。

第一,敏感性分析要求被分析的各个经济参数互不相关。

第二,敏感性分析不能说明不确定因素发生变动情况的可能性的大小,也就是没有考虑到不确定因素在未来发生变动的概率,而这种概率是与项目的风险大小密切相关的。实践表明,不同的项目各个不确定因素发生变动的概率是不同的。也就是说,两个同样敏感的因素,在一定的不利变动范围内可能一个发生的概率很大,另一个发生的概率很小。很明显,前一个因素给项目带来的影响很大,后一个因素给项目带来的影响很小,甚至可以忽略不计。而敏感性分析假定各个因素发生变动的概率是相等的。因此,敏感性分析是无法解决此类问题的,必须借助下面介绍的风险分析。

第四节 风 险 分 析

一、投资项目的主要风险

投资项目的风险来源于法律法规及政策变化、市场供求变化、资源开发与利用、技术的可靠性、工程方案、融资方案、组织管理、环境与社会、外部配套条件等一个方面或几个方面的共同影响。

(一) 政策风险

政策风险是指由于政府政策调整,使项目原定目标难以实现所造成的损失,如税收、金融、环保、产业政策的调整,税率、利率、汇率、通货膨胀率的变化对项目经济效益带来的影响。

(二) 市场风险

市场风险是指由于市场需求的变化、竞争对手的竞争策略调整、项目产品销路不畅,产品价格低迷等,以致产量和销售量以及营业收入达不到预期的目标,给项目预期收益带来的损失。

(三) 资源风险

资源风险是指资源开发与利用的项目,由于矿产资源的储量、品位、可开采储量、开拓工程量及采选方式等与原预测结果有较大偏离,导致项目开采成本增高,产量降低或经济寿命期缩短,造成巨大的经济损失。

(四) 技术风险

技术风险是指项目采用的技术,特别是引进技术的先进性、可靠性、适用性和经济性与原方案发生重大变化,导致项目不能按期进入正常生产状态;或运营能力利用率降低,达不到设计要求;或生产成本提高,产品质量达不到预期要求等。

(五) 工程风险

工程风险是指因工程地质和水文地质条件发生预料外的变化,导致工程量增加、投资增加、工期延长所造成的损失;或是由于前期准备工作不足、工程设计方案不合理,导致项目实施阶段建设方案的变化,可能给项目的生产经营带来影响,造成经济损失。

(六) 融资风险

融资风险是指项目资金来源的可靠性、充足性和及时性不能保证;由于工程量预计不足,或设备材料价格上涨导致投资增加;由于计划不周或外部条件等因素导致建设工期拖延;利率、汇率变化导致融资成本升高所造成的损失。

(七) 组织管理风险

组织管理风险是指由于项目组织结构不当、管理机制不完善或是主要管理者能力不足等,导致项目不能按计划建成投产,投资超出预算;或在项目投产后,未能制定有效的企业竞争策略,在市场竞争中失败。

(八) 环境与社会风险

对于许多项目,外部环境因素包括自然环境和社会环境因素的影响。如选址不当,对项目给社区和生态环境造成的影响估计不足,或是项目环保措施不当,项目建成后,可能给社区和生态带来严重影响,造成直接经济损失。

(九) 外部配套条件风险

建设项目需要的外部配套设施,如供水排水、供电供气,公路铁路、港口码头以及上下游配套设施等,在项目评估中虽然都做了考虑,但实际上仍然可能存在外部配套设施没有如期落实的问题,致使建设项目不能发挥应有效益,从而带来风险。

(十) 其他风险

对于某些项目,应考虑其特有的风险因素。例如,对于合资项目,要考虑合资对象的法人资格和资信问题;对于农业建设项目,要考虑因气候、土壤、水利等条件的变化对收成造成不利影响的风险因素等;项目中许多无形成本和效益的度量是分析者个人的主观判断,不能量化的外部或间接效果的定性判断也是主观的,不确定性较大。

二、风险分析的含义和程序

(一) 风险分析的含义

风险分析是根据不确定因素变动的概率分布,分析对项目经济效益的影响,从而对项目的风险情况做出较准确分析的一种定量分析方法。

(二) 风险分析的程序

风险分析包括风险识别、风险估计、风险评价和风险应对四个基本阶段。风险分析所经历的四个阶段,实质上是从定性分析到定量分析,再从定量分析到定性分析的过程。其基本流程如图 12-5 所示。

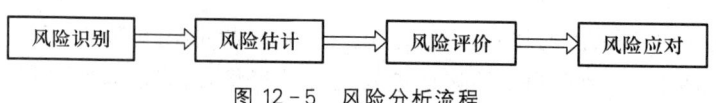

图 12-5 风险分析流程

1. 风险识别

风险识别是风险分析的基础,运用系统论的方法对项目进行全面考察综合分析,找出潜在的各种风险因素,并对各种风险进行比较、分类,确定各因素间的相关性与独立性,判断其发生的可能性及对项目的影响程度,按其重要性程度进行排队,或赋予其权重。敏感性分析是初步识别风险因素的重要手段。

2. 风险估计

风险估计是估计风险发生可能性及其对项目影响的过程。投资项目涉及的风险因素有些是可以量化的,可以通过定量分析的方法对它们进行分析;而客观上存在许多不可量化的风险因素,因此风险估计应采取定性描述与定量分析相结合的方法,从而对项目面临的风险做出全面的估计。风险估计的方法包括风险概率估计方法和风险影响估计方法两类,前者分为主观估计和客观估计,后者有概率树分析、蒙特卡洛模拟等方法。

3. 风险评价

风险评价是对投资项目风险进行综合分析,是依据风险对项目经济目标的影响程度进行项目风险分级排序的过程。它是在项目风险识别和估计的基础上,通过建立项目风险系统评价模型,列出各种风险因素发生的概率及概率分布,确定可能导致损失的大小,从而找到该项目的关键风险,确定项目的整体风险水平,为如何处置这些风险提供科学依据。风险评价标准可采用以下两种类型:

(1) 以经济指标的累计概率、标准差为判别标准。对于财务净现值,其大于零的概率越大,标准差越小,则说明风险越小。对于财务内部收益率,其大于等于基准收益率的概率越大,标准差越小,则说明风险越小。

(2) 以综合风险等级为判别标准。

4. 风险应对

在风险分析中找出关键风险因素,对项目的成败具有重大影响,同时需要采取相应的应对措施,尽可能降低风险的不利影响,实现预期投资效益。

项目评估中应考虑的风险对策主要有以下几种。

(1) 风险回避。风险回避是彻底规避风险的一种做法,即断绝风险的来源。例如风险分析显示产品市场方面存在严重风险,若采取回避风险的对策,就会做出缓建(待市场变化后再予以考虑)或放弃项目的决策。这样固然避免了可能遭受损失的风险,但同时也放弃了投资获利的可能,因此风险回避对策的采用一般都是很慎重的,只有在对风险的存在与发生,对风险损失的严重性有把握的情况下才有积极意义。

风险回避一般适用于以下两种情况:其一是某种风险可能造成相当大的损失,且发生的频率较高;其二是应用其他的风险对策防范风险代价昂贵,得不偿失。

(2) 风险分担。风险分担主要是针对风险较大的项目,解决投资人无法独立承担风险的问题,或是为了控制项目的风险源,而采取与其他企业合资或合作等方式,共同承担风险、共享收益的方法。

(3) 风险转移。风险转移是试图将项目可能面临的风险转移给他人承担,以避免风险损失的一种方法。

转移风险有两种方式:一是将风险源转移出去,如将已做完前期工作的项目转给他人投资,或将其中风险大的部分转给他人承包建设或经营;二是只把部分或全部风险损失转移出去,包括保险转移方式和非保险转移方式。就投资项目而言,第一种风险转移方式是风险回避的一种特殊形式。

(4) 风险自担。风险自担就是将风险损失留给项目业主独立承担的一种做法。适用于两种情况:一种情况是已知有风险但由于可能获利而需要冒险时,必须保留和承担这种风险;另一种情况是已知有风险,但若采取某种风险措施,其费用支出会大于自担风险的损失。风险自担的做法通常适用于风险损失小,风险发生频率高的项目。

以上所述的风险对策不是互斥的,在实践中常常组合使用。比如在采取措施降低风险的同时并不排斥其他的风险对策,例如向保险公司投保。在项目评估中应结合实际情况,研究并选用相应的风险对策。

三、风险分析的方法

常见的风险分析方法有专家调查法(checklist)、层次分析法(AHP)、CIM 法、概率树法。

(一) 专家调查法

专家调查法是以发函、开会或其他形式向专家征集调查意见,对项目风险因素及其风险程度进行评定,将多位专家的经验集中起来形成分析结论的一种方法。

专家调查法简单、易操作,它凭借分析者(包括评价人员和决策者等)的经验对项目各类风险因素及其风险程度做出定性估计。专家调查法可以通过发函、开会或其他形式向专家开展调查,对项目风险因素、风险发生的可能性及风险对项目的影响程度进行评定,将多位专家的经验集中起来形成分析结论。由于它比一般的经验识别法更具客观性,因此应用较广泛。

【例 12-4】 某项目的投资额服从三角形分布,邀请 10 位专家,对投资额的最乐观值、最可能值、最悲观值进行估计,结果如表 12-2 所示。计算投资的最乐观值、最可能值、最悲观值,并判断专家意见的分歧程度。

表 12-2   项目建设投资概率专家调查意见汇总表

专家	最乐观值	最可能值	最悲观值
1	950	1 000	1 150
2	950	1 000	1 160
3	1 000	1 050	1 180
4	1 000	1 050	1 100
5	1 050	1 100	1 230
6	1 050	1 100	1 230
7	1 100	1 150	1 250
8	1 100	1 150	1 250
9	950	1 000	1 180
10	950	1 000	1 180

【解答】 根据表12-2,计算专家估计的平均值,并分别估算各估计值的方差。结果如表12-3所示。

表 12-3 专家估计值处理表

指标	最乐观值	最可能值	最悲观值
平均值($\bar{X}$)	1 010	1 060	1 191
方差(S^2)	3 400	3 400	2 129
标准差(S)	58.31	58.31	46.14
离散系数(β)	5.77%	5.50%	3.87%

从以上计算结果可以看出,最乐观值、最可能值、最悲观值的离散系数均满足专家调查的一致性要求,不再进行下一轮调查。项目建设投资平均值服从最乐观值 1 010 万元、最可能值 1 060 万元和最悲观值 1 191 万元的三角形分布。

(二) 层次分析法(AHP)

层次分析法(the analytic hierarchy process,AHP)是一种多准则决策分析方法。在风险分析中,AHP 提供了一种灵活的、易于理解的风险评价方法。

应用 AHP 进行风险分析的过程如图 12-6 所示,共有以下八个步骤:

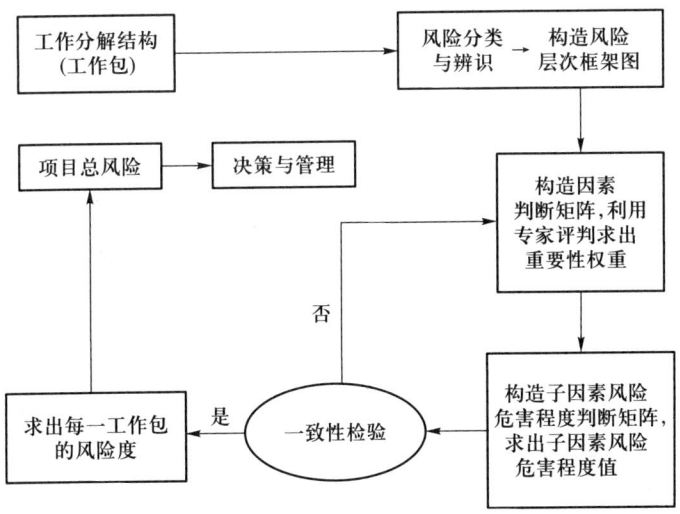

图 12-6 AHP 风险分解过程

(1) 通过工作分解结构,按工作相似性质原则把整个项目分解成可管理的工作包,然后对每一个工作包进行风险分析。

(2) 对每一个特定的工作包进行风险分类和辨识,常用的方法是专家调查法,然后构造出该工作包的风险框架图。

(3) 构造因素和因素的判断矩阵,请专家按照表 12-4 所示的规则对因素层和子因素层间各元素的相抵重要性给出评判,并求出各元素的权重值。

(4) 构造反映各个风险因素危害的严重程度的判断矩阵。严重程度通常用高、中、低三个概念来表示,求出各子风险的相对危害程度值。

(5) 利用 AHP 计算软件,对专家评判的一致性加以检验。由于在第三步和第四步中,均采用专家凭经验、直觉的主观判断,因此要对专家主观判断的一致性加以检验。如检验不通过,就要让专家重新做出评价,调整其评价值,然后再检验,直到通过为止。

(6) 把所求出的各子因素的相对危害程度值统一起来,就可求出该工作包的风险处于高、中、低各等级的概率值大小,由此可判断该工作包的风险程度。

(7) 把组成项目的所有工作包都如此分析评价,并把各工作包的风险程度统一起来,就可能得出项目总的风险水平。

(8) 决策与管理,根据分析评估结果制定相应的决策并实行有效的管理。

表 12-4   标度的含义

标度	含 义
1	表示两个因素相比,具有同样重要性
3	表示两个因素相比,一个因素比另一个因素稍微重要
5	表示两个因素相比,一个因素比另一个因素明显重要
7	表示两个因素相比,一个因素比另一个因素强烈重要
9	表示两个因素相比,一个因素比另一个因素极端重要
2、4、6、8	上述两相邻判断中间值,如 2 处于同样重要和稍微重要之间

(三) CIM 法

CIM 模型(controlled interval and memory model,CIM)是对概率或概率分布进行叠加的控制区间和记忆模型的简称。

CIM 法的主要特点是:用离散的直方图表示随机变量概率分布,用和代替概率函数的积分,并按串联或并联响应模型进行概率叠加。在概率叠加的时候,CIM 可将直方图的变量区间进行调整,即所谓的区间控制,一般是缩小变量区间,使直方图与概率解析分布的误差显著减小,提高计算的精度。CIM 模型同时也可用"记忆"的方式考虑前后变量的相互影响,把前面概率分布叠加的结果记忆下来,应用"控制区间"的方法将其与后面变量的概率分布叠加,直到最后一个变量为止。应用 CIM 模型分析风险的具体方法,读者可以参阅有关 CIM 的其他书籍,本书在这里不进行详细介绍。

(四) 概率树法

概率树分析是在构造概率树的基础上,计算项目净现值的期望值和净现值大于或等于零的概率。概率树分析假定风险变量之间是相互独立的,在构造概率树的基础上,将每个风险变量的各种状态取值组合计算,分别计算每种组合状态下的评价指标值及相应的概率,得到评价指标的概率分布,并统计出评价指标低于或高于基准值的累计概率,计算评价指标的期望值、方差、标准差和离散系数。可以绘制以评价指标为横轴,累计概率为纵轴的累计概率曲线。概率树计算项目净现值的期望值,以及净现值大于或等于零的累计概率的计算步骤如下。

(1) 通过敏感性分析确定风险变量;

(2) 判断风险变量可能发生的情况;

(3) 确定每种情况可能发生的概率,每种情况发生的概率之和必须等于 1;
(4) 求出可能发生事件的净现值、加权净现值,然后求出净现值的期望值;
(5) 可用插入法求出净现值大于或等于零的累计概率。

专栏 12-1

案 例 分 析

背景资料:

某商品住宅小区开发项目现金流量的估计值如表 12-5 所示,根据经验推断,营业收入和开发成本为离散型随机变量,其值在估计值的基础上可能发生的变化及其概率见表 12-6。

要求:

试确定该项目净现值大于等于零及大于等于 3 000 万元的概率(基准收益率为 12%)。

表 12-5   基本方案的参数估计   单位:万元

年份	1	2	3
营业收入	1 867	8 854	10 572
开发成本	4 573	5 489	6 200
其他税费	121	576	687
净现金流量	−2 827	2 789	3 685

表 12-6   变量概率分布

不确定因素 \ 概率 \ 变化值	+20%	0%	−20%
营业收入	0.2	0.6	0.2
开发成本	0.6	0.3	0.1

解答:

(1) 项目净现金流量未来可能发生的 9 种状态如图 12-7 所示。

(2) 分别计算项目净现金流量各种状态的概率 $P_j(j=1,2,\cdots,9)$。

$$P_1 = 0.2 \times 0.6 = 0.12$$
$$P_2 = 0.2 \times 0.3 = 0.06$$
$$P_3 = 0.2 \times 0.1 = 0.02$$
$$\cdots\cdots\cdots\cdots$$

其余类推,结果如表 12-7 所示。

(3) 分别计算项目各状态下的净现值 NPV,如:

$$NPV_1 = \sum_{i=1}^{3}(CI-CO)_{t_1}(1+12\%)^{-t} = 2\,786.5(万元)$$

其余类推,结果如表 12-7 所示。

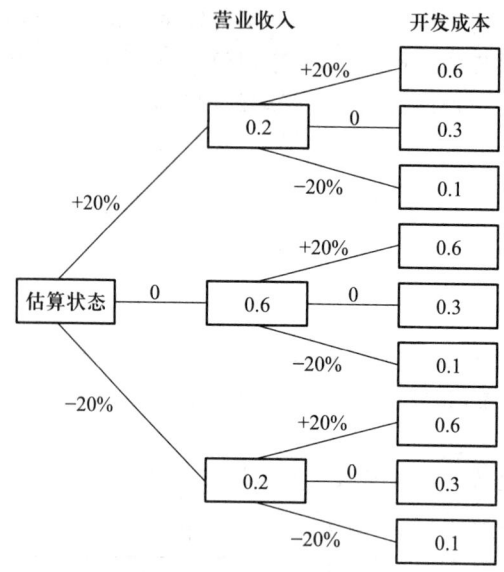

图 12-7 概率树

表 12-7　　　　　　　　　　期望值计算表

可能状态(j)	状态概率(P_j)	NPV_j	$P_j \times NPV_j$
1	0.12	2 786.5	334.4
2	0.06	5 360.9	321.7
3	0.02	7 935.3	158.7
4	0.36	−252.3	−90.8
5	0.18	2 322.1	418.0
6	0.06	4 896.5	293.8
7	0.12	−3 291.1	−394.9
8	0.06	−716.7	−43.0
9	0.02	1 857.7	37.2
合计	1.00		1 035.1

(4) 计算项目净现值的期望值：

净现值的期望值 $= 0.12 \times 2\,786.5 + 0.06 \times 5\,360.9 + 0.02 \times 7\,935.3 + 0.36 \times$
$\qquad (-252.3) + 0.18 \times 2\,322.1 + 0.06 \times 4\,896.5 + 0.12 \times$
$\qquad (-3\,291.1) + 0.06 \times (-716.7) + 0.02 \times 1\,857.7$
$\qquad = 1\,035.1 (万元)$

(5) 计算净现值大于等于零的概率：

$P(NPV \geqslant 0) = 1 - 0.36 - 0.12 - 0.06 = 0.46$

(6) 计算净现值大于等于 3 000 万元的概率：

$P(NPV \geqslant 3\,000) = 0.06 + 0.02 + 0.06 = 0.14$

结论：

该项目净现值的期望值大于零，是可行的。但净现值大于零的概率不够大，说明项目存在一定的风险。

专栏 12-2

案 例 分 析

背景资料：

（1）某工程方案设计运营能力为 1.5 万吨/年，产品销售价格为 3 000 元/吨，年增值税和税金及附加合计为 150 万元，年总成本为 3 900 万元，其中固定成本为 1 800 万元。假定项目的营业收入、总成本费用均与产量呈线性关系，计算该工程方案的盈亏平衡点。

（2）某项目的主要风险变量有建设投资、年营业收入和年经营成本。它们的估算值分别为 85 082 万元、35 360 万元和 17 643 万元。经调查认为，每个变量有 3 种状态，其概率分布如表 12-8 所示。

表 12-8　　　　　　　　　　变量概率分布

不确定因素 \ 概率 \ 变化值	+20%	0%	−20%
建设投资	0.6	0.3	0.1
营业收入	0.5	0.4	0.1
经营成本	0.5	0.4	0.1

要求：

（1）计算该工程方案的盈亏平衡点。

（2）求出可能发生事件的净现值、加权净现值，求出净现值的期望值。

（3）求出净现值大于或等于零的累计概率。

解答：

1. 计算盈亏平衡点

（1）根据题意，计算单位产品可变成本。

$$V=\frac{(3\ 900-1\ 800)\times 10^4}{1.5\times 10^4}=1\ 400(元/吨)$$

（2）计算单位产品的增值税和税金及附加。

$$T=\frac{150\times 10^4}{1.5\times 10^4}=100(元/吨)$$

（3）根据公式，计算 Q_{BEP}。

$$Q_{BEP}=\frac{F}{P-V-T}=\frac{1\ 800\times 10^4}{3\ 000-1\ 400-100}=12\ 000(吨)$$

（4）根据公式，计算 R_{BEP}。

$$R_{BEP} = \frac{F}{Q(P-V-T)} \times 100\% = \frac{1\,800 \times 10^4}{1.5 \times 10^4 \times (3\,000 - 1\,400 - 100)} \times 100\% = 80\%$$

也可用 $R_{BEP} = \dfrac{Q_{BEP}}{Q} \times 100\% = \dfrac{12\,000}{1.5 \times 10^4} \times 100\% = 80\%$

(5) 盈亏平衡分析结论。通过计算盈亏平衡点,结合市场预测,可以对方案发生亏损的可能性,即风险程度做出大致判断。

针对本例,如果产品销售价格、可变成本和固定成本保持不变,则年产量应大于 12 000 吨,运营能力利用率应高于 80%。由此可以看出,该项目以产量和运营能力利用率表示的盈亏平衡点是比较高的,项目的抗风险能力比较低。

2. 求出可能发生事件的净现值、加权净现值,求出净现值的期望值

通过敏感性分析确定风险变量,判断风险变量可能发生的情况,以及确定每种情况可能发生的概率,如表 12-8 所示。

根据表 12-8,可以组成 27 个组合,构造概率树。图 12-8 所示的 27 个分支,圆圈内的数字表示输出变量各种状态发生的概率,如图上第一个分支表示建设投资、营业收入、经营成本同时增加 20% 的情况,称为第一事件。

计算净现值的期望值:

第一步,分别计算各种可能发生事件的概率。

如第一事件发生的概率 $= P_1$(建设投资增加 20%)$\times P_2$(营业收入增加 20%)$\times P_3$(经营成本增加 20%)$= 0.6 \times 0.5 \times 0.5 = 0.15$。

以此类推,计算出其他 26 个可能发生事件的概率,其概率合计数应等于 1,如图 12-8 所示。

第二步,分别计算各可能发生状态的净现值。

将建设投资、产品营业收入、经营成本各年数值分别调增 20%,重新计算财务净现值,得财务净现值为 32 480 万元。以此类推,计算出其他 26 个可能发生事件的净现值。

第三步,计算净现值的期望值。

将各事件的发生概率与其净现值分别相乘,得出加权净现值,再求和得出财务净现值的期望值为 24 481.85 万元。期望值计算表见表 12-9。

3. 求净现值大于或等于零的累计概率

概率分析应求出净现值大于或等于零的概率,从该概率值的大小可以估计项目承受风险的程度。概率值越接近 1,说明项目的风险越小;反之,项目的风险越大。

计算步骤为:将计算出的各可能发生事件的财务净现值按数值从小到大排列,并将各可能发生事件发生的概率按同样的顺序累加,求得累计概率,见表 12-10。

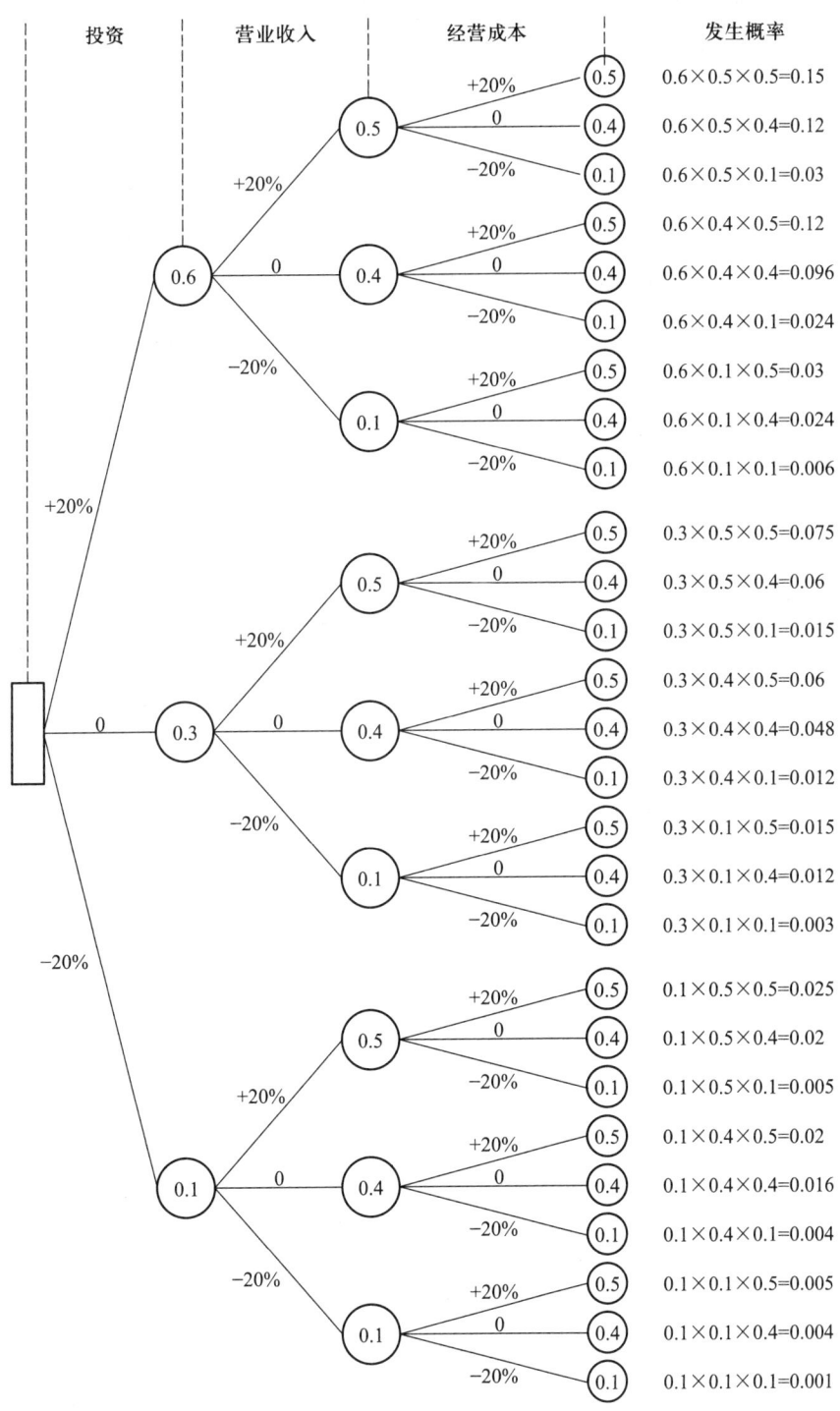

图 12-8 概率树

表 12-9　　　　　　　　　　期望值计算表

事件	建设投资	营业收入	经营成本	概率	净现值	加权净现值
1	+20%	+20%	+20%	0.150	32 480	4 872.00
2	+20%	+20%	估计值	0.120	41 133	4 935.96
3	+20%	+20%	-20%	0.030	49 778	1 493.34
4	+20%	估计值	+20%	0.120	-4 025	-483.00
5	+20%	估计值	估计值	0.096	4 620	443.52
6	+20%	估计值	-20%	0.024	13 265	318.36
7	+20%	-20%	+20%	0.030	-40 537	-1 216.11
8	+20%	-20%	估计值	0.024	-31 893	-765.43
9	+20%	-20%	-20%	0.006	-23 248	-139.49
10	估计值	+20%	+20%	0.075	49 920	3 744.00
11	估计值	+20%	估计值	0.060	58 565	3 513.90
12	估计值	+20%	-20%	0.015	67 209	1 008.14
13	估计值	估计值	+20%	0.060	13 407	804.42
14	估计值	估计值	估计值	0.048	22 051	1 058.45
15	估计值	估计值	-20%	0.012	30 696	368.35
16	估计值	-20%	+20%	0.015	-23 106	-346.59
17	估计值	-20%	估计值	0.012	-14 462	-173.54
18	估计值	-20%	-20%	0.003	-5 817	-17.45
19	-20%	+20%	+20%	0.025	67 351	1 683.78
20	-20%	+20%	估计值	0.020	75 996	1 519.92
21	-20%	+20%	-20%	0.005	84 641	423.21
22	-20%	估计值	+20%	0.020	30 838	616.76
23	-20%	估计值	估计值	0.016	39 483	631.73
24	-20%	估计值	-20%	0.004	48 127	192.51
25	-20%	-20%	+20%	0.005	-5 675	-28.38
26	-20%	-20%	估计值	0.004	2 969	11.88
27	-20%	-20%	-20%	0.001	11 614	11.61
			合计	1.000		24 481.85

表 12-10　　　　　　　　　　　累计概率计算表

事件	净现值	概率	累计概率
7	−40 537	0.030	0.030
8	−31 893	0.024	0.054
9	−23 248	0.006	0.060
16	−23 106	0.015	0.075
17	−14 462	0.012	0.087
18	−5 817	0.003	0.090
25	−5 675	0.005	0.095
4	−4 025	0.120	0.215
26	2 969	0.004	0.219
5	4 620	0.096	0.315
27	11 614	0.001	0.316
6	13 265	0.024	0.340
13	13 407	0.060	0.400
14	22 051	0.048	0.448
15	30 696	0.012	0.460
22	30 838	0.020	0.480
1	32 480	0.150	0.630
23	39 483	0.016	0.646
2	41 133	0.120	0.766
24	48 127	0.004	0.770
3	49 778	0.030	0.800
10	49 920	0.075	0.875
11	58 565	0.060	0.935
12	67 209	0.015	0.950
19	67 351	0.025	0.975
20	75 996	0.020	0.995
21	84 641	0.005	1.000

根据表 12-10,可求得:

净现值小于零的概率$=0.215+(0.219-0.215)\times 4\,025/(4\,025+2\,969)=0.217$

即项目不可行的概率为 0.217,净现值大于或等于零的概率$=1-0.217=0.783$。

计算得出净现值大于零或者等于零的概率为 78.3%,说明项目风险较小。

本章小结

不确定性是指某一决策可能有一种以上的可能结果。而风险是未来发生不利事件的概率或可能性。

不确定性与风险产生的原因包括主观原因和客观原因。其中,主观原因主要指信息的不完全性和不充分性与人的有限理性;客观原因主要包括市场供求变化的影响,技术变化的影响,经济环境变化的影响,社会、政策、法律、文化等方面的影响,自然条件和资源方面的影响等。

常用的不确定性分析方法主要有盈亏平衡分析和敏感性分析等。

盈亏平衡分析是在一定的市场、生产能力条件下通过计算盈亏平衡点处的产量或运营能力利用率,分析拟建项目成本与收益平衡关系的方法。盈亏平衡点的表现形式有很多种,在项目评估中,常用的是以产量和运营能力利用率等表示盈亏平衡点。

敏感性分析是在确定性分析的基础上,进一步分析、预测项目主要不确定因素的变化对项目评价指标的影响,从中找出敏感性因素,确定评价指标对该因素的敏感程度和项目对其变化的承受能力。敏感性分析也称灵敏度分析。敏感性分析侧重于对最敏感的关键因素(不利因素)及其敏感程度进行分析。

在风险分析中找出关键风险因素,对项目的成败具有重大影响,同时还需要采取相应的应对措施,尽可能降低风险的不利影响,实现预期投资效益。常见的风险因素源于诸多方面,如政策、市场、资源、技术、工程、融资、环境与社会、组织管理、配套条件与其他等。项目评估中应考虑的风险对策主要有风险回避、风险分担、风险转移和风险自担等。

风险分析的常见方法有专家调查法、层次分析法、CIM 法及概率树法。

本章重要概念

不确定性	风险	盈亏平衡分析	线性盈亏平衡分析
非线性盈亏平衡分析	敏感性分析	不确定性分析	概率树法
敏感度系数	临界点		

思考与练习题

1. 不确定性和风险有什么区别?
2. 投资项目主要的风险因素有哪些?
3. 不确定性和风险产生的原因是什么?
4. 盈亏平衡点有哪几种表示形式?
5. 盈亏平衡分析的局限性主要表现在哪几个方面?
6. 敏感性分析的目的是什么?
7. 单因素敏感性分析的步骤是什么?
8. 敏感性分析的局限性主要表现在哪几个方面?
9. 风险分析的程序是什么?

第十三章 社会稳定风险评估

> **学习目的：**
> 通过本章的学习，掌握社会稳定风险的概念、特征、产生因素和评估的主要内容，熟悉社会稳定风险评估的程序、方法以及评价指标。

对于重大建设项目，在完成项目的财务分析和经济分析之后，还要进行项目的社会稳定风险评估。这是我国项目评估工作的创新机制，是特定发展阶段出于维稳的现实需要。对项目建设及运营可能引发的社会稳定风险所进行的专项分析和审查，目的是规避和化解可能引发的不稳定的社会矛盾风险。

第一节 社会稳定风险评估概述

一、社会稳定风险评估的定义

从广义上讲，社会稳定风险是指因重大事项处置不当而引发利益矛盾、利益冲突甚至群体性事件的风险，是一种导致社会冲突、危及社会稳定和社会秩序的可能性，是一类基础性、深层次、结构性的潜在危害因素，对社会的安全运行和健康发展构成严重威胁。从狭义角度来看，社会稳定风险是指在实施重大建设项目时，存在的对社会和群众生产与生活影响面大、持续时间长并容易导致较大社会冲突的不确定性。本章涉及的主要指狭义的社会稳定风险。

社会稳定风险评估主要是针对由于重大建设项目的建设可能引发的社会稳定风险，通过深入的调查研究，调查和识别风险来源，采用风险分析和管理的技术方法，对重大项目建设的合法性、合理性、必要性、程序性、适时性等进行全面分析，分析评价风险大小，采取风险应对措施，以期实现规避和化解重大建设项目所引发的社会不稳定事件（如群体性事件或个人极端事件）的目的。

二、社会稳定风险的特征以及产生因素

（一）社会稳定风险的一般特征

1. 客观性和现实性

社会稳定风险是存在于社会生活之中的既定事实，社会稳定风险存在的方式在不同的情况下会表现出不同的状态。虽然社会稳定风险有时是隐形的，但确实是客观存在的，一旦社会稳定风险事件爆发，其危害性就呈现出来了。

2. 不确定性和损失性

对于未来,人们的认知是有很大局限性的,不能准确或根本不能预测未来会发生什么。另外,社会稳定风险不同于其他风险,社会稳定风险事件一旦发生,其产生的损失不仅表现在经济上,更可能波及社会和政治层面上,损失往往不可估量。

3. 突发性和传染性

社会稳定风险是人们对未来的认知,任何一个微小的信息都有可能导致风险事件的突发。信息经过人们的传播以及现代媒体的放大,在一定程度上失去了其真实性,一些不明就里的人也由于信息不对称,增加了心理的恐慌,这一系列的连锁反应很容易引发社会稳定风险事件。

(二) 社会稳定风险的产生因素

1. 利益冲突是蕴含社会稳定风险的根本原因

利益矛盾既是推动一切社会发展的根本动力,也是导致一切社会冲突的总根源。随着我国社会主义市场经济体制的逐步建立和完善,社会阶层结构出现了一些新的变化,社会群体利益日益呈现多样性。不同社会阶层除了共同利益、根本利益外,更多地表现为各自群体的具体利益。这些具体利益有时并不完全一致,在一定条件下甚至是对立的。利益的分化、重组必然会引发利益群体之间的矛盾和冲突,当这些矛盾和冲突通过制度化的渠道无法解决时,相关利益群体就会采取非制度化的渠道来发泄不满情绪,表达自己的利益诉求。由于引发群体利益冲突的因素集中表现在企业改制、劳动就业、征地补偿、移民安置、环境污染等问题上,如果这些问题处理不好,就必然产生社会矛盾。重大项目的建设因涉及广大群众的切身利益,与民生密切相关,在政策制定、出台时机、执行等项目决策和实施任何一个环节出现偏差,都极易引发利益冲突,甚至成为群体性事件的导火索。

2. 决策机制不科学是蕴含社会稳定风险的直接原因

不少群体性事件都是因为对涉及广大群众切身利益的重大决策、重大政策、重大项目和重大改革考虑不周或者估计不足而发生的,其中不乏因决策、政策失误而导致的。由于重大事项决策机制不科学,致使重大事项缺乏合法性、合理性和可行性,没有得到群众尤其是利益相关者的理解和支持,从而引起社会冲突。主要表现在:首先,决策理念偏颇。当前一些地方政府和部门对重大事项的决策往往重经济增长而轻社会进步,重眼前利益而轻长远利益。这种片面追求经济增长、利益短视的决策理念,致使重大事项的制定和出台不符合经济社会发展规律,必然带来矛盾和冲突。其次,决策程序缺乏透明度,缺乏应有的论证听证程序。最后,决策执行偏差。一些旨在增进公共利益的重大事项反而引发矛盾冲突,并非重大事项本身有问题,而是在实施过程中出现了偏差。如某些政府部门和领导干部在重大事项实施过程中,为了地方利益或者私利,不惜牺牲群众的根本利益,曲解政策和扭曲执行,致使群众的利益诉求得不到满足,导致社会矛盾激化。

三、社会稳定风险的分类

(一) 经济风险

经济风险也是社会稳定风险的核心要素。国内层面的经济风险主要体现在三个方面:第一,经济快速发展导致了民众更高期望与现实之间的差距。这种差距极易导致社会成员的相对挫败感与不公感。第二,经济发展的地区差异、行业差异、城乡差异日趋明显,过大的差异将成为发展阻力与稳定的不利因素。第三,经济发展与社会领域其他发展呈现出非均衡性。经济发展固然重要,但是单一的、缺乏协同性的经济发展,从长远来看可能孕育大量社会稳定风险要素。

(二)政治风险

政治风险关系国家政权以及政党合法性的问题,是任何一个执政党长期执政所面临的最大风险。它会严重影响党群关系、干群关系,削弱执政党的凝聚力、战斗力和创造力,更不利于执政党地位的巩固和奋斗目标的实现。

(三)文化风险

文化作为个人或群体一整套生活方式的主观反映,不仅直接影响和塑造着人们的价值观和世界观,而且会对社会经济、政治的发展产生重要影响。文化的基本原则之一就是为政治活动和经济活动提供一个相互影响的场所。就我国而言,随着改革开放的不断推进,社会的开放性日趋明显,文化领域呈现出"主流文化"与"非主流文化"多元化的发展趋势。因此,一定要将文化因素作为社会稳定风险分类的重要内容。

(四)生态能源风险

生态能源风险已成为影响我国社会稳定的一个重要变量。近些年来,我们为快速经济增长付出了较高昂的代价,其中之一便是资源浪费和环境污染引发的生态恶化,严重破坏了自然生态的平衡系统,引发了各种环境危机和生态灾难,并从根本上威胁到人们的生存基础,从而使人们的不安全感与恐惧感油然而生,并且会被不断放大、传播与蔓延,进而引发群体性恐慌,影响中国社会正常运行。显然,生态环境恶化与能源短缺已成为影响我国当前和未来一个时期社会稳定的重要因素。

(五)社会风险

社会风险主要存在于社会的多个维度,其中既有社会自身结构和运行机制因素,也有人为因素。主要表现在以下几个层面:①社会发展成果共享度偏低。我国社会建设落后于经济建设,二者之间严重失衡,很难满足民众更高层次的社会需求,影响社会稳定运行。②社会发展非均衡性明显。在社会发展过程中,社会建设内部也呈现出严重的失衡状态,如地区之间差距、行业之间差距、城乡之间差距以及贫富差距等明显较大。这些差距的拉大会使社会弱势群体产生一种挫败感、社会不公感,进而成为社会风险的诱因。

四、社会稳定风险影响领域

构建重大建设项目社会稳定风险评估机制要对其社会稳定风险源进行细致分析,对可能引发社会稳定风险因素按内在因果、隶属等逻辑关系进行层次分解,充分考虑其与社会稳定风险可能发生的关联性,以是否会引发社会稳定风险作为筛选评估指标的重要依据,综合其直接和间接社会影响,构建较全面系统的评估指标体系,并在实践中不断加以完善。

(一)经济领域的风险指标

经济领域风险是实施重大建设项目在经济方面可能引发的社会稳定风险。重大建设项目在经济领域引发社会稳定风险的因素主要有:工程项目对当地居民收入与就业的影响、工程资金是否到位以及工程项目征地拆迁补偿等。这些因素引发社会稳定风险主要表现为:

工程项目对所在地居民收入和就业造成不良影响、工程资金不到位形成拖欠工程款、征地拆迁补偿不足引起当地居民的不满或抗议。因此，从经济角度出发，应以工程预期居民收入变化率、工程预期新增就业率、工程资金到位率、工程征地拆迁损失补偿率来评估重大建设项目社会稳定风险。

（二）生态环境风险指标

生态环境风险是指实施重大建设项目在生态环境方面可能引发的社会稳定风险。重大建设项目在生态环境方面引发社会稳定风险的因素主要有：工程项目对生态系统的影响程度、对环境系统的影响程度、对水资源的影响程度和对人文景观的影响程度等。实施重大建设项目会破坏绿地、森林资源，造成水土流失，对周围环境产生噪声、辐射、粉尘等影响，污染水资源，甚至破坏周边人文景观，从而引发居民抗议或者群体性事件，产生相应的社会稳定风险。因此，应对生态环境因素引发的重大建设项目社会稳定风险进行评估。

（三）社会治安风险指标

社会治安风险是指实施重大建设项目在社会安全与融合方面可能引发的社会稳定风险。重大建设项目在社会治安方面引发社会稳定风险的因素主要有：居民对工程社会安全的满意程度、工程建设预期产生的交通风险、工程引起的流动人口增长率、工程征地拆迁居民安置率、工程移民与安置区居民的融合度等。这些因素引发社会稳定风险主要表现为：重大建设项目带来社会安全隐患、交通拥挤与事故、流动人口大量增加、被征地拆迁居民未妥善安置以及移民未能与安置区居民融合，造成当地社会不安定，引发社会冲突事件。

（四）制度方面风险指标

制度方面风险是指实施重大建设项目在制度建设方面可能引发的社会稳定风险。重大建设项目在制度方面引发社会稳定风险的因素主要有：工程信息公开程度、工程民意征询程度、工程管理制度完善程度、工程社会稳定风险问责制完善程度等。这些制度因素引发的社会稳定风险主要表现为：信息公开不到位及民意征询度低导致的掩盖信息、暗箱操作行为会引发群众不满；工程管理制度不完善导致社会稳定风险增加以及社会稳定风险发生后的恶性循环，引发更大的社会稳定风险；项目社会稳定风险问责制不健全或事后处罚力度不够，致使相关管理人员不重视潜在的社会稳定风险。

第二节　社会稳定风险评估的内容

社会稳定风险评估的内容包括风险调查评估，风险识别评估，风险估计评估，风险防范、化解措施评估，落实措施后的风险等级评估以及风险分析结论。

一、风险调查评估

风险调查评估是用来说明评估主体根据实际需要直接开展或者要求项目单位开展补充风险调查的情况。对收集项目各方面意见进行梳理和比较分析，形成能够反映实际情况的信息资料并阐述其采纳情况。

（一）风险调查评估的要点

工程项目的风险调查评估应重点围绕拟建项目的合法性、合理性、可行性、可控性等方面展开工作。

1. 拟建项目的合法性

主要评估拟建重大项目是否符合现行相关法律、法规、规范以及国家有关政策,是否符合国家与地区国民经济和社会发展规划、产业政策等;拟建项目相关审批部门是否有相应的项目审批权并在权限范围内进行审批;决策程序是否符合国家法律、法规、规章等有关规定。

2. 拟建项目的合理性

主要评估拟建项目的实施是否符合经济社会发展规律,是否符合社会公共利益、人民群众的现实利益和长远利益,是否兼顾了不同利益群体的诉求,是否可能引发地区、行业、群体之间的相互盲目攀比;依法应给予相关群众的补偿和其他救济是否充分、合理、公平、公正;拟采取的措施和手段是否必要、恰当,是否维护了相关群众的合法权益等。

3. 拟建项目的可行性

主要评估拟建项目的建设时机和条件是否成熟,是否有具体、翔实的方案和完善的配套措施;拟建项目实施是否与本地区经济社会发展水平相适应,是否超越本地区财力,是否超越大多数群众的承受能力,是否能得到大多数群众的支持和认可。

4. 拟建项目的可控性

主要评估拟建项目是否存在公共安全隐患,是否会引发群众性事件、集体上访,是否会引发社会负面舆论、恶意炒作以及其他影响社会稳定的问题;对拟建项目可能引发的社会稳定风险是否可控;对可能出现的社会稳定风险是否有相应的防范、化解措施,措施是否可行和有效;宣传解释和舆论引导措施是否充分等。

(二) 风险调查评估的要求

风险调查评估的具体要求有以下几点:①对风险调查的全面性进行评估,包括风险调查的内容和范围、调查的形式和方法是否恰当、合理、科学,是否达到广泛性和深入性的要求;②对公众参与的完备性进行评估,包括拟建项目是否按照有关规定履行了公众参与、专家咨询、信息公开等程序性的要求;③对风险调查结果的真实性和可信性进行评估,包括是否广泛听取了各方面的意见,是否全面、真实地反映了相关利益者合理和不合理、现实和潜在的诉求。

在整理风险调查的内容时,应重点阐述以下几方面:①调查的对象、所采用的调查方式与方法;②拟建项目的合法性、合理性、可行性和可控性;③各类利益相关者的意见和诉求;④地方各级政府部门、基层组织、社会团体、工商企业等有关人员或法人的参与情况和认可态度;⑤媒体舆论导向及已经公开报道过的同类建设项目风险情况等。

在对社会稳定风险分析评估的基础上,根据实际情况,可采取公示、问卷调查、实地走访和召开座谈会、听证会等方式进行补充调查,完善风险调查相关内容。

二、风险识别评估

风险识别是从风险调查的客观记录、统计结果中辨认出风险因素的过程,即以维护拟建项目所在地群众的合法权益为前提,针对各利益相关者不理解、不认同、不满意、不支付的所有方面及其可能引发风险事件的影响表现,确定风险因素的来源、风险事件的产生条件,从而查找、识别出属于不同风险类型和风险阶段的各种风险因素。风险识别过程包括识别那些可能对目标产生重大影响的风险源、影响范围、事件原因和潜在隐患及其可能产生的后果,从而生成一个全面的风险列表。

(一) 风险识别的对象

风险识别的对象主要包括以下五个方面的内容:

1. 风险类别

针对某一种类的事件或者某一区域,分析、列举、细化此类事件或该区域可能发生的各种风险。

2. 风险原因

分析可能导致风险发生的各种原因,包括自然原因、人为原因、政策原因、历史原因、管理原因、技术原因等。

3. 风险机理

分析不同风险源发生作用的机理,即风险源是通过何种途径、如何导致不利后果发生的。

4. 风险发生的时间、地点

分析不同风险发生和产生影响的时间、地点,确定风险发生及其影响的重点区域和时间段。

5. 风险影响对策

分析风险可能导致的后果,包括可能产生的客观损失和主观影响、受风险影响的对象和影响方式。

(二) 风险识别的方法

识别风险的方法有很多,可以将其分为定量分析法和定性分析法,还可以分为宏观评估方法和微观评估方法。

1. 定性分析法和定量分析法

(1) 定性分析法。定性分析法是社会科学研究中比较重要的方法。这是一种从人的主观意识角度来对事物做出判断的方法,是比较直观、简便和非理性的识别方法。定性分析法主要有调查问卷法、德尔菲法、头脑风暴法、风险源清单法、主观评分法。

(2) 定量分析法。定量分析法是运用在大量实践和从充分的事故资料统计分析中获得的指标或数学模型,对重大建设项目的社会环境、相关人员、组织管理等方面的状况按照有关标准,应用科学的方法构造数学模型进行数理分析的一种方法。定量分析法主要有统计和概率法、蒙特卡洛模拟、故障树分析、层次全息模型法。

2. 宏观评估方法和微观评估方法

(1) 宏观评估方法。

① 成本—收益分析。成本—收益分析又称成本—效益分析法,主要分为净现值法和净现值率法两种方法。

② 成本—效果分析。成本—效果分析主要运用于政策方案和项目目标在一开始就被接受和确定,评估目的是寻找最好、最有效率的方法以实现该目标。通过比较成本和达到目标的有效性程度来选择最优方法,它不要求政策效果货币化。在成本—效果分析中,比较一定数量产出成本的最合适方法是用增加的成本除以增长的产量得到比值。

(2) 微观评估方法。

① 结构方程法。结构方程法通过一些可以直接观察的变量(社会系统要素)来反映不

可直接观察到的潜变量(社会稳定风险状况),从而建立起潜变量之间的关系。通过公开或调查的数据,拟合出个人的偏好参数和技术参数,进而模拟在不同政策环境下,政策的动态变化对社会稳定造成的影响。

② 主成分分析法。主成分分析法的基本原理是:在对项目进行综合评估时,需使用多项指标,而指标之间存在一定的线性关系,主成分分析法通过提取出多指标中相互独立的主要成分,构造简单的评估指标来代替原指标体系,并利用方差贡献率这种客观的赋权法对其赋权,使其结论相对客观和科学。

③ 回归分析法。回归分析法属于统计学上的数据分析方法,主要用于探讨数据之间是否存在相关关系。回归分析通过对统计数据进行数字处理,建立因变量与自变量之间的关系模型,并加以外推,预测因变量未来的变化趋势。该方法已经成为一种较成熟的预测方法。主要分为普通最小二乘法和双倍差分法。

总之,风险识别评估就是要结合风险调查评估结果,对社会稳定各风险因素进行全面和准确评估。通过对有关社会经济调查及统计资料的分析,结合对项目经济影响评价、社会影响评价、环境影响评价、资源利用、土地房屋征收补偿和移民安置影响评价等相关评估结论,以及公众参与的完备性程度等的评估,判断拟建项目是否存在被遗漏的重要风险因素,并补充识别被遗漏的重要风险因素。

三、风险估计评估

风险估计是指在风险识别的基础上,通过层层剖析每一种风险因素的形成原因、影响表现、风险分布状况、影响程度和引发风险事件的可能性,以及各种风险因素之间是否相互影响的情形,归纳、筛选出其中的主要风险因素,并逐一对每项主要风险因素的发生概率、影响程度和风险程度所进行的预测性判断。

在进行风险估计的分析时,应逐一解释各项主要风险因素的形成原因、影响表现和风险分布状况,以及导致风险事件可能发生的风险概率、影响程度和风险程度,并按照风险类型、风险阶段、风险因素、风险概率、影响程度和风险程度的顺序编制成汇总表。

风险估计评估就是用选定的风险估计方法,对每一个主要风险要素所进行的分析推理过程,对预测估计的主要风险因素的发生概率、影响程度和风险程度是否恰当进行评估。补充风险识别中遗漏的重要风险因素,对拟建项目可能存在的重要风险因素的性质、特征、未来变化趋势及可能造成的影响后果进行分析评估,形成评估后主要风险因素的风险程度汇总表。

四、风险防范、化解措施评估

为避免主要风险因素可能引发的风险事件,应结合拟建项目的实际特点,研究提出有针对性的风险防范、化解措施,以在风险事件发生之前将风险因素完全消除,或者减少已经存在的风险因素,从而使风险事件发生概率降至接近于零。

在风险防范、化解措施中,应逐一解释各项主要风险因素的防范、化解措施的具体内容、实施时间和要求,以及责任主体、协助单位的意见,并按照风险阶段、风险因素、防范和化解措施、实施时间和要求、责任主体、协助单位的先后顺序编制成汇总表。

风险防范、化解措施评估就是对所提出的风险防范、化解措施是否与现行的相关政策和法规相符，进行合法性的评估。对所提出的风险防范、化解措施是否具有明确的责任主体，职责分工以及时间进度安排是否全面、合理、可行、有效进行评估。结合风险识别和风险估计评估的结论，补充、优化和完善风险防范、化解措施汇总表，提出综合评估意见。

五、落实措施后的风险等级评估

风险等级是指在各项风险防范、化解措施落实的基础上，根据分析和预测每一风险可能引发风险事件的风险概率、影响程度和风险程度等的变化趋势及结果，参照所规定的社会稳定风险等级评判标准，对拟建项目的社会风险状况做出的综合判断。风险等级分为高风险、中风险、低风险三级。

（1）高风险。高风险是指大部分群众对项目有意见、反应特别强烈，可能引发大规模群体性事件。

（2）中风险。中风险是指一部分群众对项目有意见、反应强烈，可能引发矛盾冲突。

（3）低风险。低风险是指多数群众理解支持，但少部分人对项目有意见，通过有效工作可防范和化解矛盾。

风险等级是决定拟建重大项目能否进入建设实施阶段的重要依据。例如，当重大固定资产投资项目的风险等级为高风险或中风险时，国家发改委不予审批、核准或核报；存在低风险且有可靠防控措施的，国家发改委可予审批、核准或核报国务院审批、核准，并应在批复文件中提出切实防控风险的要求。

在进行风险等级的分析时，应逐一预测主要风险因素在其防范、化解措施落实后的可能变化趋势，并结合预期可能引发的风险事件的风险程度，参照国家发改委或本地区、本行业制定的社会稳定风险等级评判标准，对拟建项目的社会稳定风险等级作出综合判断。

风险等级的综合判断，一般可以采用定性与定量相结合的方法。但在选用专家打分等方法进行定量分析时，要说明风险防范、化解措施落实后确定每一风险因素权重的方法。

总之，落实措施后的风险等级评估是在风险防范、化解措施评估的基础上，对分析中采取措施后各主要风险因素变化的分析是否得当进行评估，提出评估意见。对所采用的风险等级评判方法、评判标准的选择运用是否恰当，评判的结果是否合理提出评估意见。通过结合补充的主要风险因素和上述评估论证的结果，预测各主要因素风险可能变化的趋势和结果；对分析变化情况、落实措施后的风险等级进行综合判断，提出项目分析等级的评判结论。

六、风险分析结论

风险分析结论是对拟建项目进行社会稳定风险评估工作的重要依据。在风险分析结论中，应逐一阐释拟建项目的主要风险因素、主要的风险防范与化解措施，以及拟建项目的风险等级和落实主要风险防范与化解措施的有关建议。

社会稳定风险评估报告应当在项目审批（核准）所需的各前置文件具备之后完成。该项目规划、土地、环评等已完成社会稳定风险专项评估的，在社会稳定情况未发生较大变化的前提下，其结论可以直接引用。

第三节 社会稳定风险评估程序和方法

一、社会稳定风险评估主体

社会稳定风险评估主体是指在社会稳定风险评估中拥有一定的权力,承担一定的职能和相应责任的组织或个人,可以由组织领导主体、评估责任主体、评估监督主体和评估民主参与主体组成。

(一)组织领导主体

在我国,社会稳定风险评估的组织领导主体一般由党委、政府、维护社会稳定工作领导小组及其办公室组成。在各地重大事项社会稳定风险评估的实践中,基本确立了党委统一领导、党政齐抓共管、维护社会稳定工作领导小组及其办公室负责指导协调的职责分工体系。

(二)评估责任主体

评估责任主体是具体牵头负责进行有关重大事项社会稳定风险评估的职能部门,包括应当进行社会稳定风险评估的重大决策的提出部门、重大政策的起草部门、重大建设项目的承建部门、重大改革的牵头部门等。

(三)评估监督主体

评估监督主体是负责对重大事项社会稳定风险评估进行监督的组织或个人,包括政府专职监督机构、维护社会稳定工作领导小组等评估组织管理机构的内部监督和司法机关、大众传媒和公众的外部监督。

(四)评估民主参与主体

评估民主参与主体是在各地重大事项社会稳定风险评估中,在以政府为主体的基础上,广泛引入其他主体参与到评估工作中的主体。这些主体主要包括与评估事项相关的利益群体、专家学者、第三方评估机构、新闻媒介等。

二、社会稳定风险评估依据和原则

(一)社会稳定风险评估依据

2012年8月,国家发改委发布了《国家发展改革委重大固定资产投资项目社会稳定风险评估暂行办法》。2013年2月,国家发改委发布了《国家发改委办公厅关于印发重大固定资产投资项目社会稳定风险分析篇章和评估报告编制大纲(试行)的通知》,为社会稳定风险评估工作提供了一套基本的技术规范。目前各地、各行业针对重大项目社会稳定风险分析及评估报告编制工作均开始启动。

(二)社会稳定风险评估原则

社会稳定风险评估牵涉面广、影响深远,要以维稳为主,充分吸纳民众意见,做到反映民意、传达民声,实现稳定与发展的互促共生,必须坚持全面性、客观性、科学性和系统性原则。这些原则相互联系、密不可分、缺一不可,是指导重大建设项目社会稳定风险评估工作的基本准则。

1. **全面性原则**

全面性原则就是指要对重大建设项目社会稳定风险进行全面审查,既审查其风险源,又审查其价值取向;既审查其所依据的法律、法规、政策,又审查其实施过程可能出现的漏洞及补救措施;既审查其实施方法、步骤,又审查其实施各环节的互相衔接关系;既考虑其直接社会稳定风险,也考虑其间接社会稳定风险,把社会稳定风险与技术风险、经济风险结合在一起综合考虑,全面分析重大建设项目在前期准备、实施和运营等不同阶段产生社会稳定风险的可能性及影响,从各个不同角度反映重大建设项目对社会运行的总体影响,多层次、全方位地描述社会稳定风险的变化趋势,确保重大建设项目既符合相关法律、法规和政策要求,又充分考虑群众的现实和长远利益,实现社会效益与经济效益的有机统一。

2. **客观性原则**

客观性原则是指重大建设项目社会稳定风险评估要坚持实事求是,充分听取利益相关方的意见,进行科学的分析研判,在保证评估主体构成、评估内容和评估流程等方面客观中立的同时,评估重大建设项目本身是否符合经济社会发展规律、是否把地区发展速度和社会可承受程度有机结合、是否得到多数群众的理解和支持、是否符合法律法规和所涉及政策的基本要求等客观内容,如实反映其社会稳定风险程度。在实际评估工作中,应尽可能使评估标准具体化、数量化、清晰化,保证评估过程的便利性和评估结果的准确性,并动态跟踪评估结果,及时发现问题,及早预测、防范、化解风险,变被动化解为主动预防,使重大建设项目社会稳定风险降到最低程度或在可控范围。

3. **科学性原则**

科学性是指进行重大建设项目社会稳定风险评估,应在依据相关法律、法规和政策制定科学规范评估标准的同时,深入调查研究,坚持走群众路线,提高评估工作的透明度,运用论证、听证和公示等公众参与程序,多渠道、多方式、多层次地广泛征询社会各方意见,逐步形成利益协调、诉求表达、矛盾调处、权益保障的制度体系,切实保障群众的知情权、参与权、监督权,以充分反映民意、集中民智,确保社会稳定风险评估指标和评估方法的科学性,通过定性与定量分析,保证重大建设项目社会稳定风险评估结论的科学性,准确把握人民群众长远利益和现实利益的平衡点,判断社会稳定风险及可控程度,最大限度地防止和减少社会稳定风险隐患,促进经济发展,维护群众利益和社会稳定。

4. **系统性原则**

系统性是每一个重大建设项目所具有的基本特征,风险识别的对象正是在这种系统性的环境中进行的,系统中各种零散、复杂、不同性质的风险势必在进行风险识别时根据一定的流程来进行,这样可以在程序上保证风险因素评估的全面和有效。系统性原则要求在进行风险评估时,将重大建设项目的系统性社会稳定风险视为一个整体性的系统,以系统整体目标的优化为准绳,对系统进行全面系统的分析,协调系统中各子系统的相互关系。

三、社会稳定风险评估程序

重大事项社会稳定风险评估工作可以分阶段实施。具体阶段和每一阶段的主要工作如下:

(一) 明确评估对象和评估内容

社会稳定风险评估对象是指有可能引发社会稳定风险的重大建设项目及其相关联事项,它与重大建设项目本身并不一定完全一致。例如,对于城市垃圾焚烧发电厂的建设项目,除了要将垃圾焚烧发电厂作为评估对象外,还应将垃圾进场路线列入评估对象,因为垃圾运输车沿途造成的垃圾渗漏、异味飘散等也有可能引发沿途居民的反对。因此,评估对象的确定不能简单地确定为重大建设项目本身,也不能生搬硬套有关文件,而应充分考虑各关联因素可能产生的预期后果来合理确定评估对象。

社会稳定风险评估的内容比较复杂,是整个评估工作的重点。在掌握评估对象特性的基础上,主要关注:①重大事项和合理性、合法性;②可能给人民群众造成的影响,重点是负面影响;③群众可能提出的合理的异议和诉求及解决方法;④群众可能提出的不合理诉求,以及如何利用现有的法律、法规对这些不合理诉求进行充分、合理、有力的解释,以获得广大群众对项目的理解和支持;⑤重大事项是否在广大群众的可承受范围内;⑥是否存在引发群众大规模集体上访或群体性事件的风险等。

确定评估内容时要充分依靠相关专家的知识和经验,并且必须坚持树立法律的权威,依法维护社会的和谐与稳定。

(二) 识别主要利益相关方

对重大事项利益相关方的识别,主要是在确定评估对象之后,根据评估对象的相关资料以及对其进行特性分析基础上,确定与之有各种直接或间接利害关系的各方。一般将主要利益相关方区分为受益方和受害方,但一般为了下一阶段(进行风险调查)工作的方便,又进一步将其区分为相关政府职能部门(包括重大事项出台的实施部门,其上级主管部门,项目所在地居委会等)、非政府组织(包括企业、事业单位等)、居民个人,从而针对不同的群体选择适当的风险调查方法。

(三) 制订风险调查方案

针对各利益相关方,制订详细的社会稳定风险调查方案。对于居民个人,特别是受负面影响的居民,应根据充分了解的重大事项特点及可能的影响,结合社会学、风险管理科学知识,设计全面的风险调查问卷,并制订科学的抽样调查方案,以充分掌握可能存在的社会稳定风险点。同时要设立固定的收集居民意见的渠道,随时了解最新信息。对于与重大建设项目有关的政府职能部门、非政府组织,可根据事先拟定的访谈提纲进行深入的座谈,了解和掌握这些机构对重大事项的意见和建议。

(四) 社会稳定风险分析

社会稳定风险分析是整个社会稳定风险评估工作的核心。该阶段主要是从各个途径获得的有关重大项目的社会反映信息中,识别重大事项可能引发的社会稳定风险及风险的来源,进而制定相应的风险管理措施和应急处置预案。

在这一阶段,应组织与项目有关的技术专家进行座谈,从专业技术角度了解重大建设项目可能存在的对各利益相关者的影响,特别是负面影响,并从专业技术角度寻求应对方法。对获得的有效居民调查问卷进行统计分析,获得居民最关心的可能引发社会稳定风险的因素,确定其影响程度,并掌握最容易被居民接受的有效风险应对措施。对各机构的访谈内容进行归纳,掌握来自这些机构的各种影响重大事项实施的因素,并制定应对措施。另外,关注各方反映强烈的各种诉求,并从当前的技术水平以及法律、法规出发,分析这些诉求的合理性和可能的应对方案。

在社会稳定风险分析中,还应充分了解广大人民群众对相关建设项目的可承受能力。因为有可能重大建设项目从技术的角度是可行的,也是合理合法的,但却是广大群众一时所不能承受的,这种项目的实施就很可能引发社会不稳定。这也是社会稳定风险有别于其他风险的重要特征。

(五) 提出风险管理措施

社会稳定风险评估的最终目的,一是要全面识别出可能存在的风险,二是要提出有针对性的、行之有效的风险管理措施。在制定风险管理措施的时候,除了要考虑技术可行性,考虑现有的法律法规外,还要考虑措施实施的经济成本以及人民群众的认可程度。

不稳定事件随时可能出现,这就要求项目要事先制定有效的应急处置预案,并建立应急处置职能部门,保证在突发事件发生时,事态可以得到及时有效的控制,同时可以得到及时有效的解决,避免因处置不及时或处置不当导致事态恶化,引发社会不稳定。

四、社会稳定风险评估的方法

评估方法是为实现重大事项社会稳定风险评估目标所使用的基本工具或采取的基本手段,科学地掌握和运用重大事项社会稳定风险评估方法,是做好重大事项社会稳定风险评估的重要保证。运用适当的方法对重大的政策决策和建设项目进行社会稳定风险评估,一方面,可以借鉴企业进行风险评估的方法,因为目前企业的风险评估方法相对成熟,经验也相对丰富。另一方面,企业都是以利润最大化为其宗旨,它们的风险评估考虑的主要是自身经济利益方面的损失和不确定性,而社会稳定风险评估主要考虑社会稳定和民众拥护方面的风险。由于进行风险评估的目的不同,所以不能完全照搬企业风险管理的评估方法。为了更好地提高重大决策社会稳定风险评估的有效性,在重大建设项目社会稳定风险评估制度运行的实践中,应在全面系统的社会风险分析基础上,根据政策制定不同阶段的特征,注意具体问题具体分析,认真借鉴发达市场经济体和健全法制国家所采取的一系列方法,灵活选择多种评估方法进行组合。一般地,社会稳定风险评估主要有以下六种方法。

(一) 访谈法

该方法主要是指重大决策制定以及实施过程中,由专业的访谈人员对所有的利益相关者进行开放式、半结构化或者结构化的访谈,深入了解他们对重大决策的意见和建议。从利益相关者的态度中了解其对决策的支持程度,在对所收集到的信息进行系统加工的基础上,预测可能因重大决策出现的社会稳定风险。这种方法在重大决策社会稳定风险评估中的适用范围较广,可以在决策的制定以及实施等阶段采用。但是,其存在一个突出问题,受访者可能由于顾虑而不愿意透露真实看法。

(二) 专家预测法

该方法主要是指在重大决策制定以及实施过程中,根据决策内容不同而选择相关领域的专家学者,由其运用自身的专业知识,通过系统的指标体系对重大决策可能带来的社会稳定风险进行评估。该方法在重大决策的制定以及实施等环节都可以运用。但是,专家对于信息掌握的不全面有可能影响预测的准确性和科学性。

(三) 问卷调查法

重大决策社会稳定风险评估最简单的方法就是对公众的态度进行调查。该方法主要是指在重大决策制定以及实施过程中,通过问卷的形式对决策的利益相关者进行全面的调查,在此基础上对有关信息进行全面的分析。在获取信息的真实性上,该方法具有访谈法所无法比拟的优势。该方法不仅可以运用到决策的制定阶段,也可以在决策的实施阶段应用。

(四) 定量分析法

该方法主要是指在重大决策制定以及实施过程中,使用可以采集到的统计数据对相关利益主体的利益得失情况进行分析,并且计算出社会稳定风险的发生点、发生的概率以及风险的等级。从实践来看,该方法往往会受到数据采集的局限,而不能发挥应有的作用。

(五) 比较案例分析法

比较案例分析法即选择以往类似的案例与重大决策进行比较,从中发现重大决策可能带来的社会影响。选择恰当的案例就成为比较案例分析法的关键,因此在案例的选择上,既要考虑到已有案例与决策所涉及领域的相似性,又要考虑到已有案例的利益相关者与决策可能涉及的利益相关者的一致性。

(六) 实验研究法

实验研究法的主要目的就是在重大决策制定以及实施的过程中,通过模拟现实的方法,引入政策这一自变量对随机选择的利益相关者进行刺激,搭建起不同利益相关者之间利益博弈的平台。通过有无对比以及控制组与实验组之间的比较来发现不同利益相关者之间在利益或价值观等方面的冲突,以此为基础,对决策可能产生的社会稳定风险进行评估。

第四节　我国社会稳定风险评估指标

一、构建社会稳定风险评估指标体系的基本原则

(一) 外部评价与内部评价相结合

外部评价与内部评价相结合,是指在进行重大建设项目社会稳定风险评估时,不仅需要考虑重大建设项目审批时所面临的外部环境,如是否符合当地的民风民俗、区域文化、社会价值观等,还应考虑重大建设项目自身是否具有合法性与合理性、可行性与可控性。将外部评价与内部评价相结合,才能全面把握重大建设项目审批与实施时社会稳定风险发生的可能范围及程度。

(二) 客观评价与主观评价相结合

客观评价与主观评价相结合,是指在进行重大建设项目社会稳定风险评估时,不仅需要收集相关数据,进行量化分析,还需要结合客观分析的结果,分析公众特别是利益相关者的主观感受,切实把握公众的真实偏好及要求。目前,维稳公众的最大误区在于:将公众正常的利益表达与社会稳定的维护相对立,将公民正当权利和利益的诉求与表达视作社会不稳定因素。实际上,重大建设项目对社会稳定的影响始终以公众的主观感受为主要作用渠道,

这就需要考虑民心民意等主观评价指标。将客观评价与主观评价相结合，才能全面掌握重大项目对公众尤其是利益相关者的实际影响，以及公众尤其是利益相关者的主观感受与反应。

（三）合法性与合理性相结合

合法性与合理性相结合，是指在进行重大建设项目社会稳定风险评估时，不仅需要考虑重大项目建设是否符合国家法律法规，政策制定和出台是否遵循法定程序，还要考虑重大建设项目是否符合经济社会发展规律。这样，才能将静态的制度规定与动态的经济社会发展需求相结合。

（四）可行性与可控性相结合

可行性与可控性相结合，是指可以将重大建设项目社会稳定风险评估划分为两个阶段，即重大建设项目审批阶段和重大建设项目实施阶段。在重大建设项目审批阶段，社会稳定风险评估主要应侧重于重大建设项目的可行性；在重大建设项目实施阶段，社会稳定风险评估主要应侧重于重大建设项目的可控性。将可行性与可控性相结合，才能保证重大决策政策的出台具有可行性与可操作性，重大项目的实施具有可控性和稳定性。

二、重大建设项目社会稳定风险评估指标体系的构建

评估重大建设项目社会稳定风险，主要应考虑两个方面：一是看重大建设项目的出台是否具备支持性的外部环境；二是看重大建设项目本身是否具有合法性与合理性、可行性与可控性。由此可以形成以下两部分评价指标体系。

（一）重大建设项目外部环境评价指标体系

构建重大建设项目外部环境评价指标体系就是要了解重大建设项目的制定与实施是否具备支持性的外部环境，比如项目实施所在地的环境对重大建设项目是否具有足够的承受力；重大建设项目的实施是否会加剧当地的经济社会矛盾，以及当地对重大建设项目实施可能造成的经济社会矛盾能否有效化解。

外部环境评价指标体系主要包括政治指标、个人经济指标、社会经济指标和满意度指标。

1. 政治指标

政治指标主要包括贪污腐败数量上升率、行政投诉数量上升率、群体性事件数量上升率。

2. 个人经济指标

个人经济指标包括居民可支配收入、贫富差距、城镇失业率等。

3. 社会经济指标

社会经济指标包括劳动争议处理情况、人民调解纠纷情况、治安情况、义务教育服务支出占 GDP 的比重、公共就业服务支出占 GDP 的比重、医疗卫生服务支出占 GDP 的比重、公共文化服务支出占 GDP 的比重等。

4. 满意度指标

满意度指标主要包括公众对经济发展的满意度、对环境保护的满意度、对公共服务的满意度，以及对社会管理的满意度。

（二）重大建设项目自身评价指标体系

重大建设项目自身评价指标体系主要考虑重大建设项目本身是否具有合法性与合理性、可行性与可控性，以反映重大建设项目制定与实施的可操作性。

1. 重大建设项目本身的合法性评估

主要评估重大建设项目的制定出台实施是否符合党和国家的路线、方针、政策，是否具有政策法律法规依据；重大建设项目制定出台实施所涉及的利益调整是否具有政策法律法规依据，利益调整对象和范围的界定是否准确。

2. 重大建设项目的合理性评估

主要评估重大建设项目的制定出台实施是否符合经济社会发展规律；重大建设项目的制定出台实施是否坚持以人为本的指导思想，是否符合大多数人民群众的根本利益；重大建设项目的制定出台实施是否超出大多数人民群众的承受能力；重大建设项目的制定出台实施是否得到大多数人民群众的理解与拥护。

3. 重大建设项目的可行性评估

主要评估重大建设项目的制定出台是否坚持严格的报批和审批程序；重大建设项目的制定出台实施是否经过科学的可行性分析；重大建设项目的制定出台实施的时机是否成熟；重大建设项目的具体实施方案是否详尽、配套措施是否完善；重大建设项目的制定出台实施是否符合可持续发展的要求；重大建设项目的制定出台实施是否有权威部门的环保鉴定和审批手续；重大建设项目的实施是否会造成环境污染与生态污染，是否具备应对环境生态污染的配套措施。

4. 重大建设项目的可控性评估

主要评估重大建设项目的制定出台实施是否会引起较大的社会治安事件；评估重大建设项目实施过程中可能遇到哪些社会治安问题；重大建设项目实施过程中是否会给当地及周边的社会治安带来较大的冲击；对可能出现的影响社会治安的问题，是否有应急处置预案。

三、指标选择应注意的问题

（一）指标设置要有因果逻辑性

分析评估指标体系的设置，应考虑建设项目与社会稳定风险之间存在的因果关系和逻辑关系，准确把握项目与风险之间存在的关系思路，即项目建设产生影响—个人及组织受到影响—受影响群体的要求—其要求得不到满足—发生风险，应周密考虑全过程各环节的影响因素。如项目建设内容、规模、选择地点等决定项目将对哪些群体产生影响、造成怎样的影响，进而扩大到当地社会。每个环节的指标针对性强，因果逻辑关系清晰，其结果才更具有权威性。

（二）指标设置与风险调查内容紧密结合

分析评估指标的选取与设置应与风险调查内容紧密结合。问卷调查设计及调查结果、个人走访、部门座谈会和同类项目的经验等风险调查内容，都是选择风险指标的重要依据。此内容基本能准确体现各相关利益群体的意愿和诉求，其结果更准确可信。

(三) 指标设置需动态跟踪监测

分析评估指标设置需进行动态跟踪监测,目前多为静态,只在风险调查时点上。而社会稳定风险分析评估要求从项目的决策、准备、实施、运营全过程进行分析评估,整个过程是一个动态过程,因此风险指标确定还需考虑分时点进行动态预判及跟踪,建设期和运营期风险可能发生的因素有所不同,在分析评估过程中应对风险发生的可能性进行预测,其结果才更全面。

(四) 指标设置要关注潜在的风险因素

在风险指标设置中,很容易重点关注项目涉及的直接相关利益群体,如因项目需征地搬迁的居民、企业,项目涉及的当地政府及部门,直接受项目影响的周边环境等,而忽略了无直接利益相关群体,他们因某些社会不公现象而产生心理失衡,通过发泄不满来实现对政府的某种意愿表达,可能引发一定规模的群体事件,在指标设置中也应有所考虑。

本章小结

从广义上讲,社会稳定风险是指因重大事项处置不当而引发利益矛盾、利益冲突甚至群体性事件的风险,是一种导致社会冲突、危及社会稳定和社会秩序的可能性,是一类基础性、深层次、结构性的潜在危害因素,对社会的安全运行和健康发展构成严重威胁。从狭义角度来看,社会稳定风险是指在实施重大建设项目时,存在的对社会和群众生产与生活影响面大、持续时间长并容易导致较大社会冲突的不确定性。本章涉及的主要指狭义的社会稳定风险。

对于重大建设项目,在完成项目的财务分析和经济分析之后,还要进行项目的社会稳定风险评估。这是我国项目评估工作的创新机制,是特定发展阶段出于维稳的现实需要,对项目建设及运营可能引发的社会稳定风险所进行的专项分析和审查,目的是规避和化解可能引发的不稳定的社会矛盾风险。

社会稳定风险的一般特征主要包括:客观性和现实性、不确定性和损失性、突发性和传染性。

利益冲突是蕴含社会稳定风险的根本原因,决策机制不科学是蕴含社会稳定风险的直接原因。

社会稳定风险分为以下几类:经济风险、政治风险、文化风险、生态环境与能源风险和社会风险。

社会稳定风险评估的内容包括:风险调查评估、风险识别评估、风险估计评估、风险防范、化解措施评估、落实措施后的风险等级评估以及风险分析结论。

社会稳定风险评估主体是指在社会稳定风险评估中拥有一定的权力,承担一定的职能和相应责任的组织或个人,可以由组织领导主体、评估责任主体、评估监督主体和评估民主参与主体组成。

社会稳定风险评估必须坚持全面性、客观性、科学性和系统性原则。这些原则相互联系、密不可分、缺一不可,是指导重大建设项目社会稳定风险评估工作的基本准则。

重大事项社会稳定风险评估工作可以分阶段实施。具体阶段和每一阶段的主要工作如下:明确评估对象和评估内容;识别主要利益相关方;制订风险调查方案;社会稳定风险分析;提出风险管理措施。

社会稳定风险评估的方法有以下几种:访谈法、专家预测法、问卷调查法、定量分析法、比较案例分析法和实验研究法。

构建社会稳定风险评估指标体系所遵循的基本原则:外部评价与内部评价相结合;客观评价与主观评价相结合;合法性与合理性相结合;可行性与可控性相结合。

重大建设项目社会稳定风险评估指标体系的构建有以下几方面:

一是构建重大建设项目外部环境评价指标体系,主要包括政治指标、个人经济指标、社会经济指标和满意度指标;

二是构建重大建设项目自身评价指标体系,主要考虑重大建设项目本身是否具有合法性与合理性、可行性与可控性,以反映重大建设项目制定与实施的可操作性。

本章重要概念

重大建设项目　　社会稳定风险　　评估主体　　风险等级

思考与练习题

1. 社会稳定风险的一般特征是什么?
2. 社会稳定风险评估的主要内容有哪些?
3. 风险等级是如何划分的?
4. 社会稳定风险评估有哪些评估主体?
5. 社会稳定风险评估要坚持的原则是什么?
6. 详细论述如何构建重大建设项目社会稳定风险评估指标体系。

参 考 文 献

[1] 保罗·萨缪尔森,威廉·诺德豪斯.经济学.16版.北京:华夏出版社,1999.
[2] 国家发展和改革委员会,建设部.建设项目经济评价方法与参数.3版.北京:中国计划出版社,2006.
[3] 《投资项目可行性研究指南》编写组.投资项目可行性研究指南.北京:中国电力出版社,2002.
[4] 中国人民银行国际司.亚洲开发银行业务丛书之六——项目经济分析准则.北京:中国金融出版社,1998.
[5] William A.Ward,Barry J.Deren,Emmanuel H.D.Silva.项目分析经济学:实践指南.北京:清华大学出版社,2001.
[6] 傅家骥,雷家骕,程源.技术经济学前沿问题.北京:经济科学出版社,2003.
[7] P.贝利,J.安德森,H.伯纳姆,等.投资运营的经济分析——分析方法与实际应用.北京:中国计划出版社,2002.
[8] 周惠珍.投资项目评估.大连:东北财经大学出版社,2013.
[9] 宋维佳,王立国,王红岩.可行性研究与项目评估.4版.大连:东北财经大学出版社,2015.
[10] 王立国.项目评估理论与实务.3版.北京:首都经济贸易大学出版社,2011.
[11] 简德三.项目评估与可行性研究.上海:上海财经大学出版社,2004.
[12] 徐强,董正信.投资项目评估.南京:东南大学出版社,2005.
[13] 王蔚松,夏健明.项目评估.北京:清华大学出版社,2004.
[14] 王诺,梁晶.建设项目经济评价案例教程.北京:化学工业出版社,2008.
[15] 郭献芳,李奇会,潘智峰,等.工程经济学.北京:中国电力出版社,2004.
[16] 刘小君.工程经济学.北京:中国建筑工业出版社,2003.
[17] 马秀岩,卢洪升.项目融资.大连:东北财经大学出版社,2015.
[18] 戚安邦.项目评估学.天津:南开大学出版社,2006.
[19] 乔世震,王满.财务管理基础.大连:东北财经大学出版社,2005.
[20] 蒋景楠,佘金凤,庄火林,等.工程经济与项目评估.上海:华东理工大学出版社,2004.
[21] 徐利,王红岩.项目评估与决策.北京:科学出版社,2006.
[22] 张少杰,李北伟.项目评估.北京:高等教育出版社,2006.
[23] 唐少清.项目评估与管理.北京:清华大学出版社,2006.
[24] 王勇,方志达.项目可行性研究与评估.北京:中国建筑工业出版社,2004.
[25] 姜鹏飞,林君晓.建设项目债务资金成本计算的探讨.建筑经济,2007(10).
[26] 全国注册咨询工程师(投资)资格考试参考教材编写委员会.项目决策分析与评价.北京:中国计划出版社,2016.
[27] 维塞拉·R.拉奥,乔尔·H.斯特克尔.战略营销分析.北京:中国人民大学出版社,2001.

[28] 阿尔文·C.伯恩斯,罗纳德·F.布什.营销调研.北京:中国人民大学出版社,2001.
[29] 张华.市场调查与预测.北京:中国国际广播出版社,2000.
[30] 张志刚.年度策略性营销规划指引:实作篇.北京:中华工商联合出版社,1999.
[31] 菲利普·科特勒.营销管理——分析、计划、执行和控制.9版.上海:上海人民出版社,1999.
[32] 小卡尔·迈克丹尼尔,罗杰·盖兹.当代市场调研.4版.北京:机械工业出版社,2000.

郑重声明

高等教育出版社依法对本书享有专有出版权。任何未经许可的复制、销售行为均违反《中华人民共和国著作权法》，其行为人将承担相应的民事责任和行政责任；构成犯罪的，将被依法追究刑事责任。为了维护市场秩序，保护读者的合法权益，避免读者误用盗版书造成不良后果，我社将配合行政执法部门和司法机关对违法犯罪的单位和个人进行严厉打击。社会各界人士如发现上述侵权行为，希望及时举报，本社将奖励举报有功人员。

反盗版举报电话　（010）58581999　58582371　58582488
反盗版举报传真　（010）82086060
反盗版举报邮箱　dd@hep.com.cn
通信地址　北京市西城区德外大街4号
　　　　　高等教育出版社法律事务与版权管理部
邮政编码　100120